河北省社会科学基金项目
河北经贸大学学术著作出版基金资助
河北经贸大学金融学院学术著作出版基金资助

Finance

河北省社会科学基金项目

农村民间金融风险控制研究

徐临 曹华青 著

中国社会科学出版社

图书在版编目(CIP)数据

农村民间金融风险控制研究/徐临,曹华青著.—北京:中国社会科学出版社,
2017.5

ISBN 978-7-5203-0474-0

Ⅰ.①农… Ⅱ.①徐… ②曹… Ⅲ.①农村-民间经济团体-金融风险防范-
研究-中国 Ⅳ.①F832.479

中国版本图书馆 CIP 数据核字(2017)第 112286 号

出 版 人 赵剑英
责任编辑 许 琳
责任校对 周 昊
责任印制 李寡寡

出 版 中国社会科学出版社
社 址 北京鼓楼西大街甲 158 号
邮 编 100720
网 址 http://www.csspw.cn
发 行 部 010-84083685
门 市 部 010-84029450
经 销 新华书店及其他书店

印刷装订 北京君升印刷有限公司
版 次 2017 年 5 月第 1 版
印 次 2017 年 5 月第 1 次印刷

开 本 710×1000 1/16
印 张 23
插 页 2
字 数 390 千字
定 价 88.00 元

目　　录

前　　言

　　金融是现代经济的核心，是现代社会的和谐稳定器，解决农业发展、农民增收和农村经济发展问题，离不开金融强有力的支持。

　　中国农村民间金融规模庞大，其内生于乡土社会，在金融供给中拥有信息优势，有着很强的生命力，成为不可忽视的农村金融力量，是农村金融体系中重要的组成部分。但是在实际运行过程中，农村民间金融的风险日益突出。如何有效地控制风险，成为农村金融健康发展过程中亟待破解的关键性问题。因此，全面剖析农村民间金融组织面临的主要风险，提出控制这些风险的政策建议，具有重要的现实意义。

　　本书充分吸收金融风险控制领域中现有的理论成果，系统总结农村民间金融组织发展现状和面临的风险，运用模型对农村民间金融组织的风险进行评价，对影响民间金融组织的风险因素进行分析，并据此对农村民间金融组织风险控制提出建议。同时，研究国外农村金融组织风险控制的成功经验，以供我国相关业界学习和借鉴。

　　全书共分九章。

　　第一章，绪论。对农村民间金融的概念、主要形式，农村民间金融风险类型、特点及成因进行理论综述和概括，作为全书研究的基础。

　　第二章介绍了农村民间金融风险控制的相关理论基础，主要介绍了农村金融、农村金融风险、农村金融风险控制的理论及层次分析法、数据包络分析法、熵值法、模糊综合评价法、排序多元 Logit 模型、博弈论等农村金融风险控制的研究方法。

　　第三章研究了小额贷款公司发展、现状及其面临的主要风险，运用基于 AHP-DEA 的风险评价模型对小额贷款公司进行风险评价，并据之提出增强小额贷款公司控制风险能力的措施，探讨了小额贷款公司的发展前景。

第四章研究了典当发展、现状及其面临的主要风险，运用基于 AHP、熵值的模糊综合评判模型对典当进行风险评价，并据之提出增强典当控制风险能力的措施，探讨了典当行业的发展前景。

第五章研究了担保行业发展、现状及其面临的主要风险，运用基于 AHP、熵值法的模型对融资担保机构进行风险评价，并据之提出增强融资担保机构控制风险能力的措施，探讨了融资担保机构的发展前景。

第六章研究了农村合作金融的分类和模式，并以农村资金互助社为例，研究了其面临的主要风险、风险控制现状及相应的对策措施，并探讨了农村资金互助社的发展前景。

第七章研究了互联网金融的发展历程、农村互联网金融面临的主要风险，几种常见互联网金融模式现状及风险分析，并以 P2P 平台为例，运用基于排序多元 Logit 模型对 P2P 平台生存时间影响因素进行分析，提出了互联网金融风险控制的对策，探讨了互联网金融的发展趋势。

第八章从发达国家和发展中国家两个层面介绍农村金融组织风险控制的经验，并从制度体系、农业保险、法律建设、监管、合作金融组织建设等方面归纳其共性，为我国农村民间金融风险控制提供经验借鉴。

第九章提出了农村民间金融风险控制的对策建议，主要是优化农村民间金融组织风险控制的外部环境、加强对农村民间金融组织的监管和监测以及完善农村民间金融组织风险控制制度。

本书第三章到第七章由徐临撰写。第一章、第二章、第八章和第九章由曹华青撰写。

第一章

绪 论

第一节 研究背景和意义

一 研究背景

尽管在国内生产总值中，第一产业增加值占比下降趋势明显，截至2016年，该比值为8.56%，远远落后于第二产业的39.81%、第三产业的51.63%；同时，随着城镇化的推进，乡村人口占比由2005年的57.01%连年下降到2016年的42.65%，[①] 但是在我国，农业的基础性地位并没有改变。2004—2017年，"中央一号文件"连续十四年聚焦"三农"，农业受到前所未有的高度重视，农民收入连年较快增长，农村公共事业持续发展，农村社会和谐稳定。但是农业依然是中国经济发展的薄弱环节，城乡发展还不平衡，农民增收的长效机制仍未真正建立起来，与城镇居民相比，农民的收入仍然较低，并且城乡收入差距也越来越大（详见图1-1）。特别是我国经济发展进入新常态，正从高速增长转向中高速增长，如何在经济增速放缓背景下促进农业增效、农民增收、农村发展依然是必须破解的一个重大课题。

大量的理论和实证研究表明，金融是现代经济的核心，是现代社会的和谐稳定器，解决农业增效、农民增收、农村发展问题，离不开金融强有力的支持。但是，由于农村经济可控性较差、生产的分散性突出、农村土

---

① 数据由《2016年国民经济和社会发展统计公报》统计计算所得。

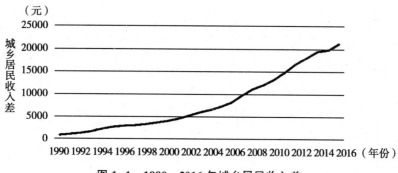

图 1-1　1990—2016 年城乡居民收入差

数据来源：根据《中国统计年鉴 2015》《2015 年国民经济和社会发展统计公报》《2016 年国民经济和社会发展统计公报》统计计算所得。

地产权不明晰、农村信用体系不健全等因素，导致农村金融风险较大，加上趋利性是资本的天性，致使正规金融机构纷纷撤出农村市场，农村面临严重的资金短缺。为了促进金融服务于"三农"，切实解决农村融资困难问题，除 2011 年外，2004—2017 年中央一号文反复强调推动农村金融创新和改革，增强农村金融服务能力，推进农村金融体制改革，审慎发展农村民间金融（详见表 1-1）。

表 1-1　　2004—2017 年中央一号文中有关发展农村民间金融的相关具体表述

年份	一号文题名	关于金融的主题表述	关于发展农村民间金融的相关具体表述
2004	关于促进农民增加收入若干政策的意见	改革和创新农村金融体制	鼓励有条件的地方，在严格监管、有效防范金融风险的前提下，通过吸引社会资本和外资，积极兴办直接为"三农"服务的多种所有制的金融组织
2005	关于进一步加强农村工作提高农业综合生产能力若干政策的意见	推进农村金融改革和创新	培育竞争性的农村金融市场，有关部门要抓紧制定农村新办多种所有制金融机构的准入条件和监管办法，在有效防范金融风险的前提下，尽快启动试点工作。有条件的地方，可以探索建立更加贴近农民和农村需要、由自然人或企业发起的小额信贷组织
2006	关于推进社会主义新农村建设的若干意见	加快推进农村金融改革	在保证资本金充足、严格金融监管和建立合理有效的退出机制的前提下，鼓励在县域内设立多种所有制的社区金融机构，允许私有资本、外资等参股。大力培育由自然人、企业法人或社团法人发起的小额贷款组织，有关部门要抓紧制定管理办法。引导农户发展资金互助组织。规范民间借贷

续表

年份	一号文题名	关于金融的主题表述	关于发展农村民间金融的相关具体表述
2007	关于积极发展现代农业扎实推进社会主义新农村建设的若干意见	加快制定农村金融整体改革方案	在贫困地区先行开展培育农村多种所有制金融组织的试点；努力形成商业金融、合作金融、政策性金融和小额贷款组织互为补充、功能齐备的农村金融体系
2008	关于切实加强农业基础建设进一步促进农业发展农民增收的若干意见	加快农村金融体制改革和创新	积极培育小额信贷组织，鼓励发展信用贷款和联保贷款。通过批发或转贷等方式，解决部分农村信用社及新型农村金融机构资金来源不足的问题
2009	关于2009年促进农业稳定发展农民持续增收的若干意见	增强农村金融服务能力	在加强监管、防范风险的前提下，加快发展多种形式新型农村金融组织和以服务农村为主的地区性中小银行；农村微小型金融组织可通过多种方式从金融机构融入资金
2010	加大统筹城乡发展力度进一步夯实农业农村发展基础的若干意见	提高农村金融服务质量和水平	加快培育村镇银行、贷款公司、农村资金互助社，有序发展小额贷款组织，引导社会资金投资设立适应"三农"需要的各类新型金融组织。抓紧制定对偏远地区新设农村金融机构费用补贴等办法，确保3年内消除基础金融服务空白乡镇。针对农业农村特点，创新金融产品和服务方式，搞好农村信用环境建设，加强和改进农村金融监管
2012	关于加快推进农业科技创新持续增强农产品供给保障能力的若干意见	提升农村金融服务水平	发展多元化农村金融机构，鼓励民间资本进入农村金融服务领域，支持商业银行到中西部地区县域设立村镇银行。有序发展农村资金互助组织，引导农民专业合作社规范开展信用合作
2013	关于加快发展现代农业 进一步增强农村发展活力的若干意见	改善农村金融服务	支持社会资本参与设立新型农村金融机构
2014	关于全面深化农村改革加快推进农业现代化的若干意见	加快农村金融制度创新	对小额贷款公司，要拓宽融资渠道，完善管理政策，加快接入征信系统，发挥支农支小作用；发展新型农村合作金融组织。在管理民主、运行规范、带动力强的农民合作社和供销合作社基础上，培育发展农村合作金融，不断丰富农村地区金融机构类型。坚持社员制、封闭性原则，在不对外吸储放贷、不支付固定回报的前提下，推动社区性农村资金互助组织发展。完善地方农村金融管理体制，明确地方政府对新型农村合作金融监管职责，鼓励地方建立风险补偿基金，有效防范金融风险。适时制定农村合作金融发展管理办法

续表

年份	一号文题名	关于金融的主题表述	关于发展农村民间金融的相关具体表述
2015	关于加大改革创新力度加快农业现代化建设的若干意见	推进农村金融体制改革	积极探索新型农村合作金融发展的有效途径，稳妥开展农民合作社内部资金互助试点，落实地方政府监管责任； 鼓励开展"三农"融资担保业务，大力发展政府支持的"三农"融资担保和再担保机构，完善银担合作机制； 开展大型农机具融资租赁试点； 强化农村普惠金融； 积极推动农村金融立法，明确政策性和商业性金融支农责任，促进新型农村合作金融、农业保险健康发展
2016	关于落实发展新理念加快农业现代化实现全面小康目标的若干意见	推动金融资源更多向农村倾斜	发展农村普惠金融； 引导互联网金融、移动金融在农村规范发展； 扩大在农民合作社内部开展信用合作试点的范围，健全风险防范化解机制，落实地方政府监管责任； 加快建立"三农"融资担保体系； 完善中央与地方双层金融监管机制，切实防范农村金融风险； 强化农村金融消费者风险教育和保护
2017	关于深入推进农业供给侧结构性改革加快培育农业农村发展新动能的若干意见	加快农村金融创新	健全内部控制和风险管理制度； 规范发展农村资金互助组织，严格落实监管主体和责任； 开展农民合作社内部信用合作试点，鼓励发展农业互助保险； 推进信用户、信用村、信用乡镇创建； 深入推进承包土地的经营权和农民住房财产权抵押贷款试点，探索开展大型农机具、农业生产设施抵押贷款业务； 推动部门确权信息与银行业金融机构联网共享； 鼓励地方多渠道筹集资金，支持扩大农产品价格指数保险试点； 探索建立农产品收入保险制度； 支持符合条件的涉农企业上市融资、发行债券、兼并重组； 在健全风险阻断机制前提下，完善财政与金融支农协作模式； 鼓励金融机构发行"三农"专项金融债； 深入推进农产品期货、期权市场建设，积极引导涉农企业利用期货、期权管理市场风险，稳步扩大"保险+期货"试点； 严厉打击农村非法集资和金融诈骗； 积极推动农村金融立法

　　在中央政府的推进和引导下，农村民间金融发展迅速。李建军（2010）对1992—2008年中国民间金融规模进行了测算，结果显示，

2008 年未观测现金、未观测狭义货币供应量、未观测广义货币供应量分别达到了 5148.9 亿元、25010.7 亿元和 71498.3 亿元。[①] 借鉴并简化李建军的测算方法，易远宏（2013）对广东农村民间金融规模进行测算，结果显示，广东农村民间金融规模增长幅度较大，从 1990 年的 304.16 亿元增加到 2010 年的 2215.16 亿元，增长了 7 倍多，而短期农村民间金融规模从 218.8 亿元增加到 538.43 亿元。[②] 西南财经大学发布的《中国农村家庭金融发展报告 2014》中指出，农村 43.8% 的家庭参与民间借贷，民间借款占债务总额的近 65%。[③] 徐临、曹华青（2014）对河北省农户的调查显示，相对于正规金融机构，农户更倾向于向非正规金融机构借款[④]。

作为农村正规金融的有效补充，农村民间金融在一定程度上缓解了农村融资难的问题，在扩大农村生产经营资金、完善农村金融市场、提高资金周转效率、促进农村中小企业经济发展等方面起到了积极作用。但是，由于农村民间金融制度内部组织不稳定、借贷利率容易失控、农业经济风险较大、相关法律法规缺位等因素的影响，与正规金融相比，农村民间金融的风险尤为突出。2016 年多家媒体相继报道，江苏多家农民资金互助合作社倒闭。网贷之家的网贷数据显示，截至 2017 年 3 月，停业及问题平台累计已达 3607 家，当月新增停业及问题平台量为 60 家，发生率为 61.26%。[⑤] 2017 年 4 月 14 日，利用律商网高级检索功能，检索民间借贷案例，仅 2014 年就有 42884 份判决书。农民资金合作社倒闭、农民专业合作社非法集资、农村民间借贷纠纷多发等问题严重影响了农村金融秩序和社会稳定。

研究农村民间金融的风险控制，可以推进农村民间金融规范和健康发展，改善农村金融生态环境，为社会主义新农村建设提供更多的资金支持，促进社会主义新农村建设目标的实现。

---

① 李建军：《中国"未观测金融"指标体系的设计与测估》，《数量经济技术经济研究》2010 年第 5 期。

② 易远宏：《我国农村民间金融规模测算：1990—2010》，《统计与决策》2013 年第 11 期。

③ 中国农业银行战略规划部、中国家庭金融调查与研究中心：《中国农村家庭金融发展报告 2014》，西南财经大学出版社 2014 年版。

④ 徐临、曹华青：《河北省农村非正规金融机构现状及发展对策研究》，中国社会科学出版社 2014 年版。

⑤ 《停业及问题平台全国趋势》（http://shuju.wdzj.com/problem-1.html）。

二　研究意义

首先，学术界针对农村民间金融风险控制模型和方法研究很少，本书将对农村民间金融风险进行研究，提出适合农村民间金融的风险度量方法及其控制措施，具有一定的学术价值。

其次，农村金融是农村经济的核心，但农村金融一直是我国金融体系中最为薄弱的环节。农村民间金融机构已成为我国正规金融制度的有益补充。本课题分析农村民间金融的风险，研究农村民间金融的风险管理，推进农村民间金融规范和健康发展，改善农村金融生态环境，为社会主义新农村建设提供更多的资金支持，促进社会主义新农村建设目标的实现，因此具有一定的应用价值。

三　研究对象

农村民间金融形式多样，既有无组织无机构的个人借贷，也有有组织无机构的各种合会、标会、招会，还有有组织有机构的典当、贷款公司、农村基金互助社、互联网金融等。其中，个人借贷是一种古老的民间借贷形式，其风险来源明确，控制手段简单；合会、标会、招会等作为一种古老的互助性信用形式逐渐向新型合作金融转化，且研究比较成熟，因此本书主要研究有组织有机构的金融形式的风险，主要包括典当、担保行业、贷款公司、农村基金互助社、互联网金融等。这些金融形式既包括传统的形式，如典当、担保，也包含新型农村民间金融形式，如贷款公司、农村基金互助社、互联网金融等。这些金融形式的风险类型，既有相同点，也有不同点、侧重点，因此采用分类研究的方式可以增强研究结果的针对性和可操作性。

第二节　农村民间金融的概念与主要形式

一　农村民间金融的概念

对民间金融概念的界定是研究农村民间金融风险问题的基础。麦金农（1973）在其著作《经济发展中的货币、资本》中提出并论证了金融抑制假说与市场分割性假说，揭示了民间金融在发展中国家产生的体制性根源。麦金农在考察发展中国家农民与正规金融组织之间的交易行为后得出的结论认为，发展中国家农村金融体系普遍存在着现代化金融市场和传统金融市场并存的金融结构，即"金融的二元性"，一部分是以商业银行、资本市场为代表的有组织的现代化金融市场（或金融机构）；另一部分是以高利贷、当铺、私人钱庄等为代表的传统的金融机构或金融市场。[①]

沿袭麦金农所描述的二元金融结构中的"传统"金融市场和金融活动，许多学者给出了许多类似的概念及提法。包括非正规金融（informal finance）、非组织金融（unorganized finance）、非正式金融（informal finance）、非制度金融（Non-institution finance）、民间金融（folk finance）、民间借贷（folk debit and credit、informal credit、private lending）、民间融资（non-governmental financing、informal finance、folk financing）、灰黑色金融（gray and black finance）、地下金融（underground finance）、路边金融市场（curb market）、体制外金融（external financial system）等。这些概念指代的对象基本相同，但是观察角度和侧重点不同。

以上述提法为关键词，于 2015 年 11 月 12 日通过超星发现、CNKI 期刊库检索到文献的篇数及排序结果见下表。

表 1-2　　　　　国内非正规金融等相关问题研究频率

相关名称	超星发现（篇数）	CNKI 期刊（篇数）
民间借贷	7785	26696
民间金融	3777	7875
民间融资	2571	9651
非正规金融	1097	3242
地下金融	472	1280
非正式金融	181	77
灰黑色金融	7	1
体制外金融	3	3
非制度金融	2	24
非组织金融	0	0
路边金融市场	0	0
体外资金循环	0	0

---

① ［美］罗纳德·I. 麦金农：《经济发展中的货币与资本》，卢骢译，上海人民出版社 1997 年版。

表 1-2 中的国内非正规金融的相关概念在《河北省农村非正规金融机构现状及发展对策研究》（徐临等（2014））一书中有详尽的论述，本书不再赘述。

本书主要研究农村民间经济活动中所融通的资金主要为非公有经济成分的资金，以区别于经济活动中所融通的资金为公有经济成分的资金，故选择用"民间金融"的概念。段飞（2009）认为，农村民间金融的组织形式可分为三类：一是无组织无机构的个人借贷；二是有组织无机构的各种合会、标会、招会；三是有组织有机构的金融形式，如村镇银行、贷款公司、农村基金互助社等。[①] 本书主要研究上述第三类，即有组织有机构的金融形式。据《中国村镇银行发展报告（2016）》，截至 2016 年 2 月，全国共有 279 家银行类金融机构发起设立了村镇银行，其中农村商业银行（含农村合作银行）占半壁江山，城市商业银行占三分之一，农村信用社占十分之一，其余机构总和不到 10%。[②] 尽管银监会印发的《关于做好2016 年农村金融服务工作的通知》中明确指出，"支持民间资本参与发起设立村镇银行"，但是目前村镇银行的资金仍主要为公有经济成分的资金，故不在本书的研究范围内。借鉴刁怀宏（2004）对民间金融的定义，本书对"农村民间金融"定义为：农村民营金融机构提供的各种金融服务和其他相关金融交易关系的总和。

二　农村民间金融的主要形式

（一）小额贷款公司

小额贷款公司是由自然人、企业法人与其他社会组织投资设立，不吸收公众存款，经营小额贷款业务的有限责任公司或股份有限公司。[③]

（二）典当

典当，是指当户将其动产、财产权利作为当物质押或者将其房地产作为当物抵押给典当行，交付一定比例费用，取得当金，并在约定期限内支付当金利息、偿还当金、赎回当物的行为。典当行，是指依照《典当管理

---

① 段飞：《加强农村民间金融规范化建设的思路》，《南方金融》2009 年第 9 期。

② 《1412 家村镇银行生存现状》（http://business.sohu.com/20161013/n470220674.shtml）。

③ 《银监会央行发布关于小额贷款公司试点的指导意见》（http://www.gov.cn/gzdt/2008-05/08/content_ 965058.htm）。

办法》设立的专门从事典当活动的企业法人。①

（三）担保机构

根据是否设定行政许可、需要审批，投资担保公司分为两类，一类是经审批、纳入监管的投资担保公司，属于融资担保公司，由省级融资担保机构监管部门负责设立审批、关闭和日常监管；一类是其他投资担保公司，属于非融资性担保公司，不需要审批，只需在工商登记部门注册即可成立。② 具体来说，融资性担保是指担保人与银行业金融机构等债权人约定，当被担保人不履行对债权人负有的融资性债务时，由担保人依法承担合同约定的担保责任的行为。③

（四）合作金融

合作金融就是指按照国际通行的合作原则，以股金为资本，以入股者为服务对象，以基本金融业务为经营内容而形成的金融活动和金融合作组织。④ 目前我国农村合作金融的主要形式有农民专业合作社取得的信用互助业务试点、基层供销合作社开展的信用合作试点以及由乡（镇）、行政村农民和农村小企业自愿入股组成农村资金互助社。

（五）互联网金融

互联网金融是传统金融机构与互联网企业（以下统称从业机构）利用互联网技术和信息通信技术实现资金融通、支付、投资和信息中介服务的新型金融业务模式。⑤ 目前，互联网金融的主要形式有：互联网支付、网络借贷、股权众筹融资、互联网基金销售、互联网保险、互联网信托和互联网消费金融。

---

① 商务部、公安部：《典当管理办法》（http：//www.cbrc.gov.cn/chinese/home/docView/1B4B4A0ED3854552B646BC0883259C03.html）。

② 《中国银监会对十二届全国人大第三次会议第5178号建议的答复》（http：//www.cbrc.gov.cn/govView_ B78C204ABA184D93A272720FF0EA3C92.html）。

③ 《融资性担保公司管理暂行办法》（http：//www.cbrc.gov.cn/chinese/home/docDOC_ ReadView/2010031003D7B5E41DFF2D3CFFD9F9C102668400.html）。

④ 曾赛红、郭福春主编：《合作金融概论》，中国金融出版社2007年版。

⑤ 中国人民银行等十部委：《关于促进互联网金融健康发展的指导意见》（http：//www.gov.cn/zhuanti/2015-12/14/content_ 5023806.htm）。

第三节　农村民间金融风险控制研究综述

农村民间金融是农村经济发展到一定阶段的产物，生产资料私有制的确立、剩余产品的出现、贫富分化是其产生的基础。世界上绝大多数国家都曾经经历过漫长的农业社会，因此农村民间金融具有普遍性。但是，由于社会政治、经济、技术等对农村民间金融的发展有重大影响，因此农村民间金融具有地域性、时代性等特点，不同地区、不同时代其发展水平、类型等均会有所不同。金融风险与金融活动形影相伴，随着金融形式、结构的变化，其风险产生的原因、风险类型也会有所不同，因此风险管理或控制的手段也需要在继承的同时不断创新，与时俱进。因此，针对农村民间金融风险控制的研究国内外一直没有停止过。

尽管我国民间金融活动历史悠久，分布广泛，组织形式多种多样，但是新中国成立初期的一系列抑制非公有制经济发展政策的实施，致使民间金融市场几乎停滞。直到改革开放以后，国家鼓励、支持和引导个体私营等非公有制经济发展，民间金融重获新生，焕发活力，也开启了国内对农村民间金融的研究。2016 年 10 月 19 日，利用超星发现平台，以"民间金融"为主题检索，相关论著发文量 11578 篇（部）（见图 1-2），最早的为刊发于《宣传手册》1984 年第 21 期的《襄樊市出现民间金融联合体》。研究农村民间金融的文献有 2610 篇（部），最早的为刊发于《上海金融》1986 年第 2 期的《关于温州农村金融市场及其对策的探讨》。其中涉及农村民间金融风险研究的有 610 篇。通过对这些文献进行梳理、研究发现，对于该问题的研究，可以分为农村金融风险的表现形式和产生原因、风险类型、不同类型风险产生的原因、风险控制或管理的理论和方法等。

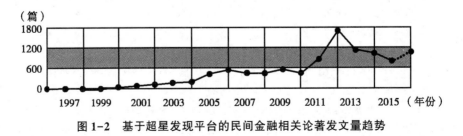

图 1-2　基于超星发现平台的民间金融相关论著发文量趋势

一　农村民间金融风险的表现形式、产生原因和危害

（一）民间借贷纠纷高发

王福强（1977）通过对日照市法院审理的案件分析发现，不规范的借贷行为引发的民事纠纷不断增多。① 聂薇等（2015）认为民间借贷纠纷案高发。近年来民间借贷纠纷数量大幅攀升，已居人民法院审结民事案件的第二位。② 最高人民法院研究室（2016）发布的公告显示，2015 年新收民间借贷纠纷案件 1536681 件，上升 41.48%。③

1. 民间借贷纠纷产生和高发的原因

杜敏等（2012）认为民间借贷纠纷案件高发的原因为：社会诚信体系缺失、法律规范及相应监管机制尚不完善、投机逐富心理驱动、法律意识淡薄、风险意识缺失、增多的民间闲散资金投向缺乏正确引导、中小微民营企业从金融机构融资难、虚假诉讼等。④ 陈永超（2015）认为，发生民间借贷纠纷的原因主要有：资金难以回笼造成企业无力偿还、个人经营不善无力偿还、借贷利率过高无力偿还、借款人恶意借贷无意偿还。⑤ 基于北大法宝数据平台，随机查看了 11 份民事判决书：《西乡县杨河镇高土坝村村民委员会与王桂兰民间借贷纠纷上诉案》（2007）、《钟乾根诉叶可波等民间借贷纠纷案》（2008）、《夏伟成诉绍兴市金兴外贸印染有限公司民间借贷纠纷案》（2009）、《王进有诉宁元福民间借贷纠纷案》（2010）、《浙江佳和矿业集团龙泉市贷款担保有限公司诉吴建君周远明等民间借贷纠纷案》（2011）、《苍南县承信典当有限公司诉李崇国等民间借贷纠纷案》（2012）、《张某诉王某等民间借贷纠纷案》（2013）、《庆阳市某典当有限公司与单某某、李某某民间借贷纠纷案》（2014）、《吴剑荣诉黄立群

---

① 王福强：《斩不断　理还乱——对民间借贷纠纷的调查与思考》，《中国商人》1997 年第 2 期。

② 聂薇、周丹、范莉：《民间借贷纠纷案高发　九成涉高利贷》，《法制周报》2015 年 12 月 8 日第 3 版。

③ 最高人民法院研究室：《2015 年全国法院审判执行情况》（http：//www.court.gov.cn/fabu-xiangqing-18362.html）。

④ 杜敏、王刚：《民间借贷纠纷案件问题探究及应对之策》，《人民司法》2012 年第 11 期。

⑤ 陈永超：《浅论民间借贷案件增多的原因、特点及审判对策》（http：//www.gx-law.gov.cn/a78/31987.jhtml）。

民间借贷纠纷案》（2015）、《浦江县众银小额贷款有限公司诉王国辉等民间借贷纠纷案》（2016）、《浙江车邦互联网金融信息服务有限公司诉邵学明等民间借贷纠纷案》（2016），这 11 份判决书，导致民间借贷纠纷的原因全部为借款逾期不还，其中部分涉及超高利率放贷行为，还有部分涉及借款人逾期不还时担保人的连带责任。① 郭粹（2015）认为，农村民间借贷案件多发的主要原因是借贷手续不规范（借款无借据，还款无收据、借据未收回，借据、收据欠规范）、对法律规定认识不全面（催款不及时）是农村民间借贷纠纷案件多发的主要原因。② 综上所述，民间借贷纠纷产生和高发的原因可以归结为以下几点：法律环境有待改善、信用体系建设有待加强、风险转移机制有待健全、民间闲散资金有待正确引导、风险意识有待提高。

2. 民间借贷纠纷的危害

借贷网（2014）通过法院调研确定，5%的民间借贷纠纷诱发了非法吸收公众存款、集资诈骗等涉众型经济犯罪。③ 都燕果（2013）认为，频发的民间借贷纠纷引发的刑事案件已逐步影响到金融秩序稳定、企业健康发展和社会和谐稳定等诸多方面。④ 郭粹（2015）认为，农村民间借贷纠纷多发的危害主要表现在：干扰正常金融秩序（部分闲散资金流向高利贷）、影响社会稳定、加剧贫富两极分化。特别是一些民间借贷纠纷可能诱发刑事案件，其危害程度更大。⑤ 卢金增等（2011）指出，2008 年 1 月至 2011 年 6 月底，山东省淄博市检察机关共办理因民间借贷纠纷而导致刑事案件发生的案件 91 件 208 人，涉案金额高达近 3 亿元，致使利益受损人员众多。⑥

---

① 北大法宝：《案例与裁判文书》（http：//www. pkulaw. cn/case/adv）。

② 郭粹：《对农村涉法民间借贷纠纷的思考》，《鹤壁日报》2015 年 9 月 6 日第 3 版。

③ 借贷网：《民间借贷引发刑事案件》（http：//www. jiedai. cn/news/21160. html）。

④ 都燕果：《关于预防民间借贷纠纷导致刑事案件增多的建议和对策》（http：//www.110. com/ziliao/article-355033. html）。

⑤ 郭粹：《对农村涉法民间借贷纠纷的思考》，《鹤壁日报》2015 年 9 月 6 日第 3 版。

⑥ 卢金增、王进平：《山东淄博：民间借贷引发近百件刑案》，《检察日报》2011 年 8 月 10 日第 8 版。

（二） 农村民间金融超高利率放贷行为多发

劳苑（1990）①、乌云（2007）② 认为，高利贷在我国农村重新出现且日益严重。张文基（2014）从农村地区民间借贷纠纷出发，研究农村地区"高利贷"活动的形成原因、危害，提出公安机关针对"高利贷"活动的打击预防对策的三条主张。③ 聂薇等（2015）基于对长沙市两级法院 2012 年 10 月到 2015 年 10 月新收民间借贷纠纷 20142 件案件的分析，得出民间借贷纠纷案高发、九成涉高利贷的结论。④ 1991 年 7 月 2 日最高人民法院审判委员会第 502 次会议讨论通过、1991 年 8 月 13 日下发的《最高人民法院关于人民法院审理借贷案件的若干意见》明确指出，"民间借贷的利率可以适当高于银行的利率，各地人民法院可根据本地区的实际情况具体掌握，但最高不得超过银行同类贷款利率的四倍（包含利率本数）。超出此限度的，超出部分的利息不予保护"。⑤ "民间借贷四倍利率标准"从此至 2015 年 9 月 1 日成为全体法官奉为圭臬的执行标准。2015 年 6 月 23 日最高人民法院审判委员会第 1655 次会议通过、自 2015 年 9 月 1 日起施行的《最高人民法院关于审理民间借贷案件适用法律若干问题的规定》明确，"借贷双方约定的利率未超过年利率 24%，出借人请求借款人按照约定的利率支付利息的，人民法院应予支持。借贷双方约定的利率超过年利率 36%，超过部分的利息约定无效。借款人请求出借人返还已支付的超过年利率 36% 部分的利息的，人民法院应予支持"。⑥ 但是，实际操作中，出借人在签署借款协议时，高出国家法律标准的部分会一次性以服务费的形式收取，以降低其法律风险。

1. 农村民间金融超高利率放贷行为产生的原因

劳苑（1990）认为造成该问题的原因有五个方面：农村人与人之间

---

① 劳苑：《农村高利贷盛行的原因、危害和政策建议》，《金融研究》1990 年第 10 期。

② 乌云：《浅析农村高利贷盛行的原因》，《内蒙古科技与经济》2007 年第 14 期。

③ 张文基：《农村"高利贷"盛行现象剖析》，《江苏法制报》2014 年 6 月 20 日第 8 版。

④ 聂薇、周丹、范莉：《民间借贷纠纷案高发 九成涉高利贷》，《法制周报》2015 年 12 月 8 日第 3 版。

⑤ 最高人民法院：《最高人民法院关于人民法院审理借贷案件的若干意见》（http：//www.law-lib.com/law/law_ view.asp？id=7755）。

⑥ 最高人民法院：《最高人民法院关于审理民间借贷案件适用法律若干问题的规定》（http：//www.china.com.cn/legal/2015-08/06/content_ 36240401_ 3. htm）。

的关系逐渐演变为商品货币关系，农村民间融通中货币供不应求、借贷利息大幅度提高，农村官办信用中的不正之风排斥了普通农民享用合理贷款的权利，农村生活中急需资金超过农民收入水平所决定的承受能力，官方贷款渠道收缩。① 乌云（2007）认为高利贷盛行最基本的原因是供求矛盾，正规金融机构有效供给不能满足农民生活和个体经济发展对资金的旺盛需求是产生高利贷的土壤。需求大于供给必然导致价格的升高。张文基（2014）认为，金融部门融资渠道不畅、农村地区投资渠道狭窄、高额利息回报利益驱动是农村地区"高利贷"活动的形成原因。从上述研究可以看出，随着社会的发展，人们的经济意识和法律意识越来越强，人们越来越认同基于合约的借贷关系更有利于社会的进步和稳定，同时，农村官办信用中的不正之风也不再是问题产生的主要原因。2004 年至今，中央一号文连续十四年聚焦"三农"，并且几乎每次都会涉及推动金融机构加强对"三农"的支持，多年涉及推动农村金融体制改革；一方面引导官方金融强化服务"三农"的意识和提升服务"三农"的水平，一方面为民间金融的阳光化、正规化提供了政策基础，因此农村金融环境有了明显的改善。但是，随着社会经济的发展，农村对金融的需求愈加旺盛，其贷款笔数和额度大规模提高，资金供需的矛盾依然没有能够彻底解决，高利贷生存的土壤依然具备。

2. 农村民间金融超高利率放贷行为的危害

周立（2006）认为，高利贷有导致"穷者愈穷、富者愈富"的马太效应和对社会阶层分化的加速作用，给政权统治带来一些不稳定因素。② 张娟（2011）介绍横山村黑色"高利贷"放贷人的黑色背景以及向赌场和赌徒放贷引发的还款危机，放贷人常常会选择采用暴力等非正常的方式收回本金、利息，极易诱发社会风险。同时还介绍了高利贷引发暴力抢车事件和"高利贷"之争引发爆炸案，前者隐藏着重大安全事故隐患，后者造成了 9 人死亡、48 人受伤的恶性事件。③

（三）非法集资形势严峻

近年来，非法集资在民间金融活动中风险凸显。据处置非法集资部际

---

① 劳苑：《农村高利贷盛行的原因、危害和政策建议》，《金融研究》1990 年第 10 期。

② 周立：《由生存经济看农村高利贷的表达与实践》，《财贸经济》2006 年第 4 期。

③ 张娟：《民间金融运作中的问题及制度改进》，硕士学位论文，重庆大学，2011 年。

联席会议办公室的数据，2013 年与农民合作社有关的非法集资风险开始上升。① "2015 年全国非法集资新发案数量、涉案金额、参与集资人数同比分别上升 71%、57%、122%，达历年最高峰值，跨省、集资人数上千人、集资金额超亿元案件同比分别增长 73%、78%、44%，特别是以 e 租宝、泛亚为代表的重大案件涉案金额几百亿，涉及几十万人，波及全国绝大部分省份，规模之大、膨胀速度之快前所未有"。② 非法集资在农村较为猖獗，以农村合作社形式进行非法集资成为了新趋势。2015 年 6 月，河南浩宸投资担保有限公司通过在西平县招聘的 40 多名业务员，从全县 4000 多户农民手中非法揽走了资金近 2 亿元。这起非法集资案全部发生在农村，参与者和受害者全是农民。③ 河南嵩县最大的一起非法集资案中，16 个乡中有 14 个乡受害，桥头村被骗 800 多万元，相当于这个村将近 800 人一年都白打工了，很多人连医保都交不起了。④

　　1. 非法集资在农村猖獗的原因

　　随着农村经济的发展，农民积蓄渐丰，农村交通、金融基础设施相对落后，存储、取款不方便，而不法分子大打亲情牌，又许以高额回报为饵，老人、妇女很容易掉进这个陷阱。⑤ 非法集资在农村主要利用人的欲念和"无知"向这些获知信息最少、最容易被骗的弱者施骗。⑥ 娄辰等（2014）认为，使违法行为屡屡得逞的三大原因为：农民有强烈的理财愿望，却没有相应的金融知识和风险意识；不法分子误导宣传，并利用农村特殊人物诱导农民；政府多个部门都有监督管理责任，但在现实中却存在多处漏洞。⑦

---

　　① 娄辰、潘林青：《警惕涉农非法集资》，《金融世界》2014 年第 7 期。

　　② 李德尚玉：《14 部委联手打击非法集资　民间借贷将套紧箍咒》（http：//bank.jrj.com.cn/2016/04/28072420891361.shtml）。

　　③ 中研网：《央行等 7 部门联合打击非法集资　规范民间融资》（http：//www.chinairn.com/news/20151218/170256837.shtml）。

　　④ 《互联网理财暗埋骗局　非法集资"洗劫"农村》（http：//news.xinhuanet.com/info/ttgg/2016-07/28/c_135546652.htm）。

　　⑤ 张茂锡、罗跃庭：《警惕非法集资走向山村》（http：//roll.sohu.com/20160704/n457644327.shtml）。

　　⑥ 《评论：非法集资扛不起 P2P 诈骗所有罪》（http：//finance.sina.com.cn/money/lczx/2016-07-27/details-ifxuhukz1113085.shtml？_da0.4834894866216928）。

　　⑦ 娄辰、潘林青：《警惕涉农非法集资》，《金融世界》2014 年第 7 期。

2. 农村非法集资的危害

宋兆东等（2002）认为，非法集资带来严重的社会危害，主要表现在：资金存支状况恶化，形成支付危机；引发集体上访，影响社会稳定；容易激化矛盾，诱发恶性事件；扰乱金融市场，引发社会信用危机。[①] 娄辰等（2014）认为，以农民合作社名义非法集资，不仅直接损害农民经济利益，扰乱农村金融秩序和生态，也有碍正规农村新型经济组织的发展。综上，非法集资的危害可以分为三个方面：一是在国家社会层面，影响社会稳定，扰乱农村金融秩序，阻碍正规农村新型经济组织发展；二是对于实施非法集资的机构，高额的利息引致支付危机，诱发违法犯罪；三是对于在非法集资中提供资金的农民，可能致使其因此致贫返贫。

（四）民间金融经常会发生提现困难

根据网贷之家数据，2016 年 9 月，新增平台 43 家，但是新增停业及问题平台 98 家，其中提现困难的有 8 家，占新增停业及问题平台的8.16%。[②] 利用超星发现平台，以"提现困难"精确检索到文献 235 篇，绝大多数文献涉及 P2P 平台，其相关论著发文量趋势如图 1-3 所示。可见，对该问题的规模性研究始于 2013 年，直到现在仍然是金融方向的研究热点之一。

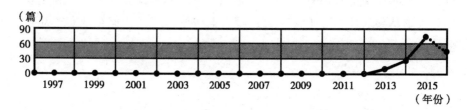

图 1-3　以"提现困难"为主题的相关论著发文量趋势

1. 民间金融发生提现困难的原因

融 360 认为，导致 P2P 平台出现提现困难主要有七大原因：期限错配；逾期坏账后无法"兜底"；出现挤兑；运营成本过高，平台入不敷

---

　　① 宋兆东、赵兴海、陈少玉：《当前农村非法集资的成因危害及对策浅析》，《山东社会科学》2002 年第 4 期。

　　② 《网贷行业数据》（http：//shuju. wdzj. com/industry-list. html）。

出；支付通道不畅；非法集资；平台跑路。[①] 而对于和村镇银行的服务对象有重叠的小额贷款公司，"只贷不存"的政策约束致使其可使用的资金是非常有限的。[②]

2. 民间金融发生提现困难的危害

平台一旦发生提现困难，出借人往往选择集体报警，多以警察介入、定性为非法吸收公众存款案件居多，平台基本宣告死亡。[③] 投资者则会以损失惨重而告终。

二　农村民间金融的风险类型、特点及成因

不同的研究者对农村民间金融的风险类型的划分往往不同。邹新阳（2008）认为，农村民间金融面临的风险主要有：制度风险、经营风险、社会风险、道德风险。[④] 宋克玉（2008）认为，我国小额贷款公司面临的风险有：市场风险、信用风险、流动性风险、操作风险、法律风险。[⑤] 李修平（2009）则认为，小额贷款公司一般面临着两类风险：小额贷款公司运行风险和农业金融风险。运行风险包括：资本流动性风险、信用风险、操作风险；农业金融风险一般有自然风险和市场风险构成。[⑥] 王建英等（2009）认为，新型农村金融机构面临的风险主要有：操作风险、内部人员控制风险、信用风险、监管风险、政策风险、盈利风险。[⑦] 闫真宇（2013）认为，当前互联网金融风险的主要类型有：法律政策风险、业务管理风险、网络技术风险、货币政策风险、洗钱犯罪风险。[⑧] 王茹（2016）认为，互联网金融风险的五种类型为：政策法律风险、监管风

---

① 《七大原因致 P2P 平台提现困难　六招教你追回本金》（http：//news. 163. com/16/0511/16/BMQ3HVVF00014AED. html）。

② 何平：《小额贷款公司经营风险的法律控制分析》，《求索》2010 年第 6 期。

③ 《问题 P2P 分四大类：自融导致提现难占多数》（http：//finance. huanqiu. com/roll/2015-03/5899007. html）。

④ 邹新阳、王贵彬：《农村民间金融面临的风险及防范策略研究》，《当代经济管理》2008 年第 2 期。

⑤ 宋克玉：《我国小额贷款公司风险管理问题探析》，《北方经济》2008 年第 20 期。

⑥ 李修平：《"只贷不存"小额贷款公司的风险及对策》，《当代经济》2009 年第 2 期。

⑦ 王建英、王秀芳：《新型农村金融机构运行风险及其防范》，《金融经济》2009 年第 4 期。

⑧ 闫真宇：《关于当前互联网金融风险的若干思考》，《浙江金融》2013 年第 12 期。

险、交易风险、技术风险、认知风险。① 综上，农村民间金融，作为一种金融形式，与官方或正规金融并没有本质的区别，其风险类型依然包括信用风险、操作风险、流动性风险、利率风险、市场风险、法律风险、政策风险、环境风险。同时，上述研究也表明，直到目前，国内对农村民间金融风险类型的认识依然没有统一。

（一）信用风险

1. 概念

张玲等（2000）认为，信用风险又称违约风险，是指借款人、证券发行人或交易对方因种种原因，不愿或无力履行合同条件而构成违约，致使银行、投资者或交易对方遭受损失的可能性。② 徐长荣（2005）认为，信用风险是指借款人或交易对手违约而导致损失的可能性。③ 方洪全等（2004）认为，银行信用风险是指由于借款人或市场交易对手的违约而导致损失的可能性。实际上，信用风险还包括由于借款人信用评级的降低导致其债务市场价值的下降而引起损失的可能性。④ 中国保监会2010年印发的《人身保险公司全面风险管理实施指引》中信用风险被定义成"由于债务人或交易对手不能履行或不能按时履行其合同义务，或者信用状况的不利变动而导致的风险"。⑤ 王勇等（2014）认为，信用风险的定义有狭义与广义之分，狭义的信用风险是指因交易对手无力履行合约而造成经济损失的风险，即违约风险；广义的信用风险是指由于各种不确定因素对银行信用的影响，使银行等金融机构经营的实际收益结果与预期目标发生背离，从而导致金融机构在经营活动中遭受损失或获得额外收益的一种可能性程度。并且同时指出，狭义的信用风险属于单侧风险范畴，而广义的则属于双侧风险，更符合风险的本质，但在实务当中更主要采用狭义的定

---

① 王茹：《互联网金融风险的五种类型》，《中国经济时报》2016年7月7日第6版。

② 张玲、张佳林：《信用风险评估方法发展趋势》，《预测》2000年第4期。

③ 徐长荣：《巴塞尔新资本协议与我国商业银行信用风险管理对策研究》，《商业研究》2005年第3期。

④ 方洪全、曾勇：《银行信用风险评估方法实证研究及比较分析》，《金融研究》2004年第1期。

⑤ 中国保监会：《人身保险公司全面风险管理实施指引》（http：//www.circ.gov.cn/web/site0/tab5225/info146356.htm）。

义。① 从上述五个定义不难看出，随着相关研究的深入，信用风险定义的表述日趋完善。信用风险引发损失的原因主要表现在以下几个方面：一是债务人或交易对手不愿履约，即由于主观原因的违约，属于道德风险。二是债务人或交易对手无力履约，即由于客观原因的违约。三是信用评级的降低导致其债务市场价值下降，也属于由客观原因引发的损失。

2. 信用风险的特点及其原因

（1）农村信用风险大。阎亚军（2012）认为，农村信用风险很大的原因是农村家庭收入来源不确定性很大。② 吴治成（2012）认为，农村客户的信用意识普遍较差，信用风险相当严重，我国农村普遍缺乏一个良好的信用环境体系。③ 何慧（2014）通过研究小额信贷机构信用风险形成的机理认为，小额贷款方式多为个人信用贷款，无实际抵押物，不能提供类似于企业的完整财务报表和质量，对借款人的约束力小，因此容易形成逆向选择，即贷款最容易贷给那些风险最大、最有可能不还款的借款人，因为他们最积极、愿意支付最高的贷款利息。④

（2）农村信用环境易产生道德风险。洪正（2011）认同农村融资难主要源于农户与农村金融机构之间因信息不对称所引起的逆向选择和道德风险问题。⑤ 阎亚军（2012）认为，农村诚信意识淡薄。龙柯宇（2013）认为，在贷款发放之后，道德风险如影随形，主要表现在借款人私自把资金改用于一些高风险和投机性强的可能导致资金巨额损失的项目、浪费性开支或消费、对所借资金的使用漠不关心导致偿债能力出现问题等三个方面。⑥ 道德风险具有潜在性、长期性、破坏性和控制的艰巨性等特点。

（3）农业弱质性导致债务人无力履约。吴治成（2012）认为，农业

---

① 王勇等编著：《金融风险管理》，机械工业出版社 2014 年版。

② 阎亚军：《我国新型农村信用体系构建研究》，博士学位论文，中国海洋大学，2012 年。

③ 吴治成：《农村新型金融组织风险管理问题研究》，博士学位论文，东北农业大学，2012 年。

④ 何慧：《小额信贷机构信用风险形成机理与风险控制研究》，《财会通讯》2014 年第 3 期。

⑤ 洪正：《新型农村金融机构改革可行吗？——基于监督效率视角的分析》，《经济研究》2011 年第 2 期。

⑥ 龙柯宇：《农村民间金融道德风险的法律治理研究》，《云南大学学报》（法学版）2013 年第 4 期。

"靠天吃饭"的生产规律加剧了信用风险。^① 农业生产易受自然条件影响，农户和农村中小企业获得贷款资金大多是投入到种植业、养殖业和土畜产品生产等农业经济中，农业生产严重依赖自然条件，当贷款获得者遭遇恶劣的气候条件导致农业歉收，无法取得预期的收入时，客观上就出现了贷款的信用风险。

（4）农户和农村中小企业缺乏抵押品限制了农村民间金融机构对信用风险控制。吴治成（2012）认为，目前农村居民最重要的财产是宅基地和土地，而依据担保法的有关规定，农村的土地和宅基地都不能成为有效的抵押品，这在客观上致使农民有效抵押资产少，这一方面给农户贷款造成了障碍，另一方面也不利于农村民间金融机构对信用风险的管理和控制。^②

（二）操作风险

1. 概念

巴塞尔协议 II 对操作风险的定义为"由不完善或有问题的内部程序、人员及系统或外部事件所造成损失的风险。本定义包括法律风险，但不包括策略风险和声誉风险"。2007 年银监会发布的《商业银行操作风险管理指引》对操作风险的定义为"由不完善或有问题的内部程序、员工和信息科技系统，以及外部事件所造成损失的风险。本定义所指操作风险包括法律风险，但不包括策略风险和声誉风险"，^③ 2012 年银监会发布的《商业银行资本管理办法（试行）》沿用了该定义。^④ 中国保监会 2010 年发布的《人身保险公司全面风险管理实施指引》对操作风险的定义为"由于不完善的内部操作流程、人员、系统或外部事件而导致直接或间接损失的风险，包括法律及监管合规风险"。^⑤ 可以看出，上述国内外的定义基

---

① 吴治成：《农村新型金融组织风险管理问题研究》，博士学位论文，东北农业大学，2012 年。

② 同上。

③ 中国银行业监督管理委员会：《商业银行操作风险管理指引》（http：//www.cbrc.gov.cn/chinese/home/docView/20070601320CAD62F1FA24FDFF34234E7AC83D00.html）。

④ 中国银行业监督管理委员会：《商业银行资本管理办法（试行）》（http：//www.cbrc.gov.cn/chinese/home/docView/79B4B184117B47A59CB9C47D0C199341.html）。

⑤ 中国保监会：《人身保险公司全面风险管理实施指引》（http：//www.circ.gov.cn/web/site0/tab5225/info146356.htm）。

本保持了一致。

2. 操作风险产生的原因及特点

操作风险基本是按风险发生原因定义的。王勇等（2014）把操作风险产生的原因归纳为四个方面：（1）操作流程缺陷，具体指交易、结算及日常业务操作过程中数据录入、资产评估、客户争端及客户资产损失等方面造成的风险损失。（2）人员因素，具体指由于雇员及其相关人员有意或无意造成的损失或者公司与其客户、股东、第三方或监管者之间的关系而造成的损失，包括歧视性交易、未授权交易、关联交易和内部欺诈等。（3）系统原因，具体指由于硬件、软件和通信系统发生故障，致使交易系统中断、延误、崩溃或发生偏差、程序错误，电脑病毒以及交易人员或风险管理者使用了错误模型，或模型参数选择不当等方面造成的损失等。（4）外部事件，具体指由于第三方而造成的损失，如外部欺诈、撤资、监管的变化使得业务发生变化，如自然灾害、恐怖袭击、勒索、信用卡欺诈、电脑犯罪等。① 上述操作风险的引致原因分析适合任何金融形式，民间金融还具有自己独特的风险引致原因。刘星（2010）认为，农村非正规金融机构容易产生操作风险的原因主要是从业人员能力素质较差，风险监控能力较低。② 胡晓洲（2014）认为，P2P平台的操作风险形成原因主要是没有完善的法律法规约束平台的操作，资金的支配权由平台自己掌握，由于缺乏市场严格的监管，P2P平台容易利用借入与贷出款项的时间差挪用甚至携款跑路。③ 孙学立等（2014）认为，P2P平台都采用了小额分散放款的方式，由于线下尽职调查的成本较高，尽职调查普遍做得不够完整，同时，业务人员本身没有金融、会计和法律专业背景，素质参差不齐，对信用审核技术、金融风险认识不够，技术操作有困难，普遍存在一定的技术风险。④

操作风险的特点。王勇等（2014）认为操作风险主要有人为性、多样性、内生性、风险与收益的非对称性、关联性等几个方面的特点。⑤

---

① 王勇等编著：《金融风险管理》，机械工业出版社2014年版。

② 刘星：《我国农村微型金融服务及风险防范研究》，博士学位论文，西南财经大学，2010年。

③ 胡晓洲：《P2P网络借贷的现状及发展前景分析》，《现代商业》2014年第35期。

④ 孙学立、李娟：《我国P2P借贷主要风险问题研究——基于民间金融创新视角》，《征信》2014年第7期。

⑤ 王勇等编著：《金融风险管理》，机械工业出版社2014年版。

（三）流动性风险

1. 概念

巴塞尔银行监管委员会 1997 年 9 月发布的《有效银行监管的核心原则》中，流动性风险是指银行无力为负债的减少或资产的增加提供融资，即当银行流动性不足时，它无法以合理的成本迅速增加负债或变现资产获得足够的资金，从而影响了其盈利水平。在极端情形下流动性不足会使银行资不抵债。[①] 始于 2007 年的全球金融危机证明了流动性风险爆发的突然性和严重性，也证明了一些融资渠道会在短时间内消失殆尽，从而引起业界对流动性风险的高度重视。该定义包含三方面的内容：（1）流动性风险产生的原因：银行流动性不足；（2）流动性风险的表现：银行无力为负债的减少或资产的增加提供融资；（3）流动性风险导致的后果：影响其盈利水平，甚至在极端情形致使银行资不抵债。

孙晨辉等（2014）研究民间金融风险的类型时认为，流动性风险是指民间金融经营者或组织者由于金融资产流动性的不确定性变动而遭受经济损失的可能性。除了民间金融中介的流动性设计不完善之外，信用、市场、操作等风险领域的问题也会导致民间金融流动性不足，甚至引发风险扩散，造成一定区域出现整体流动性困难。[②] 该定义与王勇等（2014）的定义"流动性风险主要是指经济主体由于金融资产流动性的不确定性变动而遭受经济损失的可能性"基本一致。但与《有效银行监管的核心原则》中的定义相比，该定义对流动性风险的表现没有涉及。

2009 年 9 月银监会印发的《商业银行流动性风险管理指引》中，流动性风险是指商业银行虽然有清偿能力，但无法及时获得充足资金或无法以合理成本及时获得充足资金以应对资产增长或支付到期债务的风险。流动性风险如不能有效控制，将有可能损害商业银行的清偿能力。流动性风险可以分为融资流动性风险和市场流动性风险。融资流动性风险是指商业银行在不影响日常经营或财务状况的情况下，无法及时有效满足资金需求的风险。市场流动性风险是指由于市场深度不足或市场动荡，商业银行无法以合理的市场价格出售资产以获得资

---

① 巴塞尔银行监管委员会：《有效银行监管的核心原则》，《中国金融》1997 年第 10 期。

② 孙晨辉、李富有：《基于 AHP 和模糊综合评价的民间金融风险判定与评估》，《经济管理》2014 年第 2 期。

金的风险。① 该定义强调了流动性风险产生时商业银行尚有清偿能力，同时强调的还有它的两种表现形式：无法及时有效满足资金需求、无法以合理的市场价格出售资产以获得资金，并把两种不同表现形式的风险分别定义为融资流动性风险和市场流动性风险。

2010 年 10 月中国保监会印发的《人身保险公司全面风险管理实施指引》中，流动性风险，是指在债务到期或发生给付义务时，由于没有资金来源或必须以较高的成本融资而导致的风险。② 该定义与《商业银行流动性风险管理指引》中的定义相比，没有强调是否有清偿能力，但明确说明了流动性风险暴露的时刻，即在债务到期或发生给付义务时。两者对流动性风险的表现形式的表述基本相同。

2014 年 2 月中国证券业协会发布的《证券公司流动性风险管理指引》中，流动性风险是指证券公司无法以合理成本及时获得充足资金，以偿付到期债务、履行其他支付义务和满足正常业务开展的资金需求的风险。③ 该定义也说明了流动性风险暴露的时间，即偿付到期债务、履行其他支付义务和业务开展时，很明显地，与《人身保险公司全面风险管理实施指引》中的定义相比，流动性风险暴露的时间已经不能用时刻表示，已经贯穿到业务开展的全过程。同时，该定义对流动性风险的表现形式只涉及一个方面，即无法以合理成本及时获得充足资金。

综上所述，至今，流动性风险的定义并未完全统一，这既反映了不同金融形式的流动性风险表现的侧重点不同，也表现了金融经营主体或研究者对流动性风险的认识还有一定的差异。

2. 流动性风险的特点及产生原因

彭艳红（2010）认为，流动性风险不是单纯的资金管理问题，而是多种问题的综合反映。④ 王勇等（2014）有类似的看法，认为它常常是由

---

① 银监会：《商业银行流动性风险管理指引》（http：//www. gov. cn/gzdt/2009 - 10/29/content_ 1451768. htm）。

② 保监会：《人身保险公司全面风险管理实施指引》（http：//www. circ. gov. cn/web/site0/tab5225/info146356. htm）。

③ 中国证券业协会：《证券公司流动性风险管理指引》（http：//www. sac. net. cn/flgz/zlgz/201402/t20140226_ 83794. html）。

④ 彭艳红：《我国农村金融流动性风险的形成及防范对策研究》，《山东财政学院学报》2010 年第 5 期。

操作风险、信用风险、市场风险、管理问题、声誉问题、法律法规等问题一起或某几种同时出现导致的。①

（四）市场风险

1. 概念

公布于 1996 年 1 月，生效于 1997 年底的巴塞尔委员会的《资本协议的市场风险补充规定》中，市场风险被定义为"由于市场价格波动而引起表内表外头寸损失的风险"，包括利率风险、股权头寸风险、外汇风险、商品头寸风险。② 2004 年 12 月 16 日中国银行业监督管理委员会第 30 次主席会议通过、自 2005 年 3 月 1 日起施行的《商业银行市场风险管理指引》中，市场风险被定义成"因市场价格（利率、汇率、股票价格和商品价格）的不利变动而使银行表内和表外业务发生损失的风险。市场风险存在于银行的交易和非交易业务中"。市场风险可以分为利率风险、汇率风险（包括黄金）、股票价格风险和商品价格风险，分别是指由于利率、汇率、股票价格和商品价格的不利变动所带来的风险。利率风险按照来源的不同，可以分为重新定价风险、收益率曲线风险、基准风险和期权性风险。商品是指可以在二级市场上交易的某些实物产品，如农产品、矿产品（包括石油）和贵金属（不包括黄金）等。③ 而《保险公司风险管理指引》（保监发〔2007〕23 号）中，市场风险被定义成"由于利率、汇率、权益价格和商品价格等的不利变动而使公司遭受非预期损失的风险"。④ 银监会与保险会文件中对市场风险定义最大的不同就是《商业银行市场风险管理指引》中并没有强调非预期损失，故包含预期损失和非预期损失；《保险公司风险管理指引》中只包含非预期损失。《商业银行市场风险管理指引》和《资本协议的市场风险补充规定》的定义更为接近。

2. 市场风险的特点及产生原因

市场风险具有明显的系统性风险的特征。市场风险中的利率风险、汇率风险（包括黄金）、股票价格风险和商品价格风险，分别产生于利率、

---

① 王勇等编著：《金融风险管理》，机械工业出版社 2014 年版。

② 邹立刚、张桂红：《对外资金融机构的法律监管》，法律出版社 2001 年版。

③ 中国银行业监督管理委员会：《商业银行市场风险管理指引》（http：//www.cbrc.gov.cn/chinese/home/docView/1123.html）。

④ 中国保监会：《人身保险公司全面风险管理实施指引》（http：//www.circ.gov.cn/web/site0/tab5225/info146356.htm）。

汇率、股票价格和商品价格的不利变动。

（1）利率风险：1997年9月巴塞尔银行监管委员会发布的《利率风险管理与监管原则》中，利率风险是指"利率的不利变动给银行财务状况带来的风险"。根据风险的不同来源，被分为重新定价风险（最主要、最常见）、收益率曲线风险、基准风险、期权性风险（越来越重要）。[①]

（2）汇率风险：汇率风险是指一个经济实体或个人，在国际经济、贸易、金融等活动中以外币计价的资产或负债因外汇汇率的变动而引起价值上升或下跌的损益，包括交易风险、经营风险、折算风险。[②]

（3）股票风险：是指源于股票等有价证券价格变动而导致投资主体亏损或收益的不确定性，也称证券投资风险。根据风险产生的根源不同，可以分为企业风险、货币市场风险、市场价格风险和购买力风险。[③]

（4）商品风险：是指源于大宗商品合约价值的变动（包括农产品、金属、能源产品）而可能导致的亏损或收益的不确定性。[④]

（五）法律风险

1. 概念

刘兴亚等（1998）认为，金融法律风险是指无法可依和有法不依的风险，主要包括因法律规定不完善不明确或无法律规定造成不规范不得不进行清理整顿带来的不必要成本风险，金融机构违规行为应承担的民事、行政、刑事法律责任风险，以及因法律手续程序欠缺或不规范而得不到法律保障的金融债权悬空风险等。[⑤] 周慧（2010）认为，商业银行法律风险是指银行由于自身违反了法律，交易存在法律瑕疵，或是未能采取有效法律措施保护银行的资产和权益，导致商业银行陷入纠纷或诉讼，被处罚或制裁，产生财务损失或声誉损失等不利后果的风险；或者是由于法律的不明确、变化导致银行对法律的认识产生偏差，造成商业银行的利益得不到法律保护的风险。[⑥] 两种定义虽然具体表述不同，但是基本含义是相同

---

① 巴塞尔银行监管委员会：《利率风险管理与监管原则》（http://www.cbrc.gov.cn/chinese/home/docView/947.html）。

② 王勇等编著：《金融风险管理》，机械工业出版社2014年版。

③ 刘兴亚、朱其龙：《金融法律风险探源》，《江苏金融》1998年第8期。

④ 同上。

⑤ 同上。

⑥ 周慧：《商业银行法律风险研究》，《四川大学学报》（哲学社会科学版）2010年第1期。

的，即都是从法律风险引致原因角度来定义，并且引致原因可以分为法律本身的不完善、金融机构的违法行为、金融机构利用法律保护自身权益的能力差等三个方面。

2. 法律风险的特点及产生原因

杜彬瑜（2001）认为，法律风险的特点主要有：涉诉经济纠纷案件的数量与标的总额及个案标的金额越来越大，银行作为被告的经济纠纷案件越来越多，借贷类纠纷案件占比过高，破产案件数量偏大，经济纠纷案件在类型上呈蔓延态势。①

对于法律风险产生的原因，刘兴亚等（1998）从法律角度进行解析，认为现有法律不能满足经济金融体制处于转型期的需求、法律法规的制定未能正确处理好发展与规范的辩证关系、制定法律法规规章时风险防范意识薄弱、立法规划性不强等是法律风险产生的原因。② 而杜彬瑜（2001）则着眼于金融系统自身，认为形成法律风险的主要原因有：银行一些高级管理人员和业务人员法制观念薄弱，违法经营或违规操作；银行业务管理制度不完善，或者业务操作程序不规范，银行贷款预警机制失灵或者对风险信号反应迟钝。③

(六) 政策风险

1. 概念

政策风险是指因国家宏观政策（如货币政策、财政政策、行业政策、地区发展政策等）发生变化，导致市场价格波动而产生风险。④ 姚萱（2003）认为，政策风险主要表现为反向性政策风险和突变性政策风险两个方面。其中，反向性政策风险是指市场在一时间段内政策导向与资产重组的内在发展方向相悖所蕴含的风险；突变性政策风险是指由于管理层政策口径的突然变化对资产重组造成的风险。⑤

2. 政策风险的特点及产生原因

高雄伟（2014）认为，政府过当的行政干预、地方保护主义、国家

---

① 杜彬瑜：《金融法律风险及其防范》，《农村金融研究》2001 年第 5 期。

② 刘兴亚、朱其龙：《金融法律风险探源》，《江苏金融》1998 年第 8 期。

③ 杜彬瑜：《金融法律风险及其防范》，《农村金融研究》2001 年第 5 期。

④ 姚瑞基主编：《金融基础》，北京理工大学出版社 2012 年版。

⑤ 姚萱：《中国上市公司资产重组的风险及防范》，《华北工学院学报》（社科版）2003 年第 3 期。

政策的不连续性是政策风险产生的主要原因。①

（七）环境风险

1. 概念

魏宁等（2015）认为，环境风险是指金融活动参与者由于其所处的自然、法律、政治、社会等环境的变化而遭受的直接或间接的损失可能性。② 显然，该定义包括了自然环境风险和社会环境风险。而社会环境风险由于涵盖了法律风险、制度风险等，与前述风险类型重复，故本书的环境风险定义为自然环境风险。谢丽霜（2003）认为，金融企业面临的自然环境风险就是指因为所在地区的自然环境条件而给其经营带来的损失可能性。③

2. 环境风险的特点及产生原因

夏冬友（2006）认为，农业是弱质产业，受自然条件影响大，抗御自然灾害的能力弱，属于高风险、低效益产业，由于农业保险机制尚未建立健全，自然灾害所造成的巨大损失往往被转嫁给农村金融机构，由金融企业自身来承担，使得农村金融机构面临的自然环境风险远远高于一般商业银行。④

（八）声誉风险

1. 概念

声誉风险是指由商业银行经营、管理及其他行为或外部事件导致利益相关方对商业银行负面评价的风险。⑤ 徐立平（2015）认为，声誉风险是指金融机构由于受到公众的负面批评，而出现的客户流失、股东流失、业务机遇丧失、业务成本提高等情况，从而蒙受相应经济损失的可能性。⑥该定义中既包含了声誉风险产生的原因，也包含了具体的危害表现，具有较强的指导性和操作性。

2. 声誉风险的特点及产生原因

良好的声誉是商业银行生存之本。在激烈竞争的市场条件下，声誉风

---

① 高雄伟：《农村信贷风险研究》，经济管理出版社 2014 年版。

② 魏宁主编：《金融学》，重庆大学出版社 2015 年版。

③ 谢丽霜：《西部开发中的金融支持与金融发展》，东北财经大学出版社 2003 年版。

④ 夏冬友主编：《新农村建设暨金融改革与发展问题研究》，中国金融出版社 2006 年版。

⑤ 宏章教育银行业从业资格考试研究院编：《风险管理》，中国财政经济出版社 2014 年版。

⑥ 徐立平主编：《金融学》，东北财经大学出版社 2015 年版。

险的损害可能是长期的，甚至是致命的。倪维尧（2014）认为，商业银行面临的声誉风险产生的原因非常复杂，有可能是商业银行内、外部风险因素综合作用的结果，也可能是非常简单的风险因素就触发了严重的声誉风险。①

三　农村民间金融风险控制

由于农业的弱质性、农民经营的小而分散性、农村企业的弱势性，使农村金融服务成本高、风险高、效益低，农村金融成为农村经济发展和农业现代化的制度性"短板"。近年来国家大力推进农村金融创新，民间金融在我国农村经济活动中快速发展。数量庞大的民间金融由于风险管理控制能力不强以及内部治理混乱等问题，导致民间金融风险事件高发，农村民间金融风险控制成为近年来金融领域的研究热点之一。

（一）农村民间金融相关政策、法规

1. 农村民间金融合法化问题

农村经济的发展，一方面加大了涉农融资需求，另一方面农民剩余资金规模不断扩大，激发了农民对资产增值的需求。与此同时，正规金融在农村经济中投入不足和农民投资机会的缺乏同时存在，促进了农村民间金融的兴起。由于农村民间金融与高风险如影随形，农村民间金融产生之初受到打压。但是，农村经济主体的多元化及农村金融供给严重不足需要民间金融的补充，民间金融合法化成为解决问题的唯一途径。②③　管述学等（2007）认为，农村民间金融合法化的路径主要有组建农村民营商业银行、建立农村社区合作金融组织（非银行金融机构）、吸收民间资本入股农村信用合作社。④

2. 农村民间金融相关政策、法规

农村民间金融合法化问题解决之后，国家为了鼓励和规范农村民间金融的发展，出台了一系列相关政策。

典当作为我国历史源远流长的民间金融形式，改革开放后最早复出。

---

① 倪维尧主编：《金融理财风险防范与监控对策研究》，上海交通大学出版社 2014 年版。

② 李西平：《民间金融合法化的探讨》，《当代经济》（下半月）2007 年第 1 期。

③ 姜旭朝、邓蕊：《民间金融合法化：一个制度视角》，《学习与探索》2005 年第 5 期。

④ 管述学、庄宇：《农村民间金融合法化的路径分析》，《生产力研究》2007 年第 16 期。

为加强对典当业的治安管理，保护合法经营，预防和打击违法犯罪活动，《典当业治安管理办法》于 1995 年 5 月 19 日公安部部长办公会审议通过，自 1995 年 9 月 15 日起施行（已于 2005 年 4 月 1 日废止）。为加强典当行管理，中国人民银行 1996 年 4 月 3 日发布并实施《典当行管理暂行办法》（已于 2011 年 8 月 8 日废止）。2011 年 8 月 8 日，由国家经济贸易委员会制定的《典当行管理办法》开始施行（已于 2005 年 4 月 1 日废止）。2005 年 4 月 1 日，经商务部部务会议审议通过、公安部同意的《典当管理办法》开始施行。为进一步完善典当业监管制度，提升典当业监管水平，切实保证典当业规范经营，防范行业风险，促进典当业健康有序发展，2012 年 12 月 5 日，商务部发布并执行《典当行业监管规定》。2015 年 10 月 28 日，商务部发布并实施《关于修改部分规章和规范性文件的决定》，删去《典当行业监管规定》第三十八条第三项中的"法人股东工商年检情况"。

2004 年中央一号文件明确指出，"鼓励有条件的地方，在严格监管、有效防范金融风险的前提下，通过吸引社会资本和外资，积极兴办直接为'三农'服务的多种所有制的金融组织"。2005 年中央一号文件明确指出，"培育竞争性的农村金融市场，有关部门要抓紧制定农村新办多种所有制金融机构的准入条件和监管办法，在有效防范金融风险的前提下，尽快启动试点工作。有条件的地方，可以探索建立更加贴近农民和农村需要、由自然人或企业发起的小额信贷组织"。2006 年中央一号文件明确指出，"在保证资本金充足、严格金融监管和建立合理有效的退出机制的前提下，鼓励在县域内设立多种所有制的社区金融机构，允许私有资本、外资等参股。大力培育由自然人、企业法人或社团法人发起的小额贷款组织，有关部门要抓紧制定管理办法。引导农户发展资金互助组织。规范民间借贷"。小额信贷组织、资金互助组织、社区金融机构等新型农村金融组织呼之欲出。2006 年 12 月 20 日，中国银行业监督管理委员会发布《关于调整放宽农村地区银行业金融机构准入政策　更好支持社会主义新农村建设的若干意见》，在中国中西部、东北和海南省的县（市）及县（市）以下地区，以及其他省（区、市）的国定贫困县和省定贫困县（以下统称农村地区），实施"宽准入、低门槛、严监管、强支持"的金融政策，是我国金融市场准入政策的重大突破，是农村金融改革的重大创新。2007 年中央一号文件明确指出，"加快制定农村金融整体改革方案，努力形成商业金融、合作金融、政策性金融和小额贷款组织互为补充、功能齐备的农村金融体系"，"大力发展农村小额贷款，在贫困地区先行开展发育农村多种所有制金融组织的试点"。

2007年1月22日，为做好调整放宽农村地区银行业金融机构准入政策的试点工作，中国银监会发布并实施《农村资金互助社管理暂行规定》。2007年12月21日，中国银监会发布《中国银监会关于农村资金互助社监督管理的意见》，通过科学规划和正确引导市场准入、加强内部自律监管、强化资本约束和拨备监管、建立非现场监测和监督检查机制、充分披露经营管理信息、严肃查处违法违规行为、有效实施风险管理和处置等措施加强对农村资金互助社的监督管理，有效防范金融风险。

2008年中央一号文件再次强调"积极培育小额信贷组织"。2008年5月4日，中国银行业监督管理委员会、中国人民银行发布《关于小额贷款公司试点的指导意见》，对小额贷款公司做出了政策性规定。

农村地区融资难的一个关键性原因就是有效担保物不足，为了打破涉农融资瓶颈，国家多次强调担保方法的研究。2004年中央一号文件明确指出，"有关部门要针对农户和农村中小企业的实际情况，研究提出多种担保办法"，"鼓励政府出资的各类信用担保机构积极拓展符合农村特点的担保业务，有条件的地方可设立农业担保机构，鼓励现有商业性担保机构开展农村担保业务"。2006年中央一号文明确指出，"各地可通过建立担保基金或担保机构等办法，解决农户和农村中小企业贷款抵押担保难问题，有条件的地方政府可给予适当扶持"。2007年中央一号文明确指出，"探索建立多种形式的担保机制"。2008年中央一号文明确指出，"推进农村担保方式创新，扩大有效抵押品范围，探索建立政府支持、企业和银行多方参与的农村信贷担保机制"。为加强对融资性担保公司的监督管理，规范融资性担保行为，促进融资性担保行业健康发展，2010年3月8日，中国银行业监督管理委员会、中华人民共和国国家发展和改革委员会、中华人民共和国工业和信息化部、中华人民共和国财政部、中华人民共和国商务部、中国人民银行、国家工商行政管理总局等七部委联合制定的《融资性担保公司管理暂行办法》公布并施行。针对一些地区非融资性担保公司数量激增、业务混乱等问题日益突出，大量非融资性担保公司不经营担保业务，甚至从事非法吸收存款、非法集资、非法理财、高利放贷等违法违规活动，风险事件和群体性事件频发，对有关地区经济社会发展造成严重影响，2013 年 12 月 26 日，《银监会、发展改革委、工业和信息化部、财政部、商务部、人民银行、工商总局、法制办关于清理规范非融资性担保公司的通知》发布，通过开展集中清理、强化管理措施、严守风险底线等措施，规范市场秩序，维护金融与社会稳定。

面对互联网金融的快速发展以及其表现出的便捷、普惠与风险突发性强、蔓延速度快、影响面广的特点，2016 年中央一号文明确指出，"引导互联网金融、移动金融在农村规范发展"。而国家为鼓励金融创新，促进互联网金融健康发展，明确监管责任，规范市场秩序，2015 年 7 月 18 日，经党中央、国务院同意，中国人民银行、工业和信息化部、公安部、财政部、国家工商总局、国务院法制办、中国银行业监督管理委员会、中国证券监督管理委员会、中国保险监督管理委员会、国家互联网信息办公室联合印发了《关于促进互联网金融健康发展的指导意见》，确立了互联网支付、网络借贷、股权众筹融资、互联网基金销售、互联网保险、互联网信托和互联网消费金融等互联网金融主要业态的监管职责分工，落实了监管责任，明确了业务边界。为了鼓励和保护真正有价值的互联网金融创新，整治违法违规行为，切实防范风险，建立监管长效机制，促进互联网金融规范有序发展，2016 年 4 月 12 日，国务院办公厅印发《互联网金融风险专项整治工作实施方案》。2016 年 4 月 13 日，银监会印发《P2P 网络借贷风险专项整治工作实施方案》，防止行业风险蔓延、偏离正确轨道，保护鼓励网贷机构在依法合规的前提下创新发展，提升行业整体形象，回归服务实体经济和小微企业等普惠金融本质上来。为加强对网络借贷信息中介机构业务活动的监督管理，促进网络借贷行业健康发展，2016 年 8 月 17 日，中国银监会、工业和信息化部、公安部、国家互联网信息办公室联合发布《网络借贷信息中介机构业务活动管理暂行办法》。

（二）农村民间金融风险控制

农村民间金融机构风险的化解和防范是农村经济发展与推进农村金融改革和创新、提高农村金融服务质量和水平的一项重要内容，其中内部风险的化解对金融机构来说尤为重要。农村民间金融有多种风险类型，由于每种风险类型产生的原因、形成的机制不同，所以应该分类控制。

1. 信用风险控制

麻勇爱等（2011）认为，通过建立良好的客户关系、做好客户信用风险和业绩评价、建立员工激励和约束机制、创新担保贷款管理等可以降低信用风险。[①]黄晓梅（2012）认为，通过"提高人员素质，完善内控制度；构建农户征信平台，建立信息共享机制；提高农户经营能力，制定激励约束措施；创新抵押担保形式，建立风险分担机制；建立风险预警机制，实现内部风险补偿"等一系列的措施，是可以提高自身信用风险防控能力的。[②]

2. 操作风险控制

刘书霞（2009）认为，可以通过对操作风险进行识别、评估、缓释和监控来保持操作风险管理体系的活力。[③]余许友等（2015）提出，通过建立系统的人员培训和考核机制、制定和完善内部责任体系、监管部门要建立操作风险监管和预警机制可以提高农村金融机构操作风险监管力度。[④]王骏（2012）根据《巴塞尔新资本协议》，构建一套系统全面、因地制宜的操作风险管理框架，具体包括组织机构、基础设施、管理流程和外部环境。[⑤]为了预防新型农村金融机构操作风险，李怀洲（2016）建议，把好准入门槛、纳入监管体系、引入资金流向激励机制、实施吸引人才扶持政策、建设机构内控机制、加快推广农业保险。[⑥]

3. 流动性风险控制

彭艳红（2010）鉴于农村金融的特殊性，在参考商业银行流动性风险管理办法的基础上，提出农村金融流动性风险防范的对策：努力盘活

---

① 麻勇爱、章也微：《农村资金互助社信用风险与防范》，《云南民族大学学报》（哲学社会科学版）2011 年第 3 期。

② 黄晓梅：《小额贷款公司信用风险的控制与防范》，《企业经济》2012 年第 11 期。

③ 刘书霞：《我国农村金融机构操作风险管理研究》，《中国农机化》2009 年第 6 期。

④ 余许友、任会朋：《我国农村金融机构操作风险特征及评价》，《上海经济研究》2015 年第 5 期。

⑤ 王骏：《对构建我国农村金融机构操作风险管理框架的探讨》，《中国外资》2012 年第 8 期。

⑥ 李怀洲：《新型农村金融机构操作风险与防范对策》，《江苏农村经济》2016 年第 1 期。

旧贷，加强金融监管；坚持农村资金投放于农村，解决农村信贷需求问题；引导和发展民间金融，发挥民间金融对农村正规金融安排的补充和辅助作用；适度开放农村金融市场；加强建立农村金融机构风险预警与评价体系；完善农业和农村经济风险补偿机制。① 高辰（2012）则结合《商业银行流动性风险管理办法（试行）》对商业银行流动性风险的管理办法，提出农村金融机构流动性风险管理的对策：加强内部监管，培养专业人才；考察资金流动性，制定合理的风险水平；建立各地区预警和评价体系；完善农业和农村经济风险补偿机制。② 杜夏（2013）则从正确处理好安全性、流动性和营利性的关系，构建计量、检测和控制流动性风险管理体系，建立行之有效的流动性风险预警机制和应急处置预案三个方面提出建议。③

4. 市场风险控制

韩民等（2010）认为，通过建立与完善农村保险市场、发展农产品期货市场、探索各种形式的抵押担保制度、大力发展农村合作金融、加快农村信用体系建设等可以防范或降低市场风险。④ 温红梅等（2011）构建基于 VaR 的度量模型对我国农村金融机构 2003—2009 年的市场风险损失量的月度数据进行实证分析，为农村金融机构的市场风险管理奠定基础。⑤

5. 法律风险控制

赵燕（2011）认为，通过健全的管理组织结构、构建严谨的管理制度、开发管理的技术和方法、打造科学的管理流程来加强对农村金融机构法律风险管理。⑥ 熊帆（2011）针对小额贷款公司面临的法律风险，提出解决途径：完善相关立法，明确法律性质和监管主体；加大政策扶持力

---

① 彭艳红：《我国农村金融流动性风险的形成及防范对策研究》，《山东财政学院学报》2010 年第 5 期。

② 高辰：《农村金融流动性风险分析及预防》，《商业经济》2012 年第 23 期。

③ 杜夏：《我国农村金融流动性风险问题研究》，《企业导报》2013 年第 10 期。

④ 韩民、曹世臣：《农村金融市场风险分析及对策研究——以山东省东营市为例》，《财会通讯》2010 年第 30 期。

⑤ 温红梅、韩晓翠：《基于 VaR 的我国农村金融机构市场风险的度量与实证》，《哈尔滨商业大学学报》（社会科学版）2011 年第 2 期。

⑥ 赵燕：《农村金融机构法律风险管理研究》，《中国农村金融》2011 年第 16 期。

度，鼓励发展；完善内部治理结构，优化人力资源配置；多种途径预防违约风险，确保公司的资金流转；推进小额贷款利率市场化，加强小额贷款公司的利率风险意识。[1] 朱海悦等（2014）针对农民资金互助合作社法律风险，提出控制途径：进一步完善合作社成员的诚信责任制度、建立健全合作社的破产保护制度。[2]

6. 政策风险控制

李韫（2008）认为，小额农贷制度与政策的风险控制方法主要包括：制定政策防止已存在的风险因素释放能量；改善风险因素的空间分布从而限制其释放能量的速度；对风险因素进行比较和评价，调整减小风险最大因素的约束水平。[3] 邓明然等（2010）基于黑洞熵理论，提出区域金融政策风险控制措施：建立以熵理论为基础的量化评价模型，判断系统在施行新的决策管理及组织架构等之后熵量的变化，为进一步增进系统有序性提供数据支持；政府部门引入负熵流，加强对金融政策的宣传，避免产生由于政策信息不畅而造成的风险；商业银行可以通过不良贷款的处置、加强金融监管等来引入更多的负熵流，来实现银行体系的有序发展；对于金融政策的最终的承受方企业，可以通过引进负熵流，减少企业内部正熵带来的消极影响；通过加强企业管理，营造良好的企业文化氛围，使引入的负熵能够稳定地保持在企业内部，并建立及时的反馈机制。[4] 孙命（2010）通过对各区域的风险进行实证分析，可以发现各个区域的风险管理都在不同程度上欠缺刚性的政策支持与柔性的管理措施，因此从政策、资金、人才及技术等不同方面提出区域金融政策风险管理的执行措施与建议。[5]

7. 环境风险控制

针对环境风险控制，孙斐斐（2016）认为可以采用风险规避策略、

---

① 熊帆：《小额贷款公司面临的法律风险及其解决途径》，《西南农业大学学报》（社会科学版）2011 年第 9 期。

② 朱海悦、张韵儒、夏源：《关于农民资金互助合作社法律风险及其控制途径的研究——以灌南县为例》，《法制与社会》2014 年第 22 期。

③ 李韫：《我国农村小额信贷政策风险研究》，硕士学位论文，兰州大学，2008 年。

④ 邓明然、孙命：《基于黑洞熵理论的区域金融政策风险控制分析》，《财会通讯》2010 年第 5 期。

⑤ 孙命：《基于风险传导的区域金融政策风险柔性管理研究》，博士学位论文，武汉理工大学，2010 年。

风险补偿策略;① 赵慧玲等（2015）认为可采用风险承担、风险规避或风险补偿策略。②

8. 声誉风险控制

廖岷（2010）认为，加强中国银行业声誉风险管理，要做到思想认识到位、制度建设到位、资源配置到位、监管到位，同时银行业协会应通过行业自律、维权、协调及宣传等方式维护和促进全行业的良好声誉。③梅志翔（2015）认为，农村中小金融机构声誉风险管理的有效路径有：重视声誉风险全面管理、做好重点舆情风险防范、提升舆情应对技能、加大正面宣传力度、加强银行一线员工培训。④

---

① 孙斐斐：《基于供应链视角下的商业银行风险管理策略分析》，《中国商论》2016 年第20 期。

② 赵慧玲、张俊勇、杨萌：《商业银行供应链金融风险管理研究》，《铁路采购与物流》2015 年第 1 期。

③ 廖岷：《加强中国银行业声誉风险管理》，《中国金融》2010 年 7 月。

④ 梅志翔：《农村中小金融机构声誉风险管理的有效路径》，《中国农村金融》2015 年第14 期。

第二章

相关理论基础

第一节　农村民间金融风险控制的相关理论

一　农村民间金融的相关理论

（一）金融抑制理论和金融深化理论

1973 年，罗纳德·麦金农教授和爱德华·S. 肖教授分别出版了意义深远的《经济发展中的货币与资本》和《经济发展中的金融深化》两本书，标志着金融抑制理论和金融深化理论的形成，从此才真正产生了以发展中国家（地区）为研究对象的金融发展理论。

罗纳德·麦金农在《经济发展中的货币与资本》一书中指出，"有组织的银行业在向欠发达国家的经济内地渗透上，在为一般的农村地区、特别是为小额借款人服务方面，是很不成功的。银行信贷仍然是某些飞地——独占的许可证进口贸易，大规模稀有矿物出口，受高度保护的制造业，大跨国公司，各种政府机构，如咖啡销售理事会或政府控制的公用事业公司——的一个金融附属物。甚至政府往来账户上的普通赤字，也常常预先占用存款银行的有限放款资源。经济中其他部门的融资，则必须由放债人、当铺老板和合作社的不足的资金来满足。这就是我称之为'金融抑制'的现象"，"提高银行的贷款效率，是扩大货币体系实际规模和缓和金融抑制的一个必要条件"。[①]

---

① ［美］罗纳德·I. 麦金农：《经济发展中的货币与资本》，卢骢译，上海三联书店 1988 年版，第 76 页。

爱德华·S. 肖在《经济发展中的金融深化》一书中指出，"一国经济中的金融部门在经济发展中举足轻重。它有助于避免单调乏味地重复受压制的经济行为，加速经济增长。倘若受到抑制或被扭曲，它亦可能截断和摧毁经济发展的动力"，"在其他发展战略中，一种具有'深化'金融效应的新战略——金融自由化战略——始终促进经济发展。自由化在经济发展中至关重要。不过，以为只有金融自由化才能促进发展并不是我们的观点。相反，我们主张，金融自由化应与金融部门以外的各种配套措施和谐地联系在一起"。①

罗纳德·麦金农和爱德华·S. 肖从两个角度得出相似的结论：发展中国家的金融抑制现象表现出金融体系的二元状态，即现代化金融机构与传统金融机构并存。揭示了非正规金融在发展中国家产生的体制性根源，认为发展中国家存在非正规金融现象是金融抑制的结果，对此问题的解决只能实行金融深化改革，即政府应放弃对金融业的过分干预，在金融市场引入竞争机制，恢复金融业的竞争，以提高金融业的效率。

周业安（1999）实证分析了中国政府的金融抑制政策对企业融资能力的影响，其结论基本支持金融抑制论。② 何广文（1999）基于农村居民资金借贷出现扭曲的行为特征和麦金农、肖的金融抑制理论，提出可以通过完善农村金融组织体系，推进金融深化，规范农村资金借贷行为。③ 乔海曙（2001）认为我国农村金融抑制属于供给型金融抑制，正规金融部门对农户贷款的供给十分有限是形成金融抑制的主要原因。④ 姜旭朝、丁昌锋（2004）认为非正式金融是金融市场不健全和不完善的产物。非正式金融往往难以获得合法的经济地位，其形式规范容易与地下经济相联系。⑤ 任森春（2004）指出在发展中国家和许多转轨经济国家，非正规金

---

① ［美］爱德华·S. 肖：《经济发展中的金融深化》，王威等译，中国社会科学出版社1989年版，第2页。

② 周业安：《金融抑制对中国企业融资能力影响的实证研究》，《经济研究》1999年第2期。

③ 何广文：《从农村居民资金借贷行为看农村金融抑制与金融深化》，《中国农村经济》1999年第10期。

④ 乔海曙：《农村经济发展中的金融约束及解除》，《农业经济问题》2001年第3期。

⑤ 姜旭朝、丁昌锋：《民间金融理论分析：范畴、比较与制度变迁》，《金融研究》2004年第8期。

融更多的是政府选择金融抑制战略的结果。① 张杰、尚长风（2006）认为，我国现阶段农村金融市场正式与非正式金融的二元分割与共存，金融抑制政策只是浅层次上的原因，深层次上是农村现阶段的经济发展水平及农村金融需求主体的多样性所决定的。政府应协调金融结构与农村经济的发展，协调金融制度与农村社会内在制度的发展。②

（二）普惠金融理论

普惠金融这一概念由联合国在 2005 年提出，是指以可负担的成本为有金融服务需求的社会各阶层和群体提供适当、有效的金融服务，小微企业、农民、城镇低收入人群等弱势群体是其重点服务对象。

《十三五规划纲要》中有关创新农村金融服务的部分特别指出，"发挥各类金融机构支农作用，发展农村普惠金融"。农村普惠金融，就是要将金融普及到农村所有群体，特别是贫困地区、少数民族地区、偏远地区以及残疾人和其他弱势群体

张平（2011）指出要想让广大被排斥在正规金融服务体系之外的农村贫困阶层获得金融服务，唯一的途径就是让扶贫融资服务融合到金融体系的所有三个层面中：微观层面、中观层面和宏观层面。③这种融合就是不断向广大发展中国家的人口，包括那些更贫穷及地理位置上更偏远的人口开放金融市场的过程。

客户层面：建立普惠金融体系，就是让原本被正规金融排除在外的广大低收入人群和贫困人口成为普惠金融体系建立过程中目标客户群体。他们的特点是收入低、居住偏远等。尽管如此，他们同样存在一定金融需求，他们也需要获得贷款，发展生产和改善贫困生活状况。

微观层面：普惠金融体系的基石是那些提供零售金融服务者，他们直接向贫困人口及低收入家庭提供金融服务。这些微观层面的金融服务提供者涉及非正规货币借贷者、金融合作社、小额贷款公司、非政府组织、非正规互助组织等。在过去几十年里，许多发展中国家出现的小额信贷、小额储蓄和小额保险等产业已充分证明，穷人负担得起金融服务。在微观层

---

① 任森春：《非正规金融的研究与思考》，《金融理论与实践》2004 年第 9 期。

② 张杰、尚长风：《我国农村金融结构与制度的二元分离和融合：经济发展视角的一个解释》，《商业经济与管理》2006 年第 5 期。

③ 张平：《发展农村小额信贷，完善普惠金融体系建设》，《开发研究》2011 年第 2 期。

面，面临的主要问题是如何扩大和深化金融服务的途径，直到金融部门真正实现"普惠"。

中观层面：主要是加强金融基础设施建设以及向贫困人口提供相关的金融服务。加强金融基础设施包括一系列由公共和私人部门提供的培养金融行业的支持机制。金融基础设施定义为金融业（信用、评级、审计标准）可获得的信息基础设施，支付、清算和结算系统以及公认的标准体系。该定义还可以延伸到法律系统、规章制度以及强调创新的国际金融体系和基础设施，如科技、通信、人力资源开发等。

宏观层面：构建普惠金融体系，政府需要担当积极重要角色。良好的政策环境可以使金融服务提供者能够共存并且竞争，从而为大量低收入人群提供高质量、低成本的服务。宏观层面主要包括政策立场、税收政策和补贴、政府干预、利率自由化、金融立法和监管等问题。

二　农村金融风险相关理论

（一）农村金融风险的概念和特点

1. 农村金融风险的概念

农村金融风险就是农村经济主体受到各种因素的影响导致它们的经济利益受到损失，从而不能达到预期收益的不确定性。这些因素主要包括政策、法律、经济发展状况等。这些因素稍有变动都会给农村经济主体的经营带来很大的影响。农村金融主体面临的风险大体上可以分为外部风险和内部风险。外部风险包括政策风险、法律风险和环境风险。内部风险包括信用风险、流动性风险、利率风险和操作风险。内部风险主要是由于农村经济主体内部产生的经营问题导致的盈利受到损失的风险。外部风险是与经济主体有关的外部因素相联系的。比如说农村经济主体面临的法律风险。具体地讲就是，经济主体在发展过程中应遵守一定的法律法规，如果经济主体违反法律法规，就会导致经济主体的经营状况出现问题。

2. 农村金融风险的特征

（1）农村金融风险的客观性

农村经济主体面临的金融风险具有客观性。客观性就是它的存在不以人的主观意志为转移而客观存在的现象。也就是说金融风险与人的主观意识无关，它的存在是必然的，它是一种客观规律，只要从事金融活动就会存在金融风险。农村金融风险伴随着农村金融实践活动的全过程。农村金融机构的倒闭和破产，企业的亏损破产等都是不以人的意志为转移的客观存在。

（2）农村金融风险的隐蔽性

农村金融风险的发生不是一次突发性的，它的爆发会积累到一定程度才会出现。所以农村金融风险的潜伏期很长，在造成损害前，人们并不知道它会带来什么样的结果。农村民间金融组织类型众多，对农村民间金融组织的研究远远达不到成熟，对其产品所带来的金融风险的认识落后于其发展，这就使得与农村民间金融组织产品相关的风险隐蔽不为人知。金融活动中存在着信息不对称，人们的认知能力有限，也是农村金融风险隐蔽性的原因。

（3）农村金融风险的扩散性

农村民间金融机构承担着中介机构的职能，割裂了原始借贷的对应关系。处于这一中介网络的任何一方出现风险，都有可能对其他方面产生影响，甚至发生行业的、区域的金融风险，导致金融危机。金融风险的扩散性表现为风险在时间、空间上具有较大的传播能力。时间上，金融风险一旦出现，要数月或者数年方能平复。空间上，金融风险有相当大的可能发生蝴蝶效应以致扩散到很大的经济领域，从而牵连更多的金融机构，造成社会秩序的混乱。

（4）农村金融风险的可控性

金融风险可以认识，可以采取一系列措施加以防范控制。农村金融风险如同其他金融风险一样，其性质特点、发生概率的规律可以被我们逐步认识。面对农村金融风险，可以采取风险识别、风险衡量，并选择合适的措施降低其发生的概率和损失幅度。

（二）农村金融风险形成的理论

1. 经济周期波动性

周期波动是经济发展过程中常见的现象，它表现为经济周而复始地由扩张到紧缩的不断循环运动。从经济周期波动性角度来看，一般金融机构的经营状况会随经济周期的变化作出反应。通常情况下金融机构产生风险与危机的原因，并不仅仅是来源于外部的冲击，而是由经济周期性自身变化规律所内生的。这一原理适用于农村金融风险与危机的产生。

经济周期理论表明：当经济由低谷向高峰过渡时，大多数投资者不清楚未来的投资前景，往往采用谨慎观望的投资方式；当经济开始进入持续上升阶段，市场信心越来越强，投资者加大投资；在此推动下，市场投资情绪进一步高涨，经济达到繁荣阶段，部分投资者不再选择观望或谨慎的态度，而开始加大投资规模，增大信贷需求，以期获取更多利润，结果是金融机构利率上升。当利润率下降，投资者自身财务状况出现危机。

2. 金融市场有限理性

从经济学上有限理性角度来看，有时人们的主观动机与实际效果往往有所相悖。农村金融风险产生与危机的爆发，部分是由农村金融市场的有限理性行为造成的。农村民间金融主体的有限理性表现在两个方面，一是借款者在经济周期面前的非理性经济活动，二是贷款者机会主义的非理性行为加剧了民间金融市场的信息不对称。

在经济繁荣期，投资者通过乐观的市场投资现状以及金融机构通畅的贷款渠道提高了利润预期，淡化了对风险的防范意识，在利益的驱动下扩大借贷金额用于投资，并付之以高额利息。与此同时，金融机构积极拓宽资金业务，扩大信贷规模，增加长期贷款规模。在从众心理与乐观情绪渲染下，投入市场资金量不断加大，并最终扩展至整个市场，引起全面的投资狂潮。短暂的繁荣过后，投资回报率的迅速下降，便会形成违约、破产浪潮。由于农村民间金融市场不同于正规金融市场，借贷双方的信任基础是这一市场控制风险的前提和基础，该市场上的金融交易往往缺乏标准抵押品。借款人投资失败会导致农村民间金融组织面临贷出去的款项收不回来的风险。

3. 信息不对称所造成的逆向选择和道德风险

自 Arrow（1963，1968）和 Akerlof（1970）相继发表了信息经济学开创性的文章之后，经济学家们开始把信息不对称理论引入到对信贷市场的研究，信息不对称会引起信贷市场的行为模式偏离传统理论的观点也被广泛认识。

Stiglitz 等（1981）的均衡信贷配给模型从信息经济学角度解释了非正规金融的形成。该模型建立的基础是借贷双方关于投资项目风险性的信息是不对称的，银行在发放贷款时就会面临逆向选择和道德风险。[①] 张瑞怀（2006）认为，逆向选择和道德风险产生的根本原因是信息不对称，改善

---

① Stiglitz J. E., Weiss A., "Credit Rationing in Markets with Imperfect Information", *American Economic Review*, Vol.71, No.3, 1981, pp. 393–410.

农村金融生态的途径是缩小农村金融生态主体与金融生态环境之间信息差距和消除农村金融生态中的信用缺失。[①]

逆向选择是指市场主体在经济活动中事前隐藏有效信息获取私利，由此导致信息不对称产生危害。在金融机构借贷活动中，一方面，借款人为了自身获得更大的利益而故意隐瞒部分信息，导致贷方不能准确了解借款人的资信状况，只能依据市场平均利率放贷。这种利率确定方式存在缺陷，并不能反映贷款投资者的全部信息，反而会使得投资风险与预期收益率低的保守投资者由于过高的借贷成本而退出。另一方面，较高的借款利率间接降低了投资者的投资收益，这将促使贷款投资者从事预期收益率高但成功率低的投资项目，又进一步增强了金融机构的贷款风险。

所谓的道德风险是指合同签订后，人们受自身利益最大化影响，放任不该发生的事发生，从而造成他人损失的可能性。金融体系的道德风险主要表现为金融市场上多方关系之间的博弈关系，即金融机构同股东、经营者、借款人、存款人及政府等金融主体间的博弈关系。从借款方角度来看，借款人在成功申请到贷款后，还很有可能在自身利益最大化情况下采取隐瞒投资行为的办法来欺骗金融机构。从金融机构经营者的行为来看，其利益与委托人的利益在大多数情况下并不具有同步性，经营者很可能出于自身利益最大化角度而从事一些有损于委托人（股东和存款人）利益的事情，最终使金融机构的利益在不知道的情况下受到损害。

4. 农业经济发展体系的风险

农业经济发展体系的风险主要包括农业生产当中的自然风险、市场风险和技术风险。

（1）农业生产中的自然风险

众所周知，农业生产对自然条件具有相当的依赖性，虽然现在科技发展迅速，许多农区可以利用机械、现代技术生产农产品，似乎摆脱了自然条件的局限，但在我国大部分农村地区，依然靠天吃饭，因此自然灾害的发生往往会对农业造成相当的影响。除此之外，而农业基础设施的建设同经济发展的步伐并不统一，这使得农业生产形势空前严峻。

（2）农业经营中的市场风险

农村金融市场风险主要表现在农产品价格制定以及调节不当而引发

---

① 张瑞怀：《信息经济学视角下的农村金融生态研究》，《金融时报》2006 年 9 月 25 日第 6 版。

的风险。一方面，农村生产局限，农民素质较低，对金融知识了解甚少，他们不清楚对农产品的价格制定有什么要求，往往都是根据个人主观观点来制定而并非根据市场条件来制定，盲目销售农产品，除此之外加上农产品的无差异性很容易引发风险。另一方面，农产品具有的脆弱性，很容易受到其他因素的影响，不仅农产品现货市场和期货市场会对其价格产生影响，而且国家利率的变动也会改变其价格，而农民对此经常束手无策，只能任其改变，随意发展，利弊得失往往听之任之，从而造成风险。

（3）农业生产中的技术风险

农业的技术风险是指由于技术选择的不确定性、技术使用的复杂性和农民文化素质偏低导致在农业生产过程中发生的风险。农业生产离不开自然条件，受其直接影响。而不同地理位置有着不同的自然条件，这就要求技术与自然之间要相适应，不断完善。高效率的农业生产机械化大多实现在少数地势开阔平坦地区，而在大部分农业地区还依赖于原始的耕作办法，加上很多农民缺乏文化知识，不利于先进农业生产技术的推广。

（4）政府行为不规范

虽然中国是市场经济国家，但仍存在政府过度干预市场行为的做法，这会给市场经济的运行带来影响，地方政府对金融机构的过度干预现象屡见不鲜。虽然政府可以引领金融机构向前发展，为其指明道路，制定相关政策鼓励支持其发展，甚至成立监管机构以防风险的发生。但如果政府过度干预其运营，只会导致它们束手束脚，很多方面不敢做，因此政府应适度干预，为其发展提供宽松的环境。

政府行为不规范现象主要表现在以下几个方面：

一是某些地方政府只单追求利益，为了达成上级制定的目标，不考虑实际情况盲目进行投资，建造一些伪工程。不仅如此，它们还利用政府的名义向当地金融机构贷款，来建造一些不达标准的工程项目和扶持不完善的弱势企业的发展，一旦这样做那么企业的经营就很大程度地决定着银行信贷的工作，两者风险就紧紧相互牵扯在一起，加上这些企业由于本身机构的不完善，对风险的控制体系尚未建立，很容易为金融机构带来信贷风险。此外，地方政府干预金融机构的运营工作，导致机构中造成大量账户对出不清，致使银行的信贷风险发生的概率增大，很难对风险进行有效预防和管理，为金融市场带来波动，扰乱其稳定发展。

二是很多政府并不按照正确的方式进行融资，并且对贷款金额的使用也欠缺规范，导致资金利用效益低下，容易滋生腐败现象，甚至会发生一些极端情况。比如地方政府会利用权力非法控制当地的金融资源，以便于弥补财政收支缺口，维持政府的日常开销。

三是很多政府对农业发展尤其是农产品的销售情况并未放在心上，不仅不及时不将市场信息进行公开披露，甚至有的公开信息还是错误的，而且并未切实地为农户服务，对农户所需的帮助不管不顾，不能助其了解金融市场的情况，不为其传授相关金融知识，不为其建立合理有效的农产品信息平台，导致很多农户凭借过时信息甚至以往经验来进行销售，这样使得农村金融环境一片混乱，很难应对突发状况。

三　农村金融风险控制相关理论

（一）农村金融风险控制的目标

温涛（2006）研究农村金融风险生成机制与控制模式，指出农村金融风险控制的目标为防范和处置风险，使农村金融风险保持在合理的水平，并尽量防止和减少损失，以保障农村资金筹集和经营活动的顺利进行，促进农村金融市场的健康发展，满足农村经济发展的金融需求。具体来说，农村金融风险控制的目标有三个，即适应性、安全性、盈利性。[①]

1. 适应性

农村金融服务对象是农村经济，促进农业、农村经济的发展和农民收入的增长是农村金融的主要使命，这也决定了农村金融的风险控制不能脱离农村经济发展的实际情况，它必须适应农村经济持续发展的需要。片面强调农村金融风险的控制，而置农村经济的发展于不顾，其结果反而会造成农村经济、金融发展的非协调性，加剧农村金融风险的积累和扩散。因此，只有适应经济发展需要的农村金融风险控制模式才具有生命力。

2. 安全性

对金融系统而言，其业务活动是建立在负债经营基础之上的，只有保证资金的安全性，只有在资金安全的条件下，通过经营、运作，才能实现收益，才能实现金融业的生存和发展，农村金融产业也不例外。一旦金融形势恶化导致金融危机、经济崩溃、社会动荡不安，将进而影响到整个国

---

① 温涛：《新时期我国农村金融风险控制的理论思考》，《金融理论与实践》2006年第5期。

家安全。同样，农村金融作为农村经济的核心，其体系的健全性及运行的有效性对农村经济和整个国民经济也至关重要，我们必须要保证其安全性。

3. 赢利性

农村的金融机构作为一个企业，追求利润最大化是它的天然属性。而整个农村金融业作为相对独立的产业发展，也必然会以追求利润为目标，否则农村金融自身的发展就会成为空谈，难以维系。赢利性目标是农村金融风险控制的基本目标。

农村金融风险控制的三个目标之间是相互联系、相互作用的。适应性、安全性必须服从并服务于赢利性这个目标，赢利性目标是适应性、安全性目标的归宿，若没有赢利，适应性、安全性目标也就失去了意义。适应性、安全性目标又是赢利性目标的前提，没有适应性、安全性，盈利性便无从谈起。

(二) 农村金融风险控制的原则

刘彤（2012）指出金融风险控制的原则是成本最低、效率最高和保证收益。[①]

（1）成本最低原则

任何一种控制风险的策略都需要付出一定的代价，即成本。金融风险控制的成本主要包括交易成本、执行成本、机会成本和风险成本。在实施金融风险控制时应当首先考虑如何将成本降到最低，实现成本最优。

（2）效率最高原则

效率最高原则是金融风险控制需要遵循的另一个重要原则。是指通过采用一定的金融风险控制策略，在尽可能短的时间内将风险的影响降到最低程度，强调风险控制的速度和成效。在众多风险控制策略中选择最科学、最有效的方案是实现高效率的关键。

（3）保护收益原则

有些风险的发生只能带来损失不能带来收益，例如信用风险，对于这种风险就要努力避免。而绝大多数金融风险具有两重性，既可能造成损失又可以带来收益。金融风险控制就要全面权衡两者得失，尽量在降低损失的同时保证收益。实际上三个原则并不是协调一致的。成本与效率、成本

---

① 刘彤：《地方金融风险控制研究》，硕士学位论文，山东财经大学，2012 年。

与收益往往不可兼得，效率和收益越高，成本也越高。所以，金融风险控制要综合考虑三个原则，在保证效率的同时尽可能地使成本最低、收益最高。

第二节　农村民间金融风险控制的研究方法

一　层次分析法

层次分析法（The Analytic Hierarchy Process，AHP）是由美国运筹学家 A. L. Saaty 提出的一种层次权重决策分析方法[①]。该方法将定性和定量相结合，通过层次化有效处理复杂决策问题，不但能够量化描述决策者推理过程，也能够与其主观判断相联系，从而有效避免了决策者在面对结构复杂、方案较多的决策问题上的逻辑失误。AHP 法能让决策者把一个比较复杂的问题分解成很多个小因素，并将这些因素组成一个有序的递接层次结构。同一层次的诸因素从属于上一层的因素或对上层因素有影响，同时又支配下一层的因素或受下一层因素的作用。层次结构通常可分为目标层、指标层（有的时候指标层可大于一层）和评价层。假设有一个指标层，用 3 个指标对 5 个评估对象进行评估，图 2-1 就是建立的层次结构模型。

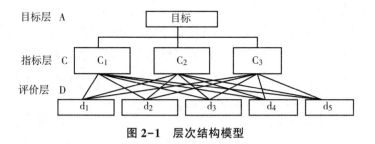

图 2-1　层次结构模型

建立层次结构后，利用 1、3、5、7、9 的标度将因素进行两两比较，确定相对重要性。因此在复杂的决策问题研究中，对于一些无法度量的因素，只要引入合理的度量标度，通过构造判断矩阵来度量各因素之间的重

---

① Saaty T.，The Analytic Hierarchy Process，New York：McGraw-Hill，1980.

要性，从而为有关决策提供依据。AHP 的基本步骤为：

（一）建立层次结构模型

根据图 2-1，结合具体问题，建立层次结构模型。

（二）构建判断矩阵

判断矩阵表示针对层次中的某元素而言，评定该层次中各有关元素相对重要程度，其形式如下：

表 2-1   **相对重要程度**

A_k	B_1	B_2	...	B_n
B_1	b_{11}	b_{12}	...	b_{1n}
B_2	b_{21}	b_{22}	...	b_{2n}
$\vdots$	$\vdots$	$\vdots$	$\vdots$	$\vdots$
B_n	b_{n1}	b_{n2}	...	b_{nn}

其中对于 A_k 而言，元素 B_i 对 B_j 的相对重要程度判断值，一般取 1、3、5、7、9 以及它们的倒数，标度的含义见表 2-2。

表 2-2   **标度**

1	表示两个元素相比，具有同样重要性
3	表示两个元素相比，B_i 比 B_j 稍微重要
5	表示两个元素相比，B_i 比 B_j 明显重要
7	表示两个元素相比，B_i 比 B_j 强烈重要
9	表示两个元素相比，B_i 比 B_j 极端重要
2、4、6、8 为上述相邻判断值的中值	

很显然任何矩阵都应该满足 $b_{ii} = 1$，$b_{ij} = 1/b_{ji}$（i，$j = 1$，2，3，…，n）。

一般而言，判断矩阵的数值是根据数据资料、专家意见和分析者的认识，加以平衡给出的。

（三）确定指标权重

计算判断矩阵 A 的最大特征根 λ_{max} 和其对应的经归一化的特征向量 $W = [w_1, w_2, \cdots, w_n]^T$。特征向量 $W = [w_1, w_2, \cdots, w_n]^T$ 就作为对应评价单元的权重向量。其中计算判断矩阵的最大特征根及其所对应的特征向量主要有两种方法：方根法及和积法。

1. 方根法

a. 计算判断矩阵每一行元素的乘积 $M_i = \prod_{j=1}^{n} b_{ij} (i,j = 1,2,\cdots,n)$。

b. 计算 M_i 的 n 次方根 $W'_i = \sqrt[n]{M_i}$ $(i=1, 2, \cdots, n)$。

c. 将向量 $W'_i = [w'_1, w'_2, \cdots, w'_n]$ 归一化，$W_i = W'_i / \sum_{i=1}^{n} W'_i$ $(i=1, 2, \cdots, n)$，则 $W = [w_1, w_2, \cdots, w_n]^T$ 即为所求的特征向量。

d. 计算最大特征根 $\lambda_{max} = \frac{1}{n} \sum_{i=1}^{n} \frac{(Aw)_i}{W_i}$。

2. 和积法

a. 将判断矩阵每一列归一化 $b'_{ij} = b_{ij} / \sum_{k=1}^{n} b_{kj} (i = 1, 2, \cdots, n)$。

b. 对按列归一化的判断矩阵，再按行求和 $W'_i = \sum_{j=1}^{n} b'_{ij} (i = 1, 2, \cdots, n)$。

c. 将向量 $W'_i = [w'_1, w'_2, \cdots, w'_n]^T$ 归一化，$W_i = W'_i / \sum_{i=1}^{n} W'_i$ $(i=1, 2, \cdots, n)$，则 $W = [w_1, w_2, \cdots, w_n]^T$ 即为所求的特征向量。

d. 计算最大特征根 $\lambda_{max} = \frac{1}{n} \sum_{i=1}^{n} \frac{(Aw)_i}{W_i}$。

（四）矩阵一致性检验

在单层次判断矩阵 A 中，当 $a_{ij} = a_{ik}/a_{jk}$ 时，称判断矩阵为一致性矩阵。进行一致性检验的步骤如下：

a. 计算一致性检验指标 CI。$CI = \frac{\lambda_{max} - n}{n-1}$，其中 n 为判断矩阵阶数。

b. 计算平均随机一致性指标 RI。RI 是多次重复进行随机判断矩阵特征值的计算后取算术平均数得到的，表 2-3 给出 1—15 维矩阵重复计算 1000 次的平均随机一致性指标。

表 2-3　　　　　　　　　　　　一致性检验

阶数	1	2	3	4	5	6	7	8	9	10	11	12	13	14	15
RI	0	0	0.58	0.9	1.12	1.24	1.32	1.41	1.45	1.49	1.52	1.54	1.56	1.58	1.59

c. 计算一致性比例 $CR = CI/RI$。

当 $CI < 0.1$ 时，一般认为判断矩阵的一致性是可以接受的。

　　AHP 将定性和定量分析有效结合，不仅能保证模型的系统性和合理性，而且能让决策人员充分运用专家的经验和判断能力，为经济、金融等领域的多规则决策问题提供强大决策支持。AHP 的主要贡献在于：提供了层次思维框架，便于整理思路，做到结构严谨，思路清晰；通过对比进行标度，增加了判断的客观性；把定性判断与定量推断结合，增强科学性和实用性。

　　AHP 有着深刻的数学原理，使复杂的系统分解，能将人们的思维过程数学化、系统化，便于人们接受，但在实际运用中所涉及的数学工具比较简单，数学运算也不难。即使是具有中等文化程度的人也可了解层次分析的基本原理和掌握它的基本步骤，并且所得结果简单明确，容易为广大处于农村民间金融机构的决策者了解和掌握。

二　数据包络分析法

　　数据包络分析（Data Envelopment Analysis，DEA）由美国运筹学家 Charnes 等[1]提出的用来测度决策单元之间的相对效率的一种方法。通过线性规划，对决策单元的多指标投入和多指标产出进行 Pareto 最优意义上的相对有效性的多指标综合评价分析。这样可以根据 DEA 数值来判断决策单元是否 DEA 有效。使用 DEA 模型分析，不但可以弥补层次分析法主观因素影响，多投入多产出的综合评价、测度了决策单元的运行效率，而且通过对非 DEA 有效的决策单元进行投影分析进而可以针对性给出优化方案。针对小额贷款公司的风险指标体系的有效性，该决策问题属于有 n 个部门的多投入、多产出问题，因此，本书采用规模效率可变的 VRS - DEA 模型求解其技术效率，其基本形式如下：

$$Min_{\theta\lambda}\theta_j$$

$$s.\ t.\ \begin{cases} \sum_{i=1}^{n}\lambda_i y_{ri} \geq y_i, \ r = 1, \ 2, \ 3, \ \cdots, \ R \\ \sum_{i=1}^{n}\lambda_i x_{si} \geq \theta_j x_j, \ s = 1, \ 2, \ 3, \ \cdots, \ S \\ \sum_{i=1}^{n}\lambda_i = 1, \ \lambda_i \geq 0 \end{cases}$$

其中，模型假设影响农村民间金融机构风险的投入、产出要素分别为

　　[1]　Charnes A., Cooper W.W., Wei Q.L., et al., "Cone ratio data envelopment analysis and multi-objective programming", *International Journal of Systems Science*, Vol.20, No.7, 1989, pp. 1099-1118.

x_j、y_j，有 n 个评价风险指标体系的决策单元（DMU）。其中 x_j（x_{1j}，x_{2j}，$\cdots$，x_{ij}，$\cdots$，x_{rj}）为第 j 个评价决策单元 DMU_j 的投入要素，y_j（y_{1j}，y_{2j}，$\cdots$，y_{rj}，$\cdots$，y_{sj}）^{T} 为第 j 个评价决策单元 DMU_j 的产出要素。

三　熵值法

1864 年 Clausius 在《热之唯动说》一书中提出一个物理量，这就是熵（用符号 S 表示），熵在热力学用来描述热运动过程的一个不可逆现象。1872 年波尔兹曼在研究气体分子运动过程中，对熵提出了微观解释，后经普朗克吉布寺进一步研究，解释更为明确。他们认为：在由大量粒子（原子、分子）构成的系统中，熵就表示粒子之间无规则的排列程度，或者说，表示系统的紊乱程度，系统越乱，熵就越大；系统越有序，熵就越小。

1948 年，申农把波尔兹曼的上述概念引入信息论中，把熵作为一个随机事件的不确定性或信息量的量度。

针对一个评估决策矩阵来说，熵值法是一种客观赋权方法，它通过计算指标的信息熵，根据指标的相对变化程度对系统整体的影响来决定指标的权重，相对变化程度大的指标具有较大的权重，具有较强的研究价值。熵值法里的熵是用来描述系统无序程度的一种度量，一个系统的有序程度越高，则信息熵越大，信息的效用值越小；反之，一个系统的无序程度越高，则信息熵越小，信息的效用值越大，如表 2-4 所示：

表 2-4　　　　　　　　　　　　　熵值信息

熵大	越无序	信息少	效用值小	权重小
熵小	越有序	信息多	效用值大	权重大

a. 建立数据的比重矩阵，首先计算第 j 项指标下第 i 年份指标值的比重 y_{ij}：$y_{ij} = x_{ij} / \sum_{i=1}^{m} x_{ij}$，由此，可以建立数据的比重矩阵 Y。

b. 计算第 j 项指标的信息熵值的公式为：

$e_j = -k \times \sum_{j=1}^{m} y_{ij} LN y_{ij}$，其中 m 为样本数，k 为常数且 $k = (LNm)^{-1}$

某项指标的信息效用价值取决于该指标的信息熵 e_j 与 1 之间的差值，它的值直接影响权重的大小，信息效用值越大，对评价的重要性就越大，权重也就越大。$h_j = 1 - e_j$。

c. 计算指标权重。

利用熵值法估算各指标的权重，其本质是利用该指标信息的价值系数来计算，其价值系数越高，对评价的重要性就越大（或称权重越大，对评价结果的贡献大）。第 j 项指标的权重为：

$$w_i = h_j \bigg/ \sum_{j=1}^{n} h_j$$

四　模糊综合评价法

由于农村民间金融风险状况错综复杂，影响因素较多，而且各个因素之间又存在一定联系，因此很难用精确的数学方法进行描述。本书采用模糊综合评判法模型对农村民间金融组织的风险状况进行数学分析，具体步骤如下：

（一）确定评价因素集 U 和评判集 V

我们评价被研究对象时进行的多方面描述就是评价因素集 u。，被研究对象等级区间的一个划分就是评判集 V。此处的因素集 U 即为上文建立的指标体系。评判集 V 则采用四个评判等级，分别用数字 25、50、75、100 表示，值越大代表的风险等级越低。其中"0—25"表示"危险"，"25—50"表示"警惕"，"50—75"表示"基本安全"，"75—100"表示"安全"。

（二）确定单因素隶属度

隶属度是衡量指标体系中各指标与风险之间的关系，它的确定是模糊综合评判法的关键，隶属度函数构造的好坏直接关系着评价体系的优劣。目前隶属度函数分为两类：线性和非线性隶属度函数。线性隶属度函数一般包括向量规划法、极差变换法和三角形隶属度函数法，其假定的是指标的评价值与实际值之间呈线性关系，这种方法计算简便，但结果误差较大；非线性隶属度函数一般包括高斯型函数、指数型函数等，适合对含有多种属性且具有非线性特征评价对象进行评价。由于农村民间金融机构各风险因素存在相互影响的作用，相互作用的各个因素不能单纯地使用线性方法计算隶属度。因此本书采用修正的高斯型隶属度函数确定单因素隶属度，将指标分为正向型和逆向型，正向型指标即指标值越大越好，逆向型指标即指标值越小越好。

正向型指标的隶属度函数为：

$$R_A(r) = a \times e^r + b$$

逆向型指标的隶属度函数为：

$$R_B(r) = c \times e^r + d$$

其中 a，b，c，d 为待定参数，r 为指标值。

假定每项指标的最大值为 m，最小值为 n，那么对于正向型指标，当 $r = m$ 时，令 $R_A(r) = 1$，$R_A(r) = 0$，由上述两方程联立得：

$$a \times e^r + b = 1$$

$$c \times e^r + d = 0，解得 \ a = \frac{1}{e^m - e^n}，\ b = \frac{e^n}{e^m - e^n}$$

则正向型隶属度函数为：

$$R_A(r) = \frac{1}{e^m - e^n} \times e^r + \frac{e^n}{e^m - e^n}$$

同理，逆向型隶属度函数为：

$$R_B(r) = \frac{m \times n}{m - n} \times r^{-1} + \frac{n}{m - n}$$

计算各级指标的评价值（B）

一级指标（即农村民间金融组织）模糊评判值为 B。假设二级指标 2 个，分别用 B_1 和 B_2 表示，W 为权重系数。根据隶属度函数，可以计算出农村民间金融组织在二级指标中的三级级指标隶属度矩阵，分别用 R_{1i} 和 R_{2i} 表示。其中 i 表示三级指标。则：

三级指标模糊评判值：

$$B_{1i} = W_{1i} \times B_{1ij}$$

$$B_{2i} = W_{2i} \times B_{2ij}$$

二级指标模糊评判值：

$$B_1 = W_1 \times [B_{11} B_{12} B_{13}]$$

$$B_2 = W_2 \times [B_{21} B_{22} B_{23} B_{24} B_{25} B_{26} B_{27}]$$

根据一级指标模糊评判值，对农村民间金融组织采取不同的措施。若综合评判值（B 值）在 75—100，则无须采取任何措施，但需要警惕潜在风险和突发性风险的发生；若 B 值在 50—75，则需要提示农村民间金融组织存在风险，将风险控制在一定范围内并解决问题；若 B 值在 25—50，则需要警告农村民间金融组织，要求其对存在的风险进行调控，必须及时严格控制风险并提出解决措施；如 B 值在 0—25，则需要接管或者重组农村民间金融组织，必要时也可进入破产程序。详见表 2-5。

表 2-5　　　　　　　　　农村民间金融组织风险级别标准

综合评判值	级别	说明
75—100	安全	经营正常，基本不存在风险。风险控制能力较强
50—75	基本安全	经营状况一般，存在一定风险，但损失不明显，对农村民间金融组织的经营不造成重大影响，农村民间金融组织有能力控制该风险
25—50	警惕	运营已经明显出现问题，并且已经造成了较大损失。内部管理及风险管理等方面问题的存在对农村民间金融组织的经营构成一定的威胁
0—25	风险	运营状况很差，损失严重，这种损失会对农村民间金融组织的生存和发展构成威胁，甚至可能倒闭关门

五　排序多元 Logit 模型

在农村民间金融组织风险控制分析中经常面临许多决策问题，或者称为选择问题，是人们必须在可供选择的几个方案中做出选择。这些方案可以用离散的数据来表示，例如民间金融组织生存时间可以被划分为若干区间，分别用 0、1、2、…表示，以这样的决策结果作为被解释变量所建立的计量经济学模型，称为离散选择模型。如果被解释变量只存在两种选择，称为二元选择模型；如果被解释变量存在多种选择，称为多元选择模型。多元选择模型又分为一般多元选择和排序多元选择。前者针对选项之间没有排序关系，后者则针对有排序特征的选择问题。

在排序多元选择模型中，作为被解释变量的观测值 y 表示排序结果或分类结果，其取值为整数，解释变量 x'_i 是可能影响被解释变量排序的各种因素，可以是多个解释变量的集合，即向量。

排序模型的一般形式为 $y_i^* = \beta x'_i + \varepsilon$，式中的 y_i^* 为隐变量（或潜变量），x'_i 为解释变量的集合，β 为待估计的参数，ε 为随机扰动项。相对于显式变量 y 而言，隐变量 y_i^* 没有观测值，一个典型的解释是把隐变量理解为某种效用，效用的大小可用数值来衡量。

根据效用模型中的随机效用项的两种概率分布形式，分为 Probit 模型和 Logit 模型。由于 Logit 模型所假设的随机效用分布形式更适合于效用最大化时的分布选择，所以 Logit 模型应用得最为广泛，本书也将采用排序多元 Logit 模型。

六　博弈论

在农村民间金融市场领域中存在着利益冲突的竞争及斗争，因此本书将采用博弈论的分析工具对农村民间金融组织面临的风险进行研究。

博弈论思想古已有之，我国古代的《孙子兵法》不仅是一部军事著作，而且算是最早的一部博弈论专著。博弈论最初主要研究象棋、桥牌、赌博中的胜负问题，人们对博弈局势的把握只停留在经验上，没有向理论化发展，正式发展成一门学科则是在 20 世纪初。1944 年，Von Neumann 与 Morgenstern 合写的经典著作 *Theory of Games and Economic Behavior*，标志着博弈论的诞生。随后约翰·福布斯·纳什利用不动点定理证明了均衡点的存在，为博弈论的一般化奠定了坚实的基础。此外，莱因哈德·泽尔腾、约翰·海萨尼的研究对博弈论发展起到推动作用。到 20 世纪 70 年代，博弈论正式成为主流经济学研究的主要方法之一。

从 1994 年诺贝尔经济学奖授予 3 位博弈论专家开始，很多诺贝尔经济学奖与博弈论的研究有关，分别为：

1994 年，授予加利福尼亚大学伯克利分校的约翰·海萨尼、普林斯顿大学的约翰·纳什和德国波恩大学的赖因哈德·泽尔滕，以表彰这三位数学家在非合作博弈的均衡分析理论方面做出了开创性的贡献。

1996 年，授予英国剑桥大学的詹姆斯·莫里斯与美国哥伦比亚大学的威廉·维克瑞。前者在信息经济学理论领域做出了重大贡献，尤其是不对称信息条件下的经济激励理论，后者在信息经济学、激励理论、博弈论等方面都做出了重大贡献。

2001 年，授予加利福尼亚大学伯克利分校的乔治·阿克尔洛夫、美国斯坦福大学的迈克尔·斯宾塞和美国哥伦比亚大学的约瑟夫·斯蒂格利茨。他们的研究为不对称信息市场的一般理论奠定了基石，其理论迅速得到了应用，从传统的农业市场到现代的金融市场，他们的贡献来自于现代信息经济学的核心部分。

2005 年，授予美国马里兰大学的托马斯·克罗姆比·谢林和耶路撒冷希伯来大学的罗伯特·约翰·奥曼。二者的研究通过博弈论分析促进了对冲突与合作的理解。

2007 年，授予美国明尼苏达大学的里奥尼德·赫维茨、美国普林斯顿大学的埃里克·马斯金以及美国芝加哥大学的罗杰·迈尔森。三者的研究为机制设计理论奠定了基础。

2012 年，授予美国经济学家埃尔文·罗斯与罗伊德·沙普利。他们创建"稳定分配"的理论，并进行"市场设计"的实践。

2014 年，授予法国经济学家梯若尔。他在产业组织理论以及串谋问题上，采用了博弈论的思想，让理论和问题得以解决。

作为一门工具学科能够在经济学中如此广泛运用并得到学界垂青实为罕见。

博弈论是人们深刻理解诸如经济行为和社会问题的基础。现在人们所说的博弈论，一般指非合作博弈论。非合作博弈强调的是个人理性、个人最优决策，其结果可能是有效率的，也可能是无效率的。它的特征是：人们的行为相互作用时，行为人不能达成一个有约束力的协议。或者说，行为人之间的合约对于签约人没有实质性约束力。然而，在各种生活行为中，人与人之间除了竞争关系，还存在合作关系，常常是两种关系并存，合理的合作能够给双方带来共同利益。这是合作型博弈论研究的范畴。对于人类而言，博弈论最重要的贡献就在于它能够促进人类思维的发展，促进人类的相互了解与合作。博弈论告诉人们，每个人都有自己的思想，每个个体都是理性的，所以必须了解竞争对手的思想。无论是合作博弈还是非合作博弈都给我们提供了一种系统的分析方法，特别是当许多相互依赖的因素共存，没有任何决策能独立于其他决策之外时，博弈论更是价值巨大。

博弈论又被译为对策论，是研究多个决策主体之间的行为发生直接相互作用时的决策以及这种决策的均衡问题。在存在利益冲突的竞争及斗争中，竞争的结果不仅依赖于某个参与者的抉择、决策和机会，而且也还依赖于竞争对手或其他参与者的抉择。由于竞争结果依赖于所有局中人的抉择，每个局中人都企图预测其他人的可能抉择，以确定自己的最佳对策。

博弈论是采用数学的方法来描述这种竞争及冲突。通过构造数学模型来研究经济、社会、心理等各个领域中类似博弈的问题。博弈论成为分析解决冲突、对抗、矛盾、竞争、合作等问题的重要数学工具。

博弈论的基本概念包括：局中人、行为、策略、信息、收益、次序、结果、均衡。

局中人是指博弈中选择行动以自身利益最大化为准则的决策主体。决策主体可以是个人，也可以是团体，如企业、政府、国家。在一个博弈中，不管一个组织有多大，即使是一个国家，都可以当作博弈中的一个局中人。只有两个局中人的博弈称为"两人博弈"，而多于两个局中人的博弈称为"多人博弈"。

行为是指局中人的决策变量，是指局中人所有可能的策略或行动的集合，如消费者效用最大化决策中的各种商品的购买量，厂商利润最大化决策中的产量、价格等。

策略是指局中人选择其行为的规制，也就是指参与人应该在什么条件下选择什么样的行动，以保证自身利益最大化。一局博弈中，每个局中人都有选择实际可行的完整的行动方案，即方案不是某阶段的行动方案，而是指导整个行动的一个方案。一个局中人的一个可行的自始至终全局筹划的一个行动方案，称为这个局中人的一个策略。如果在一个博弈中局中人的策略都是有限的，则称为"有限博弈"，否则称为"无限博弈"。

信息是指局中人在博弈过程中的知识，特别是有关其他局中人（对手）的特征和行动的知识。即该参与人所掌握的其他参与人的、对其决策有影响的所有知识。信息是博弈中一个重要的变量，信息结构变了，博弈的一切结果都可能发生改变。例如人们之所以在经济活动中签订合同，就是为了防止因信息结构变化而带来的损失。

收益又称支付，是指局中人从博弈中获得的利益水平，它是所有局中人策略或行为的函数，是每个参与人真正关心的东西，如消费者最终所获得的效用、农村民间金融组织最终所获得的收益。如果参与博弈的各方，在严格竞争下，一方的收益必然意味着另一方的损失，博弈各方的收益和损失相加总和永远为"零"，双方不存在合作的可能，该博弈就称零和博弈。区别于零和博弈，如果各博弈方的得益之和是一个非零的常数，叫非零和博弈。

博弈次序，是局中人做出策略选择的先后顺序。在现实的决策活动中，当存在多个局中人进行决策时，有时候在博弈中需要这些局中人同时做出选择，有时候局中人的决策有先后之分，这就是博弈的次序问题。

均衡是指所有局中人的最优策略或行动的组合。

博弈的分类可以从三个角度进行。第一个角度是按照局中人的先后顺序进行分类。从这个角度，博弈可以划分为静态博弈和动态博弈。静态博弈是指在博弈中，局中人同时选择或虽非同时选择但后行动者并不知道先行动者采取了什么具体行动。动态博弈是指在博弈中，局中人的行动有先后顺序，且后行动者能够观察到先行动者所选择的行动。

　　第二个角度是按照局中人对其他局中人的了解程度进行分类。从这个角度，博弈可以划分为完全信息博弈和不完全信息博弈。完全博弈是指在博弈过程中，每一位局中人对其他局中人的特征、策略空间及收益函数有准确的信息。如果局中人对其他局中人的特征、策略空间及收益函数信息了解得不够准确，或者不是对所有局中人的特征、策略空间及收益函数都有准确信息，在这种情况下进行的博弈就是不完全信息博弈。

　　第三个角度是按照局中人之间是否合作进行分类。从这个角度，博弈可以划分为合作博弈和非合作博弈。合作博弈是指参与人之间有着一个对各方具有约束力的协议，参与人在协议范围内进行的博弈。反之，就是非合作博弈。

　　根据上述分类，非合作博弈可以得到四种不同的类型：完全信息静态博弈、完全信息动态博弈论、不完全信息静态博弈、不完全信息动态博弈。

第三章

小额贷款公司风险控制

第一节 引言

一 研究背景和意义

我国城乡二元经济结构长期存在。改革开放近四十年来，我国农村虽然发生了重大而深刻的变化，农村基础设施得到极大改善、农业现代化水平得到较大提升、农民收入逐年提高，但是城乡收入差距不仅没有缩小，反而有扩大的趋势。"三农"问题依然客观存在，且阻碍着我国社会主义现代化进程，成为我国经济、社会亟待解决的问题。2004年以来，"中央一号文件"连续十四年聚焦"三农"，把促进农村金融创新、改善农村金融服务环境作为解决"三农"问题的重要手段之一。据有关部门测定，到我国全面建成小康社会，新农村建设需要新增资金在15万亿—20万亿元，农村地区存在着巨大的信贷需求。[①] 当前我国农村经济市场普遍缺少正规金融机构，且城市的快速发展致使农村资金大量外流。

当前，我国农村经济发展急需健全的农村金融服务体系为之保驾护航。促进小额信贷发展，对建立竞争性、多层次、广覆盖、可持续、功能完善的农村金融市场具有促进作用，是提高农村金融服务效率的重要途径。鉴于此，国家积极培育小额信贷组织，不断探索其可持续发展的模式，鼓励其支持和服务"三农"。小额信贷组织设在县域、乡镇，具有获

---

① 廖丹：《浅析我国新型农村金融机构的发展前景》，《中国市场》2011年第27期。

取借款人信息的便利条件，对农户的信用、偿债能力和金融需求更为了解，从而能够提供更加贴近农户和小微企业需求的金融产品。[①]

按照法人属性的不同，小额信贷组织分为商业性小额信贷组织和公益性小额信贷组织两类。商业性小额信贷组织是企业法人，有独立的法人财产，享有法人财产权，以全部财产对其债务承担民事责任，需要缴纳相应的税费。公益性小额信贷组织是独立的非营利性企业法人，融资服务在某种程度上具有扶贫性，这类机构可以享受一定的政府补贴。[②]

我国小额信贷的发展始于 1993 年中国社会科学院农村发展研究所的小额信贷试点，这些试点是在与国际组织的合作基础上开展的。刚开始创立的小额信贷是以扶贫项目的形式出现的。小额贷款作为一种扎根基层的普惠式金融，其风险控制主要依靠民间自身的道德约束力和古老的信用机制，其适用性得到了检验。但是，由于项目多由国际机构提供资金和技术援助支持建立发展起来的，国内正规金融机构发放的小额扶贫贷款源自政府的扶贫贴息，资金难以得到持续保障、产权不清晰等诸多问题相继暴露，小额信贷项目数量由兴盛一时转至锐减，中国的小额信贷面临去留存亡的选择。

2005 年中央一号文件明确提出："有条件的地方可以探索建立更加贴近农民和农村需要、由自然人或企业发起的小额信贷组织。"[③] 在农村金融服务体系不完备、农村资金大量外流的情况下，发展小额信贷组织成为完善农村金融服务体系、满足"三农"金融需求的必然选择。2005 年底，中国人民银行正式将陕西、四川、贵州、山西、内蒙古等五省区确定为实施小额信贷组织的试点地区，积极探索农村金融体制的突破与创新。2005 年 12 月底，山西省平遥县由民间融资建立的两家商业小额贷款公司"日升隆""晋源泰"成立，拉开了我国小额信贷公司发展的序幕。"平遥模式"是以 3 至 5 个发起人组建一个产权明晰、自负盈亏的商业小额贷款公司，先后领取营业执照进行经营，待发展到一定规模后，申请金融业务许可证。试点成立的小额贷款公司以服务"三农"、支持农村经济发展为重

---

① 周建波：《推进农村金融改革的四个着力点》，《红旗文稿》2010 年第 24 期。

② 李亚亚：《小额贷款公司运行机制及其效率评价》，硕士学位论文，浙江工商大学，2010 年。

③ 2005 年中央一号文件：《中共中央国务院关于进一步加强农村工作提高农业综合生产能力若干政策的意见》（http://www.farmer.com.cn/ywzt/wyhwj/yl/201502/t20150205_1011767.htm）。

点，为农户、个体经营者和小微企业提供小额贷款服务。① 其他试点省市的小额贷款公司也已经顺利发展。总体而言，小额信贷公司开展小额贷款业务，成效显著。2008 年 5 月，银监会和中国人民银行联合下发《关于小额贷款公司试点的指导意见》（银监发〔2008〕23 号），进一步明确了小额贷款公司的性质、设立条件、资金来源和运用、监管等问题，之后试点工作逐步在全国范围展开。

小额贷款公司发展迅猛。截至 2015 年 9 月末，我国的小额贷款公司就发展至 8965 家，带动从业人数 114276 人，实收资本 8460.12 亿元，贷款余额 9507.95 亿元，取得了比较好的经济效益和社会效益。②

小额贷款公司是近十余年来政府为完善农村金融体系推动的一项制度创新，有效增加了对农户和小微企业的信贷供给，缓解了农村地区资金缺口大的压力，在一定程度上降低了低收入人群的融资门槛，有效缓解了中小企业融资难问题，同时对抑制"地下钱庄"等非法借贷活动、引导民间融资阳光化起到了积极作用，促进了农村经济的发展。小额贷款公司不仅延伸了金融服务的深度和广度，而且在一定程度上分散了银行的信贷风险，从而完善了金融支持经济的功能和金融监管的内涵，进一步优化了我国经济发展的结构，促进了我国金融经济的发展。

但是，2015 年 9 月成为我国小额贷款公司发展的高峰，随后各项指标连续下降。至 2016 年 12 月 31 日，全国小额贷款公司的机构数量、从业人员数、实收资本、贷款余额分别下降至 8673 家、108881 人、8233.9 亿元、9272.8 亿元。③ 小额贷款公司发展受阻，主要的原因有两点：一是网络小额贷款和 P2P 网络借贷的兴起挤占了传统小额贷款公司的市场空间。与网络借贷相比，传统小额贷款公司在地域和持股比例方面限制严格。二是与线下的传统正规金融相比，其资金来源受到严格限制。小额贷款公司的持续发展受到了前所未有的严峻挑战。

同时，小额贷款公司在设立和经营方面有着自己的特殊性，其风险控制情况也影响着小额贷款公司的发展。随着小额贷款公司规模的不断扩大

---

① 匹桂梅：《解决农民"贷款难"的政策建议》，《财政研究》2010 年第 10 期。

② 李珮：《推进普惠金融为小贷发展创造良好环境 2015 年中国小贷峰会综述》（http://www.financialnews.com.cn/yh/xw/201512/t20151202_88097.html）。

③ 中国人民银行：《2016 年小额贷款公司统计数据报告》（http://www.pbc.gov.cn/goutongjiaoliu/113456/113469/3245151/index.html）。

和我国金融改革的进一步深入，小额贷款公司风险管理、控制问题也日益突出。近年来，小额贷款公司涉案量飙升。2015 年 1 月至 8 月，仅武汉东湖新技术开发区法院受理小额贷款公司借贷案件就达 135 件，是 2014 年同期的 10 倍多；[①] 2016 年 3 月，据广州越秀区法院统计数据显示，小额贷款案件数量两年增加了 27.56 倍、涉案金额增加了 17.15 倍，小额贷款公司"收债压力山大"。[②]

目前，小额贷款公司风险评估的指标主观性较大，评价标准不一。此时，需要使用新的评价模型和方法，针对性解决小额贷款公司风险评估问题。因此，研究小额贷款公司所面临的风险以及风险的有效管理，在现有的基础上进一步促进小额贷款公司的健康发展，具有重要的理论意义和实践意义。

二　小额贷款公司的国内外研究现状

（一）国外研究现状

1. 实践经验

世界各国中，小额信贷机构的运营模式与发展途径存在较为明显的差异。到目前影响深远的小额信贷模式主要有：小组贷款模式、乡村银行模式、个人贷款模式以及混合型模式。各国提供小额信贷的机构也具有多样性，包括国有机构、国有政策性或发展性银行、商业银行、非政府组织、信用合作社以及非正规的社区团体。典型的小额信贷机构包括孟加拉国乡村银行、印度尼西亚人民银行、FINCA（国际社会资助基金会）村银行、小额信贷批发机构等。[③]

（1）孟加拉国乡村银行（Grameen Bank，GB）模式

20 世纪 70 年代，穆罕默德·尤努斯创建了小额贷款组织，面向低收入群体，采取无抵押的担保方式。1983 年，孟加拉政府允许其注册为银行，正式转制为孟加拉国乡村银行即格莱珉银行。目前，孟加拉国乡村银

---

① 杨然、胡芳、徐丹丹：《武汉小贷公司涉案量飙升》（http://roll.sohu.com/20150827/n419899406.shtml）。

② 方晴、杨婷、罗洁：《小贷公司收债压力巨大 小额贷款案两年增 27 倍》（http://finance.sina.com.cn/money/bank/bank_hydt/2016-03-22/doc-ifxqnnkr9792044.shtml）。

③ 刘雪莲：《基于博弈论的中国农村小额信贷问题研究》，博士学位论文，东北农业大学，2009 年。

行模式被许多国家关注和效仿，成为国际上小额信贷的主要模式之一。①
GB 模式主要向贫困农民，尤其是妇女提供存款、贷款、保险等综合业务，
实行贷前、贷中、贷后全程管理。② 借款小组和乡村中心是 GB 运行的基
础，由"会员中心—会员小组—会员"三级组成。按照"自愿组合、亲
属回避、互相帮助"原则，村庄中每 5 人自愿组成一个借款小组，每 6 个
小组组成一个乡村中心。③ 乡村银行的组织机构由总行、分行、支行、营
业所四级组织构成。作为非政府组织的 GB，自 1998 年起不再接受政府和
国际机构的资金援助，成为真正自负盈亏的商业机构。④

（2）印度尼西亚人民银行（BRI）村银行模式

1984 年，印度尼西亚人民银行（简称 BRI）将需要政府大量财政支
持、严重亏损的村级营业所改造成按照商业规则运行的小额信贷机构。⑤
1998 年，印度尼西亚人民银行分成三个部分，其中之一为小额贷款业务
部，下设地区办公室、分行和村银行。BRI 总行的小额贷款业务部是整个
小额信贷业务的监管者，此外还负责机构的业务管理制度和发展计划的制
定，领导并协调银行的其他部门。通过较高利率，印度尼西亚人民银行村
银行吸收大量印度尼西亚农民手中的小额游资，储蓄成为其主要的贷款本
金来源，⑥ 有效应对流动性风险；通过对员工和客户的有效激励机制，减
少了信息不对称带来的信用风险；通过透明、简化的运作体系，建立有效
的监管监督机制。印度尼西亚人民银行村银行模式成为小额信贷商业化运
作的成功典范。

---

① 焦瑾璞、阎伟、杨骏：《小额信贷及小额信贷组织探讨（之二）》，《金融时报》2005 年
10 月 27 日第 2 版。

② 周迟：《关于小额贷款公司福利主义模式和制度主义模式的综述》，《管理现代化》2012
年第 8 期。

③ 郑志辉、王子韩、何蒋玲：《国外小额贷款模式与浙江省小额贷款公司试点比较分析》，
《浙江金融》2009 年第 4 期。

④ 丁瑾：《中国农村金融发展：一个供求分析框架》，硕士学位论文，上海社会科学院，
2008 年。

⑤ 焦瑾璞、阎伟、杨骏：《小额信贷及小额信贷组织探讨（之二）》，《金融时报》2005 年
10 月 27 日第 2 版。

⑥ 孙鹤、朱启臻：《国外小额贷款发展的成功经验及对中国的启示》，《世界农业》2007 年
第 2 期。

（3）FINCA 村银行模式

1984 年 John Hatch 创立乌干达国际社会资助基金会（FINCA），为低收入家庭提供小额信贷。FINCA 村银行建立在自然村庄的基础上，其运行的基础和核心是村银行的互助小组。小组领导由成员选出，小组自主设计规章制度。村银行的资金来源于外部，最初的资金由 FINCA 提供，这些资金由村银行小组管理，小组对贷款资金的方向和数量具有最终决策权。[①] 在 FINCA 村银行模式下，发放贷款的利息所得基本上能够负担起整个村银行的运营成本，其发展比较均衡，持续性强。

2. 理论研究

Luhmann 等（1979）将信任的建立分为两类，一类是靠以制度约束为基础、超越私人关系的法律、社会规范来维系的制度信任；一类是靠血缘、姻缘、地缘或其他私人方式来维系的人际信任。[②] Hassan 等（1997）认为，通过小组联保机制使得借款人选择成本和监督成本内部化。[③] Bell 等（1998）研究表明，愿意增加担保的人可以预计具有较小道德风险。[④] Stiglitz 等（1981）的研究表明，由于信息不对称问题的存在，单纯的价格机制会导致农村信贷市场失灵。[⑤] Ghatak 等（2000）较早对团体贷款解决逆向选择问题提供了理论解释，他注意到孟加拉国乡村银行团体贷款鉴于小组自愿形成，认为风险型与安全型借款人对于以个人责任与连带责任的不同组合形成的信贷合同评价不同，并把这一事实称为横向选择效应。[⑥] Cull 等（2009）通过对一个包括 346 家全球领先的小额信贷机构、覆盖近 1800 万活跃借款人的数据集库的分析，利润最大化投资者是专注于最贫

---

① 焦瑾璞、阎伟、杨骏：《小额信贷及小额信贷组织探讨（之二）》，《金融时报》2005 年 10 月 27 日第 2 版。

② Luhmann N., Poggi G., Burns T., et al., "Trust and power: two works", U-M-I Out of Print Books on Demand, 1979.

③ Hassan M. K., Renteria-Guerrero L., "The ex-perience of the Grameen Bank of Bangladesh in community development", International Journal of Social Economics, Vol. 24, No. 12, 1997.

④ Bell C., Clemenz G., "Credit markets with moral hazard and heterogeneous valuations of collateral", Vienna Economics Papers, Vol. 52, No. 3, 1998.

⑤ Stiglitz J. E., Weiss A., "Credit Rationing in Markets with Imperfect Information", American Economic Review, Vol. 71, No. 3, 1981.

⑥ Ghatak M., Kali R., "Financially Interlinked Business Groups: A Solution to Adverse Selection in Credit Markets", Social Science Electronic Publishing, Vol. 19, No. 2, 2000.

穷和女性客户的机构。这些机构，收取顾客费用最高，也面临交易成本特别高，需要进一步的创新来克服高成本的挑战。[①]

3. 借鉴与启示

首先，国家层面的政策支持对小额贷款机构的发展十分必要，是小额信贷机构成功实践的重要基础。小额信贷机构能否在政府政策的支持下不断扩大信贷服务的深度与广度及为低收入群体提供经济机会是小额信贷能否长足发展的衡量标准。关于政策支持，一方面要为小额信贷提供法律法规上的政策支持，构建优良的法律环境和政策空间；另一方面，对小额信贷机构既要积极引导其向正确方向发展，又要对其信贷业务进行强力的约束。特别是在利率市场化的环境下，为防止过高的利率扰乱金融市场，金融监管不能缺位。其次，通过对服务目标群体的市场化定位，改变将小额信贷作为扶贫手段的传统观念。市场化发展方向要求小额信贷组织针对不同收入水平的各类客户，相应提供各类存、贷款服务，制定必要的激励措施，最终实现小额信贷组织和小额信贷体系持续的生存和发展。[②] 更重要的是，小额信贷机构要有完善的风险管理体系保证其低成本运营，使定价能够最好地覆盖金融机构的成本和风险。通过制定适宜的工作激励和奖惩制度、建立有效的内部管理和监控系统，小额信贷可以达到自负盈亏和可持续发展。[③]

从以上研究成果可以看出，国外对小额贷款公司风险的研究时间较长而且具有一定的深度，对我国小额贷款公司的发展具有参考和借鉴作用。

（二）国内研究现状

十余年来，国内外许多学者对小额贷款公司风险控制问题做了大量研究，主要可分为三个方面。

一是小额贷款公司面临的风险、经营现状分析。王慧颖（2010）认为小额贷款公司的发展面临着经营成本高、资金来源单一、风险控制机制

---

① Cull R., Demirgüçkunt A., Morduch J., "Microfinance meets the market", Journal of Economic Perspectives, Vol. 23, No. 1, 2009.

② 孙砥：《金融危机下中国小额信贷发展研究》，硕士学位论文，中央民族大学，2010 年。

③ 刘雪莲：《基于博弈论的中国农村小额信贷问题研究》，博士学位论文，东北农业大学，2009 年。

不完善等问题，并概括了小额贷款公司发展过程中面临的风险。[1] 高雄伟（2014）认为，农村信贷风险主要有环境风险、信用风险、操作风险、政策风险，并对它们的生成机理进行综合分析。[2] 黄晓梅（2012）认为，由于农民是我国小额贷款公司主要的客户群体，所以其信用风险的产生有其特殊性。小额贷款公司风险成因主要有信贷主体信用意识淡薄、农业生产经营管理水平不高、征信系统不健全，缺乏有效的抵押机制、管理人员素质不高、内部控制管理薄弱、经营业务品种单一、风险分担补偿能力弱、后续资金严重不足、缺乏完善的监管体系等。同时，她提出应对我国小额贷款公司风险的办法，主要有提高小额贷款公司自身风险抵御能力、优化小额贷款公司风险防控的外部环境等。[3] 杨林生等（2014）发现小额贷款公司具体运行中面临许多政策性风险，其制度性约束制约了可持续性发展，因此提出完善制度设计，利用政策导向推动小额贷款公司的持续发展。[4] 张小倩（2008）认为，当前我国小额贷款公司只贷不存，转制成为可贷可存的金融机构还需一定的发展过程。小额贷款公司的只贷不存的格局限制了其信用规模的快速扩张和扶贫能力。如果不能吸收农村闲置资金，农村的资金会不断流向城市，在最缺乏资金的农村资金会越来越少，这与建立小额贷款公司的初衷相违背。[5] 孔为民等（2012）认为，小额贷款公司不应只以扶贫性质存在，更重要的是以开展信贷业务的方式而存在，对现有金融机构的供给不足起到一种补充作用。其目的是有效解决农村地区小微企业、个体工商户及农民群体资金来源渠道单一、融资困难问题，同时也是为了促进我国农村区域经济发展，早日完成城乡一体化的目标。随着我国农村地区经济的发展，民间资本日益庞大，这些有利条件都促使着我国小额贷款公司的发展及壮大。而小额贷款公司在对农村经济扶持等方面，发挥了应有的功效，成为了民间金融的一大亮点。但我们也要认识到，我国小额贷款公司目前仍处在发展的初级阶段，许多问题还客观

---

① 王慧颖：《江苏农村小额贷款公司可持续发展的思考》，《调研世界》2010 年第 3 期。

② 高雄伟：《农村信贷风险研究》，经济管理出版社 2014 年版。

③ 黄晓梅：《小额贷款公司信用风险的控制与防范》，《企业经济》2012 年第 11 期。

④ 杨林生、杨德才：《小额贷款公司可持续发展的制度约束与对策建议》，《经济问题》2014 年第 2 期。

⑤ 张小倩：《小额贷款公司风险控制及建议》，《经济论坛》2008 年第 23 期。

存在，需要去发掘及解决。① 唐蓉（2013）认为，小额贷款公司未来的发展目标是转制成为村镇银行，这样做可以解决小额贷款公司融资瓶颈问题，成为正规金融机构是小额贷款公司的最佳出路。②

二是对风险评估方法的研究。王军栋（2013）③、Zhang 等（2014）④引入层次分析法，实证分析了小额贷款信用风险及其产生原因。邹玲等（2016）采用了因子分析方法，对南昌市小额贷款公司进行实证分析。结果显示，小额贷款公司应优化贷款结构，降低小额贷款公司的信用风险，此外应该建立内部控制制度，强化小额贷款公司内部的审核与监察，重视小额贷款公司的自身风险管理。⑤ 赵雪梅（2016）在参考国外微型金融机构绩效评估体系的基础上，应用 AHP（层次分析法）构建了适合我国小额贷款公司的社会绩效评价体系，并认为小额贷款公司的风险管理是影响其绩效的重要因素。⑥

三是对小额贷款公司风险管理的系统研究。许飞剑等（2015）通过考察并借鉴域外国家关于小额信贷机构立法、最低注册资本制度、监管模式及其他法律制度的有益经验，并结合小额贷款公司在我国发展的实际提出了应对思路：一是要明确立法规划，制定高层级的法律法规；二是完善准入条件，推动公司合理设立；三是优化公司运营，促进小额贷款公司良性发展；四是厘清监管职责，设立专门的监管机构。⑦

以上研究成果为本书研究小额贷款公司的风险控制提供了很好的方向

---

① 孔为民、刘海英：《小额贷款公司风险表现及应对策略研究》，《当代经济管理》2012 年第 10 期。

② 唐蓉：《浅析小额贷款公司转制村镇银行的风险及防范措施》，《中国证券期货》2013 年第 1 期。

③ 王军栋：《层次分析法在小额贷款信用风险评估中的应用分析》，《金融理论与实践》2013 年第 1 期。

④ Zhang Q., Wu C., Guo W., "Performance evaluation of bank microfinance based on fuzzy mathematics and AHP", International Conference on Fuzzy Systems and Knowledge Discovery. IEEE, 2014.

⑤ 邹玲、许丽烨：《贷款结构对小额贷款公司绩效的影响》，《金融理论与实践》2016 年第 3 期。

⑥ 赵雪梅：《农村小额贷款公司社会绩效评价体系的构建》，《西北师范大学学报》（社会科学版）2016 年第 3 期。

⑦ 许飞剑、余达淮：《经济新常态下小额贷款公司信贷法律问题研究》，《经济问题》2015 年第 10 期。

和理论基础。国内外的研究主要集中在风险因素、风险评价、风险管理等方面，其理论基础主要有风险理论、预警管理理论，大多采用统计分析方法、访谈法、问卷法等实证研究方法。但是，小额贷款公司风险研究还存在着一些不足：（1）现有评价方法多采用定性评分、专家判断等主观评价方法，而且使用方法较为单一，缺乏量化评价基础。（2）由于缺乏小额贷款公司的全面系统数据，实证研究较少。（3）对小额贷款公司的风险缺乏整体性、系统性分析，需要全面分析风险因素，建立多维模型，使得变量更为全面。

截至 2016 年 6 月末，全国共有小额贷款公司 8810 家，贷款余额 9364 亿元，以机构数量看，江苏省、辽宁省与河北省排名三强，分别为 634 家、580 家与 457 家。[①] 由此可以看出，河北省小额贷款公司的发展情况在全国范围内比较有代表性，鉴于本书以河北省为研究区域，综合运用 AHP 和 DEA 方法定量评估小额贷款公司的风险并分析各市小额贷款公司风险控制差异情况，据此提出相关建议，以期对其健康、持续发展提供参考。

第二节　小额贷款公司发展历程

一　小额贷款公司的产生

农村正规金融难以满足农村金融需要，农村地下金融兴起。农村地下金融，一方面在一定程度上起到支持农业、服务农村的作用；另一方面，由于缺乏监管，导致民间借贷纠纷高发，恶性事件时有发生，对当地的金融秩序造成了一定的冲击，严重影响了农村局部地区的社会稳定。同时，1993 年以来在我国开展的一些公益性的小额贷款试点也积累了一些经验和教训。中央政府为了改善农村金融服务环境，规范农村金融市场，不断推动农村金融体制的改革和创新。2004 年中央 1 号文件《中共中央国务院关于促进农民增加收入若干政策的意见》提出："鼓励有条件的地方，在严格监管、有效防范金融风险的前提下，通过吸引社会资本和外资，积

---

① 本部分数据整理来自中国人民银行网站《小额贷款公司分地区情况统计表》。

极兴办直接为'三农'服务的多种所有制的金融组织。"2005 年中央 1 号文件《中共中央国务院关于进一步加强农村工作提高农业综合生产能力若干政策的意见》提出："培育竞争性的农村金融市场，有关部门要抓紧制定农村新办多种所有制金融机构的准入条件和监管办法，在有效防范金融风险的前提下，尽快启动试点工作。有条件的地方，可以探索建立更加贴近农民和农村需要、由自然人或企业发起的小额信贷组织。"2006 年中央 1 号文件《中共中央国务院关于推进社会主义新农村建设的若干意见》提出："在保证资本金充足、严格金融监管和建立合理有效的退出机制的前提下，鼓励在县域内设立多种所有制的社区金融机构，允许私有资本、外资等参股。大力培育由自然人、企业法人或社团法人发起的小额贷款组织，有关部门要抓紧制定管理办法。"在中央政府的大力推动下，2005 年 10 月，山西、四川、贵州、内蒙古、陕西五省区决定各选择一个县（区）进行小额贷款公司试点。2005 年 12 月至 2006 年 8 月底，在试点的山西省平遥县、四川省广元市市中区、贵州省江口县三个试点县（区）分别成立了四家小额贷款公司：晋源泰小额贷款有限公司（山西平遥，成立于 2005 年 12 月 27 日）、日升隆小额贷款有限公司（山西平遥，成立于 2005 年 12 月 27 日）、全力小额贷款有限公司（四川广元市市中区，成立于 2006 年 4 月 10 日）、华地小额贷款有限公司（贵州江口，成立于 2006 年 8 月 15 日）。[①]

二　小额贷款公司的发展

2008 年 4 月 28 日，中国人民银行、中国银行业监督管理委员会发布《关于村镇银行、贷款公司、农村资金互助社、小额贷款公司有关政策的通知》；2008 年 5 月 4 日，中国银行业监督管理委员会、中国人民银行发布《关于小额贷款公司试点的指导意见》。这两个文件的出台，标志着小额贷款公司的试点范围由局部向全国全面铺开。小额贷款公司数量，2008 年底不到 500 家，2009 年发展到 1334 家[②]，截至 2015 年 9 月 30 日，已

[①]　焦瑾璞：《四家试点小额贷款公司开局良好》，《银行家》2006 年第 10 期。

[②]　《2008—2012 年中国小额贷款行业调研及 2013—2018 年发展趋势分析报告》（http://pdf. baogaobaogao. com/2013-06/%E5%B0%8F%E9%A2%9D%E8%B4%B7%E6%AC%BE%E8%A1%8C%E4%B8%9A%E5%88%86%E6%9E%90%E6%8A%A5%E5%91%8A_ 1288884. pdf）。

经有 8965 家①。但是随后小额贷款公司的发展受阻，至 2016 年 12 月 31
日，全国小额贷款公司的机构数量、从业人员数、实收资本、贷款余额分别
下降至 8673 家、108881 人、8233.9 亿元、9272.8 亿元。② 为加强对小额贷
款公司的统计监测，及时、准确地反映贷款公司和小额贷款公司的设立、发
展以及对经济的支持情况，中国人民银行于 2009 年开始建立小额贷款公司
金融统计制度，各小额贷款公司定期向人民银行各级分支机构报送统计报
表。2017 年 4 月，在人民银行网站，可以检索、下载自 2010 年 12 月 31 日
到 2016 年 12 月 31 日各季度的《小额贷款公司分地区情况统计表》。

从上述数据和表 3-1 及图 3-1 至图 3-4 中可以看到，2009—2013 年
为小额贷款公司快速扩张期，每年新增机构数基本在 1000 家以上。特别
是 2011 年至 2013 年，三年新增机构数分别为 1668 家、1798 家、1759
家。2014 年以后，增速有所放缓。2014 年新增机构数为 952 家，2015 年
前三个季度新增机构数仅为 174 家。2015 年 9 月 30 日之后，小额贷款公
司的发展受阻，全国小额贷款公司的机构数量、从业人员数、实收资本、
贷款余额均呈现下降趋势。

表 3-1　　　　　　　　　**全国小额贷款公司基本情况统计**

时间	机构数量（家）	从业人员数（人）	实收资本（亿元）	贷款余额（亿元）
2010/12/31	2614	27884	1780.93	1975.05
2011/6/30	3366	35626	2464.30	2874.66
2011/12/31	4282	47088	3318.66	3914.74
2012/6/30	5267	58441	4257.03	4892.59
2012/12/31	6080	70343	5146.97	5921.38
2013/6/30	7086	82610	6252.10	7043.49
2013/12/31	7839	95136	7133.39	8191.27
2014/6/30	8394	102405	7857.27	8811.00
2014/12/31	8791	109948	8283.06	9420.38
2015/6/30	8951	114017	8443.25	9594.16

---

①　中国人民银行：《2015 年三季度小额贷款公司统计数据报告》（http：//www.pbc.gov.cn/
goutongjiaoliu/113456/113469/2968461/index.html）。

②　中国人民银行：《2016 年小额贷款公司统计数据报告》（http：//www.pbc.gov.cn/gout-
ongjiaoliu/113456/113469/3245151/index.html）。

时间	机构数量（家）	从业人员数（人）	实收资本（亿元）	贷款余额（亿元）
2015/12/31	8910	117344	8459.29	9411.51
2016/6/30	8810	115199	8379.2	9364.0
2016/12/31	8673	108881	8233.9	9272.8

资料来源：由中国人民银行网站公布的自 2010 年 12 月 31 日以来各季度《小额贷款公司分地区情况统计表》中的数据，经整理得到。图 3-1 至图 3-4 同。

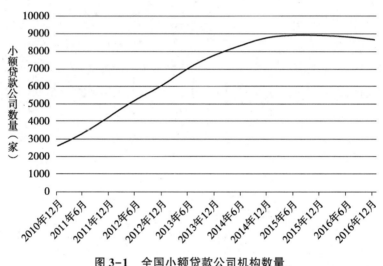

图 3-1　全国小额贷款公司机构数量

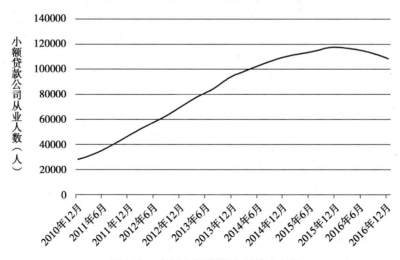

图 3-2　全国小额贷款公司从业人数

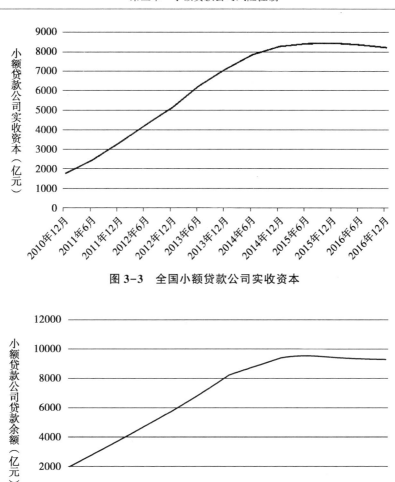

图 3-3　全国小额贷款公司实收资本

图 3-4　全国小额贷款公司贷款余额

三　小额贷款公司的制度安排

为解决农村地区银行业金融机构网点覆盖率低、金融供给不足、竞争不充分等问题，2006 年 12 月 20 日，中国银行业监督管理委员会发布《关于调整放宽农村地区银行业金融机构准入政策 更好支持社会主义新农村建设的若干意见》，在中国中西部、东北和海南省的县（市）及县（市）以下地区，以及其他省（区、市）的国定贫困县和省定贫困县

（以下统称农村地区），实施"宽准入、低门槛、严监管、强支持"的金融政策，是我国金融市场准入政策的重大突破，是农村金融改革的重大创新。2008 年 5 月 4 日，中国银行业监督管理委员会、中国人民银行发布《关于小额贷款公司试点的指导意见》，对小额贷款公司做出了制度性规定。

（一）准入制度安排

表 3-2　　　　　　　　　　小额贷款公司准入制度安排

机构名称		发起人		注册资本		持股比例	其他
小额贷款公司	有限责任公司	由 50 个以下股东出资设立	出资设立小额贷款公司的自然人、企业法人和其他社会组织，拟任小额贷款公司董事、监事和高级管理人员的自然人，应无犯罪记录和不良信用记录	不得低于500 万元	小额贷款公司的注册资本来源应真实合法，全部为实收货币资本，由出资人或发起人一次足额缴纳	单一自然人、企业法人、其他社会组织及其关联方持有的股份，不得超过小额贷款公司注册资本总额的 10%	小额贷款公司应有符合规定的章程和管理制度，应有必要的营业场所、组织机构、具备相应专业知识和从业经验的工作人员
	股份有限公司	股份有限公司应有 2—200 名发起人，其中须有半数以上的发起人在中国境内有住所		不得低于1000 万元			

资料来源：摘自 2008 年 5 月 4 日中国银行业监督管理委员会、中国人民银行发布的《关于小额贷款公司试点的指导意见》。表 3-3、表 3-4 同。

（二）资金来源制度安排

《关于小额贷款公司试点的指导意见》规定，"小额贷款公司不吸收公众存款"，"主要资金来源为股东缴纳的资本金、捐赠资金，以及来自不超过两个银行业金融机构的融入资金。在法律、法规规定的范围内，小额贷款公司从银行业金融机构获得融入资金的余额，不得超过资本净额的50%。融入资金的利率、期限由小额贷款公司与相应银行业金融机构自主协商确定，利率以同期'上海银行间同业拆放利率'为基准加点确定。小额贷款公司应向注册地中国人民银行分支机构申领贷款卡。向小额贷款公司提供融资的银行业金融机构，应将融资信息及时报送所在地中国人民银行分支机构和中国银行业监督管理委员会派出机构，并应跟踪监督小额贷款公司融资的使用情况"。从上述规定可以看出，在小额贷款公司融资方面，中国银行业监督管理委员会、中国人民银行采用审慎管理原则，持从紧的态度，但是也致使小额贷款公司融资渠道狭窄、杠杆率低，限制了小额贷款公司的发展。

2015 年 8 月 12 日，国务院法制办公布《非存款类放贷组织条例（征求意见稿）》，向社会征求意见。《非存款类放贷组织条例（征求意见稿）》的第十九条表述为"非存款类放贷组织应当主要运用自有资金从事放贷业务，也可以通过发行债券、向股东或银行业金融机构借款、资产证券化等方式融入资金从事放贷业务。监督管理部门可以综合辖区内非存款类放贷组织整体资信状况、盈利能力等因素，合理确定非存款类放贷组织融入资金余额与资本净额的比例上限"。上述规定如果能够实施，无疑能够拓宽小额贷款公司的融资途径。

（三）业务经营制度安排

表 3-3　　　　　　　　　　小额贷款公司业务经营制度安排

机构名称	业务范围	地域范围	贷款原则、对象及贷款额度	贷款利率	其他
小额贷款公司	向农户和微型企业提供信贷服务，不吸收公众存款	本省（区、市）的县域范围内开展组建小额贷款公司试点	贷款原则：①为农民、农业和农村经济发展服务；②"小额、分散"贷款对象：自主选择贷款对象，鼓励小额贷款公司面向农户和微型企业提供信贷服务 贷款额度：同一借款人的贷款余额不得超过小额贷款公司资本净额的 5%。在此标准内，可以参考小额贷款公司所在地经济状况和人均 GDP 水平，制定最高贷款额度限制	小额贷款公司按照市场化原则进行经营，贷款利率上限放开，但不得超过司法部门规定的上限，下限为人民银行公布的贷款基准利率的 0.9 倍，具体浮动幅度按照市场原则自主确定	有关贷款期限和贷款偿还条款等合同内容，均由借贷双方在公平自愿的原则下依法协商确定

《关于小额贷款公司试点的指导意见》规定，"本省（区、市）的县域范围内开展组建小额贷款公司试点"，地方政府一般采用谨慎从紧的原则，规定小额贷款公司不得进行跨县域经营，使其业务扩展受到很大牵制。有部分地方政府，为了破解该问题，相应出台了一些试点实施方案。如：2014 年 3 月 18 日泉州市政府第 42 次常务会议研究通过《泉州市小额贷款公司跨县域经营试点实施方案》，根据该方案，泉州市在分类评级的基础上，基于实力原则、合规经营原则和审慎监管原则，优先选择实力雄厚、规范经营的小贷公司在市域内开展跨县域经营试点（仅限于跨县域

拓展业务，不允许设分支机构)。① 2015 年 8 月 12 日国务院法制办公布的《非存款类放贷组织条例（征求意见稿）》中，第十五条表述为"非存款类放贷组织取得经营放贷业务许可证后，可依法在省、自治区、直辖市内经营。跨省、自治区、直辖市经营放贷业务的，应当经拟开展业务的省、自治区、直辖市人民政府监督管理部门批准，并接受业务发生地监督管理部门的监督管理"。上述规定如果能够实施，将有利于小额贷款公司业务扩展。

（四）监管制度安排

表 3-4　　　　　　　　　　小额贷款公司监管制度安排

机构名称	监管主体	监管范围	监管方式
小额贷款公司	省政府	1. 设立申请	明确主管部门（金融办或相关机构）审批
		2. 风险	承担处置责任
		3. 省内非法集资活动	进行处置（省内）
		4. 跨省份非法集资活动	需要由处置非法集资部际联席会议协调的，可由省级人民政府请求处置非法集资部际联席会议协调处置
	小额贷款公司	1. 发起人遵守公司章程、参与管理并承担风险情况	建立发起人承诺制度
		2. 股东、董事、监事和经理之间的权责关系，议事规则、决策程序和内审制度	建立健全公司治理结构
		3. 贷款管理	建立健全贷款管理制度，明确贷前调查、贷时审查和贷后检查业务流程和操作规范
		4. 内部控制	建立健全企业财务会计制度，真实记录和全面反映其业务活动和财务活动
		5. 风险	建立审慎规范的资产分类制度和拨备制度，准确进行资产分类，充分计提呆账准备金，确保资产损失准备充足率始终保持在 100% 以上
		6. 经中介机构审计的财务报表和年度业务经营情况、融资情况、重大事项等信息	建立信息披露制度（向公司股东、主管部门、向其提供融资的银行业金融机构、有关捐赠机构、社会披露）
		7. 借款人、贷款金额、贷款担保和贷款偿还等业务信息	定期向信贷征信系统提供

---

① 《泉州市人民政府关于印发泉州市小额贷款公司跨县域经营试点实施方案的通知》（http：//www.fujian.gov.cn/zwgk/zxwj/sqswj/qz/201404/t20140428_ 717179. htm）。

续表

机构名称	监管主体	监管范围	监管方式
小额贷款公司	社会	是否违法集资	
	中央银行	1. 利率、资金流向	跟踪监测
		2. 借款人、贷款金额、贷款担保和贷款偿还等业务信息	纳入信贷征信系统
	向小额贷款公司提供融资的银行业金融机构	融资信息及融资的使用情况	及时报送所在地中国人民银行分支机构和中国银行业监督管理委员会派出机构，并跟踪监督
	其他	违法犯罪	由当地主管部门依据有关法律法规实施处罚或追究刑事责任

四　小额贷款公司的现状

（一）小额贷款公司的规模

小额贷款公司自产生至今，先在限定省域、县域范围试点，然后在全国推广，先后可分为四个阶段：起步阶段（2005年至2008年）、迅速发展阶段（2009年至2013年）、稳定发展阶段（2014年至2015年9月）、发展受阻阶段（2015年10月至今）。根据人民银行公布的《小额贷款公司分地区情况统计表》，到2015年9月30日，全国小额贷款公司发展到截至目前的最高峰，有小额贷款公司8965家，从业人员114276人，实收资本8460.12亿元，贷款余额9507.95亿元。

根据2015年第3季度小额贷款公司分地区情况统计表（见表3-5）可知，全国各省、市或自治区小额贷款公司发展并不均衡。

表 3-5　　　　2015 年第 3 季度小额贷款公司分地区情况统计

地区名称	机构数量（家）	从业人员数（人）	实收资本（亿元）	贷款余额（亿元）
全国	8965	114276	8460.12	9507.95
北京市	83	1002	119.18	128.33
天津市	110	1445	127.67	134.02
河北省	479	5527	271.52	287.34
山西省	335	3603	211.93	204.04

地区名称	机构数量 （家）	从业人员数 （人）	实收资本 （亿元）	贷款余额 （亿元）
内蒙古自治区	460	4645	332.09	340.2
辽宁省	604	5672	384.52	336.71
吉林省	450	3706	111.12	81.87
黑龙江省	267	2629	134.54	122.93
上海市	118	1631	174.1	203.32
江苏省	635	6358	908.45	1090.06
浙江省	335	4094	668.38	834.92
安徽省	459	5683	368.35	423.7
福建省	120	1888	260.78	300.81
江西省	221	2905	235.32	263.96
山东省	337	4190	427.9	480.08
河南省	319	4858	219.21	234.14
湖北省	283	4167	327.95	335.44
湖南省	129	1633	102.27	108.65
广东省	428	9929	618.32	657.42
广西壮族自治区	318	4800	256.64	414.44
海南省	44	603	44.39	44.14
重庆市	258	6046	595.79	855.53
四川省	351	8233	586.45	662.09
贵州省	288	3299	89.19	85.55
云南省	393	3848	190	194.96
西藏自治区	12	115	8.09	6.93
陕西省	267	2792	235.61	236.54
甘肃省	350	3620	145.13	120.42
青海省	73	843	46.87	43.34
宁夏回族自治区	166	2113	83.71	80.6
新疆维吾尔自治区	273	2399	174.65	195.49

资料来源：中国人民银行网站（http://www.pbc.gov.cn/goutongjiaoliu/113456/113469/2968461/index.html）。

从小额贷款公司机构数量方面来看，江苏省数量最多，为635家；其次是辽宁省，为604家。数量400多家的从多到少依次为河北省、内蒙古自治区、安徽省、吉林省、广东省。上述七个省或自治区小额贷款公司总数占全国总量的39.21%。而西藏自治区数量最少，仅有12家；其次是海南省，为 44 家。排在倒数后七位的，从少到多依次还有青海省、北京市、天津市、上海市、福建省。上述七个省或自治区小额贷款公司总数占全国总量的 6.25%，不到数量最多的七个省或自治区总量的 1/6。后四位总量不到前四位总量的 1/10，而后两位总量仅为前两位总量的 4.52%。

从小额贷款公司从业人数方面来看，广东省最多，为 9929 人；其次是四川省，为 8233 人。再次为江苏省、重庆市、安徽省、辽宁省、河北省，分别为 6358 人、6046 人、5683 人、5672 人、5527 人。上述七省市小额贷款公司从业人员总数占全国总量的 41.52%。而西藏自治区小额贷款公司从业人员最少，仅为 115 人；其次是海南省，为 603 人。排在倒数前七位的，从少到多依次还有青海省、北京市、天津市、上海市、湖南省。上述七个省、市或自治区小额贷款公司从业人员总数占全国总数的 6.36%，约为数量最多的七省市总量的 1/7。后四位总量约为前四位总量的 8.39%，而后两位总量仅为前两位总量的 3.95%。

从小额贷款公司实收资本方面来看，江苏省最多，为 908.45 亿元；其次是浙江省，为 668.38 亿元。再次为广东省、重庆市、四川省、山东省、辽宁省，分别为 618.32 亿元、595.79 亿元、586.45 亿元、427.9 亿元、384.52 亿元。上述七省小额贷款公司实收资本总量占全国总量的 49.52%。而西藏自治区小额贷款公司实收资本最少，为 8.09 亿元；其次是海南省，为 44.39 亿元。排在倒数后七位的，从少到多依次还有青海省、宁夏回族自治区、贵州省、湖南省、吉林省。上述七个省或自治区小额贷款公司实收资本总数占全国总数的 5.74%，约为数量最多的七省总量的 1/9。后四位总量约为前四位总量的 6.56%，而后两位总量仅为前两位总量的 3.33%。

从小额贷款公司贷款余额方面来看，江苏省最高，为 1090.06 亿元；其次是重庆市，为 855.53 亿元。再次为浙江省、四川省、广东省、山东省、安徽省，分别为 834.92 亿元、662.09 亿元、657.42 亿元、480.08 亿元、423.7 亿元。上述七个省、市小额贷款公司贷款余额总量占全国总量的 52.63%。而西藏自治区小额贷款公司贷款余额最少，为 6.93 亿元；其次是青海省，为 43.34 亿元。排在倒数后七位的，从少到多依次还有海南省、宁夏回族自治区、吉林省、贵州省、湖南省。上述七个省或自治区小额贷款公司贷款余额总数占全国总数的 4.74%，约为数量最多的七个省总量的 9.01%。后四位总量约为前四位总量的 5.08%，而后两位总量仅为前两位总量的 2.58%。

（二）小额贷款公司发展存在的问题

1. 成立动机不纯

无论自然人还是企业法人，作为发起人成立小额贷款公司，出发点自然是能够赚钱，这本身无可厚非。但是，中小企业融资难最直接的表现就是银行信贷融资渠道不畅，有部分企业法人作为小额贷款公司发起人的动机就是构建自己企业的融资平台。特别是《关于小额贷款公司试点的指导意见》明确规定"小额贷款公司依法合规经营，没有不良信用记录的，可在股东自愿的基础上，按照《村镇银行组建审批指引》和《村镇银行管理暂行规定》规范改造为村镇银行"，而因为村镇银行能够吸收存款，部分企业意欲借道小额贷款公司进军金融业，希望能进一步扩大融资规模。在上述动机下成立的小额贷款公司，很容易形成部分股东滥用小额贷款公司资金，导致股东反目相向。

2. 融资渠道不畅

《关于小额贷款公司试点的指导意见》明确规定，"不吸收公众存款"，"小额贷款公司的主要资金来源为股东缴纳的资本金、捐赠资金，以及来自不超过两个银行业金融机构的融入资金。在法律、法规规定的范围内，小额贷款公司从银行业金融机构获得融入资金的余额，不得超过资本净额的 50%。融入资金的利率、期限由小额贷款公司与相应银行业金融机构自主协商确定，利率以同期'上海银行间同业拆放利率'为基准加点确定"。在试点初期，坚持审慎监管原则无疑有利于降低避免风险损失，但是作为不吸收存款的从事放贷业务的公司，上述规定使杠杆率受到很大的限制，"多数小额贷款公司成立后一个月内，公司资金便放贷告罄"。"利率以同期'上海银行间同业拆放利率'为基准加点确定"，是把小额贷款公司看作一般工商企业，异于其他金融机构（通过同业拆借，利率参照上海银行间同业拆放利率），使得小额贷款公司在银行融资相对要"贵"。为了应对小额贷款公司融资难问题，不少省市出台了一些规范文件。如，2011 年 10 月 31 日，浙江省人民政府发布《浙江省人民政府关于推进小额贷款公司改革的若干意见》①，意见指出，通过"探索扩大融资

---

① 《浙江省人民政府关于推进小额贷款公司改革的若干意见》（http：//www.mcuzj.com/article.php？id=129）。

比例""稳步拓展直接融资渠道""切实加强融资管理"，以实现"有序拓宽小额贷款公司资金来源渠道"。该文件规定，"对坚持服务'三农'和小企业、合规经营、风险控制严、利率水平合理的小额贷款公司，其融资比例可放宽到资本净额的 100%"，资金来源渠道也得到拓展，"主要包括：扩大银行业金融机构的融资比例，小额贷款公司可自主选择若干家银行业金融机构融资；经市小额贷款公司管理部门同意后向主要法人股东定向借款，借款资金来源必须是主要法人股东的自有资金，借款利率一般不超过同期银行融资利率；经市小额贷款公司管理部门同意后可在本市范围内小额贷款公司之间进行资金调剂拆借"，"鼓励符合条件的小额贷款公司通过境内外资本市场上市融资"。

即便如此，中国小额贷款公司协会会长闵路浩在调研过程中发现，"便宜钱"，即银行的钱在逐渐退出小贷行业。因为小贷公司目前缺乏全国统一的商业评级，银行认为小贷公司不够透明。随着小贷公司坏账渐渐增多，银行资金也在慢慢往回撤。[①] 而且小额贷款公司上市不是一件容易的事情，到 2015 年 8 月，全国共有 16 家小额贷款公司已经上市，真正民营的只有 8 家。[②]

3. 借款对象偏离

小额贷款公司创设的初衷是"引导资金流向农村和欠发达地区，改善农村地区金融服务，促进农业、农民和农村经济发展，支持社会主义新农村建设"。《关于小额贷款公司试点的指导意见》明确指出，"小额贷款公司在坚持为农民、农业和农村经济发展服务的原则下自主选择贷款对象""鼓励小额贷款公司面向农户和微型企业提供信贷服务"。但是，在实践中，小额贷款公司的贷款对象往往会产生偏离。以浙江省小额贷款公司为例：根据 2009—2011 年度浙江省小额贷款公司运行及监管报告，2009年，农户贷款金额占比从年初的 10% 左右，增至年末的 25% 左右，全省小额贷款公司农户贷款的平均比例为 18.6%，而其余借款对象基本上均为中小企业和个体工商户；2010 年，农户贷款金额占比从年初的 13%，增

---

① 《专访小贷协会会长闵路浩：小贷公司的三条转型之路》（http：//www.china-cmca.org/xyzx/20150922/339.html）。

② 卓泳：《小额贷款"紧箍咒"松绑深圳或诞首家上市小贷公司》，《南方日报》2015 年 8月 21 日第 SC05 版。

至年末的29%，全省小额贷款公司向农户发放的贷款占累计发放贷款金额的27.3%；2011年全省小额贷款公司累计向农户发放贷款占全年累计贷款的28.4%。从行业分布来看，2011年末小额贷款公司农业贷款总额占全部贷款的18.8%，比2010年有所减少；占比最高的仍然是工业贷款，为37.6%，但是工业贷款有持续下降的趋势；服务业贷款余额增长最快，年末占比为19.6%，占比首次超过农业。从以上数据可以看出，从小额贷款公司流向"三农"的贷款比例还是很低的。

4. 贷款利率较高

2008年5月4日出台的《关于小额贷款公司试点的指导意见》明确规定："小额贷款公司按照市场化原则进行经营，贷款利率上限放开，但不得超过司法部门规定的上限，下限为人民银行公布的贷款基准利率的0.9倍，具体浮动幅度按照市场原则自主确定。"1991年8月13日，最高人民法院印发《关于人民法院审理借贷案件的若干意见》中第6条明确规定："民间借贷的利率可以适当高于银行的利率，各地人民法院可根据本地区的实际情况具体掌握，但最高不得超过银行同类贷款利率的四倍（包含利率本数）。超出此限度的，超出部分的利息不予保护。"因此，多年来小额贷款公司发放贷款的利率一般为基准利率的0.9—4倍。2015年6月23日最高人民法院审判委员会第1655次会议通过、2015年9月1日起施行的《最高人民法院关于审理民间借贷案件适用法律若干问题的规定》明确："借贷双方约定的利率未超过年利率24%，出借人请求借款人按照约定的利率支付利息的，人民法院应予支持。借贷双方约定的利率超过年利率36%，超过部分的利息约定无效。借款人请求出借人返还已支付的超过年利率36%部分的利息的，人民法院应予支持。"赵雪梅（2015）通过对甘肃省小额贷款公司调查发现，小额贷款公司的贷款利率差异很大，变动范围在5%—30%，所有公司平均利率为15%。与银行业金融机构相比，小额贷款公司的贷款利率较高。① 造成小额贷款利率居高不下的原因主要是小额贷款公司的操作成本和资金成本较高。部分小额贷款公司铤而走险，贷款利率超过法律规定的利率上限的情况时有发生。这也是民间借贷纠纷成为第二位民事诉讼类型的重要推手之一。

---

① 赵雪梅：《甘肃农村小额贷款的成效与问题——基于小额贷款公司调研的分析》，《甘肃社会科学》2015年第5期。

5. 工作人员素质偏低

小额贷款公司是专门从事信贷业务的公司,对专业技术要求非常高。因此,《关于小额贷款公司试点的指导意见》明确规定,小额贷款公司设立的条件之一便为"具备相应专业知识和从业经验的工作人员"。但是,相对于银行等金融机构,小额贷款公司的规模小、规范性差、福利待遇低,对于较高层次的管理人才和专业人才缺乏吸引力,致使一些民营的小额贷款公司人员的素质相对较低,流动性较大。

6. 不良贷款率较高

小额贷款公司的贷款对象主要是农户和中小微企业,因为小额贷款公司的贷款利率一般都高于银行类金融机构,因此,符合银行贷款条件的用户自然选择银行贷款,因此来小额贷款公司贷款的客户通常缺少有效抵押物或信用记录缺失或等级不高。企业通过小贷公司融资的成本进一步上升,在经济下行的情况下,资金链更加脆弱。2015年9月17日,小额贷款公司协会首任会长闵路浩接受腾讯财经专访时介绍小额贷款公司的坏账率在3%—15%这一区间。[①] 而2015年上市公司三季报表明,前三季度,各家上市银行不良贷款余额和不良贷款率普遍上升,其中,不良贷款率,农业银行第一,为2.02%,其他四家国有银行均维持在1.45%左右;股份制银行的不良率攀升相对比较明显,其中,招商银行从上半年的1.50%攀升至1.60%,兴业银行不良率则升至1.57%,光大银行不良率升至1.43%,中信银行不良率升至1.42%,浦发银行不良率升至1.36%。[②] 比较上述数据不难发现,小额贷款公司面临较高的不良贷款率风险。

第三节　小额贷款公司面临的主要风险

一般而言,风险管理主要包括风险识别、测度和控制三个方面的内容。[③] 风险管理是多步骤系统化的过程,其首要工作就是进行风险识

---

① 《专访小贷协会会长闵路浩:小贷公司的三条转型之路》(http://www.china-cmca.org/xyzx/20150922/339.html)。

② 《四大银行净利润接近零增长 农行蝉联坏账率第一》(http://money.163.com/15/1101/18/B7BUDUNG00252H36.html)。

③ 袁炜、祝玎:《风险管理缺失》,《金融时报》2004年3月2日第3版。

别，包括机构经营过程中面临风险的种类、缘由，及其相互关系进行综合考虑分析。① 小额贷款公司目前仍处于试点的阶段，在体制设计、经营风险管理和风险监管等各方面存在着诸多需要完善的地方，因此小额贷款公司不但要面临一般金融机构的经营风险，还要应对自身特殊性所引发的金融风险。当前，我国经济增长减缓，下行压力较大，金融环境比较复杂，小额贷款公司缺乏科学的风险控制机制，其坏账率逐年攀升，经营风险不断增大。山东省荣庆小额贷款公司在发展中形成的经营困境，浙江省广利恒小额贷款公司的破产，给我们提供了小额贷款公司从诞生到破产的典型案例，其经营困境与发展瓶颈为我们分析和研究小额贷款公司风险控制问题提供了现实参考。在研究现有文献的基础上，经过实地调研，发现小额贷款公司面临的主要风险有：

一　信用风险

由于农村地区居民居住距离城市较远，基础设施建设相对落后，信息沟通相对闭塞因而易出现信息不对称问题。农村借款人的违约风险，即信用风险，是小额贷款公司"三农"借贷中面临的主要风险。信用风险根据借款人违约是否为主观故意可分为主观风险（也称道德风险）和客观风险。农户与信贷机构之间的信息不对称是导致主观风险产生的主要原因。信息不对称导致农村信贷的申请、获得、使用过程中的道德风险和逆向选择问题十分突出。客观风险主要是借款人由于遭受到自然灾害、天气等客观因素而无力还款从而造成的违约。小额贷款公司风险控制的核心内容就是如何将违约风险控制在可承受范围内。

（一）道德风险

道德风险与金融活动如影随形。在传统的农村社区，由于长期软性评价机制的存在，农户的信用比较有保障，农村民间金融发生信用风险的概率较低。但是，在当代经济社会，农民信用意识普遍薄弱。特别是近年来，随着市场化和城镇化的迅猛推进，农村人口流动性不断提高。在流动性越来越大的农村社区，村民之间长久积累的口碑就不起作用了，农民的信用状况进一步削弱。农户的道德风险成为小额贷款公司目前所面临的主要风险。

---

① 杨佳敏：《浅析投资风险管理技术》，《黑龙江对外经贸》2006 年第 6 期。

（二）客观风险

用户贷款，资金的主要用途是子女教育、一般性农业生产支出、家庭成员治病、修建房屋、婚娶等，[①] 其还款的主要资金来源于农业生产的收益。由于农产品生产周期长、受自然环境影响较大、价格不稳定，若出现自然灾害或农产品市场价格波动较大，就可能导致债务人无力偿还贷款而发生违约。小额贷款公司的贷款主要投向农村种植业和养殖业，而传统的种植业和养殖业对自然条件的要求比较严格，抵御自然灾害的能力较弱，一旦发生自然灾害，可能会集中造成违约，将会给小额贷款公司带来致命的打击。[②] 同时，由于自然环境污染日益严重，恶化的生态环境使得农作物更容易受自然灾害的影响，小额贷款公司面临较大的协变风险。

（三）农户借贷缺乏有效抵押品

农户贷款缺乏合法有效的抵押品和可靠的担保再担保机制。按照我国《物权法》《担保法》等法规规定，农民住房、宅基地、农村土地承包经营权等不能作为有效抵押物，因此银行不敢轻易逾越法律障碍将农民赖以生存的不动产作为抵押物，而作为弱势群体的农民，又很难找到符合银行要求的担保单位，因而在不能满足抵押担保条件的情况下无法取得贷款。[③] 2014 年 11 月，中共中央办公厅、国务院办公厅印发的《关于引导农村土地经营权有序流转发展农业适度规模经营的意见》明确规定，"强化土地承包经营权物权保护，为开展土地流转、调处土地纠纷、完善补贴政策、进行征地补偿和抵押担保提供重要依据"，"按照全国统一安排，稳步推进土地经营权抵押、担保试点，研究制定统一规范的实施办法，探索建立抵押资产处置机制"，"允许用粮食作物、生产及配套辅助设施进行抵押融资"。但是，由于该政策出台时间不长，同时土地承包经营权物权、粮食作物等抵押过程中抵押期限的确立、抵押物价值评估等都尚还不成熟。

---

① 徐临、曹华青：《河北省农村非正规金融机构现状及发展对策研究》，中国社会科学出版社 2014 年版。

② 章芳芳：《我国小额贷款公司金融风险预警与控制研究》，硕士学位论文，福建师范大学，2009 年。

③ 《一剂破解农民贷款难的有效良方》（http://news.163.com/10/0619/09/69HJ9I0E000146BD.html）。

（四）我国的农村信用体系建设相对滞后

农户和农村企业信用信息由于地理因素难以形成记录，进行实地调查，不仅难度大而且调查成本高，迫使小额贷款公司以高利率来覆盖信息不对称风险。[①] 小额贷款公司对客户信用的掌握一是依靠商业银行等正规金融机构；二是实地调查评价其信用能力。农户大多较为分散，实地调查需耗费大量人力物力，掌握信用能力的成本过高。

（五）我国农业保险还处于探索阶段

购买保险可将风险进行转嫁和分散，当发生自然灾害时农业保险的作用就较为突出了，它可以对农民的损失及时进行经济补偿，保障了家庭的基本生活，重新投入生产经营。通过农业保险既可以降低小额贷款公司的经营风险，又可以尽可能地挽回农户的经济损失。农业保险领域投入成本高、保费收入低使得商业保险公司不愿意进行承保，农户依靠农业获得生产性收入难以承担保险费用，致使农业保险的道德风险和"逆向选择"现象严重，国家迟迟未出台相关政策进行扶持，我国的农业保险发展缓慢。具体表现为保险覆盖率低、保险品种单一和缺乏法律支撑等。[②]

二　市场风险

市场风险主要包括利率、信贷资产价格波动而带来的风险，行业竞争风险和国家政策调整风险。比如，随着经济的发展和金融环境的改变，监管机构可能随时对小额贷款公司进行改制或转型以推进金融改革。小额贷款公司受当地经济发展水平的影响较大，如果经济发展水平不高，借贷活动较少，则贷款资金的流向、收回的风险就会提高。

小额贷款公司由于利率变动而引起市场风险。相关政策和法律规定，小额贷款公司的贷款利率范围为基准利率的 0.9—4 倍，基准利率水平的波动会引发小额贷款公司的市场风险。同时，管理者利率风险意识较为薄弱，没有足够的能力判断利率走势，进一步加剧了小额贷款公司面临的市场风险。[③] 利率的影响因素复杂多样，小额贷款公司根据自身的经营状况

---

① 蒙红彤：《小额贷款公司在我国发展中遇到的风险问题初探》，《区域金融研究》2010 年第 2 期。

② 秦俊荣：《莱芜市农村信用社小额农贷的风险控制研究》，硕士学位论文，山东大学，2013 年。

③ 宋克玉：《我国小额贷款公司风险管理问题探析》，《北方经济》2008 年第 20 期。

和管理者经验自主确定利率，这给小额贷款公司未来发展造成隐患，甚至引发恶性竞争。[①]

另外，目前小额贷款公司不被承认为金融机构，导致其无法从拆借市场进行融资，商业银行将其存款当作一般性企业存款处理，从商业银行的贷款利率也并未明确。[②]

小额贷款公司贷款规模相对较小，缺乏规模效应，导致单位交易成本增加。小额贷款公司受限于其工商企业法人的身份定位，相较于金融机构而言，未享受到国家对从事小微企业贷款、农户贷款等而采取的财税优惠政策，使其经营成本居高不下。尽管部分省市开始试点实行针对小额贷款公司的税收优惠政策，但是国家层面针对小额贷款公司的优惠政策依然空白。[③]

三　法律、政策风险

小额贷款公司的金融身份不明确，法律法规没有明确将其纳入金融机构的体系，其业务运行缺乏相应的法律支持，法规的缺失使小额贷款公司面临着法律风险。由金融监管机构和政府部门对小额贷款公司政策的不连续性和不确定性带来政策性风险。比如，国家对小额贷款公司监管力度逐步加大，与其他金融机构相比，政策、税收优惠的力度并不明显，致使小额贷款公司当前税负较重，给其带来财务性风险。同时，在增速趋缓的经济环境下，为消除农村金融抑制，规范民间资本时，银监会及中国人民银行出台的监督管理机制可能会对小额贷款公司机动灵活的经营机制产生影响，从而给其经营带来风险。

目前，小额贷款公司相关的法律法规还不完善，小额贷款公司金融机构身份尚不确定，因此埋下了法律政策风险。小额贷款公司在公司法中认定为一般工商企业，所以只能依据《公司法》管理，不适用《商业银行法》。但我国现行的《公司法》没有涉及贷款类业务的规定。因此小额贷款公司的金融身份不明确，其业务运行缺乏相应的法律支持。

---

①　辛鑫、王文荣：《小额贷款公司的运作风险浅析》，《经济研究导刊》2010 年第 16 期。

②　王剑：《小额贷款公司问题研究》，《法制博览（中旬刊）》2014 年第 10 期。

③　屈静晓：《我国小额贷款公司发展的现实困境及其出路》，《西北农林科技大学学报》（社会科学版）2015 年第 5 期。

山东省荣庆小额贷款公司由于仅靠注册资本、捐赠、向其他金融机构融资，难以满足民间巨大的市场融资需求。增资扩股的渠道受到限制后，公司打算从银行融入资金，但也受到了政策和银行机构的制约。首先从银行业金融机构的 25% 的借入贷款限制，制约了其规模的扩大，其次在与银行融资的过程中，银行提出的贷款条件也比较苛刻，贷款不能享受利率优惠，因而导致此次融资的失败。[①] 由于小额贷款公司的盈利前景不乐观，业务发展与网点覆盖等方面进展较为缓慢。

同时，对小额贷款公司经营业务的相关法律的缺失使对小额贷款公司的金融监管出现困难。小额贷款公司不是金融机构，因而银监会不会监管小额贷款公司。在河北省，由设在省金融办的联席会议（由省金融办、省工商局、中国人民银行石家庄中心支行、河北银监局、省公安厅、省中小企业局等部门组成）负责全省小额贷款公司试点工作的综合指导，制定政策措施和管理制度。[②] 这种临时性的且由多方监管的制度安排使小额贷款公司没有办法争取自身利益。因此，国家应该适时出台有关小额贷款公司的法律法规，对其性质予以准确定位，并对其实施有效的监管。

由于缺乏国家层面对小额贷款公司的制度设计，各个省市据省内情况制定审批规定，监管的缺位容易形成监管空白，持股较大的股东对贷款数量与方向进行操纵，出现非法集资、违规贷款等乱象，扰乱金融市场秩序的行为时有发生。在广利恒公司，公司的贷款金额和方向都是个别股东做决定，而且各个股东都想拥有决策权，不顾公司的章程、流程，甚至连贷款的利率都是由股东随意定的，根本不考虑市场利率，公司在贷款给股东自己的时候会尽量把利率压得很低而且没有抵押资产，不考虑小额贷款公司本身的资金成本，甚至有时候是亏本贷出的。[③] 这无形中给小额贷款公司带来了经营风险。

政策风险引致原因主要是金融监管机构和政府部门对小额贷款公司等农村微型金融机构的政策的不连续性和不确定性。虽然现在对小额贷款公司的监管越来越严，但现在的政策设计却并不利于其发展。在我国的金融体系中，微型金融机构数量众多，运行机制和管理模式还不成熟。与那些

---

① 郭忠军、王伟、吕大军：《小额贷款公司的经营困境与求解探索：荣庆案例》，《金融发展研究》2011 年第 4 期。

② 杨兆廷：《中国农村金融供给创新的路径选择》，博士学位论文，天津财经大学，2009 年。

③ 王云萍、李海霞：《对小额贷款公司广利恒破产的案例分析》，《长沙铁道学院学报》（社会科学版）2014 年第 1 期。

巨型金融机构和大型正规农村金融机构相比，其抵御政策性风险的能力显然比较低，承受力比较差。若小额贷款公司缺乏对宏观政策的敏感性，长期来看会给运营带来一定的风险。

2014年，河北省根据《财政部　国家税务总局关于金融企业贷款损失准备金企业所得税税前扣除政策的通知》（财税〔2012〕5号）做出规定，小额贷款公司不在该文件的适用范围内，小额贷款公司和典当公司计提的贷款损失准备金不得在税前扣除。小额贷款公司没有金融许可证，虽然从事贷款业务，但国家有关部门未按金融企业对其进行管理，典当公司同样没有金融许可证。政策的缺失加剧了小额贷款公司经营成本，给其运营带来一定的风险。

小额贷款公司的一个发展方向是转制为村镇银行，但其转制门槛比较高，且股东的控制权会转移至商业银行等正规金融机构，股东股权的丧失使公司转制的积极性非常低，影响其长远的发展。小额贷款公司经营金融业务，却没有金融机构的身份使之难以享有金融机构的税收优惠政策，制约其稳定持续发展。依据国家发展改革委颁布的《产业结构调整指导目录（2011年本）》鼓励类"金融服务业"中的"农村金融服务体系建设"，可享受西部大开发税收优惠政策，减按15%的税率征收企业所得税，但中东部地区小额贷款公司不能享受该优惠。[①]

第四节　小额贷款公司风险评价的模型分析

一　研究方法

（一）AHP与DEA模型集成

徐临、郭亚涛、李吉栋（2017）采取AHP与DEA模型集成的方法，提出AHP-DEA模型对小额贷款公司的风险进行评价。[②]

AHP的决策过程受主观因素的影响较大，计算结果多为单一、粗略

---

① 肖涛奇：《小额贷款公司运行的制度缺陷与对策建议》，《海南金融》2015年第6期。

② 徐临、郭亚涛、李吉栋：《基于AHP-DEA模型的小贷款公司风险评价研究》，《农村金融研究》2017年第3期。

的方案排序，一般不太适用使用层次分析法解决定量问题，需要结合其他方法共同使用。数据包络分析法对输入输出数据进行综合分析，利用数学规划模型来计算各决策单元之间的相对效率，不需要确定输入输出指标的权重，可以解决多输入输出的决策问题，因此决策者的主观影响较少，但没有反映出其偏好情况。本书在对相关文献整理的基础上，综合考虑层次分析法和数据包络分析法的适用条件、模型特点，综合各自解决问题的优势，提出了 AHP-DEA 模型。分三步构建该模型：首先，利用层次分析法（AHP）筛选出风险指标，构建风险评估指标体系；然后，运用数据包络分析（DEA）测度二级指标体系对一级指标体系的贡献率，实证衡量小额贷款公司风险指标体系的效率，检验风险评估指标体系的有效性；最后，具体应用该风险评估指标体系，分析小额贷款公司的风险控制结果，并据此提出合理化改进建议。

（二）样本选择及数据来源

本书分析样本来自河北省及其下属 11 地市，从相关网站查找并统计了 2009—2015 年河北省各地区的小额贷款公司的分类统计数据。以河北省下属各地市小额贷款公司运行情况为决策单元，通过 DEA 模型分析河北省内部各地区间小额贷款公司运行效率并进行评价，以找出各地市效率差异及分布状况。

（三）评价指标选取方法及原则

用 DEA 方法测算决策单元的效率具有一定优势，体现在对多投入和多产出的综合评价方面。但在 DEA 模型的实际运用中，必须满足一定的条件才能确保模型的有效性：决策单元数量至少是投入指标与产出指标数量之和的两倍，或者要大于等于二者数目的乘积；投入指标与产出指标之间必须满足"同向性"，即投入与产出的变化方向一致，如随着投入量的增加，产出量也随之增加；各小额贷款公司的投入与产出满足规模报酬规律，即规模报酬递增时产出增加的比例大于投入增加的比例，而规模报酬递减则相反。

使用 DEA 方法对效率进行测度，合理选取投入产出指标是正确利用 DEA 方法的关键，它直接影响决策单元的效率值。

二 基于 AHP-DEA 模型的小额贷款公司风险评价

（一）AHP 分析

本书在参考相关小额贷款公司风险因素研究的基础上，结合河北省各城市小额贷款公司的实际发展情况，主要考虑了信用风险、市场风险和法律政策风险三个方面来建立风险评价指标体系。如表3-6所示：

表 3-6　　　　　　　　　小额贷款公司风险评价指标体系

目标层（O）	一级指标层（X_i）	二级指标层（Y_j）
小额贷款公司风险评价（O）	信用风险（X_1）	贷款余额（Y_1）
		营业收入（Y_2）
		净利润（Y_3）
	市场风险（X_2）	主营业务成本（Y_4）
		不良贷款率（Y_5）
	法律政策风险（X_3）	员工数量（Y_6）
		注册资本（Y_7）
		利率（Y_8）

定性指标的选取采用了德尔菲法，对于每个层次同级因素，两两之间使用 Saatty（1980）提出的 1—9 标度法进行比较。在独立互不影响的情况下，进行下层要素对上层要素相互比较，以确定各因素的相对重要性。之后，可以得到所有判断矩阵（见表3-7、表3-8、表3-9、表3-10）：$O\text{-}X$，$X_1\text{-}Y$，$X_2\text{-}Y$ 和 $X_3\text{-}Y$，其特征向量经归一化处理后得到各指标层相对重要性的权重向量 M。采用 AHP 专业分析软件（Yaahp 0.5.3）计算出权重向量及判断矩阵一致性的比例，得出各判断矩阵的 CR 值（见表3-11）及指标权重 M_j（见表3-12）。由表3-11，可以看出判断矩阵 $O\text{-}X$，$X_1\text{-}Y$，$X_2\text{-}Y$ 和 $X_3\text{-}Y$ 的 CR 值均小于 0.1，因此，通过了一致性检验，各指标间的相对重要程度比较合理。

表 3-7　　　　　　　　　　　$O\text{-}X$ 判断矩阵

小额贷款公司风险评价	信用风险	市场风险	法律政策风险	权重
信用风险	1	1	7	0.4869
市场风险	1	1	5	0.4353
法律政策风险	0.1429	0.2	1	0.0778

表 3-8　　　　　　　　　　　　$X_1 - Y$ 判断矩阵

信用风险	贷款余额	营业收入	净利润	权重
贷款余额	1	4	0.5	0.3331
营业收入	0.25	1	0.2	0.0974
净利润	2	5	1	0.5695

表 3-9　　　　　　　　　　　　$X_2 - Y$ 判断矩阵

市场风险	主营业务成本	不良贷款	员工数量	权重
主营业务成本	1	0.2	0.1667	0.0811
不良贷款	5	1	0.5	0.342
员工数量	6	2	1	0.5769

表 3-10　　　　　　　　　　　　$X_3 - Y$ 判断矩阵

法律政策风险	利率	注册资本	权重
利率	1	0.2	0.1667
注册资本	5	1	0.8333

表 3-11　　　　　　　　　　　　各判断矩阵的 CR 值

判断矩阵	$O-X$	$X_1 - Y$	$X_2 - Y$	$X_3 - Y$
CR 值	0.0121	0.0236	0.0279	0.0013

表 3-12　　　　　　　　　　　　各指标的权重分布情况

	X_1	X_2	X_3	权重值
	0.4869	0.4353	0.0778	M_j
Y_1	0.3331	0	0	0.1622
Y_2	0.0974	0	0	0.0474
Y_3	0.5695	0	0	0.2773
Y_4	0	0.0811	0	0.0353
Y_5	0	0.3420	0	0.1489
Y_6	0	0.5769	0	0.2511
Y_7	0	0	0.1667	0.0130
Y_8	0	0	0.8333	0.0648

由上述层次分析法筛选出对小额贷款公司风险影响较大的指标，此外，建立 DEA 模型需满足输入输出指标数量小于决策单元的个数。因此，结合小额贷款公司风险评价的特点和实际需求，根据风险指标的权重分布情况，确定输入指标为：员工数量、贷款余额；输出指标为：不良贷款率、净利润，进而运用 DEA 模型对风险评估指标体系进行有效性实证分析。

（二）DEA 实证分析

根据小额贷款公司发展的实际情况，经过调研并整理 2010—2015 年全国及河北省小额贷款公司的分类统计数据。首先分别选取河北省和全国的小额贷款公司作为决策单元，将二者的输入输出指标代入 VRS-DEA 模型中，得到近六年全国与河北省小额贷款公司风险评估体系的相对效率值，然后对效率值进行比较分析。运用 DEAP 2.1、Excel 2010 软件求解，得出相对效率值 θ，从而检验出小额贷款公司风险评估体系的有效性。

表 3-13　　　　2010—2015 年河北省小额贷款公司风险评估效率值

年份	技术效率	纯技术效率	规模效率	规模报酬
2010	0.917	1.000	0.917	递增
2011	1.000	1.000	1.000	不变
2012	1.000	1.000	1.000	不变
2013	0.997	1.000	0.997	递减
2014	0.988	1.000	0.988	递减
2015	0.959	0.971	0.988	递减
均值	0.977	0.995	0.982	——

表 3-14　　　　2010—2015 年全国小额贷款公司风险评估效率值

年份	技术效率	纯技术效率	规模效率	规模报酬
2010	0.940	1.000	0.940	递增
2011	1.000	1.000	1.000	不变
2012	1.000	1.000	1.000	不变
2013	1.000	1.000	1.000	不变
2014	0.999	1.000	0.999	递减
2015	0.953	0.966	0.986	递减
均值	0.981	0.993	0.988	——

数据包络分析中的效率值一般在 0—1，效率值越大，表明小额贷款公司风险评估体系的有效性越高。从表 3-13、表 3-14 中，可以看出河北省大多数年份的小额贷款公司风险评估体系的技术效率、纯技术效率、规模效率比全国指标值要偏低一些，尽管有几年是持平的，这说明河北省小额贷款公司的风险比全国平均水平要高一些，这与河北省小额贷款公司的经营情况与全国平均水平来比存在着一定差距的事实相符合；此外，从这三类效率的构成来看，无论是河北省还是全国，小额贷款公司风险评估体系的技术效率都小于规模效率。这种情况说明风险评估体系的有效性更多的是由贷款余额、员工数量的增加带来的规模效率，贷款余额、员工数量带来的纯技术效率基本都在 0.9 以上，说明风险评估指标体系的输入资源得到了较好利用，指标的代表性较强。

另外，从表 3-13、表 3-14 中可以看出小额贷款公司风险评估指标体系的技术效率、纯技术效率和规模效率的变动趋势情况。从三类效率指标值的变化情况可以看出，河北省与全国小额贷款公司的风险评估体系的有效性变化不大。在 2010—2015 年中，大部分年份都达到了 DEA 有效，其他年份的效率值也较高。由此，可以看出该风险评估指标体系较好地拟合了小额贷款公司这几年的实际情况。

（三） AHP-DEA 模型构建

由上述分析，得出该小额贷款公司风险评估指标体系是有效的，所以本书利用该风险指标评估体系，使用调研并经过整理的 2009—2015 年河北省各市（含定州、辛集）的小额贷款公司分类统计数据，进一步分析河北省 13 市小额贷款公司的风险控制情况及地区间的差异状况。河北省 13 城市风险评估指标值 H_{ij}（$i=1，2，\cdots，13$；$j=1，2，5，6$）为不良贷款率、净利润、员工数量和贷款余额，通过加权求和的方式，计算得到城市 i 的 AHP 指标权重评价值 $w=\sum H_{ij}M_j$（$i=1，2，\cdots，13$；$j=1，3，5，6$），进一步运用 VRS-DEA 模型得到各城市小额贷款公司经营绩效值，采用线性加权的方式将 AHP 风险指标评价值与经营绩效情况结合起来，更合理、真实地评价出区域小额贷款公司的风险情况，最后计算出各市小额贷款公司风险评价的综合值并进行排序。其计算公式为：

$$P=\mu w+(1+\mu)\theta \qquad\qquad (3-1)$$

（3-1）式中，P 为小额贷款公司风险综合评价值；w 为 AHP 模型指标权重评价值；μ（$\mu \in [0，1]$）为主观偏好系数，$1-\mu$ 为客观偏好系数，μ

值反映决策者对 AHP 值与 DEA 值偏好情况，在此我们认为 DEA 值比较重要，μ 值取 0.6；θ 为 DEA 模型相对效率值。

　　基于 AHP-DEA 模型下的（3-1）计算公式，将 AHP 和 DEA 的计算结果代入，得到 AHP-DEA 综合值及排序情况（见表 3-15）。从表 3-15 中可以看出，按照河北省 13 个城市的小额贷款公司风险评价综合值，风险控制情况由高到低依次为：

　　　　石家庄>廊坊>承德>邢台>保定>邯郸>唐山>沧州>衡水>张家口>定州>秦皇岛>辛集。

表 3-15　　河北省 13 市（含定州、辛集）小额贷款公司风险评价情况

$\mu = 0.5$ 时	石家庄	张家口	承德	秦皇岛	唐山	廊坊	保定
AHP-w 值	0.869	0.572	0.643	0.567	0.891	0.743	0.716
排序	2	12	6	13	1	3	4
DEA-θ 值	1.000	0.807	1.000	0.768	0.767	0.999	0.926
排序	1	9	1	11	12	4	5
AHP-DEA 综合值	0.948	0.713	0.857	0.688	0.817	0.897	0.842
排序	1	10	3	12	7	2	5
$\mu = 0.5$ 时	沧州	衡水	邢台	邯郸	定州	辛集	
AHP-w 值	0.624	0.587	0.632	0.687	0.589	0.612	
排序	8	11	7	5	10	9	
DEA-θ 值	0.872	0.862	1.000	0.922	0.795	0.611	
排序	7	8	1	6	10	13	
AHP-DEA 综合值	0.773	0.752	0.853	0.828	0.713	0.611	
排序	8	9	4	6	11	13	

（四）结论及政策建议

1. 结论分析

　　本书运用 AHP-DEA 模型对河北省 13 市（含定州、辛集）的小额贷款公司的风险状况进行了评价和分析，无论是从单个模型的评价结果，还是从 AHP-DEA 混合模型的评价结果看（见表 3-15），河北省各市小额贷款公司的风险控制存在明显的区域差异。石家庄、廊坊、承德、邢台的小额贷款公司的风险控制情况最好，张家口、定州、秦皇岛、辛集四市小额贷款公司的风险控制情况相对来说较差。定州、辛集作为省直属的两个县

级城市，其总体经济实力与其他地级城市相比差距较大，小额贷款公司风险评价结果从侧面反映出小额贷款公司的风险状况与城市总体经济实力的大小具有一定程度的相关性。此外，石家庄、廊坊是河北省总体经济实力较强的地区，它们的风险控制排名相差不大，但与经济实力稍弱的秦皇岛、张家口相比排名差距较大，这说明，区域总体经济实力的强弱对小额贷款公司风险状况排名的影响较大。因此，可以通过改善地区经济业务相关要素控制小额贷款公司的风险，提升小额贷款公司抗风险的能力。

由表 3-15 可以看出，河北省 13 城市小额贷款公司 AHP 评价结果的排名情况与其经营绩效的排名情况大体相同，这说明小额贷款公司的风险控制情况与其经营绩效相关，注重风险控制、防范机制相对完善的小额贷款公司的经营效率就高。从模型综合评价的值来看，AHP-DEA 数值极差较大，这说明该 13 城市的小额贷款公司风险状况区域差异较为明显，其原因可能是经济发展水平的区域差异悬殊、农村信用状况的差别及其小额贷款公司自身经营管理水平的差异。

员工数量、贷款余额、不良贷款率和净利润指标所占的权重分别为 0.2511、0.1622、0.1489、0.2773，这四个指标所占权重值和为 0.8395。这说明员工数量、贷款余额、不良贷款率和净利润是影响小额贷款公司当前风险状况的关键要素，进而说明信用风险、市场风险和法律、政策风险是小额贷款公司当前面临的主要风险，净利润占的权重最大，这说明信用风险是其经营中面临的最主要的风险；其次，经营者的专业素质不高、不良贷款率的攀升容易给小额贷款公司带来市场风险。

2. 完善小额贷款公司风险评估能力的政策建议

小额贷款公司的目标客户主要是农户和涉农中小企业，农村金融市场的供需矛盾为小额贷款公司提供了生存土壤。小额贷款公司普遍面临着客户抵押物的缺乏、道德风险、市场风险等。结合以上结论，本书认为，改善小额贷款公司面对的风险需要从多方面入手：

（1）增强信用意识，构建科学合理的信用体系，减少信用风险。基于信贷行业本身的特点，需要加强小额贷款公司的专业人员配置，建立统一、标准化的农户电子化信用档案以构建农户信用数据库，管理农户的信用状况，通过建立大数据平台来共享农户信用情况，各地小额贷款公司根据农户、涉农中小微企业的信用状况，来给其授信额度。建立完整的信用体系可有效降低信息不对称带来的信用风险。

（2）整合信贷业务流程，建立风险管理机制，分散市场风险。在公司内部构建风险补偿准则和风险补偿基金等风险管理机制，加强自身内部的监管力度。建立符合小额信贷运作的贷款流程，缩短整个业务流程时间，最好控制到三个工作日以内，有效提高信息的使用率，规避贷款过程中出现的市场不确定性。小额贷款公司在开展小额信贷业务方面存在着信息不对称、信用风险高、经营成本高等问题。目前来看，产权实物抵押和寻求担保是收回贷款的主要保障手段。中小企业由于财务报表不健全，财务状况和经营业绩等信息难以公布，这使得小额贷款公司在获取中小企业信息时的信息成本很大。而中小企业由于自身实力弱小，缺乏相应的担保，致使其经营风险大。建立小额贷款最终偿还保障机制，加强与担保机构、农业保险公司、中小企业之间的联系，实现风险共担、利益共享。

（3）加强监管，适当给予税收优惠或财政补贴政策。河北省政府金融办是小额贷款公司的监管部门，在调研中发现，金融办存在监管人员不足的现象，无力全面监管辖区内所有小额贷款公司。监管机构应定期科学合理地对小额贷款公司进行风险评估，评估结果应用于日常监管。金融办重点关注评级结果较差的小额贷款公司的风险。小额贷款公司性质上属于工商企业，但其经营的却是金融业务，导致其不能享受金融机构的税费优惠政策以及针对农村金融机构的财政补贴资金。当前，小额贷款公司以工商企业的标准纳税，其较重的税费负担影响了其财务的可持续性。对此，为实现小额贷款公司的持续性发展，应对其实行税收优惠和适度的财政补贴政策，通过社会绩效评价机制与优惠政策相结合，避免扶持政策的滥用，减少了小额贷款公司的政策风险。

第五节　小额贷款公司发展前景分析

小额贷款公司从试点短短几年后便开始在全国范围内推广，在促进民间金融阳光化和改善农村金融服务等方面发挥了重要的作用。关于小额贷款公司的市场定位和未来发展趋势已经引起了许多学者的思考，有的建议实行正规金融与小额贷款公司合作，有的建议鼓励其向村镇银行发展。

一　小额贷款公司发展迅速的原因分析

(一) 小额贷款公司的成立为民间资本创造了进入金融业的机会

长期以来，我国对民间借贷行为采取打压的政策，政策打压下民间借贷资本只能通过地下钱庄等不透明渠道进行交易，后来鉴于其巨大作用而逐渐默认，但其资金流动难以透明，不但增加了借款人的借贷成本，而且贷款人同样面临着较大的违约风险，对金融市场的稳定带来不确定性。

随着小额贷款公司由试点向全国范围内的推广，使处于边缘、灰色地带的巨量民间资本由地下转为地上，开始规范、透明化运营管理。通过设立小额贷款公司的形式对民间借贷资本加以约束，按规定开展借贷业务。一方面可以使民间借贷行为得到政策保障；另一方面也有利于加强监管，促进民间借贷行业的有序发展，维护金融秩序。[①]

此外，小额贷款公司的成立为民间资本设定了转变为合法金融资本的路径。随着国家经济方式的转变以及战略层面的转型，劳动密集型产业利润空间遭到严重压缩，很多企业被迫停产。尤其是 2008 年金融危机后，很多出口型中小企业因为国外经济的萎缩而倒闭。金融危机后游离的产业资本积极转型谋求新的出路，纷纷进入到小额信贷领域，在一定程度上充裕的资本规模，促进了小额贷款公司的迅速发展。

(二) 准门槛低，审批容易

根据《关于小额贷款公司试点的指导意见》的规定，小额贷款公司的设立形式为有限责任公司或股份有限责任公司，其注册资本限额分别不得少于 500 万元和 1000 万元。准入门槛相对于商业银行等其他从事资金信贷业务的机构要低得多。加之国家在 2008 年《关于小额贷款公司试点的指导意见》出台后，为了有效配置金融资源，统筹城乡改革，审批上较为容易，二者的结合在一定程度上促进了小额贷款公司的发展。

二　小额贷款公司改制村镇银行的可行性分析

2009 年 6 月，银监会、中国人民银行联合颁布了《小额贷款公司改制设立村镇银行暂行规定》（以下简称《暂行规定》）。《暂行规定》是

---

① 姚洪宇、侯炳瑶：《小额贷款公司制度设计在农村金融体系中的作用、存在缺陷及对策》，《黑龙江金融》2013 年第 5 期。

继 2008 年《关于小额贷款公司试点的指导意见》之后的又一部关于小额贷款公司的行政规章。小额贷款公司改制为村镇银行之后可以确立金融机构的身份，拓宽了其资金的来源渠道，给部分小额贷款公司指明了发展目标和方向，对小额贷款公司规范经营、持续稳健的发展具有积极的引导和推动作用。然而，对于小额贷款公司的股东来说，转制意味着失去控制权，因此转制为村镇银行的方案没有多少吸引力，因此，《暂行规定》出台后仅有少量的小额贷款公司转制为村镇银行。

（一）改制设立村镇银行的优势

《暂行规定》的出台是为了解决小额贷款公司在发展经营中业务单一、融资渠道狭窄及风险控制能力弱等问题，通过制度设计，引导其市场定位于农村、小微企业信贷市场。从试点小额贷款公司的情况来看，经济效益好的公司普遍存在自有资金不足的情况。小额贷款公司的资金来源主要有股东资本金、捐赠资金，以及最多两个银行业金融机构的贷款。由融资渠道我们可以看出，股东资本金及增加注册资本的方式不宜经常使用，且资金数量有限；捐赠资金的情况少之又少；而从商业银行贷款是比较可行的渠道，但在实际中商业银行难以评估小额贷款公司的信用情况，大多对其采取避而远之的策略，故小额贷款公司融资能力十分有限。因此，对于一个贷款业务好的小额贷款公司来说，很容易出现"无钱可贷"的局面。如果改制为村镇银行，就可以开办存款业务，自然资金来源就有了保障，对业务的顺利发展意义重大。改制为村镇银行后，自然就有了经营中间业务的条件和资格，即可增加收入又可以为客户提供综合性的服务。

小额贷款公司至今还未确定金融机构的身份，其本身经营的是资金的信贷，但其却没有银行监管部门发放的"经营金融业务许可证"。原因是，它是在中国人民银行的主导下成立的，而现在中国人民银行已经不再是银行业金融机构市场准入的监管机构了，现在的监管机构是银监会。虽然在银监会和中国人民银行联合发布的《关于小额贷款公司试点的指导意见》中承认了小额贷款公司的合法性，但规定了设立小额贷款公司，应向省级政府主管部门提出正式申请，经批准后，到当地工商行政管理部门申请办理注册登记手续并领取营业执照。[①] 此外，在取得经营执照后 5 个工

---

① 孙昌兴、周彦：《小额贷款公司可持续发展的法律思考》，《华北电力大学学报》（社会科学版）2010 年第 4 期。

作日内向当地银监部门派出机构和人民银行分支机构报送相关材料。可见《关于小额贷款公司试点的指导意见》并没有规定小额贷款公司向银监会提出申请，由银监会颁发"经营金融业务许可证"的相关规定，因此小额贷款公司目前的法定身份还是一般性工商企业，并没有金融机构的合法身份。将小额贷款公司改制为村镇银行后，就有了银行业金融机构的经营许可证，也就解决试点多年以来的小额贷款公司没有金融机构身份的尴尬处境。

当然改制为村镇银行后，就有了发展壮大的可能性。村镇银行经营综合性的业务，比只经营单一贷款业务的小额贷款公司具有更大的发展空间。

（二）改制设立村镇银行的劣势

改制为村镇银行，控股权就会发生改变。失去对小额贷款公司的控制权，这极大地损害了股东的权益。《暂行规定》中要求，村镇银行的准入条件为发起人或出资人中，最大股东应是银行业金融机构且持股比例在10%以上，非银行类金融机构一方及其关联方的持股占比最高为10%。这对其小额贷款公司来说，若改制为村镇银行，必将付出失去小额贷款公司的控股权，银行业金融机构成为第一大股东后，原来出资人股东的持股比例大幅降低，从而失去了主导地位，因此大多股东没有转制成为村镇银行的积极性。

此外，小额贷款公司改制为村镇银行门槛标准偏高，这些标准难以达到。一是改制时间：《暂行规定》要求，成立后持续营业3年以上的小额贷款公司才可以转制。二是内控指标：按照规定清产核资后，无亏损挂账，且最近两个会计年度连续盈利，资产风险分类准确，且不良贷款率低于2%，已足额计提呆账准备，其中贷款损失准备充足率130%以上，净资产大于实收资本。① 三是资产比例：小额贷款公司资产应以贷款为主，最近四个季度末的贷款余额占总资产余额的比例原则上均不低于75%，且贷款全部投放在所在县域。② 此外，近一年中向农村、小微企业的贷款占到总贷款余额的比例要达到60%以上。要达到以上要求小额贷款公司就只

---

① 白洁纯、刘诗平：《小额贷款公司改制村镇银行定标准》（http://finance. gog. cn/system/2009/06/19/010587738. shtml）。

② 李剑：《小额贷款公司改制为村镇银行要解决的问题》，《财会月刊》2012年第26期。

能经营比较单一的贷款，经营区域受限于当地，因此难以拓展业务形成规模化经营。以上几个方面的规定，对于一个经营多年的小额贷款公司来说，是比较难以达到的，比新设一个村镇银行还要难。

仅从设立两类新型农村金融机构的注册资本来说，小额贷款公司要高于村镇银行。根据《关于小额贷款公司试点的指导意见》，小额贷款公司的注册资本全部为实收货币资本，注册性质又分为有限责任公司和股份有限责任公司，其注册资本分别不少于 500 万元和 1000 万元。而在《村镇银行管理暂行规定》中关于设立村镇银行的注册资本规定是，在县市级的注册资本至少 300 万元，在乡镇级的注册资本至少为 100 万元。从其设立的基本条件难易程度来看，设立小额贷款公司的难度更大一些，设立标准更高。从村镇银行的实践来看，四川省仪陇惠民村镇银行是我国第一家村镇银行，其注册资本仅为 200 万元。而在同期试点的小额贷款公司的注册资本最低为 1600 万元，最高为 5000 万元，设立标准都远远高于村镇银行。原因是人民银行试点时采取的是比较严格的口径，而银监会对新型农村金融机构的准入则采取了宽口径、低门槛的政策。从这一点上来看，把小额贷款公司改制为村镇银行，实际上是降低了标准了。

总的来说，小额贷款公司转制为村镇银行的方案吸引力较小，缺乏可行性。所以小额贷款公司不要急于向村镇银行转制，现在应致力于做大做强自己，特别是要做强、做好小额贷款业务，减少不良贷款，在现有资金水平上做好支农工作。同时争取政策的进一步松动，以拓展融资渠道，解决资金不足的问题。待将来向银行转制的规定改变后，允许自然人或民营企业发起设立民营银行之后，再考虑是否转制为村镇银行，或者可以考虑直接转制为农村商业银行，毕竟我国《商业银行法》对农村商业银行的最低注册资本要求只有 5000 万元。

在现今的制度架构下，小额贷款公司和村镇银行之间可以相互配合，更好地为"三农"和中小企业、工商个体户提供金融支持。两者间的有效协作具有一定的现实基础，因而协作可能是一个比转制更有意义的激励方向。

（三）促进小额贷款公司可持续发展的思考

1. 拓宽融资渠道

（1）吸收社会资金。一是吸收新股东（如中小企业）、增资扩股补充资本金；二是鼓励小额贷款公司与民间资本开展委托贷款业务；三是在加强监管的前提下，支持符合条件的小额贷款公司开展发行集合债券或短期融资券的试点工作；四是实行资产债务证券化，即将贷款的债权通过银行和信托设计成理财产品或进行证券化，在资本市场进行买卖回笼资金，以形成资本的良性循环。

（2）与金融机构合作。加强小额贷款公司与其他金融机构的合作，扩大其资金来源，解决其资金的瓶颈困境。首先，促成小额贷款公司与信用担保公司达成合作，与商业银行达成合作协议，寻求商业银行的融资途径。其次是寻求政府的政策支持，推动小额贷款公司向银行间拆借市场贷款，开展再贷款、短期与中期票据、委托贷款等资金支持。

（3）引进外资。小额贷款公司可以考虑尝试引进国外资本，如山西的日升隆公司，其与德国技术合作公司达成贷款合作协议，即由德国技术合作公司向日升隆提供 15 万欧元用于发放贷款，资金使用期限为 18 个月，到期后将本金和扣除日升隆管理费用后的利润全部返还德国技术合作公司。①

2. 提高小额贷款公司的经营管理水平

小额贷款公司可通过建立信贷审批约束机制，规范业务流程，加强制度的执行力，逐步完善内部经营风险管控的共担机制。加强对管理人员风险意识的培训，建立经营管理人员的工资薪金与放贷回收率相挂钩的激励措施。在实际中筛选出风险指标，构建出风险预警体系，建立定期风险评估制度，将小额贷款公司的风险维持在可控范围内。

创新贷款担保方式，扩大有效担保范围，促成小额贷款公司、担保公司和保险公司达成合作，三方采取互惠互利、合作共赢的经营理念，创新地将信贷、担保及保险以多种方式相结合，通过加快产品创新，提供多元化的信贷服务，满足农村金融服务过程中的各方需求。

3. 改善小额贷款公司发展的外部环境

（1）政府应出台相关政策，加大扶持力度。区域内的各小额贷款公司可通过缴纳一定的风险准备金，形成区域风险资金池，通过风险补偿机制来弥补风险带来的损失；在社会上加大对小额贷款公司的正面宣传，以提高其社会知名度，让更多的中小企业和农户主动寻求小额贷款公司的帮助；立足当地经济社会发展实际，有条件地借鉴国际上运营成功的小额信

---

① 霍侃：《日升隆谋划村镇银行转型路》，《第一财经日报》2008 年 1 月 4 日第 2 版。

贷机构的经验，尝试将其专有技术和管理培训机制作为股权投资引入小额贷款公司。

（2）建立相对完善的监管制度。小额贷款公司监管机构应建立常态化的检查制度，对监管的每家公司建立检查档案，由专人定向监管。监管内容主要包括市场准入、业务审批、市场退出和日常业务的监管。通过对小额贷款公司的检查情况构建专属信用档案，对其实行动态跟踪，监管日常经营中非法融资行为。选聘专业金融人才负责对小额贷款公司的监管工作，同时注重对监管人员的培训，提升监管人员的业务素质。确定统一的监管方式与内容，确立规范统一的审查标准，规范审核程序，将小额贷款公司的资金来源是否属于非法集资和贷款流作为重点监管，降低金融风险发生的概率。

（3）通过社会监督，加强其行业自律。建立健全小额贷款公司行业协会，实行自律监管；通过具有权威性的会计师事务所等中介机构对小额贷款公司进行定期评级和审查；完善社会监督机制，建立小额贷款公司举报奖励制度，分别从资本金是否合法、资金运作、贷款利率、贷款对象合规性和工作人员职业道德等方面进行监督。

第四章

典当风险控制

第一节　引言

一　研究背景和意义

典当行业在我国历史悠久，虽然在新中国成立后典当业被政府取缔，但由于其自身的独特社会功能，20 世纪 80 年代，成都华茂典当服务商行作为新中国成立后的第一家典当行成立，标志着典当行业受到政府认可。由此，典当行开始迅速发展起来。曾康霖等（2005）曾指出，典当业有金融中介属性、商业销售属性和资产置换和保管属性，多重属性使得典当业是工业、商业、银行业等主流产业的补充，发挥着拾遗补阙的积极作用。[①] 周黎明等（2012）根据实际调研数据认为现代我国典当行业的主要客户是中小企业。一直以来，我国中小企业融资难，融资成本较高。[②] 众多学者通过实地调查认为银行等正规金融机构对于中小企业的综合融资成本较高，导致银行等正规金融机构不愿贷款给中小企业。由于中小企业难以从正规金融机构获得资金，不得不通过其他渠道获取资金。虽然从其他渠道获得的贷款成本较高，但资金的可获得性较高。李建军等（2013）

[①] 曾康霖、程靖、王艳娇：《我国典当业的性质及可持续性研究》，《金融研究》2005 年第 12 期。

[②] 周黎明、史晋川、叶宏伟：《我国典当业的特点及性质变迁》，《浙江学刊》2012 年第 1 期。

通过调查发现，样本企业通过银行信贷等正规机构融资的比例为 59.4%，通过民间金融机构融资的比例为 40.6%，但通过正规部门获得的贷款额度不足 30%；通过银行等正规渠道的平均融资成本为 9.7%，通过民间金融机构的平均融资成本为 18.28%。[①] 典当行的出现为中小企业融资提供了另外一种新的渠道。

但与此同时，据商务部全国典当行业监管系统显示，截至 2015 年 9 月底，营业收入及营业利润下降。典当行业实现营业收入 70.7 亿元，同比降低 22.8%。其中，主营业务收入（利息及综合服务费收入）64.1 亿元，同比降低 26.9%。全行业实现营业利润 10.0 亿元，同比降低 53.0%；净利润 6.4 亿元，同比降低 54.9%；上缴税金 6.5 亿元，同比降低 40.9%。行业亏损面与亏损额较上年同期有所下降。其中出现亏损（营业利润为负）的企业有 3560 家，亏损面 42.9%，较上年同期下降 8.7个百分点；所有亏损企业的累计亏损额共 7.9 亿元，同比下降 21.8%。

典当行业的营业利润连年下降，这表明典当行业经营状况不佳，典当企业未充分认识到典当行业风险并及时地进行防范。与银行业相对完善的风险管理相比，典当行业的风险管理控制，在理论及实践方面比较匮乏。在此背景下，本书通过研究典当行业所处的环境，分析阻碍其发展的风险因素及风险存在的原因，以此建立风险评估体系，并通过相应的风险评价体系，最终提出典当行业的风险防范措施，以此促进典当行业的健康持续发展。

本章研究的主要目的是在吸收国内外典当行风险管理经验做法的基础上，探索构建符合典当行业快捷、灵活、短期融资的特点的风险管理分析方法，对典当风险防范提供有益的参考。

典当行作为古老的民间金融组织形式，在小额抵押融资方面发挥着基础性作用。经过近 20 年的发展，我国的典当行成为信贷服务主体之一，但典当行业也逐渐显示出众多问题。例如：典当行业性质的不明确性，典当行法律法规的缺失等，这些问题的出现暴露了典当行业的潜在风险，会对典当行业的发展形成阻力。本章首先从典当行的相关理论入手，研究典当的定义，典当的类型，以及典当信贷市场的特点及典当不同于其他金融机构风险的特

---

① 李建军、胡凤云：《中国中小企业融资结构、融资成本与影子信贷市场发展》，《宏观经济研究》2013 年第 5 期。

殊性。其次，回顾典当行业的发展历程，试图揭示该行业内生的风险因素，并通过对典当行业制度安排的梳理，揭示我国目前对典当行业监管的现状。再次，从我国典当行业的实际经营情况分析我国典当行业面临的主要风险点，运用模糊综合评价法构建典当行业的风险评估体系，并以上海市某典当企业为例，进行实证分析。最后，提出相关政策建议。通过典当企业风险评估体系的建立，为典当行企业和个人提供一定的参考。

二　典当国内外研究现状

（一）国外研究现状

国外典当行资金的规模、功能、经营范围与中国当代典当行有很大的不同，国外典当业的商业属性比较明显，中国当代典当业的金融属性比较突出。在对典当行的研究上，国外的研究方向更侧重于典当行的定位和功能，对典当行内部风险控制方面的研究较少。

（二）国内研究现状

改革开放以来，我国非正规金融顺应市场化取向的经济发展需要，一定程度上满足了中小微经济主体的需求，成为金融体系不可或缺的一部分，典当行业便是其中之一。相比正规金融发展完善的风险管理体系，典当行业尚有许多有待完善的地方。

戴国强、徐龙炳（2000）认为金融机构面对的主要风险有信用风险、市场风险、流动性风险、操作风险等。随着金融市场的发展，外汇交易和衍生品交易成了非常重要的部分，金融机构面临的主要风险从信用风险转向了市场风险。因此作者提出了 VAR 风险管理方法研究投资工具头寸价值变动与潜在收益之间的关系，使隐性风险显性化，从而控制风险。[1]

任伟、唐丽丽（2008）认为金融市场上，为了规避金融风险，金融创新工具不断出现，不断完善金融市场的风险管理体系。但金融创新的前提是经济市场是否处于稳定状态。[2]

---

① 戴国强、徐龙炳：《VaR 方法对我国金融风险管理的借鉴及应用》，《金融研究》2000 年第 7 期。

② 任伟、唐丽丽：《浅析金融创新条件下的金融风险管理》，《黑龙江对外经贸》2008 年第 12 期。

安国俊、安国勇、王峰娟（2008）在金融危机后分析由于资产泡沫造成银行业流动性风险压力增大，建议银行业加强信用风险与流动性风险管理。[①]

杜伟（2010）提出国有银行缺乏风险激励机制，金融风险管理体系制度的建立落后于金融体制的改革。因此，建议从金融组织制度、金融市场制度、金融调控制度、金融监管制度、汇率制度方面优化金融制度环境，实行"市场金融"政策，而不是"行政金融"。[②]

宋玉颖、刘志洋（2015）认为数据建设是银行风险管理的根本，数据的缺乏使得系统性防范变得困难，并总结出银行业需要利用银行的资产负债表的数据、金融市场中的数据，研究不同类型的冲击对银行造成的影响，以此来应对突发的紧急情况。因此，建议银行业推进数据质量风险的识别、评估和管理，作为全面风险管理的一部分。[③]

周骅（2016）通过实际调查发现我国金融企业虽然开始重视风险管理，但并不注重信贷风险管理模式，导致这一现象的原因是滞后的财务风险管理体系，因此建议将财务风险管理纳入风险管理范畴，健全财务风险内部控制制度。[④]

沃野、赵齐贤（2016）从内审部门的风控为新的出发点，运用内审的监测数据，构建 BP 神经网络风险管理体系对风险进行实时监控。[⑤]

周黎明、史晋川（2012）根据实际调研数据认为典当行业的主要客户是中小企业。我国不少学者认为由于我国的金融抑制环境，中小企业选择向典当行融资，典当行由此开始发展。[⑥] 周黎明（2016）指出在政府的金融抑制环境中，金融业缺乏效率，造成中小企业融资困难，使得中小企

---

① 安国俊、安国勇、王峰娟：《金融危机对银行业流动性风险管理的影响》，《证券市场导报》2008 年第 12 期。

② 杜伟：《浅议我国金融风险管理制度的建立与完善》，《金融与经济》2010 年第 1 期。

③ 宋玉颖、刘志洋：《加强银行业风险管理数据库建设国际实践及对中国政策启示》，《农村金融研究》2015 年第 11 期。

④ 周骅：《金融企业财务风险管理探讨》，《财务审计》2016 年第 4 期。

⑤ 沃野、赵齐贤：《金融机构内审部门改进风险管理评价研究——基于 BP 神经网络模型》，《金融纵横》2016 年第 11 期。

⑥ 周黎明、史晋川、王争：《融资成本、融资替代与中国典当业的盈利波动——经验证据及理论解释》，《金融研究》2012 年第 3 期。

业选择正规金融体系之外的融资方式，典当行和高利贷民间借贷为常见的两种民间借贷形式。典当行由此在金融抑制的大背景下迅速发展起来。[1]张国毅（2009）认为典当融资已成为中小企业获取短期资金支持的重要手段，中小企业向典当融资促进了典当行业的发展。[2] 吴国平（2009）提出典当行是在中小企业和个人融资需求不断增加的基础上发展起来的。典当行等民间金融的发展改善了中小企业的信贷市场效率，反过来促进中小企业的发展。[3] 林毅夫、孙希芳（2005）利用信息经济学中信贷市场均衡理论构建了关于中小企业与非正规金融和正规金融部门的金融市场模型，证明了非正规金融的存在可以改进信贷市场资金配置效率，在一定程度上改善中小企业借贷环境。[4] 娄海洋、王传东（2016）依据抵押品价值、企业资产规模、企业风险等因素建立中小企业信贷配给综合模型显示，在中小企业信贷配给中，抵押品可以代替投资风险和贷款利率，而典当行业主要从事的是以抵押、质押为主的借款业务，典当行可以减少中小企业的信贷配给的劣势，从而使中小企业获得贷款。[5]

　　我国国内典当行通过一段高速的发展时期，也积攒了一些问题。典当行自身也处在风险控制的初级阶段，并没有类似正规金融机构的成熟的风险管理体系。国内研究典当行内部风险管理也比较晚，多集中于一个方面或几个方面。主要研究有：

　　牛文慧、张梦竹（2009）认为在经济不景气的条件下，制造业、房地产业等行业利润的下滑会引发典当业信用风险的上升，导致典当行利润的下降，因此提出可以借鉴正规金融机构风险管理方法来规避风险。[6]

　　王一鸣、赵留彦（2009）以洪大典当行开辟的新业务为例，提出典

---

① 周黎明：《金融抑制、政府规制与我国的民间融资——以典当行业为例》，《浙江学刊》2016 年第 2 期。

② 张国毅：《典当融资——适合我国中小企业的融资方式》，《财会研究》2009 年第 2 期。

③ 吴国平、郭福春：《基于典当业与银行业的比较寻找典当业的发展契机》，《浙江金融》2009 年第 2 期。

④ 林毅夫、孙希芳：《信息、非正规金融与中小企业融资》，《经济研究》2005 年第 7 期。

⑤ 娄海洋、王传东：《中小企业信贷配给模型变量拓展分析》，《海南金融》2016 年第 10 期。

⑥ 牛文慧、张梦竹：《从金融角度透视金融危机下典当行风险及防范措施》，《消费导刊》2009 年第 6 期。

当行应开辟新业务规避房地产业务过于集中、房价波动带来的风险。洪大典当行以商场柜面的使用权为抵押物进行抵押，对柜面价值进行估值，根据柜面估值的二分之一或三分之一发放借款。典当行通过在商场内部设立营业部，可以便利地收集商户经营信息，对商户进行分级信用管理，对优质客户实行优惠条件管理，消除信息不对称，节省经营成本，既能满足商户的融资需求，也能满足典当行盈利的需求，达到双赢。[①]

胡增芳（2012）着重分析了金融危机发生后，我国的金融状况的变化对典当行业带来的直接或间接的影响：更加加剧了典当行业的竞争风险，因此提出典当行要进行多元化的经营策略来应对市场风险。[②]

俞荷芳（2013）根据对浙江省典当行管理组织架构的实地调查，利用 SPSS 分析软件对各组织架构与风险控制效果之间的关系进行分析，得出典当行业内部大多数只有业务构架，缺乏专门的风险管理部门，浙江省典当行业面临的主要风险是流动风险，因此提出典当行要建立垂直集中且扁平化的组织，有助于实现风险控制统一管理。[③]

闫海、佟爽、刘闯（2014）从另一种新的角度研究典当行业出现的风险，由于政府对典当行业缺少对相关资本来源合法性的审查，出现典当行为黑资本洗钱的风险，提醒监管机构加强对典当行业的监管。[④]

李丹（2015）从房地产典当的角度描述房地产典当的风险：绝当风险、道德风险、法规风险、操作风险等。通过分析上述风险，从而提出房地产防范的具体措施。[⑤]

王义涵（2016）主要研究影响珠宝店典当行的经营风险的因素有珠宝鉴定不实、珠宝市场价格大起大落以及珠宝行业缺乏规范价格标准带来的价格风险。作者针对价格风险提出配备专业鉴定评估人员以及结合市场

---

① 王一鸣、赵留彦：《使用权抵押贷款融资模式的研究——以洪大典当行的店面使用权抵押贷款为例》，《农村金融研究》2009 年第 10 期。

② 胡增芳：《典当业发展中面临的风险及防范措施——基于后危机时代的典当行风险分析》，《重庆科技学院学报》2012 年第 8 期。

③ 俞何芳：《浙江典当行风险控制组织架构研究》，《时代金融》2013 年第 3 期。

④ 闫海、佟爽、刘闯：《典当行洗钱风险防范与监管对策研究》，《金融纵横》2014 年第 6 期。

⑤ 李丹：《房地产典当的风险防范》，《时代金融》2015 年第 7 期。

价值来综合评定价格风险。①

第二节　典当发展历程

一　典当的产生

典当在中国是一种古老的民间金融形式，其源头可追溯到南北朝佛寺质库。新中国成立初期，私营经济经过限制、利用、改造，几近消亡。改革开放以来，市场经济空前繁荣，小微企业快速发展，资金的需求量越来越大，周转频率也越来越快，急需临时性资金的情况时有发生，而银行业随着战略目标的调整，更加注重经济效益，纷纷撤并机构，小微企业和个体很难从正规金融机构中获得贷款，这给典当行业的复出留下了市场空间。1987 年 12 月，我国具有现代意义的第一家典当行——华茂典当服务商行在成都成立，从此开启我国当代典当业发展的新纪元。

根据商务部、公安部颁布，2005 年 4 月 1 日起施行的《典当管理办法》，所谓典当，是指当户将其动产、财产权利作为当物质押或者抵押给典当行，交付一定比例费用，取得当金，并在约定期限内支付当金利息、偿还当金、赎回当物的行为。现代典当企业是指依照《典当管理办法》设立的专门从事典当活动的企业法人。现代典当具有"融资性、商业性、小额性、短期性、便捷性、安全性、高利性、单一性、不等价性"等特点，有"资金融通""当物保管""资产置换""商品销售""鉴定评估""民间高利贷遏制"六大功能，经营范围也得到了较大的拓展，典当行主要业务包括动产质押典当、财产权利质押典当、房地产抵押典当、绝当物品的变卖、鉴定评估及咨询服务等。典当具有广泛的社会群体适应性的特点，从服务对象和贷款用途的角度来看，典当包括应急型、投资型和消费型三种类型。应急型典当是为了应付突发事件，如天灾人祸、生老病死等。人们向典当行进行民品抵押贷款获得资金，过程快速便捷，这是大众最熟悉的一种典当形式。投资型典当是为了用闲置的资产获得更大的经济利益，主要客户为企业投资人，企业资金短

---

① 王义涵：《珠宝典当行业的价格风险和应对之策》，《价格月刊》2016 年第 10 期。

缺，急需资金维持生产，扩大规模，企业投资人将手中闲置的抵押品或生产资料做抵押，获取资金维持企业经营规模，以此获利。我国自改革开放以来，典当的主要形式为投资型典当。消费型典当既不为应急也不为赚钱，而纯粹是为了满足某种生活消费，客户在外出时，将贵重物品交给典当行保管，要求储物安全。当前，我国典当行业主要是投资型典当，典当行业将近90%的业务与中小企业融资有关，属于投资型典当。典当行业定位于具有融资功能的特殊工商企业，主要为中小企业、个体工商户和个人提供抵押、质押贷款服务。这种融资服务功能是市场经济环境下社会融资服务体系的组成部分，亦是银行金融服务的有效补充，具有方便灵活的特点。这种灵活方便的融资方式，对于帮助中小企业、广大工商户和个人解决生产、经营、生活中临时紧缺资金，具有银行及非银行金融机构无法替代的作用。

二　典当的发展

自1987年12月我国第一家具有现代意义的典当行成立，至2000年，全国有典当企业890家；至2006年，全国有典当企业2494家；至2016年，全国典当企业已达8280家。详见表4-1、图4-1。

表4-1　　　　　　　　　　2009—2016年全国典当企业数量　　　　　　　　单位：家

年份	企业数量	年份	企业数量
2009	3662	2013	6833
2010	4433	2014	7574
2011	5237	2015	8050
2012	6084	2016	8280

资料来源：全国典当行业监督管理信息系统网站（http：//pawn. mofcom. gov. cn/pawn_ monitor/）、中国典当联盟网（https：//www. sogou. com/sie? hdq = AQxRG-0000&query = %E4%B8%AD%E5%9B%BD%E5%85%B8%E5%BD%93%E8%81%94%E7%9B%9F&ie = utf8）等网站。

由表4-1、图4-1可以看出，2000—2012年，全国典当企业数量处于增长趋势，并且增长幅度连续加大，2012年以后，增长幅度开始减小。但是2016年6月以后，全国典当企业数量逐月减少明显，详见表4-2、图4-2。

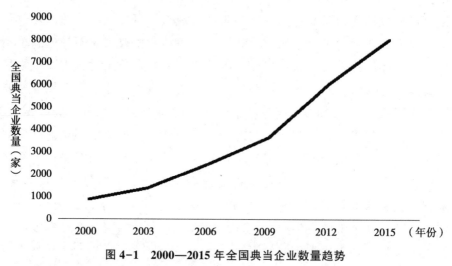

图 4-1　2000—2015 年全国典当企业数量趋势

　　资料来源：全国典当行业监督管理信息系统网站（http：//pawn. mofcom. gov. cn/pawn＿mo-nitor/）、中国典当联盟网（https：//www. sogou. com/sie？hdq＝AQxRG-0000&query＝%E4%B8%AD%E5%9B%BD%E5%85%B8%E5%BD%93%E8%81%94%E7%9B%9F&ie＝utf8）等网站。

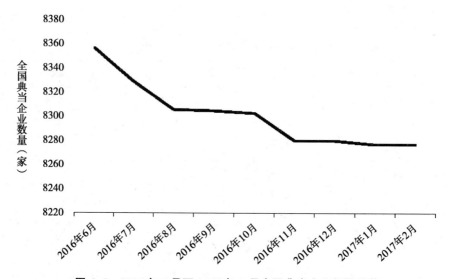

图 4-2　2016 年 6 月至 2017 年 2 月全国典当企业数量趋势

　　资料来源：全国典当行业监督管理信息系统网站（http：//pawn. mofcom. gov. cn/pawn＿monitor/）。

表 4-2　　　　　　　2016 年 6 月至 2017 年 2 月全国典当企业数量　　　　单位：家

时间	企业数量	时间	企业数量
2016 年 6 月	8357	2016 年 11 月	8280
2016 年 7 月	8329	2016 年 12 月	8280
2016 年 8 月	8306	2017 年 1 月	8277
2016 年 9 月	8305	2017 年 2 月	8277
2016 年 10 月	8303		

资料来源：全国典当行业监督管理信息系统网站（http：//pawn. mofcom. gov. cn/pawn_ mo-nitor/）。

三　典当的制度安排

典当作为我国历史源远流长的民间金融形式，改革开放后最早复出。典当业的主管部门几经变化，部门规章几经制定、实施和废止。目前仍在实施中的规章有：2005 年 4 月 1 日，经商务部部务会议审议通过、公安部同意的《典当管理办法》；2012 年 12 月 5 日，商务部发布并执行的《典当行业监管规定》；2015 年 10 月 28 日，商务部发布并实施《关于修改部分规章和规范性文件的决定》，删去《典当行业监管规定》第三十八条第三项中的"法人股东工商年检情况"。

（一）准入制度安排

表 4-3　　　　　　　　　　　　典当行准入制度安排

发起人	注册资本		持股比例	其他
有两个以上法人股东，法人股应当相对控股	典当行注册资本最低限额为 300 万元 从事房地产抵押典当业务的，注册资本最低限额为 500 万元 从事财产权利质押典当业务的，注册资本最低限额为 1000 万元	典当行的注册资本最低限额应当为股东实缴的货币资本，不包括以实物、工业产权、非专利技术、土地使用权作价出资的资本	法人股东合计持股比例占全部股份 1/2 以上，或者第一大股东是法人股东且持股比例占全部股份 1/3 以上；单个自然人不能为控股股东	有符合法律、法规规定的章程；有符合要求的营业场所和办理业务必需的设施；有熟悉典当业务的经营管理人员及鉴定评估人员；有健全的安全制度（收当、续当、赎当查验证件（照）制度；当物查验、保管制度；通缉协查核对制度；可疑情况报告制度；配备保安人员制度）；典当行房屋建筑和经营设施应当符合国家有关安全标准和消防管理规定，具备安全防范设施；符合国家对典当行统筹规划、合理布局的要求

资料来源：摘自 2005 年 4 月 1 日经商务部部务会议审议通过、公安部同意的《典当管理办法》和 2012 年 12 月 5 日商务部发布并执行的《典当行业监管规定》。

（二）资金来源安排

根据 2012 年 12 月 5 日商务部发布并执行的《典当行业监管规定》，典当企业的合法资金来源包括：经商务主管部门批准的注册资金；典当企业经营盈余；按照《典当管理办法》从商业银行获得的一定数量的贷款。典当企业只能用上述资金开展质、抵押典当业务及鉴定评估、咨询服务业务。同时也规定：典当行出资人资金来源的合法性，严防以借贷资金入股、以他人资金入股等。

（三）业务经营制度安排

表 4-4　　　　　　　　　　　典当行业务经营制度安排

经营范围		当票		经营规则
可以经营的业务	（1）动产质押典当业务；（2）财产权利质押典当业务；（3）房地产（外省、自治区、直辖市的房地产或者未取得商品房预售许可证的在建工程除外）抵押典当业务；（4）限额内绝当物品的变卖；（5）鉴定评估及咨询服务；（6）商务部依法批准的其他典当业务	当票应当载明的事项	（1）典当行机构名称及住所；（2）当户姓名（名称）、住所（址）、有效证件（照）及号码；（3）当物名称、数量、质量、状况；（4）估价金额、当金数额；（5）利率、综合费率；（6）典当日期、典当期、续当期；（7）当户须知	当物的估价金额及当金数额	由双方协商确定；房地产的当金数额经协商不能达成一致的，双方可以委托有资质的房地产价格评估机构进行评估，估价金额可以作为确定当金数额的参考
不得经营的业务	（1）非绝当物品的销售以及旧物收购、寄售；（2）动产抵押业务；（3）集资、吸收存款或者变相吸收存款；（4）发放信用贷款；（5）未经商务部批准的其他业务	当票保管	典当行和当户应当真实记录并妥善保管当票	典当期限	由双方约定，最长不得超过 6 个月
不得收当的财物	（1）依法被查封、扣押或者已经被采取其他保全措施的财产；（2）赃物和来源不明的物品；（3）易燃、易爆、剧毒、放射性物品及其容器；（4）管制刀具，枪支，弹药，军、警用标志、制式服装和器械；（5）国家机关公文、印章及其管理的财物；（6）国家机关核发的除物权证书以外的证照及有效身份证件；（7）当户没有所有权或者未能依法取得处分权的财产；（8）法律、法规及国家有关规定禁止流通的自然资源或者其他财物	当票遗失	当户应当及时向典当行办理挂失手续。未办理挂失手续或者挂失前被他人赎当，典当行无过错的，典当行不负赔偿责任	典当当金利率	按中国人民银行公布的银行机构 6 个月期法定贷款利率及典当期限折算后执行；典当当金利息不得预扣

续表

经营范围		当票		经营规则
不得有的行为	（1）从商业银行以外的单位和个人借款；（2）与其他典当行拆借或者变相拆借资金；（3）超过规定限额从商业银行贷款；（4）对外投资	其他	典当行和当户不得将当票转让、出借或者质押给第三人	典当综合费用	包括各种服务及管理费用。动产质押典当的月综合费率不得超过当金的42‰；房地产抵押典当的月综合费率不得超过当金的27‰；财产权利质押典当的月综合费率不得超过当金的24‰。当期不足5日的，按5日收取有关费用
其他	典当行收当国家统收、专营、专卖物品，须经有关部门批准			续当	典当期内或典当期限届满后5日内，经双方同意可以续当，续当一次的期限最长为6个月。续当期自典当期限或者前一次续当期限届满日起算。续当时，当户应当结清前期利息和当期费用

除上表列出的内容外，《典当管理办法》中还明确规定了绝当及其绝当物的处理、典当行的资产管理等内容。

（四）监管制度安排

表4-5　　　　　　　　　典当行监管制度安排

监管主体	监管范围		监管方式
商务主管部门	监督管理	设立典当行	拟设典当行所在地设区的市（地）级商务主管部门接收申请人提交的材料；省级商务主管部门将审核意见和申请材料报送商务部；由商务部批准并颁发《典当经营许可证》；省级商务主管部门应当在收到商务部批准文件后5日（工作日，下同）内将有关情况通报同级人民政府公安机关

续表

监管主体	监管范围		监管方式
商务主管部门	监督管理	典当行变更机构名称、注册资本（变更后注册资本在 5000 万元以上的除外）、法定代表人、在本市（地、州、盟）范围内变更住所、转让股份（对外转让股份累计达 50% 以上的除外）	应当经省级商务主管部门批准。省级商务主管部门应当在批准后 20 日内向商务部备案。商务部于每年 6 月、12 月集中换发《典当经营许可证》
		典当行分立、合并、跨市（地、州、盟）迁移住所、对外转让股份累计达 50% 以上以及变更后注册资本在 5000 万元以上	应当经省级商务主管部门同意，报商务部批准，并换发《典当经营许可证》
		无正当理由未按照规定办理《特种行业许可证》及营业执照，或者自核发营业执照之日起无正当理由超过 6 个月未营业，或者营业后自行停业连续达 6 个月以上	省级商务主管部门应当收回《典当经营许可证》，原批准文件自动撤销。收回的《典当经营许可证》应当交回商务部。省级商务主管部门收回《典当经营许可证》应当在 10 日内通过省级人民政府公安机关相互通报情况
		典当行解散	应当提前 3 个月向省级商务主管部门提出申请，经批准后，应当停止除赎当和处理绝当物品以外的其他业务，并依法成立清算组，进行清算。典当行清算结束后，清算组应当将清算报告报省级商务主管部门确认，由省级商务主管部门收回《典当经营许可证》，并在 5 日内通报同级人民政府公安机关
		终止经营	省级商务主管部门对终止经营的典当行应当予以公告，并报商务部备案
		经营范围	商务部依法批准
		典当行在营业场所以外设立绝当物品销售点	应当报省级商务主管部门备案，并自觉接受当地商务主管部门监督检查
		典当行月度报表和年度财务会计报告	典当行需向省级商务主管部门及所在地设区的市（地）级商务主管部门报送
		监督管理	制定有关规章、政策；负责典当市场准入和退出管理；负责典当日常业务监管；对典当行业自律组织进行业务指导
		处罚	依法对违反《规定》部分条例的典当行行使责令改正、罚款等权利和义务；在调查、侦查典当行违法犯罪行为过程中，商务主管部门与公安机关应当相互配合

续表

监管主体	监管范围		监管方式
公安机关	治安管理	设立典当行	省级人民政府公安机关应当在 5 日内将通报情况通知设区的市（地）级人民政府公安机关；申请人领取《典当经营许可证》后，应当在 10 日内向所在地县级人民政府公安机关申请典当行《特种行业许可证》，并提供相关材料：所在地县级人民政府公安机关受理后应当在 10 日内将申请材料及初步审核结果报设区的市（地）级人民政府公安机关审核批准，设区的市（地）级人民政府公安机关应当在 10 日内审核批准完毕。经批准的，颁发《特种行业许可证》；设区的市（地）级人民政府公安机关直接受理的申请，应当在 20 日内审核批准完毕。经批准的，颁发《特种行业许可证》，并应当在发证后 5 日内将审核批准情况报省级人民政府公安机关备案；省级人民政府公安机关应当在 5 日内将有关情况通报同级商务主管部门
		典当行变更机构名称、注册资本（变更后注册资本在 5000 万元以上的除外）、法定代表人、在本市（地、州、盟）范围内变更住所、转让股份（对外转让股份累计达 50% 以上的除外）；典当行分立、合并、跨市（地、州、盟）迁移住所、对外转让股份累计达 50% 以上以及变更后注册资本在 5000 万元以上	同"设立典当行"
		无正当理由未按照规定办理《特种行业许可证》及营业执照，或者自核发营业执照之日起无正当理由超过 6 个月未营业，或者营业后自行停业连续达 6 个月以上	设区的市（地）级人民政府公安机关应当收回《特种行业许可证》。省级商务主管部门收回《典当经营许可证》，或者设区的市（地）级人民政府公安机关收回《特种行业许可证》的，应当在 10 日内通过省级人民政府公安机关相互通报情况
		典当行解散	省级人民政府公安机关应当在 5 日内通知作出原批准决定的设区的市（地）级人民政府公安机关收回《特种行业许可证》
		处罚	依法对违反《规定》部分条例的典当行行使责令改正、罚款等权利和义务；调查、侦查、处理典当行违法犯罪行为

续表

监管主体	监管范围		监管方式
工商行政管理机关		设立典当行	申请人领取《特种行业许可证》后，应当在 10 日内到工商行政管理机关申请登记注册，领取营业执照后，方可营业
		典当行变更机构名称、注册资本（变更后注册资本在 5000 万元以上的除外）、法定代表人、在本市（地、州、盟）范围内变更住所、转让股份（对外转让股份累计达 50% 以上的除外）；典当行分立、合并、跨市（地、州、盟）迁移住所、对外转让股份累计达 50% 以上以及变更后注册资本在 5000 万元以上	同"设立典当行"
		无正当理由未按照规定办理《特种行业许可证》及营业执照，或者自核发营业执照之日起无正当理由超过 6 个月未营业，或者营业后自行停业连续达 6 个月以上	许可证被收回后，典当行应当依法向工商行政管理机关申请注销登记
		典当行解散	典当行在清算结束后，应当依法向工商行政管理机关申请注销登记
典当企业			根据《公司法》和《典当管理办法》，建立良好的公司治理、内部控制和风险管理机制，增加典当制度和业务规则的透明度，强化内部制约和监督，诚信经营，防止恶性竞争
行业协会			重视发挥行业协会作用。支持行业协会加强行业自律和依法维护行业权益，共同抵制行业内不正当竞争行为，配合相关部门加强监管，维护规范有序、公平竞争的市场环境
社会监督			建立社会监督机制，畅通投诉举报渠道，纳入商务执法热线，加大对典当企业经营行为的约束、监督力度，提升监管实效。引导新闻媒体正确宣传典当企业的功能和作用

　　资料来源：摘自 2005 年 4 月 1 日经商务部部务会议审议通过、公安部同意的《典当管理办法》和 2012 年 12 月 5 日商务部发布并执行的《典当行业监管规定》。

四　典当行现状及风险分析

（一）典当行经营现状

据商务部业务系统统一平台——全国典当行业监督管理发布的《2017

年 2 月全国典当行业运行情况》，截至 2017 年 2 月，全国典当行业资产总额和典当总额有所下降，盈利水平下滑严重，企业经营风险整体处于较低水平。① 下面具体说明截至 2017 年 2 月底，全国典当企业的经营现状。

1. 总体运行情况

（1）全国共有典当企业 8277 家，分支机构 926 家，注册资本 1667.6 亿元，从业人员 5.1 万人。企业资产总额 1632.0 亿元，负债合计 110.3 亿元，所有者权益合计 1521.7 亿元，资产负债率 6.8%。2006 年 6 月至 2017 年 2 月全国典当企业资产总额与负债情况详见表 4-6。

表 4-6　　2006 年 6 月至 2017 年 2 月全国典当企业资产总额与负债情况

时间	典当企业数（家）	分支机构（家）	注册资本（亿元）	从业人员（万人）	企业资产总额（亿元）	负债合计（亿元）
2017 年 2 月	8277	926	1667.6	5.1	1632	110.3
2017 年 1 月	8277	928	1666.7	5.1	1675.8	124.3
2016 年 12 月	8280	932	1666.6	5.3	1646.4	113.4
2016 年 11 月	8280	935	1669	5.5	1670.8	109.4
2016 年 10 月	8303	937	1667.8	5.4	1664.9	113.1
2016 年 9 月	8305	938	1669.3	5.5	1662.8	119.5
2016 年 8 月	8306	939	1667.6	5.4	1651.5	107.6
2016 年 7 月	8329	943	1670.5	5.5	1649.4	106.8
2016 年 6 月	8357	946	1668.6	5.5	1654.4	110.8

资料来源：来自商务部业务系统统一平台——全国典当行业监督管理各月发布的全国典当行业运行情况。

从表 4-6 可以看出，全国典当企业数量、分支机构数量均呈下降趋势，注册资本、从业人员数量呈波动下降趋势，企业资产总额、负债相对稳定。

（2）全行业实现典当总额 896.5 亿元，其中，动产典当总额 273.6 亿元，房地产典当总额 468.3 亿元，财产权利典当总额 154.6 亿元。2006 年 6 月至 2017 年 2 月全国典当企业典当总额情况详见表 4-7。

---

① 商务部流通业发展司：《2017 年 2 月全国典当行业运行情况》（http://pawn.mofcom.gov.cn/pawn_monitor/_news/html/2017/3/22/1490160458787.html）。

表 4-7　　　　2006 年 6 月至 2017 年 2 月全国典当企业典当总额情况

时间	典当总额（亿元）	动产典当总额（亿元）	房地产典当总额（亿元）	财产权利典当总额（亿元）
2017 年 2 月	896.5	273.6	468.3	154.6
2017 年 1 月	798.4	223.1	431.2	144.1
2016 年 12 月	3176	1130.2	1592.5	453.3
2016 年 11 月	2776.1	932.5	1436.6	407
2016 年 10 月	2576.2	887.4	1301.4	387.4
2016 年 9 月	2453.3	785.8	1295.7	371.8
2016 年 8 月	2205.5	717.2	1143.6	344.7
2016 年 7 月	1974.2	618.9	1014	341.3
2016 年 6 月	1818.7	558.5	967.2	293

资料来源：来自商务部业务系统统一平台——全国典当行业监督管理各月发布的全国典当行业运行情况。

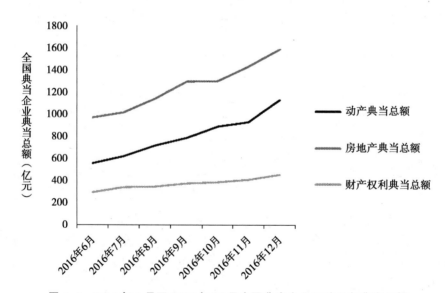

图 4-3　2016 年 6 月至 2016 年 12 月全国典当企业三种业务典当总额

　　年初两三个月通常是典当行生意的淡季，因此除去 2017 年 1 月、2 月份，从表 4-7、图 4-3 可以看出，2016 年 6 月至 2016 年 12 月，全国典当企业典当总额及三种业务典当总额均呈现增长趋势。

　　（3）按典当总额计算，动产典当业务占全部业务的 30.52%；房地产典当业务占 52.24%；财产权利典当业务占 17.24%。2006 年 6 月至 2017

年 2 月全国典当企业业务结构情况详见表 4-8、图 4-4。

表 4-8　　　　　　　2006 年 6 月至 2017 年 2 月全国典当企业业务结构情况

时间	动产典当业务占比（%）	房地产典当业务占比（%）	财产权利典当业务占比（%）
2017 年 2 月	30.52	52.24	17.24
2017 年 1 月	27.95	54.00	18.05
2016 年 12 月	35.59	50.14	14.27
2016 年 11 月	33.59	51.75	14.66
2016 年 10 月	34.44	50.52	15.04
2016 年 9 月	32.03	52.82	15.15
2016 年 8 月	32.52	51.85	15.63
2016 年 7 月	31.35	51.36	17.29
2016 年 6 月	30.71	53.18	16.11

资料来源：来自商务部业务系统统一平台——全国典当行业监督管理各月发布的全国典当行业运行情况。部分数据根据指标定义计算所得。

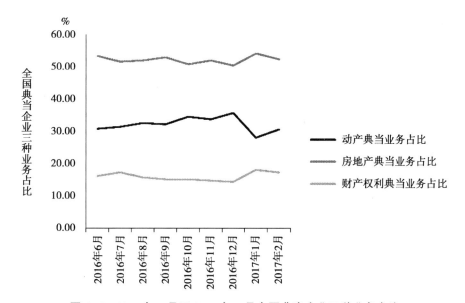

图 4-4　2016 年 6 月至 2017 年 2 月全国典当企业三种业务占比

资料来源：来自商务部业务系统统一平台——全国典当行业监督管理各月发布的全国典当行业运行情况。

由表 4-8 可以看出，2016 年 6 月至 2017 年 2 月全国典当企业三种业务占比比较稳定, 房地产典当一直是典当行业的主要业务。

(4) 典当余额 879.9 亿元, 占行业全部资产总额的 53.9%。

2. 总体盈利情况

(1) 2017 年 2 月全行业实现营业收入 14.7 亿元, 其中, 主营业务收入 (利息及综合服务费收入) 12.4 亿元。

(2) 2017 年 2 月, 全行业实现营业利润 2.9 亿元, 净利润 2.4 亿元, 上缴税金 0.6 亿元。

(3) 2017 年 2 月, 亏损 (营业利润为负) 的企业有 3372 家, 亏损面 40.7%, 所有亏损企业的累计亏损额共 2.4 亿元。

表 4-9　　　　　　　2016 年 9 月至 2017 年全国典当企业盈利情况

时间	营业收入 (亿元)	营业利润 (亿元)	亏损企业 (家)	亏损面 (%)	累计亏损额 (亿元)
2017 年 2 月	14.7	2.9	3372	40.70	2.4
2017 年 1 月	8.3	1.8	3121	37.70	1.3
2016 年 12 月	96.1	15.6	2460	29.70	10
2016 年 11 月	85.9	14.1	3051	36.80	7.3
2016 年 10 月	77.5	11.9	3198	38.50	7.1
2016 年 9 月	70.7	10	3560	42.90	7.9

资料来源: 来自商务部业务系统统一平台——全国典当行业监督管理各月发布的全国典当行业运行情况。

除去 2017 年 1 月、2 月份通常的典当行生意淡季, 从表 4-9 中可以看出, 2016 年 9 月至 2016 年 12 月, 全国典当企业营业收入、营业利润均呈上升趋势。但是跨年数据却不乐观, 2014—2016 年全国典当行业盈利呈下降趋势, 见图 4-5。

3. 业务数据分析

(1) 2017 年 2 月行业平均单笔业务金额 26.7 万元, 其中, 动产典当平均单笔业务金额 9.5 万元; 房地产典当平均单笔业务金额 111.5 万元, 财产权利典当平均单笔业务金额 257.7 万元。

(2) 业务保持短期特色。自 2017 年 1 月 1 日起, 截至 2017 年 2 月 28 日, 企业通过信息系统累计上传当票 27.5 万笔, 业务平均当期 31 天, 最短当期 1 天。

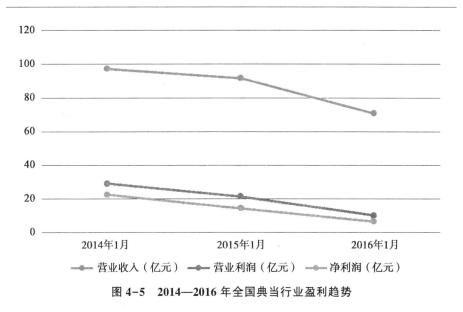

图 4-5　2014—2016 年全国典当行业盈利趋势

（二）风险控制情况

1. 截至 2017 年 2 月底，全行业银行贷款余额 36.6 亿元，占典当企业资产总额的 2.2%，仍处于较低水平。表明典当企业主要利用自有资金进行经营，风险传导性较低；也反映典当企业从银行融资难度仍然较大。

2. 截至 2017 年 2 月底，行业逾期贷款余额 119.1 亿元，贷款逾期率为 13.5%；绝当金额 34.1 亿元，绝当率 3.8%，企业经营风险整体处于较低水平。

3. 典当业务集中。房地产抵押业务是全行业的支柱产业，房地产典当一般单笔业务规模较大，从典当企业的经营特点和抵御风险的能力分析，单笔业务规模过大，会大大增加企业经营风险。根据典当行业的风控经验，房地产典当业务时限一般为 3—6 个月，抵押超过半年以上的房地产业务，其违约风险大大增加。再加上我国房地产业的不稳定性，波动性难以预测，房地产典当业务风险不容忽视，需要典当行开拓其他业务，实现业务多元化，分散经营风险。

（三）典当行业风险的特点

古今中外的典当业在相当一段时间内的融资对象是应急消费的下层百姓，是自然人，典当的标的物以日常生活用品为主。我国银行正规金融机构由于垄断性、经济资本考核等各种原因的影响，很难满足对中小企业和个人临时应急需要的信贷。自 20 世纪 80 年代恢复后，典当行业满足应急需要占比比较少，转型主要为中小微企业的生产和商贸企业服务，少量的为个人理财服务。典当行不同于银行信贷的是只能根据借款人提供的抵押质押物放款，是有一定保障的。然而，典当信贷市场有四个特点：信息严重不对称、缺少流动性、风险与收益不对称和信贷悖论。所以不能单纯地认为典当融资有担保物和保证人就是安全的。

典当是一种金融工具，典当行是一类金融机构。金融就是资金融通，其本质就是信用，信用就是承诺和承诺的兑现，这里承诺和兑现的标的物是以未来现金流为核心，以此为基础，同时双向形成贴现方和终值方。借款人是现值方，典当行是终值方。那么，典当行作为终值要实现的未来现金流，即贷款本息应该是企业本身产生的现金流，以典当企业对生产企业贷款为例，典当行发放贷款给企业，企业利用贷款资金进行经营，最终用取得的销售收入来偿还本金及利息。只有销售收入大于生产成本，也就是生产经营活动的净现金流为正，企业才有了还本付息的能力。商贸企业只是少了一个生产过程，但也是同理。只有企业本身在生产经营过程中产生的现金流不足时，抵押质押物变现的现金流才是偿还典当行贷款的来源。从我国典当纠纷案件来看，如果靠变现抵押和质押物来偿还贷款本息，对于典当行来说是件迫不得已、耗时费力的事情。因此我们正确分析典当行业风险特点，着重于风险防范。

1. 独立性

典当行与正规金融机构不同，正规金融机构的资金主要来自于吸收公众存款以及同业拆借等，一旦有任何一家正规金融机构出现风险，公众对出现风险的金融机构的不信任会导致对整个正规金融机构的不信任，从而出现挤兑的连锁反应。典当行的资金来源主要是自有注册资金，很少一部分来自于银行贷款，其自身被国家禁止向公众吸收存款。各个典当行之间并不存在同业拆借现象，因此彼此相互独立。在一家典当行由于某些原因出现风险面临破产，破产的典当行只会影响到一部分客户的赎当问题，并不会影响其他典当行，更不会引起社会恐慌。

2. 致命性

典当行与正规金融机构不同，正规金融机构无论是从资金规模还是业务结构上，都要比典当行更具优势，正规金融机构受到国家的大力支持，在各个方面发展比较成熟，拥有完善的风险管理系统，一笔贷款的损失不会对自身产生太大的损坏，除非是发生重大失误造成的风险，才会使正规金融机构经营受到打击，但这种情况在完善的风险管理系统下发生的概率是很小的。典当行由于受到国家市场准入的限制，一般规模较小，典当行发放资金初期靠自身注册资本，在有一定规模后靠盈利来运转企业。一旦客户出现违约，盈利不足以赔偿亏损，对典当行来说，是致命性的。

3. 可控性

典当行与正规金融机构不同，正规金融机构一般规模较大，业务繁多，对外投资频繁，风险点较多，风险控制有时会失效。典当行自身规模较小，且从事的业务都是房地产典当、财产质押典当、动产质押典当业务，是有当物的贷款活动，而且典当行不能用自身资金进行对外投资，风险点较少，只要建立完善的风险控制机制，其风险可以得到有效控制。

第三节　典当行业面临的主要风险

2016 年我国 GDP 增速为 6.7%，增速比上年回落 0.2%，这一增长速度是在单位能耗下降的情况下实现的。2016 年中国万元国内生产总值能耗比上年下降 5.0%，说明我国经济增长质量有所提高。中国经济现在正处于经济增长调整期，中国经过 30 年的高速增长后，国企效率低下，盈利微薄，部分产业产能过剩，金融市场存在泡沫。自 2015 年 12 月习近平总书记提出供给侧改革，即提高供给质量使供应与需求对应，解决供给与需求错配等问题，其核心内容为增加要素配置效率。在金融市场上，要求控制金融市场风险。2016 年金融监管机构多次下达文件，去杠杆，抑制泡沫，使资金脱虚转实。中小企业是市场上最具实力的经济体，中小企业发展迅速，融资需求巨大，对国民经济的发展做出巨大贡献，但与此相反的是，融资困难，融资成本较高。随着我国政府推出普惠金融、大众创新等举措以及探索互联网金融、贷款产品、供应链金融等领域，随着利率市场化改革金融机构信贷政策调整向中小企业倾斜，以此加宽中小企业融资渠道，建立中小企业多层次资本市场，为中小企业融资提供支持。

典当行业主要为中小企业提供融资服务，在国家加大对中小企业的扶持力度利好的情况下，典当行经营状况不佳，典当行业整体规模不变，但利润下降翻倍，将近一半的典当企业处于亏损状态，总体经营状况堪忧。在宏观经济背景下，典当行业仍然面临着政策风险、法律法规风险、市场竞争风险、信用风险、流动性风险、操作风险、人才稀缺风险、意识风险。因此研究典当行业的风险及其存在的原因对于改善当前典当行典当经营意义重大。

一 政策风险

《国务院关于进一步促进中小企业发展的若干意见》明确要求发挥典当在中小企业融资中的作用。上海市《促进中小企业发展条例》和北京市《关于贯彻国务院进一步促进中小企业发展若干意见的实施意见》也都提出"探索典当在中小企业融资中的应用模式",但迄今相关政策未有效落实,在下列方面尤为突出:一是规章、政策限制乃至禁止向典当行融资,使典当行自身也面临融资难,服务客户的能力受到限制。2005年,商务部、公安部联合发布的《典当管理办法》,规定典当行的融资渠道只有注册资金和银行贷款,但2013年5月政府政策收紧,银监会发布的《关于防范外部风险传染的通知》规定银行严禁向典当行授信,只能通过自有注册资金及盈利维持典当行运转,使典当行通过贷款融资相当困难。二是管理部门对典当市场准入限制条件和持续监管限制性规定较多,对促进行业发展着力不够,未能充分体现《典当管理办法》"促进典当行业健康持续发展,充分发挥典当行业在社会经济发展中的作用"的原则,不利于更好发挥典当济危解困、拾遗补阙的作用。某些限制性条件不符合市场环境,典当行融资的供求关系以及行业的发展应由市场来决定,但在目前严格的行政许可、复杂的申请及审批要求下,市场发挥作用的机制有限。

二 法律法规风险

我国典当行业在实际应用中用到的法律有《中华人民共和国担保法》,法规有《典当管理办法》以及各地方政府颁布的有关典当行的法规。现有的法规不仅效力低下,且与法律条款发生冲突,导致在处理借贷纠纷过程中执行困难。如担保法规定典当行签署的合同是质押性质的合同,在合同中不得约定当户在借款期间未还清欠款之前将死当的所有权转移给典当行。而广东省出台的《典当条例》规定确定死当后,当户可以将当物的所有权转移给典当行,导致法律与法规之间发生冲突。《典当管理办法》规定死当需要拍卖行的公开拍卖,在现实生活中执行困难。各个地方政府规定的《典当管理办法》也存在冲突,使得连锁经营典当行在遇到纠纷后，同样属于行政规章效力相同，但法律处理结果却不尽相同，执行困难，最终受害的还是典当行。由于典当行业逾期率和不良率的逐渐攀升，法律法规出现冲突，缺乏统一的法律法规做指导，典当行的权益得不到法律的保护。出现不良资产后，不能计提风险准备金，税收上进一步加剧了行业的经营困难。

三 市场竞争风险

认识潜在竞争优势主要是解决三个问题：（1）竞争对手的产品定位；（2）目标客户的需求点；（3）针对竞争者的市场定位和潜在客户的真正需求，企业的切入点。

从竞争对手的产品定位来说，典当企业的竞争对手主要分为两种：一是同行之间的竞争。目前，行业内各家典当企业经营的产品主要有房地产典当、有价证券典当、生产资料典当以及民品典当。以上海为例，2011年全市201家典当企业中有179家经营房地产典当业务，占比89.1%，全年房地产典当业务规模占比54.2%；有45家经营生产资料业务，占比22.3%，全年典当业务规模占比25.5%；有76家经营财产权利业务，占比37.8%，全年典当业务规模占比10.2%；有157家经营民品典当业务，占比78.1%，全年典当业务规模占比10.1%。由此可见，上海市有近九成的典当企业在经营房地产业务，同质化现象较为严重，典当企业对房地产业务的依赖性也较强，不利于风险的控制；而作为典当传统业务和特色业务的民品典当业务，虽然从事的典当企业多，但业务规模却偏不足。近年来，随着钢贸市场因资金链断裂引发的风险，生产资料典当业务也遭受了较大的影响。二是其他金融机构的竞争。主要包括三大类：（1）主流金融机构的加入。随着国家对市场利率化的彻底放开和银行风控能力的加强，银行业开始注重对中小企业贷款带来的利差收入。（2）融资担保和小额信贷公司的竞争。2015年8月，国务院正式确定融资担保具有支持小微企业，扶助"三农"，促进大众创业、万众创新等重要作用。在国家政策的大力支持下，融资担保不断增加担保额，助力中小微企业。（3）以移动支付为代表的互联网金融冲击着典当行的传统金融业务。这三类金融机构经营的产品与典当行也存在着同质化，银行、担保公司、小额贷款公司也有针对房产、股权、生产资料的抵押、质押贷款业务，而银行的业务品种更为广泛，如票据、保单的质押业务，这是典当行所不能的。而且典当行在与其他金融机构竞争时，存在先天的不足，受政策、制度的限制较多。如相比银行，典当企业不能吸收公众存款，银行融资受限，资金成本较高，产品创新能力不足，又因典当业处于金融业的末端，其客户质量较差，面临的经营风险较高；而相比于小额贷款公司，典当企业不能经营信用贷款业务，融资成本也偏高。

四 当户信用风险

典当行的主要客户是中小企业。中小企业选择典当行后，在经营过程中，由于中小企业自身的信用风险，也使得典当行面临信用风险。本书通过博弈模型分析，阐述中小企业的信用风险如何传递到典当行业。

首先确定假设条件：

（1）经济中只存在中小企业与典当行两个主体；

（2）两个参与主体符合理性经济人假设；

（3）担保物成死当后，典当行能把绝当品销售出去。

变量设定：中小企业抵押物资产价值为 C，典当行的当金为 D（其中 $D<C$），典当行的利息费用为 R_D，中小企业正常经营的收入为 S，若企业不能按时赎当，中小企业的收入为 S_1（$S_1<S$），典当行拍卖成本为 T，若拍卖抵押物的价值 $C>D$，则 $C-D>0$，即企业违约后典当行将拍卖大于当金的款项还给中小企业；若 $C<D$，则 $C-D<0$，即企业违约后，典当行拍卖的所得款项全部用来弥补损失。博弈过程中，中小企业正常经营的概率为 P，典当行借贷给企业的概率为 Q，中小企业正常经营的收益为 W，其正常经营的期望收益为 U_1，违约经营的期望收益是 U_2，经营的平均收益为 U。

表 4-10　　　　　　　　典当行与中小企业博弈关系

		中小企业	
		正常经营	出现违约
典当行	贷	（R_D, $S-D-R_D$）	（$R_D+C-T-D$, S_1-R_D-C）
	不贷	（0, 0）	（0, 0）

$$U_1 = Q(S-D-R_D)+0\times(1-Q) = Q(S-D-R_D)$$
$$U_2 = Q\times(S_1-R_D-C)+0\times(1-Q) = Q(S_1-R_D-C)$$
$$U = P\times U_1+(1-P)\times U_2 = (S+C-D-S_1)\times PQ+(S_1-C-R_D)*Q$$

$$W = P(U_1 - U) = PQ(1-P)(S+C-D-S_1)$$

根据以上分析可以看到，若企业选择违约则收益 W 会上升，因此，若中小企业面临危机，为了摆脱危机从而选择违约经营。在这种情况下，信用风险会从企业转嫁到典当行，影响典当行的正常经营。

五 流动性风险

次贷危机给予金融机构防范流动性风险的深刻警示。政府对典当行业上市的要求比较严格，并且明确规定银行不得向典当行业贷款，严重阻碍了典当行业融资需求的满足。典当行的融资渠道现如今只有一种，即靠自有注册资金及股东筹款。典当企业的发展只能靠盈利来维持资金运转，甚至有一部分企业靠自有资金维持运转，这使得典当企业面对的流动风险较大，一旦客户违约，抵押物不能及时销售出去，典当企业的资金链就可能断裂，从而造成严重的后果。因此，典当企业由于自身融资渠道的单一造成流动风险较大。例如当一笔坏的典当贷款最终必须被核销时，其结果可能会把多笔信贷业务的努力成果一扫而光。下例就说明了这一点。假如用新贷款的一年盈利来弥补一笔金额为 1000 元的贷款损失本金，典当行需要发展多少笔新的贷款业务？假设典当行的年化平均净利差为 2%，那么新贷款的金额将是：1000/0.02 = 50000，也就是说，为了弥补这一笔金额为 1000 元的贷款本金损失，就要 50 笔新的、金额为 1000 元的贷款的一年利息收入。信贷员将耗费大量精力完成 50 笔贷款。此外，其他典当行员工还要在信贷和贷款管理方面花费大量成本。一旦业务员完不成 50 笔新的贷款任务，典当行自身资本无法补足损失时，典当行资金流动性几近枯竭，可能会造成典当行破产。

六 操作风险

典当行在经营过程中，由于操作不当导致经营不善，出现亏损，这种风险在很大程度上可以在操作过程避免。操作不当主要是工作人员在典当主要流程方面出现的。

工作人员在主要流程方面出现的风险有三种。一是估值风险，即对当物价值判断失误。对当物价值的估计需要考虑当物的实际价值、能够满足典当行盈利水平之内的价格以及考虑当物的未来时间价值。当物的估值必须低于实际价值，这样才有可能当客户违约时，典当行不会有所损失。当物估值过高，当物在未来时间发生贬值，可能会导致客户直接违约选择不赎回当物；而当物估值过低时，可能会流失潜在的客户。二是保管风险。典当行的经营范围也包括典当日用生活用品，如珠宝、手表等贵重物品。公众出远门时贵重物品放在家中不安全，此时可以交给典当行，典当行提供类似保险箱的服务。公众将贵重物品典当给典当行，获取一定数量的典当金额，同时定期将利息支付给典当企业。公众通常将这部分资金用于旅行，只需交付一部分利息既保证了贵重物品的安全，还能获取额外一笔资金。由于典当行通常主要服务于中小微企业，对于保管库房的管理比较落后，储存条件较差。而随着典当行对民品业务的重视，保管管理体系的落后对于典当行的快速发展非常不利。三是销售风险。典当行销售业务主要来源于死当及违约造成的归典当行所有的抵押物。其中由于客户违约造成的死当对典当行的销售业务造成巨大压力。一方面，由于当前法律法规的不完善，典当行在获得抵押物、质押物时会遭受困难，此种情况的发生，会使典当行遭到得不到当物的最大损失。另一方面，由于当物在未来时间可能发生巨大贬值，典当行即使成功销售出去抵押物，也不足以弥补其损失。典当行的销售渠道也比较窄，一是国家对于销售民品业务有着严格的规定，对于绝当品的处理，根据我国《典当管理办法》的规定，绝当物估价金额不足 3 万元的，典当行可以自行变卖或者折价处理；当物估价金额在 3 万元以上的，可以按照双方事先约定绝当后由典当行委托拍卖行公开拍卖。这使得典当行的销售渠道较窄。截至 2016 年 1 月底，典当行业绝当率为 2.6%，较上年同期上升 0.1%。另一方面，典当行自身规模较小，很难形成全国范围内的销售网络，造成公众获取信息面较窄，并且存在着对典当行的不信任感也对典当行的当物销售造成一定的阻力风险。如很多典当行都自行开展绝当品的拍卖会，但这种单体规模较小的拍卖模式，难以吸引广大受众的参与，也难形成较大的影响力。

七　人才稀缺风险

人才对于企业至关重要，对于典当行来说也是如此。现如今，随着我国金融发展的不断完善，金融人才不断增多。但由于典当不同于其他金融机构的经营模式，典当企业需要更加专业的管理人员和技术人员。典当企业经营的绩效主要取决于管理层的决策，直接影响典当企业的发展方向和发展前景，专业管理人员的缺乏对于典当行的经营产生风险。此外，作为典当行的从业人员，首先要懂得行业相关的法律法规、相关当物的市场行情、当物的辨别估值能力以及相关当物的质押合同等相关要素风险的防范。

显然，典当行需要的从业人员具有相当高的综合素质和专业能力，但是与商业银行相比，典当行的身份不高，在吸引人才方面并不具备优势。一方面源于其民营性质的社会属性，另一方面其给予人才的社会平台及福利水平也远远不及商业银行、信用社等金融机构，因此，在吸引精英人才方面典当行处于相当的劣势。从专业人才角度讲，目前我国典当行业的人才相对稀缺，与金融、经济等专业相比，高校开展典当专业的少之又少，专门开办典当专业的高校几乎不存在，典当行业的人才培训大部分依赖于行业协会，并未在学校受到系统培训，人才的缺乏使得我国典当业的发展受到严重制约。典当行经常受到人才稀缺的困扰，出现鉴定、估值等方面的损失。因此，典当行业人才稀缺问题亟待解决，不然典当行业必然在发展中举步维艰，甚至衰落倾覆。

八 意识风险

典当行具有悠久的历史，但悠久的历史也对典当行造成了一定的负面影响。一是公众对典当行的不信任。典当行在古代也被称为"当铺"，通常在古代老百姓走投无路之时，将自身物品当给当铺，在公众的心中，当铺意味着"剥削"，当代的典当行经常会因此受到误解，将典当行与民间高利贷等同，而实际上当代典当行的经营受到国家的严格管制，与民间的高利贷是不同的。当代典当行盈利主要是靠利息收入盈利，典当行的息费率与金融机构年化收益率相比，确实比较高。这是由于典当行自身获得资金的成本有些高，典当行受到监管机构的监管，防止非法吸存风险，只能贷款不能接收存款，资金来源仅是资本金及盈利收入，导致典当行自身贷款成本高于存款类的金融机构。二是典当行发放当金有金额少、笔数多、快速发放等特点，使得单笔业务经营成本较高。三是典当行获得的利息收入需要覆盖在典当过程中对各类抵押品的鉴别、估价等成本，如在进行民品业务过程中，需要有鉴别真伪、评估民品价值、保管民品等方面的成本。在进行房地产抵押业务时需要准确判断房屋的现在价值与未来价值等方面的成本。而其他金融机构并无此环节的成本，导致典当行成本进一步增加。可以说，在覆盖了上述成本以后的典当行，虽然息费率较高，但实际利润率远低于银行业。

第四节　典当行风险评价的模型分析

一　研究方法

典当行业面临的风险点较多，我国对于典当行业风险的研究大多基于理论层面的探讨，尚未建立完善的风险管理体系。与其他金融机构相比，典当行若没有完善的风险管理体系，在典当行业发展过程中面对风险的发生会更加脆弱，这不利于行业健康稳步地发展，因此建立典当行业风险管理体系具有重要的意义。本章基于层次分析法及熵值法计算指标的风险权重，利用模糊综合评价方法评价典当企业的风险程度。

本书采用模糊综合评判法模型对典当机构的风险状况进行数学分析的原因在于典当企业风险状况错综复杂，影响因素较多，而且各个因素之间又存在一定联系，因此很难用精确的数学方法进行描述。模糊综合评价方法具体步骤如下：

1. 确定评价因素集 U 和评判集 V

我们评价被研究对象时进行的多方面描述就是评价因素集 U，被研究对象等级区间的一个划分就是评判集 V。评价因素集 U 即为下文建立的指标体系。评判集 V 则采用四个评判等级，分别用数字 25、50、75、100 表示，值越大代表的风险等级越低。其中"0—25"表示"危险"，"25—50"表示"警惕"，"50—75"表示"基本安全"，"75—100"表示"安全"。

2. 确定单因素隶属度

隶属度衡量指标体系中各指标与风险之间的关系，它的确定是模糊综合评判法的关键，隶属度函数构造的好坏直接关系着评价体系的优劣。目前隶属度函数分为两类：线性和非线性隶属度函数。线性隶属度函数一般包括向量规划法、极差变换法和三角形隶属度函数法，其假定的是指标的评价值与实际值之间呈线性关系，这种方法计算简便，但结果误差较大；非线性隶属度函数一般包括高斯型函数、指数型函数等，适合对含有多种属性且具有非线性特征评价对象进行评价。由于本书各因素存在相互影响的作用，如宏观环境会影响到典当企业的市场竞争，法律法规风险会影响到企业的操作风险，市场竞争会影响到企业的盈利能力等。相互作用的各个因素不能单纯地使用线性方法计算隶属度。因此本书采用修正的高斯型隶属度函数确定单因素隶属度，将指标分为正向型和逆向型。正向型指标即指标值越大越好，逆向型指标即指标值越小越好。

正向型指标的隶属度函数为：

$$R_A(r) = a \times e^r + b$$

逆向型指标的隶属度函数为：

$$R_B(r) = c \times e^r + d$$

其中 a，b，c，d 为待定参数，r 为指标值。

假定每项指标的最大值为 m，最小值为 n，那么对于正向型指标，当 $r=m$ 时，令 $R_A(r)=1$，$R_A(r)=0$，由上述两方程联立得：

$$a \times e^r + b = 1$$

$c \times e^r + d = 0$，解得 $a = \dfrac{1}{e^m - e^n}$　　$b = \dfrac{e^n}{e^m - e^n}$

则正向型隶属度函数为：

$$R_A = \frac{1}{e^m - e^n} \times e^r + \frac{e^n}{e^m - e^n}$$

同理，逆向型隶属度函数为：

$$R_B(r) = \frac{m \times n}{m - n} \times r^{-1} - \frac{n}{m - n}$$

根据隶属度函数，我们可以计算出典当行业在宏观经济体系和评价指标中的三级指标隶属度矩阵，分别用 R_{1i} 和 R_{2i} 表示。其中 i 表示二级指标个数。

3. 计算各级指标的评价值（B）

三级指标模糊评判值：

$$B_{1i} = W_{1i} \times B_{1ij}$$

$$B_{2i} = W_{2i} \times B_{2ij}$$

二级指标模糊评判值：

$$B_1 = W_1 \times [B_{11} B_{12} B_{13}]$$

$$B_2 = W_2 \times [B_{21} B_{22} B_{23} B_{24} B_{25} B_{26} B_{27}]$$

一级指标（即典当行整体）模糊评判值，对典当行采取不同的措施。若综合评判值（B 值）在 75—100，则无须采取任何措施，但需要警惕潜在风险和突发性风险的发生；若 B 值在 50—75，则需要提示典当企业存在风险，将风险控制在一定范围内并解决问题；若 B 值在 25—50，则需要警告典当企业，要求其对存在的风险进行调控，必须及时严格控制风险并提出解决措施；如 B 值在 0—25，则需要接管或者重组典当企业，必要时也可进入破产程序。

表 4-11　　　　　　　　　典当行风险级别标准

综合评判值	级别	说明
75—100	安全	典当行经营正常，基本不存在风险。风险控制能力较强
50—75	基本安全	典当行经营状况一般，存在一定风险，但损失不明显，对典当行的经营不造成重大影响，典当行有能力控制该风险
25—50	警惕	典当行的运营已经明显出现问题，并且已经造成了较大损失。内部管理及风险管理等方面问题的存在对典当行的经营构成一定的威胁
0—25	风险	典当行机构运营状况很差，损失严重，这种损失会对典当行的生存和发展构成威胁，甚至可能倒闭关门

二　基于 AHP、熵值的模糊综合评判模型的典当行风险评价

（一）典当行风险指标体系的构建

基于典当行业面临的风险及其来源的分析，结合典当行业的实际情况，本书从两个方面设立了 30 个子指标来构建典当行业风险管理体系。用 AHP 法计算定性指标权重，采用熵值法计算定量指标权重。表 4-12 为构建的典当行风险管理体系。

表 4-12　　　　　　　　　典当行风险指标体系

宏观经济体系	经济发展情况	GDP 增长率
		消费者信心指数
		生产者物价指数
		制造业采购经理人指数
	金融状况	国内贷款余额/GDP
		金融机构净资产收益率
		金融机构净资产不良比率
	国家支持情况	对典当行法律法规支持情况
		对典当企业支持情况
		对中小企业支持情况

		银行信用记录水平
典当行经济体系	信用风险	银行信用记录水平
		企业或个人信誉度或口碑
		负债及偿还情况
		个人经历与背景
	流动风险	资金流动情况
		资金杠杆比率
		负债渠道及规模
	市场竞争风险	典当行内竞争
		其他金融机构竞争
		其他融资渠道的竞争
	盈利能力	利润率
	操作风险	管理人员管理情况
		估值风险
		保管风险
	人才流失风险	专业人才供求情况
		吸引人才方式
		企业能提供的成长空间
		专业人才重视度
	公众误解风险	对息费率的误解
		对业务范围的误解

（二）AHP 法分析

1. 构建判断矩阵

本书依据萨缔标度确定宏观经济指标中各指标的相对重要程度，如表 4-13 所示。

表 4-13　　　　　　　典当行业宏观层面指标判断矩阵

	经济发展状况 X1	金融机构状况 X2	国家支持状况 X3
X1	1	2	5
X2	1/2	1	3
X3	1/5	1/3	1

2. 方根法求权重

采用方根法求各影响因素的权重，计算过程如表 4-14 所示。

表 4-14　　　　　　　典当行业宏观层面指标权重计算

	成绩 M_i	开方 $W_i = \sqrt[3]{M}$	归一化 $W_i / \sum^{W_i}$	权重
经济发展状况 X1	10	2.1544	0.582	0.582
金融机构状况 X2	3/2	1.1447	0.309	0.309
国家支持状况 X3	1/15	0.4054	0.109	0.109

3. 矩阵一致性检验

矩阵一致性检验采用随机一致性比率 CR 来检验矩阵是否具有一致性。首先，利用指标权重值 W =（0.582，0.309，0.109）乘以判断矩阵得到矩阵；其次，求出该矩阵的最大特征值，如表 4-15 所示。

表 4-15　　　　　　典当行业宏观经济指标判断矩阵一致性检验

指标	X1	X2	X3	$\sum (A \times W_i)$	$\sum / W_i$
权重	0.582	0.309	0.109		
$W_i \times A$	0.582	0.618	0.545	1.745	2.998
	0.291	0.309	0.327	0.927	3
	0.1164	0.103	0.109	0.328	3.009

求得 $\lambda_{max} = \frac{1}{n} \sum_{i-1}^{n} \frac{(Aw)_i}{w_i} = 3.002$；计算一致性指标 $CI = \frac{(\lambda_{max}) - n}{n-1} = 0.001$。

计算随机一致性比值 CR = CI/RI，其中 RI 为标值，可以通过查表得出，RI = 0.58 代入式中求得 CR = 0.0017<0.1，符合一致性检验。因此确定经济发展状况各指标的权重为（0.582，0.309，0.109）。

表 4-16　　　　　　　　随机一致性指标 RI 值

阶数	1	2	3	4	5	6	7	8	9
RI	0	0	0.58	0.9	1.12	1.24	1.32	1.41	1.45

（三）熵值法

熵值法里的熵是用来描述系统无序程度的一种度量，一个系统的有序程度越高，则信息熵越大，信息的效用值越小；反之，一个系统的无序程度越高，则信息熵越小，信息的效用值越大。

对于定量指标，我们采用熵值法确定权重。2011—2015 年的宏观经济指标数据来自 2010—2015 年的《中国统计年鉴》，下面计算定量指标权重，以经济发展状况的各子指标为例。

1. 构建标准化数据矩阵

根据公式 $x'_{ij} = \dfrac{x_{ij}-x'_j}{s_j}$，其中 $x'_j = \dfrac{1}{n}\sum_{j=1}^{n}x_j$、$s_j = \dfrac{1}{n-1}\sum_{i-1}^{n}(x_{ij}-x'_j)^2$，$x'_j$ 为第 j 项指标的平均值，s_j 为第 j 项指标的标准差，其中 j 代表风险水平的各个指标，i 代表年份，在本例中 $i=\{1,2,3,4,5\}$，$j=\{1,2,3,4\}$，得到标准化数据矩阵[①]如表 4-17 所示。

表 4-17　　　　　　　　各指标标准化矩阵

年份	GDP 增长率（%）	消费者物价指数	PPI	PMI
2011	0.9868	1.0202	1.0249	0.9259
2012	0.9873	1.0201	1.0218	0.9399
2013	0.9873	1.0201	1.0216	0.9416
2014	0.9874	1.0200	1.0218	0.9390
2015	0.9876	1.0202	1.0205	0.9423

2. 构建比重矩阵

根据公式 $y_{ij} = \dfrac{x'_{ij}}{\sum_{i-1}^{m}x'_{ij}}$（$0 \leq y_{ij} \leq 1$），构建数据的比重矩阵，如表 4-18 所示。

表 4-18　　　　　　　　各指标比重矩阵

年份	GDP 增长率（%）	消费者物价指数	PPI	PMI
2011	0.1999	0.2000	0.2006	0.1975
2012	0.200007	0.2000	0.199928	0.20046
2013	0.200005	0.2000	0.199899	0.200823
2014	0.20002	0.2000	0.199946	0.200271
2015	0.200064	0.2000	0.199677	0.200979

①　在标准化过程中由于出现负数，所有数统一加 1。

3. 各指标熵值的确定

利用公式 $e_j = -k \times \sum_{j=1}^{m} y_{ij} LN y_{ij}$（其中 m 为样本数，k 为常数且 $k = (LNm)^{-1}$），可得各指标的熵值。由于熵值 e_j 可用来度量 j 项指标的效用价值，且值越大，其效用价值越小，因此某项指标的效用价值为 $1-e_j$，用 h_j 表示，计算结果表4-19所示。

表 4-19　　　　　　　　　　各指标的 e_j 和 h_j

	GDP 增长率（%）	消费者物价指数	PPI	PMI
e_j	0.537244	0.537244	0.537243	0.537237
h_j	0.462756	0.462756	0.462757	0.462763

4. 确定各指标权重

利用熵值法计算权重，实际上就是利用指标的价值系数来计算，价值系数越高，其重要性越大。因此，j 项指标的权重为：

$$w_i = h_j / \sum_{j=1}^{n} h_j \quad (n = 5)$$

根据公式，可以得到以上定量指标的权重，如表4-20所示。

表 4-20　　　　　　　　　　各指标权重值

	GDP 增长率（%）	消费者物价指数	PPI	PMI
权重	0.249999	0.249999	0.249999	0.250003

根据以上步骤，我们可以得到其他定量及定性指标权重，如表4-21所示。

表 4-21　　　　　　　　　　各指标权重值

第一层	第二层	第三层	综合权重	排名
宏观经济体系（0.5）	经济发展情况（0.582）	GDP 增长率（0.25）	0.07275	4
		消费者消费指数（0.25）	0.07275	4
		PPI（0.25）	0.07275	4
		PMI（0.25）	0.07275	4
	金融状况（0.309）	国内贷款余额/GDP（0.5）	0.07725	3
		金融机构净资产收益率（0.25）	0.038625	8
		金融机构净资产不良比率（0.25）	0.038625	8

续表

第一层	第二层	第三层	综合权重	排名
宏观经济体系 (0.5)	国家支持情况 (0.109)	对典当行法律法规支持情况 (0.081)	0.0044145	24
		对典当企业支持情况 (0.188)	0.010246	18
		对中小企业支持情况 (0.731)	0.0398395	7
典当行经济体系 (0.5)	信用情况 (0.082)	银行信用记录水平 (0.337)	0.013817	14
		企业或个人信誉度或口碑 (0.283)	0.011603	16
		负债及偿还情况 (0.142)	0.0058222	24
		个人经历与背景 (0.238)	0.009758	20
	流动风险情况 (0.082)	资金流动情况 (0.493)	0.020213	11
		资金杠杆比率 (0.196)	0.008036	22
		负债渠道及规模 (0.311)	0.012751	15
	市场竞争状况 (0.31)	典当行内竞争 (0.105)	0.016275	13
		其他金融机构竞争 (0.637)	0.098735	1
		其他融资渠道的竞争 (0.258)	0.03999	6
	盈利能力 (0.172)	利润率 (1.00)	0.086	2
	操作状况 (0.213)	销售风险 (0.297)	0.0316305	9
		估值风险 (0.54)	0.05751	5
		保管风险 (0.163)	0.0173595	12
	人才状况 (0.061)	专业人才供求情况 (0.301)	0.0091805	21
		吸引人才方式 (0.229)	0.0069845	23
		企业能提供的成长空间 (0.111)	0.0033855	25
		专业人才重视度 (0.358)	0.010919	17
	公众误解状况 (0.080)	对息费率的误解 (0.75)	0.03	10
		对业务范围的误解 (0.25)	0.01	19

（四）结论分析及政策建议

1. 指标分析

（1）宏观经济指标分析

由表4-21可以看出，权重排名中，金融状况以及经济发展状况的排名靠前，分别处于第二与第一，对典当行的发展有着重要的影响作用；而国家支持状况排名比较靠后，说明国家对典当行业的支持作用较小，尤其是对典当行业相关法律法规的支持更是比较落后。

　　宏观环境对刚刚重新发展了 30 多年的典当行的作用是巨大的，自 20 世纪 80 年代末至 2005 年，典当行处于快速发展时期。典当行在 2005 年小额贷款试点成立之前，除了银行以外，对城市居民、中小微企业的放贷，典当行业"独占鳌头"。自小额贷款公司迅速发展起来后，典当行业业务份额逐步被侵蚀。2008 年金融危机爆发后，国外典当行的业务量急剧上升，相反中国国内典当行的利润却下跌严重。有的地区，如浙江省利润降幅高达九成。这是由于我国的典当以"投资性典当"为主，最新数据显示，典当企业将近 90% 的业务来自于中小微企业或中小微企业法人。2008 年金融危机爆发后，我国实行了宽松的货币经济政策，对于中小微企业来说，向典当行借贷是由于资金的可得性较高，在国家经济政策的影响下，正规金融机构，如银行放低了借贷门槛，中小微企业能够获得低利率的贷款，这导致典当行流失了大量客户。金融危机致使全世界经济萧条，中国国内许多外贸型企业尤其是制造业经济严重下滑，国外订单减少，在此种情况下，中小微企业投资的意愿不高，投资需求减少，将直接导致对典当资金需求减少。总体来说，一方面，在宽松的货币政策下，典当融资手段被正规金融机构融资手段所代替；另一方面，中小微企业投资意愿的降低也导致中小微企业融资需求的下降。这两个方面，共同使得典当行业流失大量客户，面临生存危机。

　　2015 年中国人民银行正式宣布存款利率放宽，标志着我国利率市场化的最后一步完成，我国金融市场环境更加宽松，对于典当行业有着重要的影响。在利率市场化环境下，典当行与银行之间的同业竞争必将加剧。竞争的焦点是对优质客户的争夺。典当行已有的客户，在竞争性市场有选择性。特别是已有客户中的优质客户，这些客户在银行系统、贷款公司的议价能力比较强，融资途径也比较多，很有可能在竞争中主动放弃通过典当行的融资渠道，或被同业用具有针对性的融资产品和服务抢走。优质客户的流失，就意味着劣质客户的增加和经营风险的加大。而发展新的优质客户或"拉回"流失的客户，在利率市场化环境下必然会以降低息费为代价，进而导致成本加大、效益下滑、经营陷入困境。如果长此下去，就会形成恶性循环，进而在市场竞争中被淘汰。除此之外，在贷款利率市场化条件下，贷款定价风险也会加大。典当借款是以实际合法占有的物品做抵押为前提的，也就是"以物易钱"的融资方式。在利率市场化条件下，不同的融资机构对相同客户的相同抵押物的估价也可能不一致，从而产生差距。在这种情况下，可能经常出现风险没有被正确地定价，高风险的借款往往没有得到高收益的补偿。这给典当行风险控制技术与定价水平提出了更高的要求。如果一味定高价，必然会缺少客户埋单，定价过低又不能获取合理的盈利。可见，利率市场化给典当行的定价和盈利水平都带来了不小的影响和挑战。

从表4-21中可以看出，典当行业所处的法律环境艰难，以致典当行的生存和发展空间越来越狭小。我国典当行业在实际应用中用到的法律有《中华人民共和国担保法》，法规有《典当管理办法》以及各地方政府颁布的有关典当行的法规。不仅现存的法规效力低下，且与法律条款发生冲突，导致在处理借贷纠纷过程中执行困难。如担保法规定典当行签署的合同是质押性质的合同，在合同中不得约定当户在借款期间未还清欠款之前将死当的所有权转移给典当行。而广东省出台的《典当条例》规定确定死当后，当户可以将当物的所有权转移给典当行，导致法律与法规之间发生冲突。而且在现实操作中，典当行为了防止当户违约，往往在签订合同时规定，当户若逾期不赎回或重复抵押，当物所有权归典当行所有。担保法禁止流质契约，而合同明显是流质契约性质的，当户在期满后不赎回或违约，当物所有权归典当行所有，并不会损害当户的利益。《典当管理办法》规定死当需要拍卖行的公开拍卖，在现实生活中执行困难。各个地方政府规定的《典当管理办法》也存在冲突，使得连锁经营典当行在遇到纠纷后，同样属于行政规章效力相同，但法律处理结果也不尽相同，执行困难，最终受害的还是典当行。由于典当行业逾期率和不良率的逐渐攀升，法律法规出现冲突，缺乏统一的法律法规做指导，典当行的权益得不到法律的保护。出现不良资产后，不能计提风险准备金，税收上进一步加剧了行业的经营困难。

（2）典当行经济指标分析

从表4-21中可以看出，排名比较靠前的集中在市场竞争风险、盈利能力以及操作风险上。这说明影响典当行比较重要的因素在于市场竞争、盈利能力以及业务流程上的操作。从典当行业的经营数据中也可以看出典当行的盈利能力逐年下降。传统的典当企业在面对众多的市场竞争对手不能不有所创新来应对危机。

与其他金融机构的竞争排名第一，与其他融资渠道的竞争排名第六，市场竞争带来的风险综合权重排名比较靠前，说明典当行在经营过程中最重要的是竞争带来的风险。从目标客户的需求点来分析，典当企业的服务对象主要为中小微企业和个人，其中 90% 的服务群体为中小微企业的小额短期融资贷款。典当行主要以中小企业的借款利息盈利，相对应的是借款利息构成中小企业的融资成本，也就是说典当行的借款利息影响着中小企业的融资成本。众所周知，中小企业的融资成本影响着其经营盈利水平，因此面对中小企业的融资决策时，典当行借贷成本是否具有优势决定着典当行能否盈利。因此本书将以典当行的主要客户——中小企业的融资成本角度研究为何典当行业市场存在竞争风险。

在企业融资模型中，假设：

a. 中小微企业只选择在小额贷款公司 R 和典当行 D 中进行融资。之所以选择小额贷款公司与典当行进行比较，而不选择主流金融机构银行以及同类型的融资担保机构进行对比，有以下几条原因。一是典当行与银行虽均服务融资市场，两者做的都是为自然人与企业放款，但由于典当行受到众多政策的限制，典当行在本质上是与银行不同，典当行与银行相比无论是从资金规模上还是业务品种上存在差距过大，即使银行开始重视中小企业带来的利差收入，但典当行主要的竞争对手并不是银行。二是本书认为典当行的主要竞争对手是小额贷款公司。典当行自第一家典当行成立以来，自 20 世纪 80 年代末至 2005 年，典当行处于高速发展时期，2005 年小额贷款试点成立之前，除了银行以外，面对城市居民、中小微企业的放贷，典当行业"独占鳌头"。自小额贷款公司迅速发展起来后，典当行业业务份额被侵蚀，如典当行业与银行做"过桥业务"，小额贷款公司也可以做；又如房地产抵押，小额贷款公司的利息费用更有优势等。虽然我国融资担保机构发展迅速，但融资担保机构并没有直接放款的功能，只起到信用中介的作用，因此不能与将之作为放款机构与典当行进行对比。

b. 中小企业有短期融资需求，且处在完全竞争市场环境中，短期需求不变，市场价格由外部环境确定。此假设条件是有一定依据的，中小企业在发展初期，各种制度发展并不健全，所需资金大多也是用于资金周转即用于短期需求，且中小企业在市场竞争环境中处于劣势，市场价格并不能由本身决定，而由外部环境确定。

c. 中小企业其生产函数只有劳动和资本两个生产要素，其中劳动生产要素短期保持不变，只有资本生产要素可变。在劳动生产要素保持不变时，加大资本投入量，中小企业产量增加，因此不断增加资本投入量，直至边际产量为零，总产量最大。典当行为中小企业提供资金进行运营，转换为资本生产要素，提高企业利润。此时资金成为决定中小企业经营的决定因素。

中小企业向小额贷款公司借贷的成本由担保费率 r_R 决定，向典当行融资的成本由月综合费率和息费率（$r_D = (r_b + r_c)$）共同决定，此外中小企业还面临着两种融资成本。一是金融机构处理融资需求到批复款项之间存在时间差，用 t_j 表示所需融资的单位时间，用 β 表示企业每单位时间的机会成本，βt_j 表示融资的等待成本。二是借贷企业在等待发放贷款中，不确定是否可以从小额贷款公司融资，而从其他渠道获得资金需花费成本，设 γ_j 为不确定成本系数，其中 $j = R, D$，因此融资成本为

$$C_j = \gamma_j \times (r_j + \beta t_j) Z_J, j = R, D$$

即向小额贷款公司的融资成本为：

$$C_R = \gamma_R \times (r_R + \beta t_R) Z_R$$

即向典当行的融资成本为：

$$C_D = \gamma_D \times (r_D + \beta t_D) Z_D$$

Z_R 表示企业向小额贷款机构的借贷量，Z_D 表示向典当行的借贷量，且满足约束条件 $Z_R + Z_D \leqslant Z$，在去除融资总额约束条件时，只要两种融资模式的边际成本相等，则配置达到最优，即：

$$\gamma_R \times (r_R + \beta t_R) = \gamma_D \times (r_D + \beta t_D)$$

也就是此时中小企业的融资最有效率。但需要满足一系列的条件，这很难求到解。而加上融资约束条件后，由于企业只向小额贷款机构和典当行融资，则两者可完全替代，约束线 $Z_R + Z_D \leqslant Z$ 在图中对应 45 度线，加上融资约束条件，中小企业的最佳融资决策就是约束线上表示最小融资成本的成本线。此时图中的 M 点对应企业融资成本最小。成本线的斜率为

$k = \dfrac{\gamma_R \times (r_R + \beta t_R)}{\gamma_D \times (r_D + \beta t_D)}$，不同的斜率导致不同的融资选择。当 $k < 1$ 时，向小额贷款机构借贷的边际成本较小，企业选择向小额贷款机构借贷；当 $k > 1$ 时，向典当行借贷的边际成本较小，企业选择向典当行融资；当 $k = 1$ 时，两者边际成本相等，企业可以任意比例选择融资渠道。

以上企业融资模型分析，虽然只比较了小额贷款机构与典当行的关系，但得出融资的边际成本的高低影响着中小企业融资渠道的选择。在市

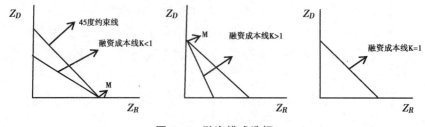

图 4-6　融资模式选择

场日益竞争激烈的条件下，现在很多典当行采取措施降低客户借贷成本。从最新的典当数据可以看到：上海的息票率从 2009 年的 2.67% 下降到 2015 年的 2.1%，也就是典当行通过降低 $r_D(r_D=(r_b+r_c))$ 来减小融资边际成本，借此留住客户。

典当企业自身的盈利能力排名第二。典当行的盈利主要分为三个部分，包括利息收入、服务费和对绝当品的销售收入。其中利息收入是其主要来源。在经济下行的情况下，典当行也在不断与其他金融机构合作获得收入，拓宽利润来源。如与银行合作进行过桥贷款，共同处理企业担保；与互联网金融合作，共同进行绝当品的销售工作，利用互联网扩大典当行的影响力，尽力消除人们对典当行的偏见；与保险公司合作，开发业务品种；与其他典当行合作较大的项目，可以实现共赢并可以分散风险。与金融服务机构合作，创新对客户的服务方式。2014 年全行业亏损面 2.7%，2015 年全行业亏损面 17.3%，2016 年全行业亏损面 29.7%，行业亏损面不断增加。各个地区的盈利能力不均衡。江苏地区 2016 年典当贷款总额 265.97 亿元，同比下降 24%。江苏省典当利息收入及综合费收入 4.2 亿元，同比下降 30.35%。新疆维吾尔自治区主营业务收入同比降低了 1.3%。而北京与广东地区依靠民品业务，盈利水平较往年有所上升，整体处于盈利状态。由于典当行的盈利水平与典当行的抗风险水平相关，盈利水平的提高有利于典当行抵抗外部的风险因素。

依据上述企业融资模型可知，典当行利润下降的主要因素是市场竞争，一旦典当行对中小企业的融资成本不具有优势，中小企业会转而投向融资成本较低的金融借贷机构。随着各类金融机构对中小企业及个人借贷的重视，典当行所依存的优势逐渐缩小。市场竞争主要包括三个方面：一是主流金融机构加入中小企业借贷市场。随着国家对市场利率化的彻底放开和银行风控能力的加强，银行业开始注重对中小企业贷款带来的利差收入。二是融资担保、小额贷款公司以及同类型民间借贷机构的竞争。三是以移动支付为代表的互联网金融冲击着典当行的传统金融业务。

对全国416家中小企业生存状况调查问卷显示①，中小企业融资成本高的主要因素是利率太高（28.57%）以及缺乏融资渠道（25.81%）。典当行业在进行资金供给时，利率并不占优势，见表4-22②。虽然典当行利率在不断下降，但与其他融资渠道相比，利率较高。自2008年金融危机以来，政府采取宏观刺激政策，中小企业融资渠道有所拓宽。2015年在供给侧改革的思路下国务院出台各种意见③，缓解中小企业融资难问题，拓宽中小企业融资渠道。中小企业融资渠道拓宽，资金可得性提高，典当行利率较高，根据上述理论模型分析，典当行将被其他融资渠道所代替，造成盈利能力下降。

表4-22　　　　　　　　　　　　贷款利率

	典当行利率（%）	小额贷款公司利率（%）	民间借贷综合利率（%）	银行等金融机构贷款平均利率（%）
2014年3月	26.45	18.40	20.07	7.37
2014年6月	27.45	18.28	20.16	7.26
2014年9月	28.40	18.29	20.27	7.33
2014年12月	27.07	17.84	20.01	6.92
2015年3月	26.31	17.92	19.59	6.78
2015年6月	26.25	17.63	19.32	6.46
2015年9月	26.07	16.87	18.95	6.01
2015年12月	26.02	16.81	18.62	5.64
2016年3月	25.99	16.51	18.67	5.67
2016年6月	25.40	16.82	17.90	5.58
2016年9月	25.85	16.49	16.73	5.65

①　搜狐理财与华夏银行：《中小企业生存状况调查问卷》（http：//money. sohu. com/s2014/zcqybg/）。

②　数据来源于Wind数据库。

③　《国务院关于扶持小型微型企业健康发展的意见》　（http：//www. gov. cn/zhengce/content/2014-11/20/content_ 9228. htm），　《推进普惠金融发展规划（2016—2020年）》（http：//www. gov. cn/zhengce/content/2016-01/15/content_ 10602. htm）。

典当行业的估值风险综合权重排名第五，这说明在操作风险过程中，能否准确地估值对典当行影响较大。估值影响到典当行发放贷款的金额，间接影响到典当行的盈利。典当行业估值主要是对民品业务进行估值。民品业务是近年典当行不断盈利的业务，市场份额也不断加大。北京的民品业务做得比较有特色，从侧面反映了民品业务的发展对典当行业的重要影响。典当行业在经济发展转型期，也在调整业务结构，减少房地产业务，增加民品业务，将民品业务作为突破点。典当行业可以向典当业协会学习鉴定、估值经验，加强对人员的培训。也可以与专业的估值服务机构合作，提高估值的准确度。

2. 模型的实际应用分析

上海市 GS 典当有限公司成立于 2006 年 4 月，现注册资本为人民币 1.3 亿元，并分别在上海市南京西路、江苏路、古北路开设三家门店。GS 典当以"建设一流典当公司，打造业内龙头企业"为战略目标，以"成为金融市场有益补充，并能满足广大中小微企业及个人的短期融资需求"为市场定位的现代服务企业。按照《典当管理办法》开展民品、房地产、机动车、有价证券、生产资料等典当，绝当品的处置以及鉴定评估和咨询服务。公司结合市场情况，主要发展民品和综合业务，提出"务实巩固民品业务，适时拓展风险可控的综合典当业务"的发展思路，形成以门店民品业务为抓手，以中小规模不动产典当、财产权利典当为配套的多元化业务结构。该公司的典当余额占期末余额的 50.37%，民品业务收入贡献占比 55.77%，公司的民品业务比例远远高于行业平均水平。公司房地产典当业务收入占比 24.8%，财产权利收入贡献占比 11.94%，生产资料收入占比 7.49%，房地产典当业务主要定位于中小规模的房产，生产资料业务因受钢贸企业资金断裂引发风险的影响而进一步收缩。

本书将以该典当行为例，利用收集的数据，对 GS 典当企业的风险状况进行实证分析。

（1）确定 GS 典当企业风险指标值及其隶属度

本书选取 2015 年末宏观经济数据以及 2015 年末 GS 典当行的相关数据计算指标值，将其代入隶属度函数，确定相应的指标值及隶属度，具体如表 4-23 所示。

表 4-23 隶属度

指标	隶属度
GDP 增长率	0.2933
消费者信心指数	1
生产者物价指数	0.1571
制造业采购经理人指数	0.5051
国内贷款余额/GDP	0
金融机构净资产收益率	1
金融机构净资产不良比率	1
对典当行法律法规支持情况	0.3775
对典当企业支持情况	0.589
对中小企业支持情况	0.7132
银行信用记录水平	0.52
企业或个人信誉度或口碑	0.62
负债及偿还情况	0.6358
个人经历与背景	0
资金流动情况	0.4400
资金杠杆比率	0.3800
负债渠道及规模	0.4800
典当行内竞争	0.3800
其他金融机构竞争	0.6715
其他融资渠道的竞争	0.3215
利润率	0.7615
管理人员管理情况	1
估值风险	0.7851
保管风险	0.5400
专业人才供求情况	0.5680
吸引人才方式	0.852
企业能提供的成长空间	1
专业人才重视度	0.28
对息费率的误解	0.58
对业务范围的误解	0

三级指标评判值：

$$B_{11} = (0.25\ 0.25\ 0.25\ 0.25) \times \begin{bmatrix} 0.2933 \\ 1 \\ 0.1571 \\ 0.5051 \end{bmatrix} = 0.4889$$

$$B_{12} = (0.5\ 0.25\ 0.25) \times \begin{bmatrix} 0 \\ 1 \\ 1 \end{bmatrix} = 0.5$$

$$B_{13} = (0.081\ 0.188\ 0.731) \times \begin{bmatrix} 0.3775 \\ 0.589 \\ 0.7132 \end{bmatrix} = 0.662$$

同理可以得到 $B_{21} = 0.4410$，$B_{22} = 0.8817$，$B_{23} = 0.55$，$B_{24} = 0.762$，$B_{25} = 0.8090$，$B_{26} = 0.577$，$B_{27} = 0.87$

二级指标评判值：

$$B_1 = (0.582\ 0.309\ 0.109) \times \begin{bmatrix} 0.4889 \\ 0.5 \\ 0.662 \end{bmatrix} = 0.5120$$

$$B_2 = (0.082\ 0.082\ 0.31\ 0.172\ 0.213\ 0.061\ 0.08) \times \begin{bmatrix} 0.4410 \\ 0.8817 \\ 0.55 \\ 0.762 \\ 0.8090 \\ 0.577 \\ 0.87 \end{bmatrix} = 0.6871$$

一级指标评判值（即典当行整体评价值）：

$$B = (0.5\ 0.5) \times \begin{bmatrix} 0.5120 \\ 0.6871 \end{bmatrix} = 0.60$$

将各级指标的评判值转换成百分制，结果如表 4-24 所示。

表 4-24　　　　　　　　　各级指标评判值

指标	数值
典当行整体状况	60
宏观经济状况	52
典当行状况	69

指标	数值
经济状况	49
金融状况	50
国家支持状况	67
信用状况	44
流动资金状况	88
市场竞争状况	55
盈利能力	76
业务流程操作状况	81
人才状况	57
公众误解状况	87

（2）对 GS 典当企业风险结果的评价

从整体指标评判值来看，GS 典当企业的评判值为 60，处在 50—75，为基本安全级别，说明目前 GS 典当企业目前整体状况良好。但同时存在着潜在的风险，具体表现在信用风险、市场竞争风险以及人才流失风险方面，评判值分别为 44、55 和 57，均低于 60。

从分项指标评判值来看：

宏观经济体系评判值是 52，处于基本安全级别，说明 GS 典当企业所处的宏观环境基本安全，但评判值较低，这主要是由于经济环境及金融环境的评分值较低导致。这也证实了现今的宏观经济环境对于典当行业的发展不利，需要政府改善典当行业的外部经济环境。

企业素质评判值为 68，处于基本安全级别，说明典当企业处于基本安全级别，企业盈利能力比较强。盈利能力的评判值为 76，处于较高水平。该公司的信用风险管理的评判值为 44，说明 GS 典当企业在发展过程中信用风险管理水平不高。信用风险主要来自于中小微企业的违约，典当企业不能根据抵押物判断中小微企业及个人的信用程度，对于中小微企业及个人的还款情况也不了解，造成信用风险较大。GS 典当企业的市场竞争评价值为 55，较低，主要是由于与其他金融机构进行竞争时出现的，与同类典当行的竞争还是具有领先优势的。该典当行主要定位于民品业务，通过品牌效应、市场细分、行业联动、集团协同等经营策略使该公司的民品业务不断做大做强，与中小企业服务中心合作，为中小微企业提供面对面的服务。通过加强与上海宝玉石协会合作，进一步加强与宝石玉企业、玉石经销商、收藏爱好者、投资者的交流，形成长期良好的互动关系，推进该典当行在民品业务的影响力。该典当企业通过与拍卖行共同举办艺术品拍卖会，加强资源共享和业务合作。通过多年民品业务的经营，该典当行的民品业务获得了快速发展，在典当行民品竞争市场上占有一席之地。民品业务的发展使公司业务结构进一步趋于合理，不仅降低了风险，还提高了收益。GS典当企业流动资金评价值为88，评价值较高，说明企业能够运用盈利来发展自己，如此形成良性循环，使得盈利进一步提高，从而使风险进一步降低。GS典当企业的业务操作水平评判值为81，说明企业在业务流程方面控制得比较严格，能够在各个环节严格控制风险，内部管理体制比较完善，进一步控制了风险，实现了稳健经营。

3. 典当行业风险防范的政策建议

对于风险的防范，我们可以从系统性风险和非系统性风险来研究。我们在控制典当行业风险的同时，也要重视典当行业的创新和发展，增强其竞争能力，使之在金融市场环境中有一席之地。典当行业与其他金融机构具有相似之处，使我们可以借鉴其他金融行业的经验来提高典当行业的风险控制水平。

（1）明确典当的功能定位

美国将典当定义为"从事质押贷款的金融机构"，是专门为了急需资金周转的人，以个人财产作为抵押物进行贷款的金融机构。该定义明确指出美国典当行为金融机构。但是在我国，典当行在法律上被定位为一般的工商企业。监管机构对典当行没有明确的定位，导致各个地方监管尺度不同，限制了行业的发展。我国典当业在发展过程中在小额抵押融资方面起着重要的作用，是正规金融体系的有益补充，建议监管机构明确典当行的金融地位。要解决行业面临的各种限制，需要国家有关部门的支持。一是建议监管部门从典当的职能、作用出发，转变传统的观念，涉及制度、立法、发展等多个方面；落实国务院的一系列指导意见，将典当纳入普惠金融体系，引导其为中小企业和个人提供服务。研究典当行业发展的阶段性成果以及长远发展规划，积极应对典当行业的各种挑战，实现健康稳定持续发展。二是对于如何更好发挥典当的功能提供支持策略。宏观经济政策的制定对于典当行业的影响是比较大的，对于刚刚起步的行业，国家应给予一部分政策支持，提供比较宽松的发展环境和更加公平的市场竞争环境。

（2）推进典当行业立法

典当行业专业法律的缺失以及监管部门的缺位，导致典当行业的正常经营和法律纠纷不能得到及时解决，同时也给行业内部正常经营带来风险，妨碍行业的稳定发展。建议国务院及其相关法律部门尽快出台相应法律法规，并为未来起草《典当业法》积聚共识、奠定基础。关于立法，法律应对以下几点作出重要说明：

①壮大主体，拓宽行业融资渠道。在《典当管理办法》中允许银行向典当行放贷。但2014年银监会发布文件禁止银行向典当行业贷款，典当行的运行资金只有自有注册资金以及盈利资金，资金杠杆率偏低。建议立法部门能够使典当行向银行贷款合法化，并对贷款的范围、期限和利率做规范说明，同时允许典当行向自然人股东借款。典当行向自然人股东的借款既能起到阻止企业间相互借款的作用，又能解决典当企业融资难题。法律还可借鉴银行同业拆借的方法，允许典当行进行同业拆借。同业拆借能够解决拆入典当企业的资金需求，又可对拆出典当企业的闲置资金提供流动平台，帮助整个典当行业实现资金利用效率最大化，对整个行业的规模发展起到助推作用。同时法律条款中应对资金拆借的条件、用途、期限和利率做详细的说明。建议法律允许典当企业进行对外投资，典当行作为正规金融机构的补充，也可以进行对外投资。同时，法律应对典当企业对外投资的条件进行限制，以防控风险的发生。

②适当扩大经营范围。我们可以借鉴美国典当行业的经营范围。美国典当行业的经营范围是非常广泛的，不仅包括有形资产，也包括无形资产。美国典当行在处置死当物之外还可以从事商品寄售和零售业务，这不仅可以充分发挥其商品销售功能，而且回收资金迅速，控制企业风险。这使得美国典当行业实现了资源的优化配置并创造了巨大的利润。连锁典当行更是通过变卖、拍卖、寄售和零售这四种方式把市场的营销作用发挥得淋漓尽致。而我国现行的《典当管理条例》却规定典当行不得经营非绝当品的销售以及旧物收购、寄售业务和动产抵押业务。一方面，目前条例允许典当行经营动产质押业务，但典当行服务的中小企业大多是制造业以及生产类企业，一旦生产类企业将机器生产设备质押给典当行，就意味着生产企业不能生产盈利，典当行还要增加机器设备维护、管理成本。这种质押形式并不符合实际情况。《物权法》中明确承认动产抵押制度的合法

性，且银行等正规金融机构承认动产抵押制度的合法性并可实际操作。典当行若合法增加动产抵押业务，并不会对客户造成损害，相反会增强典当行的抗风险能力，增加赢利点，还可以增加中小微企业的融资渠道。另一方面，目前条例禁止典当行开展销售非绝当品、寄售和旧物收购等业务。希望在典当立法时考虑实际情况，国外典当行在发展过程中形成了独特的寄售功能，也因此构成典当行业独特的市场，带来利润。典当行对于评估旧物有着丰富的经验，而零售、寄售主要是交易二手产品，能够加快二手物品和普通商品的流通。

③完善绝当规则。现行的条例规定 3 万元以内的绝当物品，典当行可以自行处理销售，而 3 万元以上的绝当物品需要到指定的拍卖行进行拍卖。这项规定过于死板，限制了典当行对绝当物品的处理，并没有考虑各地经济发展水平的差异。而且该条例出台于 2005 年，十多年来我国各地经济水平有了较大的提升，因此，对于绝当物品的规则需要进行重新评估。

（3）完善监管制度

虽然我国典当行业历史悠久，但国外典当行在发展中也积累了有益的经验，值得我们借鉴。以美国为例，典当行的监管部门由两部分组成：政府和美国典当业协会。美国不仅建立了完善的典当法律法规，协会在监管过程中也起到了重要的作用。美国全国典当业协会是全球规模最大、功能最齐全和影响最广泛的一个典当协会，而我国行业协会较少，还没有形成规模，相互之间缺乏交流。

①推行分级分类监管。典当行可以升级成金融机构，监管机构可以转为中国人民银行。政府可根据典当行的治理情况、经营规模、经济效益、风险管理、品牌塑造、社会贡献指标和人才资源管理等方面的发展情况，推行分级分类监管。我们可以借鉴上海的分级管理体系。指标体系共设立一级指标 7 项，二级指标 34 项，每项指标按其权重设置 1—3 级层级。指标确立后，企业自低到高分为二星、三星、四星、五星四个级别。根据等级不同，对典当企业进行分级管理或给予相关优惠政策。

②政府监管与行业自律有效结合。行业协会组织在参与相关产业政策制定、维护会员合法权益以及加强行业自律方面发挥重要作用。但我国典当行业协会规模较小，比较分散，在政策制定上话语权较小。建议主要监管部门，尽快指导成立全国统一的典当业协会，赋予典当协会必要的监管

职责，并应当在典当立法中明确提出。典当协会除协助监管部门进行监督外，还应维护典当行业整体的利益，起到社会沟通功能以及完善典当行业自律功能。典当行业协会，一方面，以行业中介组织的身份，做好政府、典当行双方的沟通工作，从典当行获得对政府及立法的反馈建议信息，为典当行反映问题，并就相关问题与政府进行讨论。另一方面，在政府同外国政府签订贸易时，提供专业的咨询。在政府制定及修改法律法规或政策时，提供专业的意见。① 在监管部门监管时，督促典当行遵守相关法律法规，进行自律性管理。

（4）合理的市场定位

激烈的市场竞争环境下，典当行需要找准自身的定位，与时俱进，避免同质化竞争。

首先要在客户群体上拥有准确的定位，而定位与典当公司自身的股东背景、资金实力以及团队整体经营水平有关。在符合典当经营相关法律法规的前提下，典当企业要加强对自身的分析，资金实力较小的典当行只适合开展中小额度的业务，而资金实力雄厚的典当行，一定程度上可以开展大中型客户短期调配资金的业务。最终针对客户群体的定位和开发，或通过股东资源，一部分典当行适合开发一整片区域的客户；一部分典当行可以接触一个核心企业的上下游客户，从而发展供应链典当。最关键的是要定位于做自己公司熟悉或者了解的行业，如果不了解某个行业，仅重视当物的足值就开展业务，潜在的风险很大。

其次，在资金的投放上有准确的定位。典当企业常见的业务种类无非动产、财产权利质押以及不动产抵押等，其他的新兴类当物还处于摸索阶段。但各家典当企业投放资金的领域是可以不同的，有的偏向于制造业，有的侧重商贸业，也有的关注房地产及相关行业等。可以说，不同行业都有优质企业，关键是看典当企业能否找到各行各业中的这些优质企业。例如，前几年房地产市场火爆，很多典当企业的资金扎堆进入此行业，但随着房地产市场政策的不断调整，市场快速变化，导致很多典当企业的资金被套牢，致使如今的很多典当企业不敢轻易涉足与房地产公司相关的典当业务。

---

① 刘凌钒：《我国典当融资的法律制度研究》，硕士学位论文，华东政法大学，2015 年。

（5）创新典当业业务模式

在保持稳定利润的典当业务之外，还可以发展其他新兴业务，如典团贷、股权典当、保单典当以及与银行合作研发的"典贷通"等。

①重视民品业务。典当行业目前房地产典当占比一半以上，虽然民品业务比重较小，但民品业务是典当行以外的同业不能做也不愿做的，因此，民品典当是典当业的"强"项，也是典当的立足之本。而且文化产业的发展将给典当业民品业务带来机遇。长久来讲民品业务更具有稳定性、可持续性，一旦形成规模，会稳定保持一个基本的存量。随着国内经济的不断发展，个人或家庭财富的不断积累，人们对融资理财方面的需求越来越多元化和专业化，城乡居民车辆、奢侈品、名表、珠宝首饰以及各类艺术收藏品的保有量也越来越多，而这些恰恰都是民品典当业务发展的范畴。很明显，专注于民品典当业务可以帮助城乡居民们有效盘活家庭资产、解决生活中各种情况下的应急资金需求、促进物品流通，以实现家庭资产的保值增值。典当行就是要在典当物品类别上大范围的覆盖来满足不同阶层、不同身份人群的不同需求，这样，才能发挥典当行在金融市场和商品流通市场中独特的、不可替代的作用，这也是对这个古老行业的业务传统的一个传承和创新。我们可以借鉴北京的经验。在我国的典当行业中，北京典当企业充分利用市场优势，积极拓展民品业务，并且与北京典当行业协会合作，积极发展珠宝玉石、黄铂金饰品、古玩字画、名表奢侈品等传统业务。北京典当业协会不断对典当行进行民品经营培训，提高会员企业识别、鉴别当品的能力。经过北京典当行业与其会员企业的不断开拓，目前北京拥有的300多家典当企业中，有超过60%的企业开展民品业务；而且2010年至2014年，北京典当业的动产质押业务余额占比便从20.05%增加到了28.95%，此项业务的利息收入占比也从20.47%震荡式增加至23.45%，此项业务的总额占比从17.59%增加至21.37%。

②典当保单业务。近几年，银行与保险公司出现过业务合作，而典当行与保险公司的合作也同样可以进行。典当行的业务分为动产、不动产、财产权利"三大块"，其中财产权利典当这一部分与保险公司合作的空间最广。在从事保单业务时，与保险公司合作，在签署协议之前，由当户签署一份受益人指定协议进行授权，约定一旦发生绝当，第一受益人为典当行。如果发生绝当后，典当行可以以当户的名义，持保单到保险公司进行退保，以达到回笼资金的目的。典当行还可以寻求与保险

公司其他业务的合作。

③典团贷。典团贷就是根据市场的现状，典当行实行组合抱团。典当行用户的特点就是急需大量资金，用于短期流动。典当行既要合法经营，还要保证客户需求，但自身资金不足以提供大额贷款，这样典当企业联合起来给急需资金的企业贷款。如一家企业以房产抵押贷款3000万元，由典当协会牵头，由6家典当行共同出资解决资金需求。目前，这种做法已经得到了典当行的认可和支持，典当协会已经起草了典团贷款业务的规则和流程，如果典当行有典团贷款业务，在报告协会后，协会根据企业用款情况、企业的规模，挑选签署典团贷协议适合的典当行。

④与银行合作开发"典贷通"。典贷通业务是宝瑞通典当行与民生银行一起研发的产品。实际上就是通过宝瑞通担保公司实现抵押并由其进行全程担保，向银行进行贷款的一种模式。典当行一般提供短期贷款周期是1—3个月，超过6个月后，不仅利率较高，典当行也不太乐意做这样的业务。游离在典当行与银行之间的客户，可以选择典贷通。这部分客户没有担保，银行不愿贷款给他，但又认为典当行的利率太高，不能满足其长期贷款需求。典贷通给游离于银行典当行的客户提供了一个融资工具。由于银行认的是保函，企业的抵押物并不发生转移，而这个抵押物可以从典当关系转成反担保，银行的放款速度也就快了。

（6）创新典当业经营模式

在经济下行的大背景下，典当行需要创新经营模式，调整业务结构，适应未来经济发展的需要。

①P2W模式。P2W模式即Person to pawn（个人投资者对典当者），以典当行作为第三方担保、以实物抵押进行融资的新的互联网金融模式。典当行与P2P平台合作，将典当行的优质客户（个人或企业）推荐到P2P平台作为借款项目进行融资，个人投资者在线上平台选择借款项目，将款项投资给债务人。在债务人还款期间，个人投资者可获得8%—15%的预期年化收益率。若借款人出现违约，则由典当行首先认购抵押物品，将资金返还给投资者，这样投资者的损失将会降到最低。

典当行在P2W模式下，首先能够解决典当行的流动资金问题。典当行在自有资金不足以开展部分典当业务时，与P2P网络借贷的合作，可以为典当行的优质客户在全国范围内融资。典当行利用线下多年积累的资产端客户资源优势，将典当资产收益权转让给P2P平台，同P2P平台投资人共同分享利息，使得典当行能够盘活运营资金并且还可以获得额外增加的盈利点。以雍和金融中的和典贷为例，在雍和金融平台中，借款项目最高预期年化收益率为12%，借款人抵押物一般以房产、车辆以及公司存货为主。而2015年底，典当行的息费率最低是2%，则预期年化收益率为12%，这也就意味着，在雍和金融平台中，典当行在推荐优质客户的同时，也至少获得了12%的预期年化收益（这其中尚未包括月综合费率）。其次是避免优质客户的流失，减少市场竞争压力。对于典当行而言，利用P2P网贷平台直接融资体系的资金优势在同业竞争中能够增加业务量，同时利用网贷资金的低利率性能够有效地提升自身获得客户的能力，提高知名度。

②绝当品电商模式。截至2016年1月底，典当行业绝当率为2.6%，较上年同期上升0.1%。对于典当行业来说，绝当品的销售构成典当业收入的一部分。绝当品的主要种类集中在民品方面，即黄金、珠宝、奢侈品、收藏品等。因此大量的绝当品需要典当行售卖出去获得盈利。互联网的出现使典当发布信息更加广泛和快捷，同时也能够增加民品典当的潜在客户。很多典当行，都自行开展绝当品的拍卖会，但这种单体规模较小的拍卖模式，难以吸引广大受众的参与，也难形成较大的影响力。若能将其与电子商务联通，一方面可通过电商渠道，快速将绝当品变现，增加典当流动收入；另一方面，借助电商品牌的推动力，提升典当品牌影响力。

目前多家典当行都自建网上绝当品销售平台，如华夏典当行与第三方大型电商公司合作，开展绝当品销售业务。北京宝瑞通典当行与淘宝、京东等第三方电商平台合作，开展网上"绝当品"拍卖活动。新联在线推出的"债权阶段性流转+类淘宝平台"，通过债权流转的形式，盘活典当行的存量信贷资产，并协助典当行进行相应的绝当品处置。

③产业链模式。一般来说，产业链金融就是金融机构以产业链的核心企业为依托，针对产业链的各个环节，设计个性化、标准化的金融服务产品，为整个产业链上的所有企业提供综合解决方案的一种服务模式。"互联网+典当"产业链模式，即依托互联网平台，针对典当行业的各个业务，设计个性化、标准化的金融服务产品。整个典当行产业链中，典当行应拥有完善的典当、拍卖、连锁经营，以及当品仓储、当品金融、民品投资、鉴定、培训的背景，以便能够快速有效地处理典当业务，例如借助电商平台开展产业链融资业务，与核心企业合作开展供应链融资等。

④金融业务合作模式。典当行的优势在于其业务开展中均有相应当物作为风险保证，但其业务开展的范围也因此相对较窄。典当行与互联网的深度融合，可以考虑与第三方支付机构合作在金融业务中拓展市场。与核心软件厂家共同研发产品及软件进行风险控制和调整业务流程。与第三方信息平台合作，消除市场信息不对称性，取得业务信息资源，借助第三方大数据控制风险，进行当后管理、绝当处置等。

⑤专业化、标准化、连锁化经营模式。据了解，国外的典当业连锁经营颇为普遍，对于微观的典当企业，连锁模式的运用也势必会带来诸多优势。一是资本优势。很显然，连锁经营的典当行必然拥有较为雄厚的资本实力，能够更好、更多地满足客户的融资需求。二是经营优势。发挥拾遗补阙作用的典当行时下已成为中小企业和个人短期融资的"绿色快车道"，更多的网点意味着典当行可以更接近现有和潜在的客户群体，从而为客户融资提供便利。同时，通过统一标志、统一管理、连锁典当行可以更快地树立起自己的品牌，提高信用度。三是资源优势。典当行的竞争力不在资本金，而在于人才，人才的紧缺足以成为制约典当行发展的瓶颈。连锁经营模式，可以让典当行共享鉴定、法务、财务等技术人才，从而降低经营成本。

（7）建立典当人才培养机制

人才是事业之本，金融人力资源是金融创新的主体，在风险权重分析中，人力资源综合权重排名较靠前，而且典当行作为改革开放的新兴行业，无论是挑选贷款企业、进行风险管理，还是设计创新产品、进行典当模式创新等，都离不开高素质的专业人才，因此应加快典当行队伍建设。一是扩大招聘渠道吸收人才。既可以采用传统的招聘途径，也可以开发自主的软件和平台进行信息的推广，聘用猎头公司进行，或者直接到一些相关院校进行宣讲招聘。二是造就一支业务能力强、道德水平高的担保从业队伍。典当行可以与高等院校、中国典当业协会等机构合作，加强典当行人员的培训，丰富从业人员的金融、财务、法律、投资等专业知识。同时强化从业人员的职业道德教育，建立一支具有高度责任心、具备良好综合专业知识与从业经验的员工队伍。三是积极参加典当业务的培训。典当行应建立从业人员业务培训计划，积极参加各级政府、行业协会组织的担保业务培训和从业人员资格认证考试。通过培训和从业人员资格认证，切实提升从业人员的综合业务素质和专业技能。四是建立员工上升通道。典当行不仅要实施灵活高效的选人、育人、用人机制，而且应不断提高典当从业的薪酬待遇，吸引优秀人才加入担保行业。

（8）正面宣传典当行业阳光形象

20世纪80年代末，典当行开始复苏，但直到今天，人们对于典当行的认识还很肤浅、片面。我国新华词典解释典当的词条是："旧社会封建地主阶级剥削劳动人民的产物"，一些文学艺术作品对典当的描述也偏向负面，这使得人们对典当形成了相对固化的思维，就是"乘人之危"和"落井下石"。典当企业应全力改变负面形象，不仅要做好宣传工作，更重要的是提高服务质量、规范业务行为、降低融资成本、客观鉴定评估当品，这才是改变负面形象的关键。在完善好自身的同时，典当企业可以利用电视、网络等媒体宣传典当企业的社会功能，完整介绍典当行业务，与旧时代的典当行进行对比，树立合法、阳光的形象。典当行企业做好自身宣传的同时，社会舆论也应做到公平公正。媒体记者为了吸引受众，并未在事前全面了解典当行的经营模式，仅凭一面之词进行不利报道，因此出现了诸多误导性宣传，造成了不好的社会影响。在社会舆论导向上，多谈典当功能、社会效益，多总结服务创新模式，树立和引导正确的舆论导向。

（9）完善典当行内部风险控制

典当行的内部控制按照其领域和目的的不同可以分为财务控制和管理控制。财务控制主要是对资金流动性的控制。管理控制主要是对公司的内部管理部门如董事会、审贷会、审计、信贷等进行管理、监督、控制。

①完善信贷资金管理。信贷资金管理是典当行内部控制系统的一个重要组成部分，是财务管理和信贷管理的核心。因此，必须建立健全信贷资金内部控制制度，加强信贷资金的管理，确保信贷资金安全完整、正常周转和合理使用，提高资金的使用效率。要加强公司财务、信贷资金的管理，就应该建立规范化的事前防范管理、事中控制风险管理、事后监督和责任追究制，建立科学严密的操作程序以及决策系统。

②建立大数据风险评估体系。分析典当贷款数据，设计贷款产品。充分了解抵质押物、办理时间、贷款周期、借款频率、逾期率等，针对不同的客户、抵质押物推出不同贷款产品；分析借款客户数据，精准营销。根据业务类型分析借款人的年龄结构比例、新老客户比例、客户结构、职业情况等，以便更好地推广营销，并提高效率和客户服务水平。利用大数

据，做好风控管理。充分利用互联网平台，多维度调查客户风险信息和当物价值信息，做好贷后大数据监控，有效提高风险管理能力。利用大数据来辅助典当经营决策是未来发展趋势，大数据对于典当经营发展越来越重要。充分利用大数据及互联网平台，做好贷前调查管理，包括客户风险信息查询、当物价值信息评估、客户资产状况等。做好贷中审批管理，支持额度审批、集团化审批到人。做好贷后风控管理，贷后跟踪记录、大数据动态监控、大数据催收等。大数据平台为典当行提供多维度大数据分析，企业每天经营发展分析、每月经营发展分析、历年经营发展对比分析、客户年龄对比分析、业务结构对比分析、息费指数、交易指数等，便于企业管理决策，能有效降低典当行信用风险、当物风险、管理风险等。

第五节 典当行业未来的发展前景分析

近年来，典当企业的发展明显受阻，这一方面源自现行法律政策条件下自身固有的发展短板，也源自竞争主体多元化和竞争的激烈化。

（一）典当行业尚有发展空间

虽然典当行业发展受阻，但是由于典当企业与其他融资机构相比有鲜明的特点，特别是在民品质押贷款方面，典当企业具有明显的优势。经济社会的发展不是典当的"掘墓人"，即使在发达国家的美国，"典当业的发展已经到了和银行并驾齐驱的程度"。[1] 典当行业尚有发展空间，但是顺应市场发展、改善经营手段、寻求有效的合作模式是典当企业必须面对和突破的现实问题。

（二）典当行业布局农村社区的力度将会加大

之前，我国的典当企业多布局在城市，这和城市的抵押物丰富、资金需求旺盛、交通便利息息相关。相反，在农村地区，抵押物相对匮乏，资金需求的额度较小，交通多有不便，这一方面会加大金融风险，另一方面也会提高运营成本。作为理性经济人的典当企业，近城市而远农村是市场作用的必然结果。但是，随着农村经济社会的发展，农村交通条件已得到

---

① 梓桐：《美国典当业与银行并驾齐驱》（http：//app. zgswcn. com/print. php？contentid＝56165）。

极大改善，农民收入大幅度提高，特别是 2014 年中共中央办公厅、国务院办公厅印发了《关于引导农村土地经营权有序流转发展农业适度规模经营的意见》，使土地承包经营权、粮食作物、生产及配套辅助设施等抵押融资成为可能。同时，农村地区金融资源匮乏，需要能满足小额融资的机构。在城市金融市场竞争压力日益加大的情况下，典当行业布局农村社区的力度势必将会加大。

（三）典当行业连锁经营将成为趋势

本章前述数据表明，全国典当企业数量、分支机构数量均呈下降的趋势，但是企业资产总额、负债却相对稳定，这意味着典当企业经营情况开始分化。其中，经营能力良好、实力雄厚的典当企业将会寻求规模效益，进行连锁经营将会成为必然选择。因为，虽然"互联网+典当"可以部分实现扩大典当企业规模的作用，但是由于典当行实物质押抵押的特点，通过虚拟网络短时期内不可能跨时空实现当物的鉴定等关键环节。连锁经营模式下，一方面可以使典当企业稀缺的人力资源得到充分利用，另一方面有利于树立品牌，实现品牌效益。

（四）典当企业金融机构的定位有望突破

目前，我国典当企业的市场作用是向中小微企业或个人通过抵押或质押融通资金，是对金融体系的有益补充，但是其法定身份却是一般工商企业。这种尴尬的身份使典当企业融资受限、监管缺失，既不利于行业的持续发展，也不利于国家的监管，故而风险较大。学界、实务界对此多有发声，建议给典当企业金融机构的身份。而国际上也有典型案例，如美国的典当企业就是法定的金融机构。

第五章

担保行业金融风险控制

第一节　引　言

一　研究背景和意义

（一）研究背景

加快发展融资担保行业，是国家致力于解决小微企业和"三农"融资困境的重要举措。受到国际政治经济形势不稳定、人民币升值、原材料价格上升、劳动力价格提高、货币流动性收紧、出口形势恶化等多方面的影响，我国中小企业融资困难。导致融资困难的原因有两个：一是中小企业资金普遍紧张。由于中小企业经营规模普遍较小，厂房、土地、机器设备等资产有限，办公用房、加工车间往往采取租赁使用。因此中小企业可用于贷款抵押的资产较少，往往难以申请到信用贷款。二是融资渠道不畅。目前，我国多层次资本市场尚未形成，创业投资体制不健全，产权交易市场功能尚未充分发挥，风险投资发展滞后，非正规融资缺乏法律支持，使得大多数中小企业无法通过股票和债券市场直接融资。

担保机构可以通过融资担保来解决上述问题。但是由于担保机构依靠市场机制运行，对担保业务承担连带责任，所以担保机构从事担保业务存在风险。

宏观层面，融资担保机构主要面临宏观经济风险、政策风险与法律制度风险。宏观经济风险是指国家宏观环境变化对担保机构带来的影响。担保机构的大部分客户为中小微企业，该类客户经济实力较弱，对经济变动比较敏感。若经济波动恶化了企业的市场环境，会增加其还款压力，此时担保机构就会出现风险。政策风险主要是由于国内外政策变化给融资担保机构带来的风险。这包括两个方面：一是融资担保机构作为中小微企业与银行的关联方，任何影响到银行与中小微企业的政策，均可能造成融资担保机构损失。二是政府对融资担保机构的政策变化直接导致的风险。当前虽然我国已初步建立了以《中华人民共和国担保法》《最高人民法院关于适用中华人民共和国担保法若干问题的解释》《中小企业促进法》和《中华人民共和国公司法》为基础的中小企业信用担保法律框架，但是远远滞后于不同模式担保机构发展的实际，使得担保机构运营风险较大，不利于不同模式担保机构的快速发展，使担保机构面临法律法规风险。

微观层面，涉及担保机构、中小微企业和银行三个关联方。担保机构的发展与自身资本实力、内控机制、专业人才以及经营管理水平等相关，上述方面出现问题，都会给担保机构带来风险，如缺乏专业的人才，会使担保机构在操作、风险控制方面出现风险。担保机构的主要服务对象为中小微企业，而中小微企业本身规模较小，经济实力弱，技术创新能力差，因此面对市场竞争时，往往比大企业损失概率大，给担保机构带来负面影响的概率就大。融资担保机构有70%以上的业务是与银行合作。在银担合作中，银行始终处于主导地位。银行为了降低自身风险，从2014年开始，便不断提高入围门槛、保证金比例，既要担保公司承担100%的风险，又向担保机构收取10%—30%不等的保证金。而且银行对于融资担保机构的信贷政策像"过山车"，一旦发现风险苗头，第一反应就是抽回贷款。这对目前以商业担保机构为主体、融资担保行业为主业的中小微企业信用担保造成极大影响。

2015年8月，国务院发布《国务院关于促进融资担保行业加快发展的意见》，明确融资担保行业的未来发展方向是服务小微企业与"三农"，缓解小微企业与"三农"融资难问题。国务院提出融资担保服务为准公共物品服务，重点建设政策性融资担保机构。这就对融资担保机构提出了两方面的要求：一方面，以政策性融资担保机构为主导，扩大融资担保规模，促进融资担保行业的发展，从而进一步促进小微企业及"三农"的借贷。另一方面，作为信用中介，对机构面临的风险进行严格把控，形成有特色的可持续发展。

因此，通过对我国信用担保机构进行风险分析，对信用担保机构存在的风险提出对策建议，以此促进中小企业融资问题的有效解决和信用担保机构的可持续发展，具有较强的现实意义。

（二）研究意义

在现代借贷市场中，借贷双方有时会出现信息不对称现象，在中小微企业及"三农"融资过程中也存在着严重的信息不对称现象。由于中小微企业存在财务体系不健全、信息披露不及时等问题，中小微企业与银行等正规金融机构存在严重的信息不对称，银行因此面对较高的信用风险。与此同时，银行由于搜集中小微企业信息成本太高，而不愿借贷给中小微企业及"三农"。[①] 融资担保行业的出现能在一定程度上缓解中小微企业与银行之间的信息不对称问题，从中起到信用中介的作用。融资担保服务一方面能够在降低银行借贷风险的同时增加银行借贷规模，另一方面，改善中小微企业及"三农"的信用，从而使之顺利获得银行贷款。融资担保服务增加了中小微企业及"三农"向银行贷款的成功率，并提高了资金的流动性。

融资担保机构作为信用中介时，融资担保机构将中小微企业及"三农"的信用风险从银行转移到了自身当中，其自身也面临代偿风险。因此本书立足于我国中小企业信用担保机构的发展现状，通过对融资担保机构和非融资担保机构的风险研究，为担保行业、政府部门制定政策、做出决策提供依据，进而促进各类担保机构的健康、协调和可持续发展。

二　担保业国内外研究现状

我国对担保问题的研究较晚，从 20 世纪 90 年代才开始进行探索。担保对于我国经济发展起着重要的作用。曹凤岐（2001）认为民营企业的资金主要靠自有资金和银行贷款，而实际上民营企业从银行获得贷款十分困难。为了解决中小企业融资难问题，需要建立完善的信用担保体系。建立完善的信用担保体系可以为中小企业提供相对公平的融资环境；可以分散银行风险，优化银行资产质量；可以推动科技进步，实现科技与经济相结合。[②] 吕薇（2000）认为目前许多国家和地区运用政府参与的中小企业

---

① 韩飚、刘胜会、张宏伟等：《中小企业融资成本调查及思考——基于全国 18 个地市问卷调查的实证分析》，《金融发展评论》2014 年第 1 期。

② 曹凤岐：《建立和健全中小企业信用担保体系》，《金融研究》2001 年第 5 期。

信用担保体系解决中小企业融资难问题，我国可以借鉴国外的先进经验，建立适合我国国情的信用担保体系。① 刘新来（2006）认为信用担保是促进经济与科技结合的重要手段，是支持中小企业技术创新体系的组成部分之一，因此，应发展完善信用担保，增加有效供给，支持中小企业技术创新。② 赵小克（2015）通过对贵州民族地区的调查发现，担保机构的发展对于当地中小企业提供担保抵押物难的问题起到了重要的作用，担保机构不仅进行常规性的担保业务，并且起到了政策性金融的功能，不仅为银行的经营活动提供了风险保障，还促进了中小企业的发展。③

　　信用担保是国际公认的高风险行业，要促进信用担保事业的发展，就必须具备科学的风险控制机制和方法，国内许多学者在这方面进行了研究。陈晓红（2001）把存款保险的风险定价思路引入信用担保的风险定价领域，给出了单阶段展期模型的定价方法，深化了信用担保风险定价理论与方法④。袁象（2008）通过对担保机构的信用评级分析，认为资本金规模较大、风险管理水平较高的担保机构风险控制能力较强。⑤陈虹和金鑫（2009）通过灰色预测模型 GM（1，1）预测担保机构的系统性风险，在项目运行过程中进行风险点的警示。⑥ 周宇和雷汉云（2009）运用 SPSS 构建 Logit 模型，研究影响担保机构的各风险因素。⑦申韬（2009）通过对 KMV 模型、Credit Portfolio View 模型和 Credit Risk 模型的比较，认为我国可以借鉴 Credi Mtetrics 和 KMV 模型的基本原理，建立担保机构信用风险度量模型⑧。胡金东与黄文锋（2010）提出担保机构可以参照孟加拉的格莱珉银行的做法对中小微企业及"三农"进行

---

① 吕薇：《借鉴有益经验，建立我国中小企业信用担保体系》，《金融研究》2000 年第 5 期。

② 刘新来：《我国信用担保业的发展态势与展望》，《金融研究》2006 年第 1 期。

③ 赵小克：《对民族地区中小企业融资担保体系的调查与思考——以甘肃省临夏回族自治州为例》，《贵州民族研究》2015 年第 12 期。

④ 陈晓红：《中小企业信用担保机构如何防范风险》，《经贸导刊》2001 年第 6 期。

⑤ 袁象：《中国信用担保机构的信用风险分析》，《金融论坛》2008 年第 2 期。

⑥ 陈虹、金鑫：《信用担保机构风险预警模型研究》，《武汉理工大学学报》2009 年第 6 期。

⑦ 周宇、雷汉云：《基于 logit 模型的信用担保风险研究》，《山东社会科学》2008 年第 12 期。

⑧ 申韬：《信用担保机构信用风险模型探析》，《金融经济》2009 年第 12 期。

柔性风险管理，即注重对事前的风险防范、事中风险人性化的解决、事后风险的共同面对。[①] 翁建兴与罗建华（2010）通过调查问卷，运用SPSS 软件进行因子分析，采用 AMOS4.0 软件对信用担保机构进行模型拟合，得出结论：信用风险是最基础的风险，政策性担保机构应对风险能力显著高于民营企业。[②] 崔晓玲和钟田丽（2009）建立信用担保契约模型，通过实际数据确定中小企业的担保费率，降低担保机构风险。[③] 高立军（2011）基于 VaR 模型研究中小企业信用担保风险定价，担保机构可根据实际情况得到真正适合于特定担保项目的担保费率。[④] 文学舟和梅强（2013）通过主成分分析法对担保机构经营效率进行比较，认为担保机构规避风险时需规范机构运作并开发多种担保项目。[⑤] 顾海峰（2014）基于从受保企业的盈利能力变化、偿债能力变化、管理能力变化、拓展能力变化等四大层面，引入信号函数，建立担保机构风险预警模型。[⑥] 潘慧（2014）通过分析中小企业担保机构内部控制、风险转移和分散以及风险补偿方面存在的缺陷，认为担保机构风险管理问题与我国相关法律法规存在缺陷、社会信用环境落后有关，要求国家借鉴国外经验加大扶持力度。[⑦] 张文远与李佳明（2015）基于银行、担保机构和受保企业三方，探索贷款担保风险定价，通过蒙特卡洛仿真模拟得到验证。[⑧] 曲笑与王龙成（2016）主要研究了融资性担保机构在 P2P 网络借贷平台开展业务的风

[①] 胡金东、黄文锋：《中小企业柔性风险评估模型研究——基于某担保机构的实践经验》，《科技进步与对策》2010 年第 7 期。

[②] 翁建兴、罗建华：《信用担保机构风险控制能力测度：本土模型构建与实证研究》，《软科学》2010 年第 3 期。

[③] 崔晓玲、钟田丽：《基于价值和费率的信用担保融资契约模型》，《管理学报》2009 年第 5 期。

[④] 高立军：《基于 VAR 模型的中小企业信用担保风险定价》，《银企信用》2011 年第 3 期。

[⑤] 文学舟、梅强：《基于主成分分析的三种担保机构经营绩效比较及评价》，《华东经济管理》2013 年第 6 期。

[⑥] 顾海峰：《基于信号函数的金融担保风险预警指标及模型研究》，《中国管理科学学术年会》2014 年第 11 期。

[⑦] 潘慧：《中小企业信用担保机构风险管理机制缺陷及矫正》，《上海金融学院学报》2014 年第 1 期。

[⑧] 张文远、李佳明：《"银企担"视角下的贷款担保定价模型设计》，《北京工业大学学报》2015 年第 6 期。

险，认为融资性担保机构为 P2P 平台担保增加了其自身的经营风险，在政府对互联网金融政策不明确的条件下，也存在政策风险，建议融资性担保机构与互联网平台发生业务往来时，进行债权转让。[①]

国外担保业与国内担保业略有不同。国外担保机构主要为政府债券、企业债券、资产支持证券等提供担保，而我国的融资担保机构主要为中小企业间接融资提供担保。Hancock 等（2007）通过变量回归分析认为中小企业在政府支持下的担保贷款在经济危机发生时较少受到波及。[②] Gendron 等（2002）利用 VAR 模型对担保项目进行风险分析，为信用担保项目风险决策提供了一个理论依据。[③] Lorenzo Gai 等（2014）通过分析意大利 19 个互助担保机构资产组合的数据，对担保贷款和违约率等数据进行单变量和多变量分析发现，担保机构担保的类型对于资产组合违约率影响最大，担保机构应该执行合理的操作策略来防控风险。[④]

从现有的研究成果来看，担保风险的研究主要集中在担保业中的中小企业、担保机构和银行各自的风险，而并没有将担保业的这三个关联方放在一起进行综合研究，而本书将三者综合分析，并在此基础上增加了宏观方面风险的分析。

本书在总结国内外相关研究成果及实践经验的基础上，综合运用多学科理论和方法，定性分析与定量分析相结合，全面剖析我国融资担保机构与非融资担保机构的存在的风险及其风险存在原因，力求找到适合我国国情的担保机构风险防范对策。

---

　　① 曲笑、王龙成：《融资性担保机构在 P2P 网贷平台的行为风险及应对措施》，《经营与管理》2016 年第 5 期。

　　② Hancock D., Peek J., Wilcox J. A., "The Repercussions on Small Banks and Small Businesses of Procyclical Bank Capital and Countercyclical Loan Guarantees", *Ssrn Electronic Journal*, March 2007.

　　③ Gendron M., Lai V. S., Soumare I., "An Analysis of private Loan Guarantee Portfolios", *Research In International Business And Finance*, Vol. 16, June 2002, pp. 395-415.

　　④ Gai L., Ielasi F., "Operational Drivers Affecting Credit Risk Of Mutual Guarantee Institutions", The Journal of Risk Finance, Vol. 15, 2014, pp. 275-293.

第二节　担保机构的发展历程

一　担保机构的产生

我国担保行业起步较晚，国内首家以担保为主要业务的全国性专业担保机构是中国投资担保有限公司，1993年12月4日在国家工商行政管理总局注册成立，其前身为中国经济技术投资担保有限公司，经国务院批准特例试办。经过20余年的发展，担保行业逐渐形成了一定的规模，呈现出担保机构数量不断增加、业务规模不断扩大、担保品种不断丰富、担保功能不断扩展的良好势头，在缓解中小企业融资难，促进社会经济稳定、健康发展等方面发挥了重要作用。目前担保公司主要分两类，第一类是纳入监管体系的融资性担保公司，第二类是非融资性担保公司。

二　担保机构的发展

我国从20世纪90年代初期开始探索建立担保机构至今，共经历了起步、快速发展、整顿规范三个阶段。

起步阶段是指1993年到2006年。自改革开放以来，我国中小企业不断发展壮大。为解决中小企业融资难问题，国家相关部门积极开展中小企业信用担保体系建设的试点工作，相继出台了一系列法律法规和政策文件，引导和促进担保行业的发展。1999年国家经贸委颁布《关于建立中小企业信用担保体系试点的指导意见》，目的是推动中小企业服务体系的建设，改善对中小企业的金融服务，解决中小企业融资难特别是贷款难问题。该指导意见就中小企业信用担保体系试点的指导原则、担保机构形式、担保对象和担保种类、担保机构的资金来源、担保机构的职能和业务程序、协作银行选择和担保资金管理、风险控制及责任分担以及信用担保体系试点的组织实施等方面做了明确的规定。1999年11月，中央经济会议明确提出要加快建设和完善中小企业信用担保体系，央行发布《关于加强和改进对小企业金融服务的指导意见》，指出金融机构要加强与担保机构合作，配合担保机构合理确定担保放大倍数，简化审贷手续，进一步强化对小企业的金融服务，配合中小企业信用担保体系，积极支持小企业健康发展。在此背景下，各级地方政府陆续出台了相关政策和配套措施，不同类型的担保公司在全国相继出现。2001 年国家经贸委下发了《关于建立全国中小企业信用担保体系有关问题的通知》对担保机构应具备的基本条件和对担保机构的监管做了具体的规定。2002 年国家出台《中华人民共和国中小企业促进法》，该法律明确规定，县级以上人民政府和有关部门应当推进和组建中小企业信用担保体系，推动对中小企业的信用担保。2003 年财政部发布了《关于加强地方财政部门对中小企业信用担保机构财务管理和政策若干问题的通知》，要求各级财政部门制定和完善担保机构的财务管理措施，鼓励担保机构开展担保业务。2005 年，国务院发布了《关于鼓励支持引导个体私营等非公有制经济发展的若干意见》。该意见提出支持非公有制经济设立商业性或互助性信用担保机构；鼓励有条件的地区建立中小企业信用担保基金和区域性信用担保机构；完善风险控制和补偿机制，建立担保业自律组织。

发展阶段是指 2007 年到 2009 年。这一阶段，一方面由于受到 2008 年金融危机的影响，中小企业融资难问题愈加突出，担保业务需求旺盛；另一方面，中央与各级政府对信用担保业务高度重视与支持，充实注册资本、进行风险补偿和提供税收优惠等扶持政策，有力地推动了担保行业的快速发展。担保机构积极拓展担保业务，创新担保品种，不断提升担保实力，在发展规模、业务广度和效益上，都取得了较大的发展。

整顿规范阶段是指 2010 年至今。在担保业迅速发展的同时，也出现了违规经营现象。国家开始对违法经营的非融资机构进行整顿。这一阶段的特征是规范违法经营的担保机构，担保机构数量有所下降，但质量有所上升，担保行业通过转型升级来实现持续健康发展。

三　担保公司的制度安排

有效抵押担保物不足是造成"三农"融资难的重要原因之一，为了有效解决该问题，国家鼓励设立担保机构。2010 年 3 月 8 日《融资性担保公司管理暂行办法》发布后，担保公司一般被分为两类：融资担保公司和非融资担保公司。对此，《中国银监会对十二届全国人大第三次会议第 5178 号建议的答复》（银监函〔2015〕175 号）进一步明确："根据是否设定行政许可、需要审批，投资担保公司分为两类，一类是经审批、纳入监管的投资担保公司，属于融资担保公司，由省级融资担保机构监管部门负责设立审批、关闭和日常监管；一类是其他投资担保公司，属于非融资性担保公司，不需要审批，只需在工商登记部门注册即可成立。"2012年6月1日中国投资担保专家委员会出台《全国非融资性担保机构规范管理指导意见》。非融资担保公司门槛较低，部分公司热衷于高收益、高风险投资活动，有的甚至涉嫌非法集资等违法违规行为，不仅严重扰乱了金融秩序，还容易对社会和谐稳定产生较大危害，亟须加强管理。2013年12月21日《银监会、发展改革委、工业和信息化部、财政部、商务部、人民银行、工商总局、法制办关于清理规范非融资性担保公司的通知》发布，"通过清理规范，非融资性担保公司的数量有所下降，部分非融资性担保公司从事非法集资、高利放贷等违法违规活动的势头受到了遏制，担保行业环境得到了一定程度的净化"。由于非融资担保的业务范围为诉讼保全担保、财产保全担保、财务顾问等中介服务，不得从事吸收存款、集资收款、受托贷款、发行票据、发放贷款等国家金融监管及财政信用业务，因此不属于金融机构，故本部分只涉及融资担保公司制度安排。

（一）准入制度安排

表5-1　　　　　　　　　　　融资担保公司准入制度安排

设立条件		向监管部门提交的文件、资料
有符合《中华人民共和国公司法》规定的章程		申请书。应当载明拟设立的融资性担保公司的名称、住所、注册资本和业务范围等事项
有具备持续出资能力的股东		可行性研究报告
有符合本办法规定的注册资本	监管部门根据当地实际情况规定融资性担保公司注册资本的最低限额，但不得低于人民币500万元；注册资本为实缴货币资本	股东名册及其出资额、股权结构；股东出资的验资证明以及持有注册资本5%以上股东的资信证明和有关资料
有符合任职资格的董事、监事、高级管理人员和合格的从业人员		章程草案
有健全的组织机构、内部控制和风险管理制度		拟任董事、监事、高级管理人员的资格证明
有符合要求的营业场所		经营发展战略和规划
监管部门规定的其他审慎性条件		营业场所证明材料
董事、监事、高级管理人员和从业人员的资格管理办法由融资性担保业务监管部际联席会议另行制定		监管部门要求提交的其他文件、资料

（二）业务范围制度安排

表 5-2　　　　　　　　　融资担保公司业务范围制度安排

经营业务	兼营业务	再担保等业务		不得从事的活动
贷款担保	诉讼保全担保	为其他融资性担保公司的担保责任提供再担保服务	条件： 近两年无违法、违规不良记录； 监管部门规定的其他审慎性条件； 从事再担保业务的融资性担保公司除需满足前款规定的条件外，注册资本应当不低于人民币1亿元，并连续营业两年以上	吸收存款
票据承兑担保	投标担保、预付款担保、工程履约担保、尾付款如约偿付担保等履约担保业务	为其他融资性担保公司的担保责任提供办理债券发行担保业务		发放贷款
贸易融资担保	与担保业务有关的融资咨询、财务顾问等中介服务			受托发放贷款
项目融资担保	以自有资金进行投资			受托投资
信用证担保	监管部门规定的其他业务			监管部门规定不得从事的其他活动
其他融资性担保业务				

（三）经营规则和风险控制制度安排

表 5-3　　　　　　　融资担保公司经营规则和风险控制制度安排

公司治理	依法建立健全公司治理结构，完善议事规则、决策程序和内审制度，保持公司治理的有效性；跨省、自治区、直辖市设立分支机构的融资性担保公司，应当设两名以上的独立董事
符合审慎经营原则的制度	融资性担保公司应当建立符合审慎经营原则的担保评估制度、决策程序、事后追偿和处置制度、风险预警机制和突发事件应急机制，并制定严格规范的业务操作规程，加强对担保项目的风险评估和管理
人才	融资性担保公司应当配备或聘请经济、金融、法律、技术等方面具有相关资格的专业人才；跨省、自治区、直辖市设立分支机构的融资性担保公司应当设立首席合规官和首席风险官；首席合规官、首席风险官应当由取得律师或注册会计师等相关资格，并具有融资性担保或金融从业经验的人员担任
财务会计制度	按照金融企业财务规则和企业会计准则等要求，建立健全财务会计制度，真实地记录和反映企业的财务状况、经营成果和现金流量
担保费	可根据担保项目的风险程度，由融资性担保公司与被担保人自主协商确定，但不得违反国家有关规定

续表

融资性担保责任余额	对单个被担保人提供的融资性担保责任余额不得超过净资产的10%，对单个被担保人及其关联方提供的融资性担保责任余额不得超过净资产的15%，对单个被担保人债券发行提供的担保责任余额不得超过净资产的30%；融资性担保责任余额不得超过其净资产的10倍
自有资金投资	限于国债、金融债券及大型企业债务融资工具等信用等级较高的固定收益类金融产品，以及不存在利益冲突且总额不高于净资产20%的其他投资
自融	融资性担保公司不得为其母公司或子公司提供融资性担保
担保赔偿准备金	1. 融资性担保公司应当按照当年担保费收入的50%提取未到期责任准备金，并按不低于当年年末担保责任余额1%的比例提取担保赔偿准备金。担保赔偿准备金累计达到当年担保责任余额10%的，实行差额提取。差额提取办法和担保赔偿准备金的使用管理办法由监管部门另行制定； 2. 监管部门可以根据融资性担保公司责任风险状况和审慎监管的需要，提出调高担保赔偿准备金比例的要求； 3. 融资性担保公司应当对担保责任实行风险分类管理，准确计量担保责任风险
信息提供及交换	融资性担保公司办理融资性担保业务，应当与被担保人约定在担保期间可持续获得相关信息并有权对相关情况进行核实； 融资性担保公司与债权人应当建立担保期间被担保人相关信息的交换机制，加强对被担保人的信用辅导和监督，共同维护双方的合法权益； 融资性担保公司应当按照监管部门的规定，将公司治理情况、财务会计报告、风险管理状况、资本金构成及运用情况、担保业务总体情况等信息告知相关债权人

（四）监督管理

表 5-4 　　　　　　　　　　　融资性担保公司监督管理

监管部门	应当建立健全融资性担保公司信息资料收集、整理、统计分析制度和监管记分制度，对经营及风险状况进行持续监测，并于每年6月底前完成所监管融资性担保公司上一年度机构概览报告
	应当根据审慎监管的需要，适时提出融资性担保公司的资本质量和资本充足率要求
	根据监管需要，有权要求融资性担保公司提供专项资料，或约见其董事、监事、高级管理人员进行监管谈话，要求就有关情况进行说明或进行必要的整改；监管部门认为必要时，可以向债权人通报所监管有关融资性担保公司的违规或风险情况
	根据监管需要，可以对融资性担保公司进行现场检查；现场检查时，检查人员不得少于2人，并向融资性担保公司出示检查通知书和相关证件
	监管部门应当会同有关部门建立融资性担保行业突发事件的发现、报告和处置制度，制定融资性担保行业突发事件处置预案，明确处置机构及其职责、处置措施和处置程序，及时、有效地处置融资性担保行业突发事件
	监管部门应当于每年年末全面分析评估本辖区融资性担保行业年度发展和监管情况，并于每年2月底前向融资性担保业务监管部际联席会议和省、自治区、直辖市人民政府报告本辖区上一年度融资性担保行业发展情况和监管情况；监管部门应当及时向融资性担保业务监管部际联席会议和省、自治区、直辖市人民政府报告本辖区融资性担保行业的重大风险事件和处置情况

续表

融资性担保公司	应当按照规定及时向监管部门报送经营报告、财务会计报告、合法合规报告等文件和资料，提交的各类文件和资料应当真实、准确、完整
	按季度向监管部门报告资本金的运用情况
	监管部门根据监管需要对融资性担保公司进行现场检查时，融资性担保公司应当予以配合，并按照监管部门的要求提供有关文件、资料
	融资性担保公司发生担保诈骗、金额可能达到其净资产5%以上的担保代偿或投资损失，以及董事、监事、高级管理人员涉及严重违法、违规等重大事件时，应当立即采取应急措施并向监管部门报告
	应当及时向监管部门报告股东大会或股东会、董事会等会议的重要决议
	应当聘请社会中介机构进行年度审计，并将审计报告及时报送监管部门
行业自律组织	融资性担保行业建立行业自律组织，履行自律、维权、服务等职责；全国性的融资性担保行业自律组织接受融资性担保业务监管部际联席会议的指导
征信管理部门	征信管理部门应当将融资性担保公司的有关信息纳入征信管理体系，并为融资性担保公司查询相关信息提供服务

四 担保公司发展现状

（一）担保公司所处的政策环境

2003 年《中华人民共和国中小企业促进法》开始实施，我国开始以法律的形式对信用担保的大政方针和重要举措进行了规定。从 2003 年起，国务院发布一号文件指出，要把农产品加工企业作为全国中小企业信用担保体系的优先扶持对象，优先支持符合贷款条件的龙头企业。一号文件中多次强调，要推进农村担保方式创新，扩大有效抵押品范围，扩大抵押担保形式，支持建立担保基金或担保机构，解决农户和农村中小企业贷款担保难问题。与此同时，随着中国加入 WTO，担保业进入迅速发展阶段。2008 年，中小企业受金融危机冲击严重，政府加大了对担保业的扶持力度。在国务院一号文件中首次提出政策性融资担保机构要把农村专业合作社纳入服务范围，支持有条件的合作社兴办农村资金互助社。在之后的一系列文件中鼓励龙头企业在财政支持下参与担保体系建设，探索建立政府支持、企业和银行多方参与的农村信贷担保机制。因此，在政府的支持下，大量民营资金，外国资本涌入，担保机构数量增长，但同时也出现了违规操作现象。2010 年《融资性担保公司管理暂行办法》出台，各地融资性担保公司整顿普遍展开，担保行业进入规范化运作阶段。在此后的国务院一系列文件中提出了要加强涉农信贷与保险协作，创新符合农村特点的抵（质）押方式和融资工具，建立多层次、多形式的农村信用担保体系。鼓励地方政府和民间出资设立融资性担保机构和再担保机构，开展"三农"融资担保业务。2011年，科技部、财政部、中国人民银行、国资委、国税总局、银监会、证监会、保监会联合发布《关于促进科技和金融结合加快实施自主创新战略的若干意见》。意见提出加强信用建设、发挥信用担保的中介作用、利用中小企业信用担保资金等政策，扩大对科技型中小企业的担保业务。通过风险补偿、担保业务补助等增信方式，提高担保机构对科技型中小企业的融资担保能力和积极性，创新担保方式，加快担保与创业投资的结合，推进多层次中小企业融资担保体系建设。2012年，财政部、国家税务总局公布中小企业信用担保机构税前扣除政策，使得税务政策对于担保机构更加合理。

2014年12月18日，国务院召开全国促进融资性担保行业发展经验交流电视电话会议。中共中央政治局常委、国务院总理李克强作出重要批示。批示指出："发展融资担保是破解小微企业和'三农'融资难融资贵问题的重要手段和关键环节，对于稳增长、调结构、惠民生具有十分重要的作用。要有针对性地加大政策扶持力度，大力发展政府支持的融资担保和再担保机构，完善银担合作机制，扩大小微企业和'三农'担保业务规模，有效降低融资成本。"①

自十八届三中全会召开以来，我国经济步入结构调整新常态，融资担保业面临新的机遇与挑战。2015年8月国务院下发《关于促进融资担保行业加快发展的意见》，明确了融资担保准公共产品的政策属性，确定了融资担保的政策性业务定位，促进大众创业，明确担保机构具有打破"小微"和"三农"融资难融资贵瓶颈的作用。《意见》最大的亮点是首次明确提出设立国家担保基金，以及构建国家融资担保基金、省级再担保机构、辖内融资担保机构的三层组织体系，这种举措能发挥政府再担保"稳定器"作用，既加大了政府的扶持力度，又能够有效分散融资担保机构风险。

（二）担保公司所处的法律法规环境

目前，我国已初步建立了以《中华人民共和国担保法》《最高人民

---

① 李克强：《发展融资担保 破解小微企业和"三农"融资难融资贵》（http：//www. gov. cn/guowuyuan/2014-12/18/content_ 2793669. htm）。

法院关于适用中华人民共和国担保法若干问题的解释》《中华人民共和国中小企业促进法》和《中华人民共和国公司法》为基础的中小企业信用担保法律框架。虽然我国中小企业信用担保的法律政策环境有了进一步的改善，但是远远滞后于不同模式担保机构发展的实际。例如，我国现行《中华人民共和国担保法》是基于保障债权人实现其债权的指导思想而制定的，主要反映了债权人的利益，并没有明确规定担保机构的法律地位，对于其应享有的权利与义务也未作相关说明，只是在《中华人民共和国中小企业促进法》中规定县级以上人民政府和有关部门应当推进和组织建立为中小企业提供信用担保的体系和鼓励中小企业依法开展多种形式的互助性融资担保，但没有解决信用担保的具体规范问题。《中华人民共和国公司法》又未对担保机构做出专门的规定。从总体上看，已出台的有关法律、政策、制度还比较分散，尚未形成国家统一的、全面适应信用担保行业的法律制度体系，不利于不同模式担保机构的快速发展。

我国也未建立起健全的农村产权交易市场。按照我国相关法律规定①：乡（镇）村企业建筑物范围内的土地使用权以及通过招标、拍卖、公开协商等方式取得的荒山、荒丘、荒沟、荒滩等荒地的土地使用权、土地承包经营权等可以进行抵押贷款，而集体所有的耕地、宅基地、自留地、自留山等土地使用权、承包经营权等则不能进行抵押贷款。2007 年《物权法》实施后，只对有效担保物进行了拓展，但集体所有的耕地、宅基地、自留地、自留山等土地使用权依然被禁止抵押。虽然政府要求各地根据实际情况积极探索信用担保体系。但由于我国相关法律的缺失，特别是宅基地使用权的转让受到严格限制，抑制了融资性担保机构"三权"抵押融资方式业务的发展。②

我国相关担保机构的法律法规较少，其相应的对融资担保机构的监管也比较松散，并未形成系统的监管法案。直到 2010 年，由中国银监会等七部委联合发布了《融资性担保公司管理暂行办法》（简称办法），这是融资性担保机构比较成型的监管法案。2011 年 2 月，保监会公布《关于规范保险机构对外担保有关事项的通知》严禁保险机构进行对外担保。

①　相关法律包括《中华人民共和国担保法》《土地管理法》及《农村土地承包法》。
②　赵忠奎：《"三权"抵押融资担保法律激励探析》，《现代经济探讨》2014 年第 10 期。

2011 年 3 月，银监会公布《关于促进银行业金融机构与融资性担保机构业务合作的通知》，鼓励银行与融资性担保机构建立稳定的合作关系：借助融资性担保机构的增信作用，合理确定担保贷款的利率，建立适合融资性担保机构承保贷款（以下简称担保贷款）特点的业务模式等鼓励措施。中央政策出台后，各省（直辖市）也根据各自的情况纷纷采取相应措施规范融资担保行为，如：广东省自 2010 年 11 月 1 日起，正式施行《广东省〈融资性担保公司管理暂行办法〉实施细则》，该细则进一步明确了融资性担保机构可从事和禁止从事的业务。山东省政府办公厅 2010 年 6 月下发了《关于全省融资性担保公司规范整顿工作的通知》，并在全省范围内启动了融资性担保机构规范整顿工作。山西省人民政府办公厅于 2015 年 5 月公布《关于促进山西省融资担保行业健康发展的实施意见》，指出将完善分类监管，加强监管评级工作，建立省内担保行业信息管理系统，利用人民银行账户监管系统、反洗钱系统等监测功能，及时反映担保行业经营动态，逐步实现网上实时监控、风险预警和远程管理。杭州市发布了《关于进一步促进融资性担保行业规范健康发展的意见》，提出行业规范发展的指导思想和总体目标，推进建立分级审核、属地管理、联动协调、科学有效的监管机制。通过加强日常监管，对不从事融资性担保业务、涉嫌非法集资和高利贷的机构依法严格处理，坚决清退出融资性担保行业，要求全省融资性担保机构在营业场所悬挂由省级监管部门监制的行业统一标志、标识，便于公众辨识和监督。[1]

（三）信用担保公司所处的金融环境

金融环境的差异，对于经济及其企业的发展有一定的影响作用。李延凯与韩廷春（2013）使用系统广义矩估计方法，对 51 个国家和地区的数据进行 Wald 检验，结果显示，由于地区的信用体系落后、监管落后，融资担保机构、小额贷款公司等金融中介机构经营效率较低。[2] 李依霏（2015）通过对近 10 年的所有 A 股公司数据进行分析，利用 Stata 软件研究金融环境对商业信贷产生的影响，结果表明金融环境较好的地区民营企业增长速度明显高于国有企业，这从侧面反映了金融环境良好的地区，信

---

①　杭州市经济和信息化委员会：《杭州担保行业发展蓝皮书》，中国金融出版社 2014 年版。

②　李延凯、韩廷春：《金融环境演化下的金融发展与经济增长：一个国际经验》，《世界经济》2013 年第 8 期。

贷渠道多样化发展，对于民间借贷的发展有利。[①] 肖晶（2016）利用我国
25 个城市的中小企业的面板数据建立 Ordered Probit 模型，实证结果表明
金融市场化环境较好的地区，中小型金融机构能够对中小企业进行信贷
支持。[②]

2016 年，中国人民银行继续采用稳健的货币政策，取得了较好效果。银
行体系流动性合理充裕，货币、信贷和社会融资规模平稳较快增长，利率水
平低位稳定运行。金融环境的基本稳定促进了经济平稳可持续发展，经济结
构调整对抑制全社会债务和杠杆水平的过快上升发挥了积极作用。2016 年 10
月末，广义货币供应量 M2 余额同比增长 11.64%；M1 同比增长 23.85%。[③] 如
图 5-1 所示，2016 年的大部分月份，M1 增速高于 M2 增速，这说明 2016 年整
体企业活期存款增速大于定期存款增速，企业和居民交易活跃，经济景气度
上升。M1 增速与 M2 增速并不稳定，上下波动幅度明显，且趋势一致，甚至
在 2016 年的 2 月份、7 月份、9 月份 M1 增速为负数，即 M1 出现负增长，

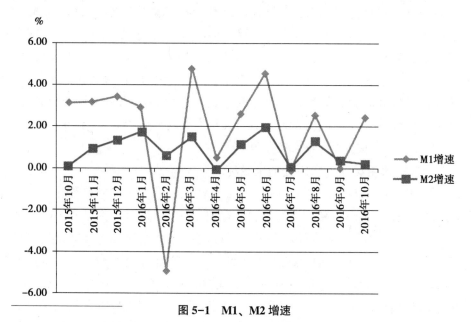

图 5-1　M1、M2 增速

①　李依霏：《金融环境、银行信贷与商业信用资源再配置效应》，硕士学位论文，石河子大
学，2016 年。

②　肖晶：《中小金融机构的发展缓解了中小企业融资约束吗？——基于地区制度环境差异化
的研究》，《金融论坛》2016 年第 2 期。

③　数据来源于中国人民银行、中国证券监督管理委员会、中国保险监督管理委员会、中央国债
登记结算有限责任公司和中国银行间市场交易商协会。

M1 增速小于 M2 增速，在这期间企业和居民选择将资金以定期形式存入银行，微观个体盈利能力下降，多余的资金从实体经济中沉淀下来。从国内情况看，随着我国经济供给侧结构性改革，新经济、新产业、新商业模式快速发展，但经济运行对房地产和基建投资的依赖仍然较大，民间投资活力仍然不足，部分领域的发展仍充满挑战。

截至 2016 年 10 月社会融资规模存量为 152.41 万亿元，同比增长 10.33%。从项目上看，委托贷款、信托贷款以及企业债券比上年有较大的提升，在社会融资总量中的占比也明显上升，而未贴现银行承兑汇票在总量中的占比不断下降。如表 5-5 所示。

表 5-5　　　　　　　　　　2016 年 10 月社会融资规模总量

项目	规模（亿元）	比例（%）
社会融资规模	152.41	100.00
其中：人民币贷款	103.35	67.81
外币委托贷款	2.63	1.73
委托贷款	12.59	8.26
信托贷款	5.99	3.93
未贴现银行承兑汇票	3.62	2.38
企业债券	17.57	11.53
非金融企业境内股票融资	5.6	3.67

2016 年，人民币贷款余额同比增长 11.42%，比年初增加了 8.06 万亿元人民币。其中小微企业、涉农贷款增速均高于各项贷款的平均增速。2016 年 9 月末，主要金融机构及小型农村金融机构、外资银行的小微企业贷款余额 25.64 万亿元，同比增长 13.75%，比同期全部企业贷款增速高，这说明主流金融机构开始逐步开展中小微企业贷款，融资担保机构在中小微企业及银行之间起到信用中介的作用，银行对中小微企业的重视，在一定程度上有利于融资担保机构的发展。

目前，随着金融环境的逐步稳定，金融非中介化趋势明显，银行服务客户逐步倾向于经济活力高的中小微企业。伴随着对中小微贷款风险管理的完善，银行等主流金融机构与融资担保机构也会在一些客户方面产生竞争关系，迫使融资担保机构流失优质客户并增加了存在劣质客户的概率，增加了融资担保机构的代偿压力，促使其研究创新业务品种。互联网金融模式的发展同时给融资担保机构带来机遇与挑战。互联网金融模式会产生巨大的商业机会，但也会促进竞争格局的变化，对于融资性担保机构而言，P2P 平台融资担保业务的开展在增加融资担保业务的同时也会使其自身风险大大增加，冲击着机构自身的传统业务。

目前，中国正规金融主要包括政策性金融、商业性金融和合作性金融；而根据 2015 年央行等部门联合下发的《金融业企业划型标准规定》，融资担保公司参照该规定中"除贷款公司、小额贷款公司、典当行以外的其他金融机构"标准划分类型。非正规金融机构所提供的间接融资及个人之间或个人与企业主之间的直接融资，主要包括小额信贷公司、担保机构以及典当行。从图 5-2 中可以看出，在同行业竞争中，担保机构与小额信贷公司相比，担保余额大大超出了小额信贷贷款额，说明我国担保机构仍然在民间融资中起着重要作用。

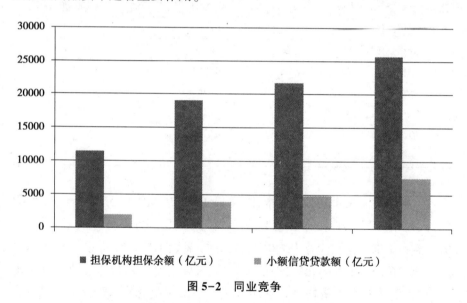

图 5-2　同业竞争

（四）担保机构发展存在的问题

融资性担保机构是一种提供担保业务的准金融机构，可从事担保融资业务即直接为货币资金持有者和需求者提供担保的一种金融机构。融资性担保公司需要前置审批。根据《融资性担保公司管理暂行办法》的规定，融资性担保公司能与银行合作开展贷款担保、票据承兑担保、贸易融资担保、项目融资担保、信用证担保等业务。第十九条规定，融资性担保机构经监管部门审批，可以兼营履约担保业务，如诉讼保全担保、投标担保、预付款担保等。融资性担保机构还可以从事与担保业务有关的咨询等中介业务。第二十一条规定，融资性担保机构不得从事吸收存款、发放贷款、受托发放贷款等业务。融资性担保机构主要存在六大问题。

1. 担保机构数量降低

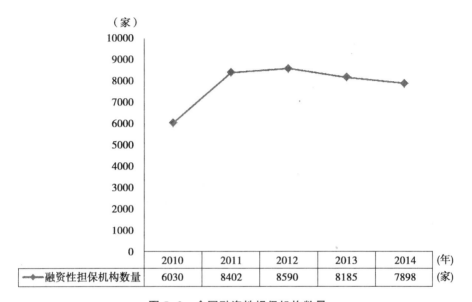

（家）

	2010	2011	2012	2013	2014	(年)
融资性担保机构数量	6030	8402	8590	8185	7898	(家)

图 5-3　全国融资性担保机构数量

2015 年报涉及 36 个省、区、直辖市，共有 3389 家担保机构、18 家再担保机构进行了信息报送并通过了管理部门的审核。与 2014 年年报的情况相比，上报的担保机构总数减少了 491 家，其中国有及国有控股担保机构数量比 2014 年增加 25 家，达到 1447 家；2015 年新增资的担保机构有 448 家，同比减少 86 家；2015 年增资金额达 364 亿元，同比增加 27 亿元。再担保机构比 2014 年上报的机构数量多 1 家。

在上报的 3389 家担保机构中，新增担保额 15842 亿元，与 2014 年相比减少 1826 亿元；新增担保户数 488558 户，同比减少 108400 户；新增担保笔数 561277 笔，同比减少 128132 笔；期末担保责任余额 17500 亿元，同比减少 868 亿元；期初担保责任余额 17156 亿元，本期解除担保额 15480 亿元；期末在保户数 785358 户，同比减少 104303 户。本期新增担保代偿额 473 亿元，同比增长 150 亿元；担保机构总收入 431 亿元，同比减少 72 亿元；担保业务收入 305 亿元，同比减少 58 亿元；其中：融资性担保费收入 264 亿元，同比减少 46 亿元。

综上所述，2015 年年报的担保机构数量、新增担保额、新增担保户数、新增担保笔数、期末担保责任余额与 2014 年相比，均减少很多，而本期新增担保代偿额与同期相比，增加约 46%，在全国 36 个省、区、直辖市中，有 28 个省市的代偿额呈上升趋势。担保行业形势发展不容乐观。

2. 担保代偿率上升

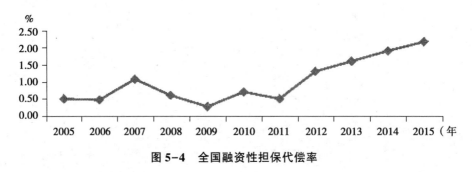

图 5-4　全国融资性担保代偿率

2010 年《融资性担保公司管理暂行办法》出台，各地融资性担保公司整顿普遍展开，担保代偿率有所下降，但从 2012 年开始担保代偿率开始大幅上升，2015 年担保代偿率高达 2.17%，说明担保机构风险明显增大。但从整体来看，行业拨备水平仍较高，整体代偿风险仍在可控范围内。担保代偿率的上升，会使担保行业利润下降，分析原因可能是由于次贷危机造成全球经济下滑，世界经济复苏缓慢，国际需求不足，我国对外贸依存度较大，以致出口减少；另外，国家的刺激计划副作用开始显现，大量的中小企业经营困难，中小企业倒闭、破产和企业家跑路时有发生，担保行业的经营遭到重创。尽管担保机构进行了积极的投资运作，但由于担保费率较低、部分资金被存入银行用作收益低的保证金以及担保机构主动提取风险准备金等，担保行业盈利水平普遍下降。

3. 担保机构服务质量增强

根据图 5-5 数据，中小企业融资性担保余额占比，呈下降趋势。2013 年末，中小微企业融资性担保余额 1.28 万亿元，较上年增长了 13.9%，融资性担保机构为 23 万户中小微企业提供贷款担保服务，占担保企业总数的 93.6%。在担保业务中，虽然担保余额占比降至将近 60%，但数量众多，这说明担保机构为中小企业进行的担保服务资金量少且数量多，服务质量显著提高。但从中也看到一些问题，担保余额增速呈滑坡式下降。这是由于 2012 年以后中国 GDP 增速开始下降，不仅中小企业经营困难，

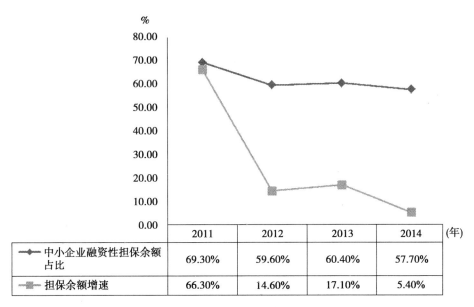

图5-5 担保机构服务质量

一些国有企业生产效率低下，产能过剩，盈利不佳，担保代偿风险大幅增加，部分担保机构由于资金流动性出现问题，失去代偿能力导致破产。

2013年行业实收资本8793亿元，较上年末增长6.2%，融资性担保机构实力增强，虽然融资担保机构数量有所下降，但实收资本稳定增加，说明担保机构规模逐渐扩大，总体服务质量增强。截至2013年末，行业资产1.12万亿元，较上年末增长7.6%；2013年度担保业务收入474亿元，实现净利润154亿元，同比增长35.6%。

4. 融资担保机构放大倍数增大

表5-6　　　　　　　　　　融资担保放大倍数

年份	融资担保放大倍数
2010	2.07
2011	2.11
2012	2.13
2013	2.34
2014	2.36

放大倍数是担保资金的杠杆乘数，是担保总金额与担保机构担保基金

之间的比例。担保放大倍数大小影响到担保机构政策目标的实现，同时对担保费率等也有重要影响。杠杆作用越大，担保的金额越多，相应的平均管理成本就越低。如果代偿率稳定不变，则维持担保机构运行所要求的担保费率就可以降低。从发展趋势上看，从 2010 年到 2012 年，放大倍数处于微弱的上升的趋势，2013 年以后担保放大倍数扩大到 2.3 倍，与之前相比明显升高。根据中国银监会等七部委颁布的《融资性担保公司管理暂行办法》，担保机构的放大倍数不能超过 10 倍，虽然我国绝大多数担保机构满足此规定，但与国际上担保机构普遍 10 倍的放大倍数相比，担保机构的放大倍数明显偏低，在放大倍数较低的情况下，信用杠杆作用不能得到有效发挥，造成了担保资源的浪费，担保机构只根据企业提供的有效反担保资产价值来确定对它的担保额，忽略了企业的实际信用情况。从另一种角度来说，说明我国担保机构的规模效应不明显，存在较大的上升空间。

5. 行业集中度高，经营结构差异大

担保机构为了降低信息不对称的风险，倾向于为同一企业做担保，虽然担保业务增长较快，但是中小企业受保范围没有相应地扩大。尽管一部分发展前景较好的中小企业通过担保机构的信用增级作用，从银行获得了贷款，但从众多中小企业情况来看，不断扩大中小企业，特别是"三农"、科技型中小型企业的受惠面是非常必要的。

融资担保机构收入持续性不强，经营结构差异大。担保收入、投资收益和利息净收入占比在各个公司间差异较大。投资收益可持续性存疑，信托投资的高收益受制于监管趋严和地产低迷，且若监管更加规范并落实，投资范围将大大缩小。利息收入同样不可持续，这一业务本质上为放贷，属于监管的灰色地带。

6. 投资收益低，盈利能力不足

政策性担保机构的资本金一般会在创建时一次投入，后续投入较少。对国有资本介入的担保机构而言，在经营过程中追求保值以及社会效益，对资本回报无明确要求。部分地方政府支持政策性融资担保机构的发展，例如，青岛市新发展的西海岸担保，专门为西海岸新区基础设施建设、文化旅游等惠及民生的项目提供担保；建立创业担保机构，为创业人员提供小额贷款担保；青岛市的中小企业担保业高达 86.4%，高于国内平均水平。部分拥有国资背景的政策性融资担保机构拥有巨额资本金，无视风险，为追求高收益率盲目扩充业务，从事高风险行业。例如，河北融投曾是国家第二大担保机构，属于特大型担保机构。有政府信用背书的河北融投与多家金融机构合作，风险管理意识较弱，导致2015年河北融投担保的数百家民营企业破产，河北融投拒绝代偿，而被暂停其所有业务，国家信用遭到破坏，且殃及多家银行金融机构、互联网金融企业。

商业性担保机构盈利水平不高。担保机构的主要收入来源于担保收入和投资收益。担保行业的快速发展，导致行业竞争激烈。2014年担保行业平均净资产收益率6.3%，盈利能力不足。民营资本进入融资担保行业，不仅是为了获得融资担保，也是为了获得投资收益。目前，担保机构短期投资主要用于担保机构许可的国债投资、委托贷款和理财产品等，担保机构通过这些投资既推动了被投资企业发展，又可获得部分回报补充自身的资金，提高了担保资金的使用效率，但也带来较大的风险。例如，部分担保公司从事银行转贷短期拆借业务，虽然短期收益较高，但实质上无任何抵押的信用借款，在银行贷款审批不确定的情况下，拆借资金面临较大损失的风险。

普通担保公司又称非融资性担保公司，是指在中华人民共和国行政区域内依法设立，但没有取得融资担保许可证书，同时在开展联合担保、诉讼担保、工程担保等为自然人和法人机构担保的担保机构。实际上非融资性担保公司还主要从事一些主营或者兼营业务：其一，与融资性担保机构合作。非融资性担保公司提供项目来源，融资性担保公司提供银行额度，共享保费。其二，独立经营合规的担保业务，包括：诉讼保函业务、履约担保业务和与担保业务有关的融资咨询、财务顾问等中介服务。

第三节　担保行业面临的主要风险

担保行业按照业务类型分为融资担保机构与非融资担保机构。经过了20多年的发展，融资性担保机构主要有三种模式：商业型担保机构、政策性担保机构与互助型担保机构。随着商业型担保机构的增加，担保机构面临的风险也在不断增加。非融资性担保机构主要经营工程履约担保、投标担保、诉讼保全担保等非融资性的担保业务。因此，研究融资担保公司与非融资担保公司风险的具体表现以及产生风险的原因对于控制担保业风险有着重要的意义。

一　融资性担保机构面临的风险

融资性担保机构在中小企业融资过程中扮演信用担保的角色。一般认为融资担保机构的风险来源于两个方面。一方面来源于机构内部。孙炜等（2014）通过中央银行对四川省 111 家担保机构的评级，认为担保机构自身主要面临以下风险：管理风险、信用风险、合规风险与经营风险①。刘钢（2012）运用 Z-score 模型分析融资担保机构内部的财务风险，认为分支机构较多、注册资本规模较小的融资担保机构面临的财务风险较大。②江小毅（2013）主要研究融资担保机构在经营上出现的风险：客户信息风险、反担保设置风险、从业人员素质风险、综合审查风险以及保后监管风险。③ 另一方面来源于外部环境。牛吉平（2013）认为融资担保机构相关法律法规的滞后以及与政策的相违背，给融资担保机构事后追偿带来风险。④ 张人仁（2016）认为外部环境的风险主要来源于法律法规风险及监管风险。⑤ 总之，融资担保机构面临的风险来自于宏观环境、中小微企业、金融机构、担保机构内部等。

（一）外部环境风险

1. 宏观经济风险

融资性担保机构的盈亏主要取决于受保企业是否有能力按时偿还银行贷款以及后来的追偿额，而当前全球经济仍处在深度调整期，经济增长总体乏力，自 2015 年以来我国 GDP 增速首度跌至 7% 以下，2016 年第三季度 GDP 增速更是跌至 6.7%。人民币持续三年贬值，2016 年人民币贬值幅度较大，全年贬值 6.83%。2017 年美联储加息预期增强，美元地位继续强势，再加上中国经济的下行风险，可能会导致人民币继续贬值，加速

---

① 孙炜、张宏宇、杨宏远：《融资性担保公司潜在风险剖——以四川省融资性担保公司信用评级试点为例》，《西南金融》2014 年第 4 期。

② 刘钢：《融资性担保公司结构与风险之关系初探——以北京为例》，《现代财经》2012 年第 4 期。

③ 江小毅：《基于业务角度的融资性担保公司风险控制探讨》，《特区经济》2013 年第 12 期。

④ 牛吉平：《我国融资性担保公司风险分担的法律问题》，《会计之友》2013 年第 11 期。

⑤ 张人仁：《融资性担保公司外部风险控制探析》，《新经济》2016 年第 21 期。

中国资本外出。2016 年第三季度中国资金出逃高达 4605 亿元，增加了企业的融资压力，减少盈利空间，尤其是对于中国的进口行业，人民币贬值意味着进口商品成本更加昂贵，企业如果为了维持市场份额，价格保持不变，企业盈利减少，如果维持利润率不变，企业会面临市场份额减少的风险，两种情况均会给企业的经营带来风险。融资担保机构作为担保方，会面临代偿风险。

2016 年房地产市场回暖，泡沫越来越大，未来风险不可预估。虽然在房价高涨的情况下，去库存效果显著，但泡沫呈现一种越挤越多的趋势，使得房地产市场风险积累加剧，形成了高价格、高库存、高杠杆、高度金融化和高度关联性等风险特征。房地产的高房价使得实体经济资金链枯竭，企业投资意愿不强，市场上流动资金不充足，使得经济增长速度不断下滑。我国宏观经济杠杆性比较强，企业负债总额不断增加。一般情况下，随着债务的增加，企业将资金用于生产投资获取利润，使得利润能够不断地覆盖债务，带来资本积累。但当前我国债务大多投资于非生产性的投资——房地产，并不会带来资金的增加，如果债务的增加超过了储蓄的增加，巨额的债务可能会导致资金流动性降低，增加银行业的风险，银行业一旦出现风险，会出现国家信用危机，通过传导机制我国金融业会遭到重创，引发系统性金融风险。上述宏观经济风险的发生可能会使企业市场环境恶化，受保企业遭受损失，出现违约风险，导致融资担保机构出现代偿压力，间接地影响融资担保机构资金的流动性，最终使融资担保机构破产。

2. 担保行业政策风险

政策风险主要是由于国内外政策变化给融资担保机构带来的风险。这包括两方面：一方面，融资担保机构作为连接中小微企业与银行的信用中介机构，任何影响到银行与中小微企业的政策，均可能会造成融资担保机构的损失。例如，随着利率市场化改革的完成以及国家对普惠金融政策的支持，意味着金融机构与客户协商定价的空间将进一步扩大，银行等主流金融机构顺应国家产业政策要求，完善中小微企业信用管理体系，与融资担保机构形成竞争关系，从而导致市场竞争风险。2016 年随着美联储进入加息和紧缩周期，人民币兑美元大幅贬值，使进口企业成本增加，企业流动资金不足，导致经营困难，间接引起融资担保机构面临代偿风险。另一方面，政府对融资担保机构的行业政策与监管政策变化导致的风险。例如：2010 年的《融资性担保公司管理暂行办法》规定，融资性担保公司不得从事吸收存款、发放贷款、受托发放贷款和受托投资等业务，并且在担保准备金提取方面规定比较苛刻，虽然是为了防止融资性担保机构的风险，但在一定程度上影响了融资性担保机构资金的流动性。2015 年，互联网金融发展迅速，政府出台政策鼓励"互联网+"模式，融资担保机构与网贷平台合作，为网贷平台做融资担保，这属于非传统的担保业务，其并未成熟，还处在探索阶段。平台刚刚起步，融资担保机构与其合作风险较大。虽然在合作过程中规定需要有合格的抵押物，但实际上融资担保机构在替网贷平台偿还后，向债务人追偿执行困难，对担保机构的经营带来风险。2015 年 8 月，国务院发布《关于促进融资担保行业加快发展的意见》，确定其准公共物品属性，中国融资担保协会提醒企业谨慎开设互联网金融业务，以防互联网监管政策的变化对融资担保业务产生影响，引致融资担保机构产生风险。

3. 法律风险

融资担保机构所处的法律环境不完善。一是法律体系不健全，现行的《中华人民共和国担保法》只针对担保行为，《中华人民共和国合同法》只针对担保合同的行为，《中华人民共和国公司法》只针对公司各种设立、制度的问题。虽然大体上，上述法律构成融资担保机构依靠的法律，但没有特别针对担保机构的条例，缺乏专业性[①]，在一定情况下会造成无法可依及不公平情况。例如，《中华人民共和国公司法》在 2014 年以后规定股份有限责任公司最低注册资本 3 万元，融资担保机构遵循股份有限责任公司的规定，却从事的金融行业的业务，暂行办法规定融资担保机构最低注册资本 500 万元，但从事的担保金额可能高达上亿元，这明显有失公平。二是法律法规效力级别低，且与地方法规发生冲突。在 2010 年只有七部委联合公布的《融资性担保公司暂行管理办法》，暂行办法只规定了大致的方向，将具体的权利交给了地方政府。由于中央政府缺乏对担保的调控，部分地方政府例如浙江省、上海市积极促进担保行业的发展，而另一部分地方政府，处于放任发展的态势，对监管职责不负责任。三是执法不统一造成法律执行困难。《融资性担保公司暂行办法》中建立了"融

---

① 王佰成：《中小融资担保公司经营风险的法律研究》，硕士学位论文，吉林大学，2014 年。

资性担保业务监管部门联席会议制度"，目的是使监管部门统一意见，更好地对融资担保机构进行合法的监管与帮助，而实际上，这一法规并未付诸实践。由于监管不统一造成各部门职责交叉，引起资源浪费，而有的地区监管空白，无人能管，限制了融资性担保机构的发展。各地发展情况的差异，阻碍了全国性担保机构的统一规划发展。目前融资担保出现了一些违法情况，政府采取"一刀切"的政策整治担保行业，造成其他无辜担保机构受到牵连，过分的打击会阻碍担保行业发展的积极性。

（二）被担保企业风险

1. 信用风险

我国融资性担保机构从资产情况上看，以政策性机构为主。从数量上来说，以民营企业为主。政策性机构大都直接由财政出资，经营风险较小，而民营企业大都规模较小，反担保手段少，风险防范能力弱。融资性担保机构主要为中小企业及"三农"性质的企业进行担保。中小企业普遍有效资产少、信用等级比较低，"三农"性质的企业缺乏有效的资产。融资担保机构很难完全获悉担保对象的信息，而由于我国中小企业信用体系并不完善，融资担保机构只能通过主观判断中小微企业及"三农"的信用情况，一旦这些企业出现违约，融资性担保机构将承受巨大损失。

一般认为，经济运行过程的任何一项交易中，信息不对称都会引起逆向选择和道德风险。担保活动中信息不对称表现为被担保企业总是比融资担保机构拥有更多的投资项目信息，借款人有较多的私人信息，处于优势地位。融资担保企业以担保费率作为识别机制，愿意出高担保费的企业向融资担保机构提供的信息常常是有利于获取贷款的信息，尤其是急于通过银行贷款改变经营困境的企业，会伪造企业财务信息，如果融资担保机构无法有效鉴别信息，单纯依靠担保费率，就会出现"劣币驱逐良币"即"劣胜优汰"，不愿出高担保费的企业会被逐出信贷市场。这种信息不对称事后还可能导致道德风险，融资担保机构将承担贷款的连带责任。

2. 市场风险

农户、中小微企业议价能力比较弱，市场拓展能力差，经常会在市场竞争中处于下风，并且中小企业的财务管理常常不合理，主观决策性较强，容易造成投资失误[①]。中小企业发展周期短，规模小，经营业绩不稳

---

① 徐新平：《中小企业如何应对市场风险》，《当代经济》2011 年第 2 期。

定，大多缺乏自己的品牌，没有强大的市场营销网络和稳定的营销渠道。在市场竞争中，由于利率和汇率的变动，使中小企业生存面临较大的市场风险，融资性担保机构面临的市场风险也因此加大。

3. 技术创新风险

中小企业的生存与发展离不开技术创新，但中小企业一般处于创业及成长阶段，技术创新动力不足。一是中小企业缺乏研发人才、技术工人和创新管理人才，技术人才总量不多导致企业生产效率和管理效率较低。二是研发资金不足，主要是因为融资渠道窄以及融资成本高，资金主要靠企业的盈利以及增加合伙人的投资，长期技术投资不足。三是资金供需错位，当需要资金的时候，资金还在申请过程中，当资金批准下来以后，企业机会已错失。四是政府直接投资支持不足。五是缺乏技术创新的信息，企业不能够精准地把握技术创新的时机，没有能力及时地认识到国内外技术创新的发展，错失机遇。六是知识产权保护意识低，小企业因不愿额外增加成本，一般不会申请专利，但并未意识到，一旦出现知识产权纠纷，企业创新收入很难拿到①。

(三) 担保机构自身的风险

1. 信用风险

随着民营资本不断进入担保机构，一些非融资性担保机构进行非法吸收存款及非法贷款等业务，再加上公众对担保行业的不了解，对融资性担保机构的信用造成负面影响。不仅民营性质的担保机构，而且国有性质的担保机构，都出现违规经营现象。企业出现无力还款时，部分融资性担保机构拒绝代偿，此种现象的发生，导致融资性担保机构在逾期合作的银行等金融机构中的声誉遭到破坏。再加上行业传染性较强，影响了整个担保行业的持续发展。例如：2015 年河北最大的国有担保集团河北融投控股集团担保业务暂停，2014 年四川汇通融资担保公司、河南腾飞投资担保有限公司相继陷入挤兑风波，2015 年中鸿联合融资担保公司曝出无力代偿事件。在经济下行压力加大的大背景下，不少企业经营效益有所下滑，还款能力下降甚至难以还款，导致担保机构的兑付风险大增。由于民营担保公司的风险增大，商业银行不断收紧与民营担保机构的合作。在担保业

---

① 尹作亮：《中小企业技术创新风险来源的实证分析》，《中央财经大学学报》2012 年第 7 期。

负面新闻频出的背景下，担保业信用遭到了破坏，全国各地出现大量的融资性担保机构主动摘牌退市的现象，仅河北省从 2012 年到现在退市的担保公司就达 80 余家，而剩下的担保公司也不得不进入应对业务量萎缩、代偿率上升的"长期抗战"中。

2. 流动性风险

流动性风险指担保机构掌握的可用于即时支付的流动资产不足以满足支付需要，从而使融资担保机构丧失清偿能力的可能性。对于刚起步的融资性担保机构，本身资金不充足，一旦发生代偿，资金的流动性出现问题，会限制机构的业务发展。对于已经成长起来的大型担保机构，在保客户多，担保金额大，一旦发生客户经济情况变差，无法及时归还银行贷款按揭，加上风险集中度过高或者隐含关联交易，就存在较大的流动性风险。现实生活中，大多担保机构是因为流动性资金不足，进而严重影响到担保机构的信用，作为信用中介，信用受损，会导致信用机构破产。

3. 融资担保机构违规经营风险

违规经营风险是指融资性担保机构为了高收益进行违规操作而造成的风险。融资性担保机构是风险和收益不对称的行业，担保业务收入较低，风险较大。在银根偏紧、中小企业融资困难的情况下，贷款与民间借贷的利差很大，因此超范围经营，把融资担保机构异化为全能型金融机构，以过桥贷款、介入民间借贷、作为民间资金的"融资中介"等方式获得超高利润就成为逐利资本的本能选择。从国内信用担保风险事件可以看出，当前主要违规经营有：

（1）收取并挪用客户保证金

收取客户担保保证金，对于融资担保机构控制风险有积极作用，担保保证金应在商业银行专户存储，但由于长期缺乏专门管理规定及监管不严，大量担保机构将客户保证金部分乃至全部挪用于房地产投资、矿业投资、违规拆借放贷、个人奢侈消费等领域，从而使某些环节的流动性出现问题，是融资担保机构风险高发的重要原因。

（2）截留客户部分贷款

截留客户部分贷款用于投资是一些融资担保机构追求更高利润的手段。要求客户拿出部分贷款进行所谓的委托理财是一个变种，只是为了增加合法外衣。这类问题最严重的是私自以客户的名义向银行申请贷款，然后用于投资。在这类业务中，固然有融资担保机构明显违规、违法问题，但商业银行管理水平不高、内控机制不健全也是风险产生的重要原因，而借款人的弱势地位及部分借款人的贪小便宜心理也是问题在较大范围内存在的一个原因。

（3）利用理财业务非法吸收公众存款

融资担保机构不得吸收公众存款，但为了获得暴利，一些融资担保机构利用公众追求高回报的心态，以高额回报为诱饵，进行所谓的委托理财业务。这类业务实际上是一种非法吸收存款的违法活动。而且一旦所投资的项目出现流动性问题，就很容易演变为金字塔式的庞氏骗局。这类违法活动由于面向公众，牵涉面广，涉及金额大，容易导致群体性事件，对社会和经济秩序稳定产生很大冲击。

（4）利用关联企业贷款进行民间借贷或投资

近年来，银行贷款利率明显低于民间借贷利率。融资担保机构利用关联公司或注册的空壳公司向银行贷款然后进行民间借贷，即可利用利差"套利"。如果投资收益高于贷款利率，则套取贷款用于投资也是一种套利活动。

（5）偷逃注册资本

在融资担保公司成立后将注册资金部分或全部抽逃是民营担保机构中的常见现象。常用的方式是股东借款，在财务报表中表现为大量的其他应收款。对关联公司的投资和拆借也是常见方式，而且，在通常情况下，由于其关联关系的隐蔽性和复杂性，很难直观地判断是否存在利用各种财务技巧进行偷逃注册资本之实。

4. 操作风险

操作风险是指由于不完善或失灵的内部程序、人员和系统或外部事件导致损失的风险。目前，全国大多数担保机构采用公司制这一组织形式，建立了股东会、董事会、监事会及高级管理层等组织架构。部分担保机构由于公司规模小，从业人员不多，仅设有股东会、董事会、监事会等组织，管理基础较薄弱，在内部管理方面仍然存在一些不够完善的地方，比如存在董事会、监事会及高级管理层人员交叉任职的情况，权责不清，对法律理解不全面、不系统，致使公司章程内容不规范，不少担保机构欠缺相应任职资格与条件的董事会、监事会及高级管理人员。担保行业是高度专业化的行业，不仅要求熟悉每个环节的运作流程，还需要具备金融、法律和财务等专业知识。很多担保机构的管理及从业人员来自政府机关、企事业单位等非银行机构，整体专业素质较差，风险管理经验缺乏，专业水平有待提升，中小型担保机构尤为明显。

（四）金融机构风险

据了解，融资担保机构大约有70%以上的业务是与银行合作。从2014年开始，银行便不断提高入围门槛、保证金比例，商业融资担保机构与银行合作的机会越来越小，甚至无融资性担保业务可做。即使有业务的融资担保机构随着担保成本不断加大，也已无利润空间。融资担保机构在银担合作中始终处于劣势地位，存在银行门槛高、成本高、难分险、难共享等实际问题。融资担保公司既要承担100%的风险，又要向银行缴纳10%—30%不等的保证金。而且银行对于融资担保机构的信贷政策态度像"过山车"，一旦发现风险苗头，第一反应就是抽回贷款。这对目前以商业融资担保机构为主体、融资担保业为主业的中小信用担保企业造成极大影响。

二 非融资性担保机构的风险

非融资担保机构，实际上就是一个中介机构，经营的是担保承诺即信用。与融资机构相比，非融资担保门槛低、无准入限制而受到投资者的青睐。同期调研结果显示，近年来非融资担保机构数量激增，在市场规模有效性与业务专业性的双重压力下，为了谋求生存发展，34.9%的非融资担保公司主营中介或咨询业务；半数非融资担保机构从事非法吸收存款进行贷款等超出业务范围之外的业务；4.4%的非融资担保公司未经营担保相关业务；甚至还有部分从事理财融资、民间拆借等违法违规行为，涉及范围较广。

非融资性担保公司通常正常经营业务，风险极小。非融资担保公司主要是违规经营问题严重，存在异化风险。非融资性担保机构发生风险的主要原因是政府监管不力。一是监管不明确，法律规定了融资性担保机构的监管机构为各级政府金融办，并未对非融资性担保公司做出规定。虽然从事担保业务，但银监局、金融办等金融监管机构表示不属于其管辖范围，非融资性担保机构无人来管，使得违法经营活动增加，危害社会经济秩序。尽管2014年八部委联合下发了《关于清理规范非融资性担保公司的通知》，但通知中并没有解决监管问题，只是规定各级政府量力而行。由于没有明确的立法，如果干预的方式不当，则涉嫌行政行为违法，只不过政府违法的成本较低，受到追责的风险也较小。八部委要清理规范非融资性担保公司首先要符合法律规定或在法律授权的范围，如果没有相应的法规依据，则不仅发文本身的合法性存在疑问，而且如何贯彻落实也存在更大的问题。二是心存侥幸。大多经营者都知道超范围经营是违法行为，但又无人监管，这就给了心存侥幸之人可乘之机，为了高额利润，铤而走险。

三　融资担保机构与非融资担保机构的比较分析

2013 年，根据零点公司的统计，北京地区融资担保行业代偿率将近 3%，而非融资担保代偿率不到千分之一，由此可认为真正从事合法非融资担保业务的担保机构风险较小。

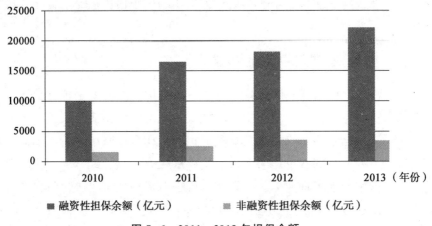

图 5-6　2011—2013 年担保余额

图 5-6 所示，融资担保余额远远超出了非融资担保余额，这说明企业融资依靠较多的还是融资性担保机构，融资性担保机构为资质达不到银行要求的企业提供担保，为企业提供了信用增级，在企业与银行之间架起了桥梁，使缺乏资金支持的企业重新充满活力。这也从另一方面说明了非融资担保机构由于缺乏法律法规的支持，发展缓慢，还不能充分发挥自身造福于社会的作用。

第四节 民间担保机构风险评价的模型分析

一 研究方法

基于以上分析，融资性担保机构面临的风险较多，风险较大。因此徐临、姚晓琳、李艳辉（2017）[①] 通过分析融资担保机构面临的风险及其来源，结合融资担保行业的实际，将风险因素细化为 21 个指标，并采取 AHP 法确定定性指标权重，采用熵值法确定定量指标权重。

二 基于 AHP 和熵值法的融资担保机构风险评价

（一）融资担保机构风险指标体系的构建

基于融资担保机构面临的风险及其来源的分析，结合行业实际情况，本章将融资担保机构风险因素分为四个层次，共计 21 个细分指标，构建融资担保机构风险指标体系，详见表 5-7。

表 5-7 担保机构风险指标体系

第一层	第二层	第三层	第四层
担保业宏观风险控制层面	经济发展状况	GDP 增长率	
		消费者信心指数	
		生产者物价指数	
		制造业采购经理人指数	
	法律制度	法律体系的完备程度	
		信用体系的健全程度	
		风险补偿的健全程度	
	国家支持状况	对中小企业支持程度	
		对担保行业支持程度	
		对银行相关业务规范程度	

---

① 徐临、姚晓琳、李艳辉：《基于层次分析和熵值法的融资担保机构风险评价》，《经济与管理》2017 年第 2 期。

续表

第一层	第二层	第三层	第四层
担保业微观风险控制层面	中小企业	信用风险	
		道德风险	
		技术创新能力	
		应对市场变化能力	
	担保机构	规模实力	资本金规模
		人力资源	学历水平
			从业年限
		经营能力	盈利能力
			经营效率
		风险管理水平	平均机构担保余额
			担保代偿率
			放大倍数
			损失率
	银行	银担合作不平等	
		贷款制度	
		道德风险	

（二）融资担保机构风险指标权重的确定

1. AHP 法

本章通过发放调查问卷、咨询专家，经 Matlab 计算得出多个判断矩阵。第一个判断矩阵是微宏观二要素矩阵，其最大特征值为 2，对应的特征向量为 $(0.25 \quad 0.75)^{\mathrm{T}}$，一致性比率 CR = 0<0.1，通过一致性检验。第二个判断矩阵是宏观二要素判断矩阵，其最大特征值为 3.004，对应的特征向量为 $(0.109 \quad 0.309 \quad 0.582)^{\mathrm{T}}$，一致性比率 CR = 0.003<0.1，通过一致性检验。第三个判断矩阵是微观二要素判断矩阵，其最大特征值为 3.029，对应的特征向量为 $(0.404 \quad 0.481 \quad 0.114)^{\mathrm{T}}$，一致性比率CR = 0.026<0.1，通过一致性检验。

其次，使用主成分分析方法计算指标层，在调查问卷提取数据过程中，以提取的第一主成分作为分析标准，以此反映评价信息。以银行的指标层为例，运用 Matlab 软件中的 princomp 函数进行主成分分析，将调查问卷中的原始数据输入 Matlab 中，生成排序数据对应的贡献率。提取结果为第一主成分的特征值为 3.054，对应的银行层面权重向量为（0.333 0.528 0.140)$^\text{T}$。同理得到其他指标层的权重向量。

2. 熵值法

熵值法里的熵是用来描述系统无序程度的一种度量，一个系统的有序程度越高，则信息熵越大，信息的效用值越小；反之，一个系统的无序程度越高，则信息熵越小，信息的效用值越大。

对于定量指标，我们采用熵值法确定权重。2010—2014 年的宏观经济指标数据来自 2011—2015 年的《中国统计年鉴》，2010—2014 年的担保机构指标数据来自中国融资担保协会，并经整理得到。下面计算定量指标权重，以风险管理水平指标的各子指标为例，如下所示：

（1）构建标准化数据矩阵

根据公式 $x'_{ij} = \dfrac{x_{ij} - x'_j}{s_j}$，其中 $x'_j = \dfrac{1}{n} \sum_{j=1}^{n}$、$s_j = \dfrac{1}{n-1} \sum_{i=1}^{n} (x_{ij} - x'_j)^2$，$x'_j$ 为第 j 项指标的平均值，s_j 为第 j 项指标的标准差，其中 j 代表风险水平的各个指标，i 代表年份，在本例中 i = {1，2，3，4，5}，j = {1，2，3，4} 由此得到标准化数据矩阵[①]如表 5-8 所示。

表 5-8　　　　　　　　　各指标标准化矩阵

年份	担保代偿率（%）	担保机构平均担保余额（亿元）	放大倍数	损失率（%）
2010	0.7821	8.2226	6.5846	0.8047
2011	1.0404	7.1554	6.7743	1.0544
2012	1.3849	6.1954	7.1920	1.4119
2013	1.5833	6.0620	6.8773	1.6118
2014	2.0970	5.6033	6.3044	2.1209

（2）构建比重矩阵

根据公式 $y_{ij} = \dfrac{x'_{ij}}{\sum_{i=1}^{m} x'_{ij}}$　$0 \leqslant y_{ij} \leqslant 1$，由此可以构建数据的比重矩阵，如表 5-9 所示。

---

① 在标准化过程中由于出现负数，所有数统一加 4。

表 5-9　　　　　　　　　　　　各指标比重矩阵

年份	担保代偿率（%）	担保机构平均担保余额（亿元）	放大倍数	损失率（%）
2010	0.1136	0.2474	0.1952	0.1149
2011	0.1511	0.2153	0.2008	0.1505
2012	0.2011	0.1864	0.2132	0.2016
2013	0.2299	0.1824	0.2039	0.2301
2014	0.3045	0.1686	0.1869	0.3028

（3）各指标的熵值的确定

利用公式 $e_j = -k \times \sum_{j=1}^{m} y_{ij} LN y_{ij}$（其中 m 为样本数，k 为常数且 $k = (LNm)^{-1}$），可得各指标的熵值。由于熵值 e_j 可用来度量 j 项指标的效用价值，且值越大，其效用价值越小，因此某项指标的效用价值为 $1-e_j$，用 h_j 表示，计算结果如表 5-10 所示。

表 5-10　　　　　　　　　　各指标的 e_j 和 h_j

	担保代偿率（%）	担保机构平均担保余额（亿元）	放大倍数	损失率（%）
e_j	0.9662	0.9940	0.9994	0.9670
h_j	0.0338	0.0060	0.0006	0.0330

（4）确定各项指标的权重

利用熵值法计算权重，实际上就是利用指标的价值系数来计算，价值系数越高，其重要性越大。因此，j 项指标的权重为：

$$w_i = h_j \Big/ \sum_{j=1}^{n} h_j \quad (n = 5)$$

根据公式，可以得到以上定量指标的权重，如表 5-11 所示：

表 5-11　　　　　　　　　　各指标权重值

	担保代偿率（%）	担保机构平均担保余额（亿元）	放大倍数	损失率（%）
权重	0.4605	0.0817	0.0082	0.4496

最终，综合层次分析法和熵值法确定的权重，得到最终融资担保机构风险指标权重，见表 5-12。

表 5-12　　　　　　　　　　　　各指标权重值

第一层	第二层	第三层	第四层	综合权重	名次
担保业宏观经济层面（0.25）	经济发展状况（0.109）	GDP 增长率（0.887）		0.0242	14
		消费者物价指数（0.025）		0.0007	21
		PPI（0.063）		0.0017	19
		PMI（0.025）		0.0007	20
	法律制度（0.582）	法律体系的完备程度（0.163）		0.0237	15
		风险补偿的健全程度（0.540）		0.0786	5
		信用体系的健全程度（0.297）		0.0432	9
	国家支持状况（0.309）	对中小微企业支持程度（0.297）		0.0229	16
		对担保行业支持程度（0.540）		0.0417	11
		对银行相关业务规范程度（0.163）		0.0126	17
担保业微观风险控制层面（0.75）	中小微企业（0.405）	信用风险（0.391）		0.1188	2
		道德风险（0.276）		0.0838	4
		技术创新能力（0.195）		0.0592	6
		应对市场变化能力（0.138）		0.0419	10
	担保机构（0.481）	规模实力（0.163）	资本金规模（1.000）	0.0588	7
		人力资源（0.107）	学历水平（0.333）	0.0386	12
			从业年限（0.667）		
		经营能力（0.255）	盈利能力（0.667）	0.0920	3
			经营效率（0.333）		
		风险管理水平（0.475）	担保机构平均担保余额（0.460）	0.1714	1
			担保代偿率（0.082）		
			放大倍数（0.008）		
			损失率（0.450）		

续表

第一层	第二层	第三层	第四层	综合权重	名次
担保业微观风险控制层面（0.75）	银行（0.114）	贷款制度（0.333）		0.0285	13
		银担合作不平等（0.528）		0.0451	8
		道德风险（0.140）		0.0119	18

（三）结论分析和政策建议

1. 结论分析

（1）从整体来看，担保行业微观层面的风险比宏观层面更突出，也就是说担保行业内部导致的风险要大于外部的风险。融资担保行业23年的发展历程，通过"控制数量、提高质量、合理布局、防范风险"的艰难调整，其发展的规范化程度有所提高，同时国家对该行业的重视程度也不断提高，我国担保行业宏观环境有所改善。

（2）根据上述风险指标综合权重排名，融资担保机构风险管理水平对担保行业的影响最重要，其综合权重为0.1714，排名第一。担保作为信用中介，本身是高风险行业，机构内部完善的风险管理制度有利于融资担保机构可持续性发展，避免资金亏损[1]。融资担保机构的经营能力综合权重为0.0920，综合排名第三。盈利能力代表着企业资本增值的能力，企业盈利金额越大，越有利于担保机构扩大资本规模，提高抗风险的能力。担保机构的资本金规模综合权重为0.0588，综合排名第七，显著影响到担保机构的抗风险能力。一般而言，资本金较少的担保机构，其抗风险能力较弱，这就需要担保机构不断拓宽融资渠道，通过扩大资本金规模来提高抗风险能力。中小企业的信用风险和道德风险分别排名第二与第四，其综合权重为0.1188和0.0838，这说明中小企业作为融资担保机构的主要服务对象[2]，其信用风险的高低会传递到为其担保的机构中，对担保机构产生较大的影响。由于担保机构与中小企业之间的信息不对称，担保机构处于信息弱势地位，如果担保机构无法鉴别得到的信息，会造成信贷效率低下，引发高违约概率，因此在开展担保业务时，明确中小企业的

---

[1]　徐春雷：《融资担保机构财务可持续研究》，《金融理论与实践》2011年第9期。

[2]　周宇、雷汉云：《基于logit模型的信用担保风险研究》，《山东社会科学》2008年第7期。

信用等级以及转移信用风险对于预防未来中小微企业信用风险必不可少。相关担保机构法律制度的不完善会对担保行业产生不良影响，其中风险补偿制度综合权重为 0.0786，综合排名第五。担保机构的担保业务实际上具有准公共物品的属性，其信用担保的社会收益远大于其社会成本。由于单独由市场或公共部门提供信用担保都存在资源配置效率损失①，因此公共部门应建立完善的风险补偿机制，促进担保行业的健康发展。在融资担保过程中，银行贷款担保占主导地位，担保机构业务严重依赖于银行，必不可少的一个环节是担保机构与银行合作，担保机构为中小微企业担保，使中小微企业获得银行贷款。银担合作不平等综合权重为 0.0451，综合排名第 8。银担合作不平等主要体现在违约损失全部由担保机构承担，担保放大倍数太小，这就意味着在与银行合作的过程中，担保机构杠杆率小，盈利微薄，却承担着中小企微业全部的违约风险，这显然对担保机构不公平，制约着担保机构的健康发展。

2. 融资担保机构风险防范措施的政策建议

（1）构建融资性担保机构内部风险防控机制

众所周知，融资担保公司经营的是信用、管理的是风险，其所处的行业是一个高风险行业，因此，风险控制就成为融资担保公司经营成败的关键。

①建立完善的准入制度、完善内部风险控制制度。融资担保机构对所从事的业务根据被担保人的不同特性，设置不同的指标，对于达不到指标标准的，严格禁止为其进行担保。同时完善担保业务操作规范。融资担保机构要对担保业务的申请、审核以及担保条件、保后跟踪和贷款代偿都有明确的规定，对担保业务实行申、保、偿分离的制度，进一步完善担保业务的规范操作。但融资担保机构可能由于自身能力有限无法得到被担保人的完整信息，因此，融资担保机构可建立对被担保人（被担保机构的股东即为被担保人）资产、运营、人品三位一体的风险防范机制。如对被担保企业全部资产采取评估确认价值、建立浮动抵押、反担保资产统一投保等措施；对被担保企业经营情况通过建立制度明确经营者责任，联手银行深入企业持续跟踪经营动态，将风险控制在初始阶段。

---

① 左涛：《中小企业信用担保供给模式及风险补偿路径选择——基于准公共产品视角的分析》，《武汉金融》2010 年第 10 期。

②及时落实反担保措施。一方面，根据担保业务以及中小企业的实际情况，采用多种反担保措施来转移担保风险，严格要求被担保企业不得随意逃废债务和转移风险，也可以要求以企业主、经营管理者的个人财产进行抵押，以增加所有者和管理者的偿债责任等；另一方面，可以考虑构建中小企业—融资担保机构—银行之间的制衡机制来控制风险。例如，融资担保机构要求贷款企业在贷款银行开立基本账户，或者要求贷款企业将担保贷款的一定比例存放于银行，一旦贷款企业违约，融资担保机构可以要求银行账户冻结，以此来制衡贷款企业。另外融资担保机构可以借助上述条件来协调与合作银行之间的风险承担比例和担保放大倍数，能够降低与银行合作时自身承担的风险。

③建立资本金补充机制。《融资性担保公司管理暂行办法》规定，成立融资性担保机构至少需要 500 万元的资本金。当融资担保机构发生代偿时，只能用自身的资本和累计拨备金来偿还，当机构同时出现多笔代偿时，流动资金就会出现问题，可能导致担保机构破产。根据中国融资担保协会的数据，发现担保责任拨备覆盖率连年下降，应用资本运作收益来支撑盈利的担保机构的基本特点是资本金规模较大。因此融资担保机构需要在经营过程中扩充资本金规模，达到盈亏平衡点，扩充资本金规模的措施有：在发展初期，通过盈利所得的收入转增资本和政府的资金扶持。发展成熟期，吸收社会外部资金、吸引各种机构甚至上市公司对融资担保机构参股以及融资担保机构自身通过上市筹集资金来获得更高的利润，从而将利润转增资本金。

我国存在不同类型的融资性担保机构，因此也可以根据不同类型的融资担保机构采取差异化、多渠道融资对策。

一是针对政策性担保机构。这类融资担保机构一般由政府财政出资，以国有独资和控股为主。应适当降低对此类融资担保机构中财政资金的持股比例，腾出空间来让民间资本进入，使得较少的财富资金就能获得更多的民间资本配套，组建更多的融资担保机构。这类担保机构主要包括风向标型担保机构，行业扶持型政策性担保机构与区域性政策性担保机构。

二是针对互助型担保机构。这类融资担保机构的资本金主要是由会员企业出资的，解决互助组内部成员融资问题，既能保证担保融资权利，又能保证资本金安全。政府可以注入一定的启动资金。这类财政支持方式政府投入的有限，不会增加政府的负担，但能够充分调动有融资需求的中小企业入股互助性融资担保机构的积极性。

三是针对商业性担保机构。商业性担保公司的资本主要来源于民间资本。要增加此类担保机构的资金，可以考虑通过理财方案的设计增加资金来源，即将融资担保机构的融资方案设计成理财产品，在银行柜台出售给普通投资者，投资者的收益可以由其他担保机构进行担保。这不仅能够解决担保机构融资难问题，还可以帮助其他融资担保机构拓展担保业务，甚至于可以减少民间金融活动。此外，还可以考虑通过私募、信托等方式吸引民间资本进入担保业，充分发挥民间资本的作用，增强担保业的实力。

④转向专业化分工担保。目前，担保行业总体发展趋势良好，但机构数量偏多造成单一机构盈利能力偏弱。担保业务种类繁多，涉及中国的各行各业，如金融业、农业、工业等，因此融资担保机构所从事的业务也是涉及各个领域，风险很难把控。不同领域的中小企业所具备的行业属性不同，所产生的风险也不同。从防范风险的角度来看，融资担保机构的发展方向应是转向专业化分工的专业性机构，例如，互联网金融风险的主要特点是信用问题比较突出、市场化程度低、资金流动快等问题，应对这些问题，融资担保机构应做好信用调查，实施反担保措施，担保时间短与担保额度小，来应对互联网企业的流动性。农业型中小企业通常具有受自然灾害影响大、担保物受限、投资回报周期长与收益率低等特点，融资担保机构可采取与农业龙头企业合作的方式进行风险管理控制。

⑤创新担保服务。融资性担保公司的业务比较单一，部分担保公司的融资担保业务主要集中于贷款担保、贸易融资担保、信用证担保、履约担保和其他担保等。为了实现担保业的可持续发展，融资担保机构应勇于开拓，积极创新。

一是创新担保理念。融资担保机构是融资中介，其目的在于解决中小企业贷款难、银行难贷款的矛盾。相对于银行而言，融资担保机构应该更看重中小企业的长期发展和公司信誉。在中小企业有融资需求时，融资担保公司应根据企业的具体情况，设计不同的方案，在现有的担保领域上有所创新、有所突破。通过不断拓宽担保品种，谋求融资担保机构更大的发展空间，进一步把融资担保机构做大做强。

二是创新担保品种。担保业除了继续开展中小企业融资担保业务以外，可积极探索尝试无形资产担保，比如，专利权抵押、商标权变现质押和货单质押等，还可以探索科技型中小企业订单贷款担保、提货单证担保、销售合同担保、设备融资担保、政府采购担保、财产保全担保以及互联网金融担保等新型担保业务，将担保领域延伸至商品流通、商品贸易、科技、个人消费等多个方面。

三是创新担保方式。在进一步完善互助担保、联合担保、桥隧模式等创新担保模式的基础上，可以考虑探索将中小企业的有形资产和无形资产整体打包担保，将企业股东、主要经营者的个人财产进行连带保证，以及融资担保公司介入供应链中下游企业进行担保等多种担保方式。

⑥提升人员素质，打造专业化团队。在风险权重分析中，人力资源综合权重排名第12，而且融资担保机构作为新兴行业，无论是挑选贷款企业、进行风险管理，还是设计担保产品、进行担保模式创新等，都离不开高素质的专业人才，因此应加快融资担保机构队伍建设。一是造就一支业务能力强、道德水平高的担保从业队伍。融资担保机构可以与行业协会、定向委培院校合作，进行担保方面的专业培训，丰富从业人员的金融、财务、法律、投资等专业知识。同时强化从业人员的职业道德教育，建立一支具有高度责任心、具备良好综合专业知识与从业经验的员工队伍。二是积极参加担保业务的培训。融资担保机构应建立从业人员业务培训计划，积极参加各级政府、行业协会组织的担保业务培训和从业人员资格认证考试，通过培训和从业人员资格认证，切实提升从业人员的综合业务素质和专业技能。三是建立员工上升通道。融资担保机构不仅要实施灵活高效的选人、育人、用人机制，而且应不断提高担保从业人员的薪酬待遇。吸引优秀人才加入担保行业，为担保行业发展提供人力资本。

⑦建立基于大数据平台的风险控制制度。我国互联网金融企业应用大数据进行风控，已取得了一些成效，可将其扩展到担保领域。基于大数据分析的风险控制能够将担保放入金融生态系统，通过大数据打通上下游产业链，建立行业数据库，同时建立中小微企业信用评估体系，规范担保行业的发展。

对于担保机构而言，搜集数据时应保证客户数据的多样化、连续性和实时性，确保数据真实可靠。融资担保机构可与互联网金融企业合作，集合政府平台信息与企业云数据，从供应链交易环节中获取数据，形成担保机构独有的专业大数据沉淀。在基础数据的支持下，创立数据分析模型来实现精准控制风险。具体包括建立财务指标分析模型、内部评级分析模型和担保行业上下游产业交易数据分析模型。以财务分析指标模型为例，可从企业营运能力、偿债能力和发展能力三个方面选取多个核心财务指标，分析细分行业上市公司的财务数据，计算相应的财务指标，并经过加工处理，最后形成行业分析图表。担保机构可以运用加工处理的数据，将目标企业的财务数据与上市公司的财务指标进行对比，判断目标企业的行业发展趋势，从中了解企业在行业中所处的地位，评估企业的信用。担保机构与互联网金融企业合作，建立自身的大数据风控平台之后，担保机构之间相互分享大数据，在融资性担保协会的领头下，逐步建立担保行业的数据库。

（2）完善融资性担保风险的外部防控机制

①健全相关法律法规，促进行业健康发展。担保行业作为一个新兴行业，应建立健全相关法律法规制度，规范担保行业健康快速发展。

首先从国家层面完善相关法规。建议国家根据担保相关法律，制定《中小企业信用担保管理办法》，明确担保业的准入和退出制度、信息披露制度、损失分担制度、惩罚制度、行业自律与政府监管等，做到信用担保有法可依、有法可治、有法可惩。加快出台《中小企业信用担保法》以及其他相关政策规定，从三个方面完善中小企业信用担保体系：一是理顺政府、担保机构、中小企业和协作银行之间的权利义务关系；二是界定担保机构的市场准入、行为规范、法律责任、风险分担和监督管理等诸多因素；三是通过增加失信成本、惩罚失信行为等多种行政措施，为担保机构创造良好的行政政策措施，为融资担保机构创造良好的中小企业客户群体。其次从地方政府层面完善规章制度。通过地方立法，鼓励和支持更多民间资本进入融资担保机构，逐步放宽担保市场准入条件，将优良的民间资本吸纳为市场主体，维护融资担保机构稳定健康发展。

②政府完善资信评级工作，推广评级报告使用范围。资信评级制度的建立是控制融资担保机构风险的基础，能够从源头上尽量消灭风险的发生。资信评级的结果是决定担保机构是否有能力开展担保业务的重要依据，也是其开展担保业务的核心能力和获得盈利的前提基础。一是建立对担保机构的信用评级机制，有助于担保机构自身的规范发展，改变银行对担保机构的主导地位。例如：当担保机构评级体系初步形成之后，担保协会可将拥有的优秀担保机构信息作为服务资源进行合理配置，把优质的担保机构推荐给有需求的企业，一定程度上绕过了与银行开展"银担合作"中信息不对称的障碍。其次是资信评级还可作为政府监管和差异化扶持的

依据，将担保机构信用评级结果与政府对担保机构的奖励直接挂钩，不仅有助于各级政府监管部门全面掌握担保机构信息，而且可以帮助担保机构防范系统性风险。我国担保机构的监管涉及多个部门，担保机构的审批权限授权给了各级省市政府指定的监管部门。然而，由于担保机构信用信息的缺失，在多头监督监管体制下，很难保证监管到位。因此，由资信评级机构遵照"独立、公正、客观、科学"的原则，对担保机构进行信用等级评定，并将评级结果依法进一步开放，有助于各级政府监管部门全面、客观地掌握担保信息，达到防范外部风险、稳定金融市场秩序的目的。

③政府完善风险补偿机制。我国虽然已经开展了再担保业务，但是在风险分散和损失分担制度不成熟的情况下，担保的放大功能不能很好地发挥。作为高风险行业，融资担保机构的外部环境风险需要通过再担保体系来分散。因此可以借鉴上海、广东、江苏等地的经验，依据各地的实际情况进一步完善风险补偿基金，对担保业务运作良好的担保机构以及银行进行奖励，对于发生代偿损失的担保机构按一定比例进行补偿。再担保机构以政府扶持资金为主导，不以营利为目的，按担保机构担保规模的一定比例承担担保风险，同时在业务规范性及合规性方面对担保机构给予积极指导。

④建立担保发展引导机制，加大财政扶持力度。随着各级财政对担保机构的扶持力度不断加大，担保机构的受益面不断扩大。但是不同类型担保机构在经营目标、市场定位、担保对象以及运作方式等方面存在差异。目前，我国尚未建立担保机构分类监管扶持体制，对不同类型的担保机构往往采用同样的管理制度和扶持制度，这对资本规模较小、业务对象单一的担保机构而言并不公平。因此，可考虑建立财政对不同类型担保机构扶持的倾斜政策，从多个角度对担保机构进行引导、扶持。坚持政策扶持与市场主导相结合，尤其是政府对于服务小微企业和"三农"等普惠领域、关系经济社会发展大局的融资担保机构，尊重其准公共产品属性，给予大力扶持。一是启动资金支持。在担保机构组建时给予一定的启动资金，体现政府的引导和增信作用，支持担保机构发展。二是激励资金支持。通过不断对于经营规范、风险控制良好、担保业绩突出的担保机构给予一定的奖励，鼓励担保机构做优做强。三是税收优惠支持。适当降低担保机构营业税的免征门槛，让更多的担保机构享受税收优惠政策。

⑤成立统一的监管部门，完善行业自律管理。目前，我国担保机构的

主要监管方是国家发展改革委，此外，还包括地方政府与地方自律性质的行业组织。从已有监管构架来看，还存在有待进一步完善之处。

一是成立统一的监管部门。目前，我国担保业由国家发展改革委、中国人民银行、银监会、工信部等多个部门管理，存在多头管理现象。由于融资担保具有金融业务性质，且存在资本充足率问题，应该纳入金融监管体系，由专业的监管机构进行审慎的风险监管。近年来，我国担保业发展较快，但担保机构内部风险控制能力较弱，一些担保机构为了牟取暴利，从事不正当的融资活动，这也需要监管来解决。因此，应成立专业的监管机构，对担保机构实施资本金、业务拓展、产品设计、内部操作等方面全方位的监管，以维护担保业健康发展。

二是充分发挥行业自律作用。担保机构的发展不仅需要政府的监督管理和政策扶持，还需要行业自律管理。通过担保行业自律，逐步规范担保业务操作。一方面，通过组织担保机构从业人员分层次的业务培训，进一步加强担保行业同业交流和学习考察，开阔视野，广开思路，提高从业人员的风险意识和风险防范业务素质；另一方面，切实抓好融资性担保机构经营许可证的年审工作，按经济与信息技术委员会行业发展规划把控好担保机构的市场准入、退出工作，提高担保业的社会公信力。

（3）从银行角度推进银担互利共赢

①转变观念，积极推动银担合作。扶持、引导担保机构快速发展，是近年来国家和地方政府解决中小企业融资难问题的一项重要举措。担保机构的业务拓展离不开与银行等金融机构的协作。通过开展银担合作，一方面可以有效解决中小企业融资难问题，促使金融服务"三农"、服务高科技企业；另一方面，可以防范和控制贷款风险，开拓金融服务市场。具体合作模式可从以下三个方面入手。

一是体现国家的经济和产业扶持政策。对担保贷款中的小微企业贷款、"三农"贷款、"民生"贷款以及战略性新兴产业贷款，协作银行可考虑执行基准贷款利率，并根据相关规定落实利率优惠政策；对管理规范、信用良好的担保贷款，本着成本效益原则，在基准利率的基础上可适当下浮。

二是建立与担保公司合作的长效机制。当担保机构进行银行担保贷款业务时，担保机构为中小微企业提供贷款担保，同时为银行转移了贷款违约的潜在损失，因此需要银行向担保机构缴纳费用。这就相当于担保机构分别向银行和中小企业出售与贷款有关的期权协议。担保机构向银行出售看跌期权，银行支付担保机构一定数量的权利金。如果中小企业违约，银行可以要求以协议规定的执行价格向担保机构变现，从而避免中小微企业的违约风险。担保机构由于获得银行事先支付的期权费用，也减少了损失。同时担保机构向中小企业出售具有相同标的物的看涨期权，如果中小企业不发生违约，担保机构获利；如果发生违约，就相当于中小企业放弃执行期权权利，最终担保机构损失的金额是贷款额去除银行与中小企业的期权费用，与现如今的担保机构承担风险相比，减少了实际损失[①]。基于期权交易的启发，政府部门在市场化原则下，构建银行、中小企业与担保机构的互动平台，推进担保费率市场化，鼓励银行与担保机构共同承担担保损失，对于共同承担损失的银行与担保机构进行补偿，同时可以考虑构建中小企业—担保机构—银行之间的制衡机制来控制银行与担保机构风险。例如，担保机构要求贷款企业在贷款银行开立基本账户，或者要求贷款企业将担保贷款的一定比例存放于银行，一旦贷款企业违约，担保机构可以要求银行账户冻结，以此来制衡贷款企业。此外，政府允许担保机构引入期权组合等金融工具进行套期保值，最终能够有效地转移风险。

三是加强银担合作的信息共享。担保机构的信用信息已纳入人民银行企业征信系统，协作银行应为合作的担保机构依法查询、确认有关信用信息提供协助和便利；进一步拓宽银担合作信息交流渠道，解决银担合作信息不对称问题；建立银担合作机制，银行和担保公司共同对贷款项目进行考察和评估，对担保机构代偿后的追偿活动，合作银行应给与必要的协助。

②强化风险管理，实现互利共赢。担保业务的开展及其高风险的行业特征要求协作银行转变观念，采取适当措施完善对担保机构授信管理模式，优化审贷流程，缩短审贷周期，为中小微企业融资提供方便、快捷的服务。

一是适当提高担保放大倍数。目前我国的担保放大倍数仅为 2.3，放大倍数较低，协作银行应本着引导担保机构服务中小企业、服务"三农"的原则，依据国家产业政策和担保机构的风险控制能力、经营管理水平、

---

① 盛世杰、周远游、刘莉亚：《引入担保机构破解中小企业融资难：基于期权策略的机制设计》，《财经研究》2016 年第 6 期。

社会信誉、资本金与净资产规模、风险准备金及代偿能力、担保费率高低等，制定动态的担保放大倍数评价管理机制。在担保机构净现金资产 10 倍范围内确定担保责任余额或授信总额，尽可能提高担保放大倍数，有效发挥担保资金的放大效应。

二是合理确定责任分担比例。由于制度缺失、资本有限等多种因素的制约，担保机构在与协作银行的合作过程中，往往处于劣势地位。按照国际惯例，若贷款到期不能按时收回，担保机构一般承担 70% 左右的损失，部分经济发达国家担保机构承担的责任比例更低，如法国 50%、日本 50%—80%、德国 50%—80%。国外的担保倍数也在 5—10，担保公司的担保放大倍数在达到 5 以上才能到达盈亏平衡点，而我国担保行业整体放大倍数不足 3。因此，在明确担保责任形式、担保放大倍数、违约责任承担以及代偿条件等相关内容的基础上，确定合理的担保责任分担比例。

三是积极完善担保贷款风险防控机制。预防和化解担保贷款风险是协作银行与担保机构的共同目标，协作银行应把与担保机构的合作作为拓展信贷服务、延伸金融服务产业链、适应社会经济发展转型的一项战略选择。协作银行应遵循"利益共享、风险共担"的原则，与担保机构协商确定贷款代偿及损失责任分担比例，增强担保机构与协作银行双方共同防范风险的责任意识。

③发挥优势，创新合作方式。目前，担保机构与银行间的合作偏弱，还有进一步深化的必要。

一是发挥地区金融优势。地区性金融机构与担保机构合作，参与中小企业担保业务，促使本土银行利用其拥有当地中小微企业的详细信息、贷款交易成本相对较低，以及拥有庞大的中小微企业客户等优势，积极参与银担合作，以此来缓解中小微企业融资难问题。

二是创新合作方式。协作银行可以针对不同市场主体的特点和需求，选择在相应产业、行业或区域具有明显优势的担保机构，或者对协作银行自身拓展业务具有互补性的担保机构，积极创新合作方式，逐步扩大合作范围，提高合作层次，力争推出多样化的金融产品和服务项目，有计划、有目的地培育那些资金实力强、管理规范、有发展潜力的担保机构发展成为银行的合作伙伴。

三是拓宽合作对象。除了银行以外，信托公司等非银行金融机构也可以作为担保机构的合作对象。信托机构有着商业银行在股权投资等领域所不具有的优势，而担保机构具有对中小企业比较了解的信息优势，如果担保机构能够在信托公司和中小企业之间搭起信用桥梁，则能改善银担合作中担保机构的弱势地位。因此，信托公司通过与担保机构建立务实、长期的合作关系，可以进一步完善融资环境和配套服务设施，通过金融产品和服务方式的创新，多方面拓宽双方合作渠道，实现多方互利共赢。

3. 完善非融资担保机构监管

非融资性担保公司作为一般性工商企业在工商部门登记，除了爆发风险事件或接到投诉、举报，有关部门无权依法对其实施有效管理。为此，在监管部门没有明确之前，工商部门要勇于承担起对非融资性担保公司的监管责任，明确省市县三级监管部门的监管职责和监管范围，充分发挥基层工商所的"一线"和"前沿"监管作用，确保能及时发现和纠正问题；要建立健全联席会议制度，落实定期通报制度，在互通情况、共享信息、交流情况的基础上，及时查漏补缺、纠偏正向；要修订完善非融资性担保风险处置工作方（预）案，确保一有情况能及时有效应对。广告监测监管部门要加大虚假、违法广告的打击力度，营造良好的社会环境。

第五节　担保机构发展前景

在我国，担保行业还是一个很年轻的行业，从整体来看，我国担保公司存在着数量多、个体规模小、行业组织不完整、商业性担保公司的股东结构复杂、多数担保公司的从业经验还不够丰富等特点，整个行业还不够成熟。通过以上对中国担保行业出现的风险分析，要提升整体的抗风险能力，本书认为未来担保机构的发展主要有以下三条路。

一　国有化发展

尽管担保行业的发展持续低迷，但从公布的数据看，国内担保行业的整体在保余额和新增担保规模在不断上升。其中主要的增长来自于国有性政策性融资担保机构。对于国家注股的融资性担保机构，一般资本金规模较大，而国家注资使融资担保机构信用大大增强，在担保行业中具有较大的影响力，容易获得协作银行的认可，拥有比较充足的资金实力，具有规范的运营机制和风险防控机制，更加有利于服务中小微企业及"三农"，促进地区经济的发展。例如：杭州市中小企业担保有限公司是杭州市政府为扶持中小企业发展、解决中小企业融资难问题而组建的一家政策性担保机构，主要为各类中小企业提供融资贷款担保、工程保函及合同履约担保等各类担保业务，为中小企业量身定制其需要的金融服务，在业务模式、业务产品和服务上力求务实创新。首先，通过研究企业特点，探索分期等额还款业务、流动资金加订单贷业务、多种新型反担保措施；其次，"服务创新"挖掘担保内涵，"投保联动"提升服务价值；最后发挥平台优势，组建"风险池"，承担政府项目，助推大学生创业。

我国也可以借鉴国外融资担保机构的发展经验。美国融资性担保机构的职能主要是由美国中小企业管理局承担，以此来解决中小企业融资问题。美国中小企业管理局每年向国会申请经费和担保资金，因此美国的融资性担保机构为政策性融资担保机构，非融资性担保机构为商业担保机构，从事履约担保等低风险业务。日本直接从事融资担保业务的机构与信用保证协会签订信用保证合同，融资性担保机构承担20%的风险，而信用保证协会承担80%的风险，日本政府每五年向信用保证协会注资，以此支持担保行业的发展。①

二　集团化发展

资本金规模较大有助于融资担保机构的风险控制，因此大型担保机构可以重组并购中小型担保机构。大型担保机构具有资本优势，中小型担保机构具有专业领域优势，通过重组并购可以将两者的优势结合起来，形成规模经济，提高担保机构的抗风险能力。大型担保机构还可以形成多平台的民营金融集团，与资金理财、小额贷款、典当等产业结合起来，形成多元化发展路线。例如：中国集成金融集团控股有限公司与瀚华金融控股有限公司分别于2013年11月、2014年6月登陆港交所。其中集成金融除了进行上市担保、小贷业务部分，其母公司的业务范围还包括期货投资、保险经纪、融资担保、创业投资、小额贷款、资信评估、产权交易、基金管理、黄金理财、财富管理、网络金融、租赁服务等非银行金融服务；瀚华金控主要经营信用担保和中小企业贷款业务。这两家公司已经形成了一个多牌照、多平台的民营金融集团。

---

① 杭州市经济和信息化委员会：《杭州市担保行业蓝皮书》，中国金融出版社2014年版。

三 专业化发展

专而精的小型担保机构抗风险能力较强,其精通某一领域,自身经营风险较小,因此,专业化发展就是小型担保机构的一个发展方向。例如,浙江信林担保有限公司立足于农林产业,不断创新业务服务农林产业,推动林权交易和林权抵押贷款、林木碳汇交易、大宗农林产品现货电子交易等多项担保业务的发展。

第六章

农村合作金融风险控制

第一节　引言

一　研究背景和意义

农业和农村经济的发展，在广大农村形成了农、工、商等多主体多层次的金融需求。只有建立商业性金融、政策性金融和合作金融分工合理、相互补充的金融合作体系，才能实现多层次、广覆盖、可持续、竞争适度、风险可控的金融供给。当前农村金融供给与需求之间的矛盾突出，要改变农村金融供给严重不足的现状，亟须大力发展农村合作金融，借助其在资金上的互助合作以及作为政策性金融、商业性金融回归农村的中介作用，从根本上解决农户特别是低收入农户的信贷约束问题。

党中央、国务院高度重视农村合作金融。1996 年，《国务院关于农村金融体制改革的决定》明确合作金融机构存在的必要性。从 2004 年开始，历年的中央一号文件（2011 年除外）都鼓励农民开展信用合作（资金互助）。2014 年中央一号文件明确提出："在管理民主、运行规范、带动力强的农民合作社和供销合作社基础上，培育发展农村合作金融，不断丰富农村地区金融机构类型。坚持社员制、封闭性原则，在不对外吸储放贷、不支付固定回报的前提下，推动社区性农村资金互助组织发展。" 2015年，中共中央办公厅、国务院办公厅印发的《深化农村改革综合性实施方案》进一步明确指出，"坚持社员制、封闭性原则，在不对外吸储放贷、不支付固定回报的前提下，以具备条件的农民合作社为依托，稳妥开展农民合作社内部资金互助试点，引导其向'生产经营合作+信用合作'延伸"。2016 年《中华人民共和国国民经济和社会发展第十三个五年规划纲要》明确提出，要"稳妥开展农民合作社内部资金互助试点"。

随着我国农村经济体制改革的进一步深化，作为政府大力鼓励发展的新型农业生产经营主体——农民专业生产合作社大量涌现，其经营及发展过程中对资金的需求，为合作金融的产生提供了客观条件。大力发展农村合作金融组织，形成契约和信用共同体，为农村经济的转型发展和农民的致富提供重要的组织载体，能极大适应我国小农经济向现代农业发展的要求。发展农村合作金融，能够充分利用农村资金，有效遏制农村资金向城市的逆向流动；同时能够有效压缩游离于政府监管之外的民间借贷和高利贷的活动空间，减少农村弱势群体的借贷成本，促使民间借贷阳光化，从而优化农村金融生态环境。

但是由于农村融资成本高、风险大、周期长，再加上农村合作金融组织长期积累的历史问题，农村合作金融面临着很多金融风险，农村合作金融组织风险控制体系建设还存在很多不足。考虑到农村合作金融机构在我国农村金融领域的独特地位，加强对其风险控制措施的研究，对实现农村合作金融机构可持续发展，维持农村金融市场健康稳定发展，具有重要的理论和现实意义。

二 农村合作金融的国内外研究现状

Barou（1932）给出了农村合作金融的概念[1]，Cook 认为在农村合作社快速发展阶段和成熟阶段，由于产权模糊、导致合作社组织运行效率低下。[2] Alchian 和 Demsetz 认为合作社缺乏组织效率，产权界定不清晰，公平出现问题等。[3]

国内学者在农村合作金融风险的成因、控制策略、方法等方面做了很多工作，取得了很多成果。周泽炯（2011）从产权制度、法人治理结构、经营管理理念、激励约束机制和内部稽核机制等方面探析农村合作金融风

---

① Barou N., Cooperative Banking, London: London Press, 1932.

② Cook M. L., "Cooperatives and Group Action", Food and Agricultural Marketing Issues for the 21st Century, 1993, pp.154-169.

③ Alchian A. A., Demsetz H., "Production, information costs and economic organization", Engineering Management Review IEEE, Vol.3, No.2, 1975, pp.21-41.

险形成的内部原因。[①] 张绍鸿（2016）展示了农村金融生态系统脆弱性表现及其背后的深层根源，从法律政策规范方面提出了优化农村金融生态的法治路径。[②] 田光伟（2016）指出了农村合作金融存在的股权结构不合理、法人治理制度不健全；管理机构权限不明、职责不清；监管人员水平普遍偏低，人事制度不健全，金融机构操作风险突出，外部监管力量不足等问题，探讨了农村合作金融监管制度构建。[③]

王兴业（2010）研究了发达国家农村合作金融风险管理经验，并针对我国的农村合作金融组织风险控制给出了启示。[④] 刘洁、张洁（2013）针对农村合作金融组织，探讨了如何建立内控机制、外部监管、信用保证和法律规范等相应的风险防范机制。[⑤] 张志成（2016）研究了农民资金互助合作社风险控制策略。[⑥]

张云燕、刘清、王磊玲、罗剑朝（2016）采用 AHP 和模糊综合评价法对陕西省农村合作金融机构信贷风险内控体系各要素的影响权重及其完善程度进行评价。[⑦] 周泽炯（2010）基于德尔菲法和层次分析法研究农村合作金融风险监测预警指标体系。[⑧]

张云燕（2013）分析陕西农村合作金融机构信贷风险控制客体——农户信贷违约风险的影响因素，评价陕西农村合作金融机构信贷风险内控体系各要素的影响作用及其完善程度，分析外部环境对陕西农村合作金融机构信贷风险的影响作用。[⑨] 崔婷婷（2012）研究了农村合作金融主要风险类别及生成机理，结合国内外农村合作金融风险预警评价的理论经验，对

————————

① 周泽炯：《农村合作金融风险的内部成因与防范措施》，《农村经济》2011 年第 12 期。

② 张绍鸿：《优化农村金融生态的法治路径》，《安徽农业科学》2016 年第 26 期。

③ 田光伟：《试论我国农村合作金融监管制度构建》，《农业经济》2016 年第 9 期。

④ 王兴业：《发达国家农村合作金融风险管理经验及启示》，《农村经济》2010 年第 11 期。

⑤ 刘洁、张洁：《农村合作金融风险防范机制的构建》，《当代经济研究》2013 年第 5 期。

⑥ 张志成：《农民资金互助合作社风险控制策略》，《财经界》（学术版）2016 年第 22 期。

⑦ 张云燕、刘清、王磊玲、罗剑朝：《农村合作金融机构信贷风险内控体系评价研究》，《中国农业大学学报》2016 年第 8 期。

⑧ 周泽炯：《农村合作金融风险监测预警指标体系研究——基于德尔菲法和层次分析法的思考》，《农村经济》2010 年第 7 期。

⑨ 张云燕：《陕西农村合作金融机构信贷风险影响因素及控制研究》，博士学位论文，西北农林科技大学，2013 年。

扬州市农村合作金融机构的风险进行测度。① 黄彩华（2012）以四川为例，结合农村合作金融风险的特点，从资本充足性、资产质量、流动性和营利性四个方面构建了农村合作金融机构风险评价指标体系。②

第二节　合作金融的相关理论基础

合作经济和合作金融是农村资金互助社成立的理论基础。

一　合作经济和合作金融

（一）合作经济

合作经济是指劳动者自愿联合，使用共同生产资料，共同进行劳动的经济形式，他们公平出资，分担风险，并积极参与民主管理。③ 熟识合作经济，可从以下三点出发：

1. 合作经济是处于市场弱势的劳动者为改善自己的经济收入状况提高生活水平秉承自主自愿的原则相互合作的组织结构。它通过劳动者之间相互帮助，团结一致，优势互补，不仅实现劳动者自身发展，还有助于农村金融市场的发展。

2. 合作经济是一种社会运动。它具有的灵活性和低标准性使得其可以在社会生活的多个领域开展，比如农业、城市的手工业、服务业等。合作经济以一种联合的方式，变相地提高参与者的市场竞争力、社会地位和影响力，对社会经济的发展影响很大。

3. 合作经济是分配社会资源的方法之一。合作经济组织里的劳动者进行的劳动生产所创造的财富都归自己所有，劳动者的积极性得到大幅度提高，对社会资源配置相当有利。

（二）合作金融

合作金融在整个合作经济的组成成分中占重要的一部分，是合作经济

---

① 崔婷婷：《我国农村合作金融风险的测度及防范研究》，硕士学位论文，扬州大学，2012年。

② 黄彩华：《农村合作金融机构风险评价指标体系的构建与实证分析》，硕士学位论文，西南财经大学，2012年。

③ 张洁：《中国农村合作金融理论与实践研究》，博士学位论文，吉林大学，2013年。

在金融领域的主要代表。简单来说，合作金融是在以合作制为原则建立的社区内，自愿入股，以入股者股金和公积金为主营资本，服务于社员，以出资者民主管理为特色而形成的非营利性的金融活动以及随之发展起来的金融合作组织。[①]

1. 合作金融的特点

（1）社员入股的自愿性。合作金融是一种金融组织形式，它是由在经济生活中处于弱势地位的劳动者自愿根据合作原则而经营的。合作金融组织对有意加入其中的自然人或法人有一定的要求：自觉遵守组织的章程，不违背组织制定的规定，并按时缴纳股金，承担自己的义务。参加与退出合作金融组织都是自愿的、自由的、不受其他人为限制的，同时任何加入合作金融组织的自然人或法人都共享组织的权利和义务。并且凡加入组织的自然人或法人，不应因任何政治观点、宗教信仰、种族肤色的不同而受到歧视。

（2）成立动机的互利性。合作金融是一种互助金融组织，其基本模式是组织成员将闲置的资金存入组织中，组织定期为其支付利息，而有些缺乏资金的组织成员可以从组织中获得相应的贷款，并支付一定的贷款利息。这样做的目的就是实现组织成员间的优势互补，自帮自助，合理有效地利用资金，达到互助互利的目标。由此可以看出，合作金融的本质是各社员间的互助共济，它强调社员之间的互利性，彼此之间利益共享，风险共担。[②]

（3）管理机制的民主性。合作金融能够最大限度地尊重各个社员的民主意愿。参与合作金融组织的人员都可以参与其治理，表达自己的意愿和主张，从而追求自己意志的实现。[③] 合作金融组织内部不以入股资金的多少为根据来评判社员地位的高低，大家地位都一样，拥有同等的表决权和分红权、选举权和被选举权，实行民主管理，社员自主进行管理。

（4）运行目的的非营利性。合作金融组织是非营利性的组织，它根据互助合作的原则而建立，经营目标不是为了盈利，而是为各个社员服务。当然，合作金融组织并不是反对盈利，适当的利润获得有助于其自身

---

① 宋彦峰：《农村新型合作金融组织的制度研究》，博士学位论文，中国农业科学院，2011 年。

② 张洁：《中国农村合作金融理论与实践研究》，博士学位论文，吉林大学，2013 年。

③ 赵栋奎：《农村合作金融监管法律制度研究》，硕士学位论文，兰州大学，2015 年。

有效的运行，进而为成员提供更好的服务，更大程度地满足社员的资金需求，实现其可持续运行。

（5）资金往来的内部性。合作金融的根本宗旨是为成员自身的经济利益服务的。其经营理念是提高成员自身的经济效益，促进社会和谐快速地发展。由于关切成员自身利益，因此它一般以小风险、少效益、较稳定的业务为主，服务内容限在成员内部。

（三）合作金融与商业金融、政策金融的区别

合作金融是劳动者自发结合，自主管理，自愿参加的，这一特征吸引了广大农村的农民积极主动地参加，目前已成为一种广泛的融资方式。农村合作性金融、农村商业性金融和农村政策性金融，三者从不同的方面承担自己的职能，相互之间弥补缺失，发挥长处，互相协作，共同组成农村金融体系，为农村金融市场的发展发挥各自的作用。

政策性金融和商业性金融的区别主要有以下几点：

1. 依据不同，前者主要以国家信用为基础，后者主要遵循市场规律。

2. 运行方式不同，前者是按照国家政策进行融资活动，在规定的范围之中进行经营贷款业务，后者则是运用市场法则，对资源进行合理配置，对资金进行合理流通。

3. 目标不同，前者主要是为了实现国家宏观的经济目标，将国家出台的经济发展政策贯彻落实彻底，而后者则有一定的营利因素，具有一定的商业性质。商业金融和政策金融对贷款对象的要求更为严格，对农村的资金支持额度有限，普通的农民无法享受到优待。合作金融与商业金融和政策金融有很大的不同，其组织形式和特点偏向农民，更符合当代农村金融的发展要求。

综上可以看出，合作金融与政策金融最大的区别在于其根在农村、质在合作；合作金融与商业金融的最大区别是其非营利性不再以利润最大化为目标，商业金融活动在法律规定的范围内经营，追求利润最大化。[①]

二　发展农村合作金融的原因

（一）发展农村合作金融的必要性

首先，农业和农村经济要想得到进一步的发展，农村合作金融必不可

---

① 张洁：《中国农村合作金融理论与实践研究》，博士学位论文，吉林大学，2013年。

少。如今的农村已远不是以前那样只有农业经济，而是具有着农业、工业和商业的多层次经济。只有实现商业性金融、政策性金融和合作金融三者之间的相互合作，合理分工、优势互补，才能构建层次多样、覆盖面广、有效控制风险的金融市场体系。再者，农村合作金融的存在和发展符合当下进行农业现代化的要求。鼓励积极发展农村合作金融组织，形成契约和信用共同体，可以加快农村经济转型发展，为农村致富提供新思路新方法，适应我国小农经济向现代农业发展的要求。最后，农村合作金融的产生对农村金融生态环境也有相当大的影响。农村合作金融能够充分利用农村有限资金，有效遏制农村资金向城市的逆向流动；同时能够有效压缩游离于政府监管之外的民间借贷和高利贷的活动空间，减少农村弱势群体的借贷成本，促使民间借贷阳光化，从而优化农村金融环境。

（二）发展农村合作金融的可行性

首先，农村合作金融组织有着全面准确搜集农户信息的能力，有效规避市场上信息不对称的风险。农村合作金融是以农村熟人的社会信用为基础，贷款人对借款人的经济利益方面有所了解，使贷款人能够较为及时地把握贷款按时足额归还的可能性，并采取相应的行动。其次，从国外的成功事例尤其发展中国家的例子说明发展农村合作金融也适用于中国。最后，国家出台相关优惠政策鼓励发展农村合作金融，给了农村合作金融一个良好的政策环境。

三 合作金融的分类及模式

（一）合作金融的分类

当前，国内农村合作金融根据其运行的规范性，可分为正规农村合作金融与新型农村合作金融两大类。其中，正规合作金融包括农村信用合作社、农村商业银行和农村合作银行；新型合作金融包括农村资金互助社、农民专业合作社内部的信用合作和以供销社系统发起的合作金融。两者在服务对象、交易成本等多方面均有不同，详情见表6-1。

表6-1　　正规农村合作金融组织与新型农村合作金融组织的比较

	正规农村合作金融组织	新型农村合作金融组织
服务对象	满足其信贷条件的大客户	农户、低收入家庭、小企业
交易成本	较高	较低
交易安全性	在规范的机构和固定的经营场所	没有规范的机构和固定的经营场所

续表

	正规农村合作金融组织	新型农村合作金融组织
农村储蓄	未能有效动员农村储蓄	动员农村和城镇低收入家庭的小额储蓄
交易记录	有完整、系统的书面记录	书面记录简单，缺乏系统性
资金来源	有政府资助和其他资金来源	没有政府的资助
管理程序	完备的行政管理程序	程序简单、直接，体现当地文化与习俗
信息不对称	信息不对称程度高	信息不对称程度低

农村信用合作社是在中国人民银行允许下设立的，组织形式是股份制，资金来源为社员入股资金，由社员推选代表管理，其经营理念为社员提供金融服务。农村商业银行的产权组织形式是股份制，是由辖内农民、农村工商户、企业法人和其他经济组织共同入股组成的股份制地方性金融机构。农村合作银行的产权组织形式是股份合作制，是由辖内农民、农村工商户、企业法人和其他经济组织入股的股份合作制社区性地方金融机构，为其发展提供金融服务。[①] 其中农村商业银行和农村合作银行是由农村信用合作社产权改革组建而来。随着市场经济体制改革的深入推进，农村信用合作社、农村商业银行和农村合作银行，都逐渐淡出了合作金融的领域。

经过一段时期的努力和探索，我国农村金融市场又开始呈现出一片欣欣向荣的良好局面，各类农村合作金融组织相应成立起来，各方面逐渐走上正轨，管理更加规范，业务运行更加合理有效。各地政府对当地的农村情况了解程度更加深入，越来越有把握制定符合当地发展的政策，并且对当地互助社监管更加严格，风险防范措施也有了相应的保证。整体来看，农村金融市场的发展环境是相对平稳安全有效的，但是不可避免地存在一定的缺陷，某些区域发展后劲仍不给力，部分农村合作金融会出现这样那样的情况，这时就需要政府、其他组织对其提供相应的帮助，最终实现构建层次多、覆盖面广、风险可控的金融市场体系，促进农村经济发展，增强农民在整个经济市场的竞争力。当前新型农村合作金融的主要模式分别为：

1. 农村资金互助社。主要特点有：入股社员都从事同种产业，以物

---

① 张洁：《中国农村合作金融理论与实践研究》，博士学位论文，吉林大学，2013 年。

入股的专业资金合作模式；由社会公益组织倡导发起，逐渐引导农民加入的公益资金资助模式。

2. 农民专业合作社内部的信用合作。主要有：采取"为农服务中心+合作社+社员"自发联合式的信用互助模式；采取"带头人+合作社+社员"集体引导式信用互助模式；采取"龙头企业+合作社+社员"龙头带动式的信用互助模式。

3. 供销社系统发起的合作金融。主要类型有：

中介代理型。主要形式与银行和社团合作，比如与农信社、农村合作银行、农村商业银行乃至于其他股份制商业银行和国有商业银行合作，作为这些机构的代理机构，主要服务对象为农村急需贷款的农户。

合作参与型。入股已存在的农村金融组织，如村镇银行、小额贷款机构、担保公司、融资租赁公司等。

领衔发起型。供销社可以引领发起各类农村金融组织，如在供销社领办的专业合作社基础上发起设立农村资金互助社。

统筹整合型。以合作社内部的合作金融组织为基础，在一定的条件下建立全国性的合作社银行，并具备完整的组织形式和监督体系。

近几年，在政府的鼓励与大力支持下，全国各地纷纷兴起了各种类型、大小不一的农村资金互助组织。农村资金互助组织是基于农民内部信用合作而生的，其在一定程度上可为当地农民提供相当数量的资金，有效解决农民和中小企业的资金难题，对当地农村经济的发展起到了不容忽视的作用，已经发展为我国普惠金融体系中重要的力量。本章主要以农村资金互助社为例，探讨农村合作金融的风险控制措施。

（二）资金互助合作社的运作特征

一般情况下，农村资金互助组织的发展模式有以下两种：一种是与外界经济主体联系的方式；另一种是不与外界经济主体合作，采取具有自身特点的经营方式。[①] 总体来看，在中国各地出现的资金互助合作社，其组织的基本形式和原理基本没有差别，都是面向一定经济区域的全部或部分村民和小企业，按规定出资组成，服务内容只在成员之间进行的信贷基金，实行民主管理，满足成员的小额信贷资金需求。

农村资金互助社在农村地区的乡（镇）和行政村以发起方式设立。设

---

① 洪晓刚：《我国农村合作金融发展路径研究》，硕士学位论文，云南财经大学，2015年。

立农村互助社应符合以下条件：（1）组织章程应符合国家规定；（2）发起人要求为本社成员并符合国家要求，人数为10名以上；（3）在乡（镇）设立的，注册资本不低于30万元人民币；在行政村设立的，注册资本不低于10万元人民币；注册资本应为实缴资本。（4）组织内部的经理、理事以及工作人员都应符合相应的条件；（5）组织的营业场所要符合规定，并具有相应的安全设施以及其他业务设施；（6）单个农民或单个农村小企业向农村资金互助社入股，其持股比例不得超过农村资金互助社股金总额的10%，超过5%的应经银行业监督管理机构批准。（7）社员入股必须以货币出资，不得以实物、贷款或其他方式入股。（8）银行业监督管理机构规定的其他条件。①

农村资金互助社在运行管理中主要体现以下几个特点：

（1）强调产权明晰化，按社员入股资金实施股权量化。农村资金互助社的资金主要有两种：一种是内部资金，主要是社区农民入股资金和社会积累；另外一种是外部资金，主要是政府的财政补贴和慈善捐款。其中的社会积累资金和慈善捐助的资金非常少。一般情况下，贫困地区农村互助资金最开始是由外部资金和内部资金两部分组成，但外部资金通常会大于内部资金的数量。为了提高组织内部成员的积极性和抗风险意识，即使内部资金再少，也绝不能让外部资金取代内部资金。扩大资金互助社的规模，最根本的是要提高内部自筹资金的规模。再者尽量提高农户自筹比例，优化管理结构，对不同地区，实行不同的管理方法，因地制宜地实行管理。富裕的地区，相对多交股金。对于相对贫困地区，则应根据贫困程度可适当减免入股资金。农村资金互助社必须建立健全明确清晰的产权结构，只有产权清晰，员工才会明白自己要承担的责任，要达到的目标，机构才会运营有序。此外，对员工的产权意识的宣传教育也必不可少。总之，资金互助社的产权结构明确化利于强化社员的风险意识。

（2）强调社区主导、自我民主管理。农村资金互助社建立的出发点就是社员相互帮助提升自身经济实力，虽然建设互助社的资金来源外部大于内部，但其原则应该还是社员自愿参加，进行自主管理。农村资金互助社应建立相应的利益共享机制和完整的规章制度，会员为主体，有管理、监督、使用资金的权利和义务，组织内部重大决策由会员代表开会决定，

---

① 何广文：《农村资金互助合作机制及其绩效阐释》，《金融理论与实践》2007年第4期。

并从会员中选举成员成立"管理小组"来对组织进行内部的监督管理。"管理小组"成立，标志着"互助资金"正式运转（见图6-1）。

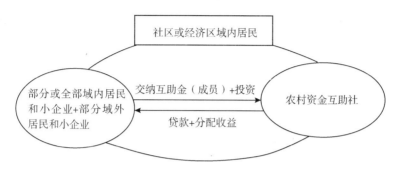

图 6-1　农户资金互助合作的运行

（3）强调社区瞄准和封闭运作，以及贫困户与非贫困户的帮扶机制。农村互助资金组织的规模可大可小，以区域（例如行政村、自然村）为单位成立，同时农民也可以自己结组，组员少规模小的称为组，组员多规模大的成为社，设立都不可超过限定的范围。一般来说，财政的资助资金投入会随着设立规模的变化而相应地进行调整。一般来说，平均一户的投入约1000元，对于整个村的投入往往低于15万元。这些资金虽然是扶贫资金，但资金运用绝不可单一。如果政府的资金全用于贫困户，必然降低非贫困户的积极性，只会导致资金以外部资金为主，成立起来的规模必然就小，就不能达到"互助"的目的。政府在扶持非贫困户与贫困户上应正确理解这两者之间的关系，它们之间并非相互"替代"，而是"互补"关系。①

（三）农村资金互助社的经营管理

1. 社员和股权管理

农村资金互助社社员对象以农民及农村小企业为主，应按照互助社的规定条件吸取，可自觉遵守章程及缴纳股金。

单个农民或单个农村小企业向农村资金互助社入股，其持股比例应低于农村资金互助社股金总额的10%，超过5%的应经银行业监督管理机构批准。社员入股必须以货币出资，不得以实物、贷款或其他方式入股。加

---

① 王信：《我国新型农村金融机构的发展特征及政策效果研究》，博士学位论文，西南财经大学，2014年。

入农村资金互助社，每位社员会相应获得互助社颁发的记名股金证以作为社员的入股凭证。

2. 业务范围

资金来源方面：农村资金互助社的资金来源主要由两部分构成，外部资金和内部资金。外部资金主要是社会人员对其进行资金援助，以及其他金融机构对其进行资金注入，内部资金则是社员在互助社中的存款。

资金运用方面：农村资金互助社的资金应主要用于社员贷款，如若还有剩余，可酌情考虑投资其他金融业务。合理运用资金，达到资金利用的最大效用化。但资金互助社所进行的一切有关资金运用业务，都应该获得组织上层的意见，不得私自运用资金。

办理业务方面：农村资金互助社可以办理结算业务，并按有关规定办理各类代理业务，在得到属地银行业监督管理机构及其他有关部门的允许下也可开办其他业务。为了满足业务办理流畅、安全的要求，对库存资金应严格按照存款与股金成一定比例的要求进行定期核对，保证库存资金的充足，防止风险的产生，以保障资金安全。

3. 风险管理

农村资金互助社应审慎经营，严格进行风险管理，严格按照国家规定的要求保证资金充足，进行规范贷款，并且准备合理的资金备需，以防止由于业务办理造成贷款过多，自身库存不足的风险。构建一套完整的风险管理体系，成立专门的风险监督管理部门，切实关注市场变动，适时监督业务办理流程，风险发生及时采取相应措施，防止扩大蔓延到整个金融市场，扰乱市场运行秩序。

4. 会计、审计管理

农村资金互助社要严格按照国家有关金融企业的财务制度和会计准则经营，制定详细的会计科目和法定会计账册，以此进行会计核算。应严格按照财务制度处理呆账坏账和分配利润，如若存在未分配的利润也应将其计入社员共有资金中，并按照入股股金的份额将其分配下去。内部审计由农村资金互助社监事会负责，审计结果应当向社员大会（社员代表大会）报告，也可以委托中介机构进行审计。

5. 信息披露

农村资金互助社应建立信息披露机制，要以信息的真实性、准确性、有效性和完整性为基本原则，财务状况、盈利情况应由具有相关业务资格的会计师事务所或金融监管部门来审计或审核。

第三节　农村资金互助社的发展历程

一　农村资金互助社的产生

最早的农村合作金融组织是由德国人雷发于 1849 年在莱茵地区创立。经过一百多年的发展，合作金融已扩展到世界各地。在中国，1923 年 6 月在河北省的香河成立了中国农村最早的合作社。新中国成立后，合作金融事业进一步得到发展。

2000 年以来，国内出现了具有扶贫性质的农村资金互助社组织，如由中荷发展合作项目发起的安徽霍山、太湖贫困村资金互助社试点以及由非政府组织仪陇县乡村发展协会推动成立的四川仪陇县村级资金互助社。2006 年 5 月，在总结这些贫困村互助资金组织运作经验的基础上，国务院扶贫办与财政部联合下发通知，在全国 14 个省（自治区）开展贫困村互助资金试点。

农村资金互助社中有代表性的是吉林省梨树县闫家村百信农村资金互助社，是当地 8 名农民在原生产互助合作中，为解决发展资金不足问题，由农户入股，采用民主管理原则建立。政策放开后，吉林省梨树县闫家村百信农村资金互助社经过 4 年的发展，在逐步完善各项规章制度的基础上积极争取，于 2007 年 3 月 9 日经中国银监会批准，成为我国第一家经银行业监督管理机构批准挂牌营业的村级农民自愿入股的农村合作互助型金融机构——农村资金互助社。该资金互助社由闫家村 32 位农民自愿发起组成，注册资本金为 10.18 万元，主要为本社社员提供存款和贷款等服务，以信用贷款为主，会员用最低 100 元作为入会费，可以享受十倍以内的贷款额度。[①]

银监会于 2007 年相继颁布了《农村资金互助社管理暂行规定》和《农村资金互助社示范章程》，规定在符合条件的情况下，各乡村可以设立农村资金互助社。《暂行规定》第 2 条明确规定："农村资金互助社是

---

① 罗斌：《中国农村合作金融发展研究》，博士学位论文，北京林业大学，2013 年。

指经银行业监督管理机构批准，由乡（镇）、行政村农民和农村小企业
自愿入股组成，为社员提供存款、贷款、结算等业务的社区互助性银行
业金融机构①。"农村资金互助社主要有两种模式：一是入股社员均从事
同种产业，以物入股的专业资金合作模式；二是由社会公益组织发起，
逐渐引导农民加入的公益资助模式。互助组织由社员民主管理，主要对
社员提供相应的服务，最终目标是为社员谋求利益，提高其自身经济
实力。

二　农村资金互助社的发展

农村资金互助社是独立的企业法人，拥有着对法人资产进行相应合法
处理的权利，比如占有权、使用权等。农村资金互助社社员在享有权利的
同时也要对农村资金互助社承担相应的有限的责任。由此可见，农村资金
互助社虽然属于信用合作组织，但它及其社员承担的是有限责任。

农村资金互助社秉承着为人民提供金融服务，促进农村金融市场发展
的宗旨，以合作金融为理论基础，是现阶段我国农村出现的第一个真正具
有合作金融发展意味的金融组织。农村资金互助社是由广大农民和小企业
按照合作制原则设立的合作组织，它的服务对象主要是那些低收入群体，
为他们提供金融服务，解决资金难题，并且它的管理和贷款流程都与传统
金融机构存在一定的差别，因此其在一定程度上属于微型金融组织。它主
要为自身经济实力较差、社会地位较低的群众提供所需金融服务，以此满
足他们的需求，增加他们的经济实力，提高他们的市场地位，从而达到合
理分配社会资源、促进农村经济市场快速发展的目的。② 农村资金互助社
是由地方政府引导和农民自发设立的，主要分布在吉林、江苏、河南、河
北、山东等地。绝大多数的农村资金互助社并未真正获得银监会的许可认
证，大部分仍为民办非企业单位，因此它们并不受银监会监管，仅仅受农
村工作部门管理③。随着我国社会主义市场经济及民间资金互助社的发
展，政府对资金互助社越发重视起来。

截至 2013 年 6 月底，全国范围内由银监会批准成立、正式发放牌照

---

① 杨贵桥：《农民资金互助社法律制度研究》，博士学位论文，西南政法大学，2015 年。

② 王杨：《农村资金互助社法律制度研究》，博士学位论文，安徽大学，2014 年。

③ 洪晓刚：《我国农村合作金融发展路径研究》，硕士学位论文，云南财经大学，2015 年。

的农村资金互助社仅有 49 家，发展速度极为缓慢。

三　农村资金互助社的制度安排

合作金融是农村金融体系中重要的组成部分。其中，农村信用社，从建国初期的自发性群众合作金融组织逐渐演变为农村商业银行，其合作性质发生"异化""异变"。但是，"经济上的弱小者只有通过合作才能搭建起从小生产通向大市场的桥梁"，① 合作金融存在的基础依然存在，因此近年来国家一直强调发展新型农村合作金融组织。

2014 年中央一号文件强调"发展新型农村合作金融组织"，明确指出"在管理民主、运行规范、带动力强的农民合作社和供销合作社基础上，培育发展农村合作金融"，"坚持社员制、封闭性原则，在不对外吸储放贷、不支付固定回报的前提下，推动社区性农村资金互助组织发展。完善地方农村金融管理体制，明确地方政府对新型农村合作金融监管职责，鼓励地方建立风险补偿基金，有效防范金融风险。适时制定农村合作金融发展管理办法"。

2015 年中央一号文件明确指出"积极探索新型农村合作金融发展的有效途径，稳妥开展农民合作社内部资金互助试点，落实地方政府监管责任"。

2016 年中央一号文件指出"扩大在农民合作社内部开展信用合作试点的范围，健全风险防范化解机制，落实地方政府监管责任"。

2017 年中央一号文件进一步强调"规范发展农村资金互助组织，严格落实监管主体和责任。开展农民合作社内部信用合作试点，鼓励发展农业互助保险"。综合上述中央文件精神，目前我国农村合作金融的主要形式有农民专业合作社取得的信用互助业务试点、基层供销合作社开展的信用合作试点以及由乡（镇）、行政村农民和农村小企业自愿入股组成的农村资金互助社。农民专业合作社信用互助业务试点的监管目前还没有出台全国性的法规，部分省份制定了相关监管细则。基层供销合作社开展的信用合作试点只是一些政策性的文件，没有检索到全国性或地方性监管细则。目前较为完善的是对农村资金互助社的管理，主要有银监会制定的

---

① 杨小玲：《建国以来农村信用社发展历程回顾——基于经济发展战略的角度》，《理论学刊》2009 年第 10 期。

《农村资金互助社管理暂行规定》以及《中国银监会关于农村资金互助社监督管理的意见》。

（一）准入制度安排

表 6-2　　　　　　　　　　农村资金互助社准入制度安排

发起人	注册资本	其他
有 10 名以上符合本规定社员条件要求的发起人	在乡（镇）设立的，注册资本不低于 30 万元人民币，在行政村设立的，注册资本不低于 10 万元人民币，注册资本应为实缴资本	农村资金互助社应在农村地区的乡（镇）和行政村以发起方式设立。其名称由所在地行政区划、字号、行业和组织形式依次组成； 有符合任职资格的理事、经理和具备从业条件的工作人员； 有符合要求的营业场所，安全防范设施和与业务有关的其他设施； 有符合规定的组织机构和管理制度； 银行业监督管理机构规定的其他条件； 农村资金互助社不得设立分支机构

资料来源：摘自银监会 2007 年 1 月 22 日制定的《农村资金互助社管理暂行规定》。

（二）社员和股权管理制度安排

表 6-3　　　　　　　　　　农村资金互助社社员和股权管理

社员	入股条件	其他入股条件	股权
农民	1. 具有完全民事行为能力； 2. 户口所在地或经常居住地（本地有固定住所且居住满 3 年）在入股农村资金互助社所在乡（镇）或行政村内； 3. 入股资金为自有资金且来源合法，达到章程规定的入股金额起点； 4. 诚实守信，声誉良好； 5. 银行业监督管理机构规定的其他条件	单个农民或单个农村小企业向农村资金互助社入股，其持股比例不得超过农村资金互助社股金总额的 10%，超过 5% 的应经银行业监督管理机构批准； 社员入股必须以货币出资，不得以实物、贷款或其他方式入股	农村资金互助社社员参加社员大会，享有一票基本表决权；出资额较大的社员按照章程规定，可以享有附加表决权。该社的附加表决权总票数，不得超过该社社员基本表决权总票数的 20%。享有附加表决权的社员及其享有的附加表决权数，应当在每次社员大会召开时告知出席会议的社员。章程可以限制附加表决权行使的范围； 社员代表参加社员代表大会，享有一票表决权；不能出席会议的社员（社员代表）可授权其他社员（社员代表）代为行使其表决权。授权应采取书面形式，并明确授权内容
农村小企业	1. 注册地或主要营业场所在入股农村资金互助社所在乡（镇）或行政村内； 2. 具有良好的信用记录； 3. 上一年度盈利； 4. 年终分配后净资产达到全部资产的 10% 以上（合并会计报表口径）； 5. 入股资金为自有资金且来源合法，达到章程规定的入股金额起点； 6. 银行业监督管理机构规定的其他条件		

资料来源：摘自银监会 2007 年 1 月 22 日制定的《农村资金互助社管理暂行规定》。

（三）经营管理制度安排

表 6-4　　　　　　　　　　农村资金互助社经营管理制度安排

资金来源	以吸收社员存款、接受社会捐赠资金和向其他银行业金融机构融入资金； 农村资金互助社接受社会捐赠资金，应由属地银行业监督管理机构对捐赠人身份和资金来源合法性进行审核； 向其他银行业金融机构融入资金应符合本规定要求的审慎条件	农村资金互助社不得向非社员吸收存款、发放贷款及办理其他金融业务
资金用途	主要用于发放社员贷款，满足社员贷款需求后确有富余的可存放其他银行业金融机构，也可购买国债和金融债券； 农村资金互助社发放大额贷款、购买国债或金融债券、向其他银行业金融机构融入资金，应事先征求理事会、监事会意见	不得以该社资产为其他单位或个人提供担保； 根据业务经营需要，考虑安全因素，应按存款和股金总额一定比例合理核定库存现金限额
业务范围	可以办理结算业务，并按有关规定开办各类代理业务； 开办其他业务应经属地银行业监督管理机构及其他有关部门批准	农村资金互助社不得向非社员吸收存款、发放贷款及办理其他金融业务，不得以该社资产为其他单位或个人提供担保

资料来源：摘自银监会 2007 年 1 月 22 日制定的《农村资金互助社管理暂行规定》。

（四）监管制度安排

表 6-5　　　　　　　　　　农村资金互助社监管制度安排

监管主体	监管范围	监管方式
银行业监督管理机构	机构设立	农村资金互助社的筹建申请由银监分局受理并初步审查，银监局审查并决定；开业申请由银监分局受理、审查并决定； 银监局所在城市的乡（镇）、行政村农村资金互助社的筹建、开业申请，由银监局受理、审查并决定； 经批准设立的农村资金互助社，由银行业监督管理机构颁发金融许可证，并按工商行政管理部门规定办理注册登记，领取营业执照
	社员和股权	单个农民或单个农村小企业向农村资金互助社入股，其持股比例不得超过农村资金互助社股金总额的 10%，超过 5% 的应经银行业监督管理机构批准
	召开社员大会（社员代表大会）、理事会	召开社员大会（社员代表大会）、理事会应提前 5 个工作日通知属地银行业监督管理机构，银行业监督管理机构有权参加； 社员大会（社员代表大会）、理事会决议应在会后 10 日内报送银行业监督管理机构备案
	理事、经理任职资格	理事、经理任职资格需经属地银行业监督管理机构核准
	接受社会捐赠资金	应由属地银行业监督管理机构对捐赠人身份和资金来源合法性进行审核

续表

监管主体	监管范围	监管方式
银行业监督管理机构	开办其他业务	应经属地银行业监督管理机构及其他有关部门批准
	监管要求	按照审慎监管要求对农村资金互助社进行持续、动态监管
	监管措施	根据农村资金互助社的资本充足和资产风险状况，采取差别监管措施
	违反本规定其他审慎性要求	银行业监督管理机构应责令其限期整改，并采取相应监管措施
	违反有关法律、法规等	违反有关法律、法规，存在超业务范围经营、账外经营、设立分支机构、擅自变更法定变更事项等行为的，银行业监督管理机构应责令其改正，并按《中华人民共和国银行业监督管理法》和《金融违法行为处罚办法》等法律法规进行处罚；对理事、经理、工作人员的违法违规行为，可责令农村资金互助社给予处分，并视不同情形，对理事、经理给予取消一定期限直至终身任职资格的处分；构成犯罪的，移交司法机关，依法追究刑事责任
农村资金互助社	风险管理	1. 资本充足率不得低于 8%；2. 对单一社员的贷款总额不得超过资本净额的 15%；3. 对单一农村小企业社员及其关联企业社员、单一农民社员及其在同一户口簿上的其他社员贷款总额不得超过资本净额的 20%；4. 对前十大户贷款总额不得超过资本净额的 50%；5. 资产损失准备充足率不得低于 100%；6. 银行业监督管理机构规定的其他审慎要求
	会计核算	执行国家有关金融企业的财务制度和会计准则，设置会计科目和法定会计账册，进行会计核算
	呆账准备金	按照财务会计制度规定提取呆账准备金
	利润分配	分配中应体现多积累和可持续的原则
	监事会	负责对本社进行内部审计，并对理事长、经理进行专项审计、离任审计，审计结果应当向社员大会（社员代表大会）报告；社员大会（社员代表大会）也可以聘请中介机构对本社进行审计
	信息披露	按照规定向社员披露社员股金和积累情况、财务会计报告、贷款及经营风险情况、投融资情况、盈利及其分配情况、案件和其他重大事项
	报送相关资料	向属地银行业监督管理机构报送业务和财务报表、报告及相关资料，并对所报报表、报告和相关资料的真实性、准确性、完整性负责

资料来源：摘自银监会 2007 年 1 月 22 日制定的《农村资金互助社管理暂行规定》。

第四节　农村资金互助社面临的主要风险

近年来在政府支持和鼓励下，农村资金互助社发展较快。农村资金互助社在发展过程中不可避免地面临着各种各样的风险。风险分为外部风险和内部风险。其中，外部风险主要包括政策风险、法律风险、信用风险和监管风险，内部风险主要包括操作风险、盈利风险、流动性风险和经营风险。

一　外部风险

（一）政策风险

政策风险主要是指政府制定的经济金融政策及其行政行为对金融机构造成的风险。突出表现在以下几个方面：首先是政府的宏观经济政策。在整个金融环境的影响下，宏观经济政策的出台很可能对整个经济形势进行大幅度调整，导致资金互助社无法连续和稳健经营，由此形成不良贷款。其次是地方政府的行政干预力度过大，不合理、太随意都会引发潜在的行政干预风险，造成农村资金互助社信贷资产的非正常利用。最后，农村资金互助社是在政策引导下发展起来的，成立的初衷是解决农民、农村、农业资金紧缺和周转问题，而一些机构背离了政府主管部门的政策意图，在经营过程中扩张和吸储目的强烈。

（二）法律风险

《农村资金互助社管理暂行规定》明确规定："有符合规定要求的注册资本，在乡（镇）设立的，注册资本不低于30万元人民币，在行政村设立的，注册资本不低于10万元人民币，注册资本应为实缴资本。"这对于处在贫困偏远村落的农户来讲，无疑存在一些难度，也就是排除掉了最需要开展资金互助的地区。《暂行规定》第三十七条规定："农村资金互助社理事、经理任职资格需经属地银行业监督管理机构核准。农村资金互助社理事长、经理应具备高中或中专及以上学历，上岗前应通过相应的从业资格考试。"而位于我国中西部贫困地区的农村中具有高中或中专及以上学历的本就为数不多，并且大都选择外出工作，留下来管理资金互助社的所剩无几。除此之外，《暂行规定》还规定："有符合要求的营业场所、安全防范设施和与业务有关的其他设施。"而要建立符合金融业规定的此类设施，对这些贫困地区也是不小的难题。[①]

金融法律风险是指金融法律法规缺失或对法律条文产生误解、执行不力、规定不细等造成金融机构损失的风险。首先，目前来看，关于资金互助社的法律依据太少，职能定位不明确。国家层面的相关法规仅有银监会出台的《农村资金互助社管理暂行规定》和《农村资金互助社组建审批工作指引》，除此之外几乎空白，导致一些金融活动缺乏法律依据与引导，很难准确确定应缴存存款准备金以及存贷款利率等，也不利于央行和当地监管部门的监管。其次，监管制度不健全，互助社规模小，管理者和业务人员业务素质欠佳，尽管设立了监事机构，但往往是兼职，在实际运行中形同虚设。[②] 一旦金融大规模化，失去了对人缘、地缘和血缘关系的依赖，农村资金互助组织融资活动就容易失控，这不仅会使自身的系统崩溃，还可能波及整个农村政治经济社会的整体稳定。[③] 最后，资金互助机构主体本身不健全。2006 年以后建立组织的意愿高涨，纷纷申请试点工作，其中也难免产生部分农户未经监管部门核准而变相或直接组建的互助社，这些组织并没有经过正规程序，无疑也会存在风险。

(三) 信用风险

1. 信用风险的概念

信用风险是指由于借款人或交易方不愿或无法履行合约而给另一方带来损失的可能性。这种风险不仅出现在贷款中，还出现在承诺、担保等其他与违约或信用有关的活动中。信用风险具有客观存在性，不以人的意志为转移，其会造成严重的后果和损失，一个或少数信用主体若经营困难或破产就会导致整个信用秩序的紊乱，但这类风险可以通过控制来将损失降到最低。农村资金互助社成立的主要目的是被正规金融机构边缘化的农民要以联合体的方式满足贷款需求。[④] 其主要业务是为社员办理存款、贷款和结算，信用风险无疑是难以避免的，其中最有可能发生的是违约风险类，即债务人因种种原因不能按期履约，贷出资金无法按期收回的风险。

---

① 罗斌:《中国农村合作金融发展研究》，博士学位论文，北京林业大学，2013 年。

② 周辉斌:《WTO 与我国银行监管法制完善研究》，中国方正出版社 2003 年版。

③ 姚凤阁、李宝德:《新农村金融服务体系的创新性研究》，《北方经贸》2008 年第 4 期。

④ 商文莉:《我国农村资金互助组织运行机制及效率研究》，博士学位论文，西北农林科技大学，2016 年。

2. 信用风险的成因

凡是从事金融业务的金融机构，受内部及外界其他因素的影响，必然会遭遇信用风险，信用风险是每个机构难以避免的。农村资金互助社的信用风险成因来源多方面，可分为以下三类。

（1）非生产性贷款风险。在农村，农民的资金不仅使用在生产性用途上，更多的是非生产性的需求，其中教育和医疗是最基本的两大消费性开支，婚丧嫁娶也同样是一笔大开销，为满足这一资金需求，借贷筹资成为一种常事。资金互助合作社面临着这一实际情况，当根据社员需求发放的贷款用于医疗、嫁娶或教育等非生产性用途，有可能到期无法回笼资金，由此导致的信用风险被称为非生产性贷款风险。

（2）农产品低收益引发的信用风险。农业生产周期较长，农产品在金融市场上需求弹性并不是很大，生长受天气环境等自然条件的影响，收益不高。除却农业的这些特点，农民自身也有一些限制条件，收入低，经济来源有限，还贷能力也不高。农村资金互助社主要是为农民服务，大部分贷款投入到农业或与农业密切相关的领域中，也因此承担了一大部分风险，一旦市场价格大幅度变动或遭遇不可抗力的自然灾害，投入的资金就无法全部收回，由此产生信用风险。

（3）担保失灵引发的信用风险。担保是对担保人和被担保人行为的一种约束，农户在借款时受法律的抵押物范围限制和自身的特点限制主要采取多户联保的方式进行担保，是人情信用与契约信用的结合。这种情况下，一旦经济衰退，借贷规模扩大，担保人由于一些情况失去了担保能力，某些借款人难免会铤而走险卷款外逃，导致互助社的损失，由此产生信用风险。[1]

（四）监管风险

监管风险是指由于金融机构数量多，监管机构的监管能力不足或由于法律监管规定的变化导致金融机构产生损失的可能性。《暂行规定》要求农村资金互助社的资本充足率不得低于8%，与商业银行的规定相同，一定程度上影响了农村资金互助社的资金利用率。就农村资金互助社来说，一是市场准入门槛不高，一旦放开，就会增加一大批的相关金融组织，而

---

[1]　麻勇爱、章也微：《农村资金互助社信用风险与防范》，《云南民族大学学报》（哲学社会科学版）2011 年第 3 期。

对应监管成本也随之增高，银监会没有应对这些新增金融机构的资金，会产生监管不足。二是农村资金互助组织主要服务范围是乡镇和农村地区，基层监管机构则主要设立在距离乡镇较远的中心城市，不便开展现场监管和实地调查。三是管理人员业务素质欠佳，很多人员往往身兼数职，甚至出现自身进行监管的荒唐局面，政府无法组织足够的监管力量对新增机构进行有效监管。①

二　内部风险

（一）操作风险

操作风险指由内部人员、系统的操作不当与失误或外部事件冲击所造成直接或间接损失的风险。一般可分为两类：第一，管理者的道德风险。资金互助组织的经营者逾越信贷规章制度的规定，自由发放不符合条件的人情款、关系款等，引起资金的大量流失，从而不能用于其他普通社员的贷款需求，影响互助社的稳健运行和社员的分红。② 第二，管理风险。相比其他生产性业务，金融类业务需要更强的专业性，操作也较难，尤其是资金的投放数额与用途分配，都需要专业人员进行分析和计算。但农村资金互助社人员的职业素质偏低，远远满足不了行业的需求，这便加大了金融组织的操作风险。农村资金互助社在经营过程中通常是由其社员民主管理，受限于农民自身的文化程度，农村资金互助社的经营管理人员大多没有从事相关业务的经验，缺乏金融专业知识和实际操作经验，风险管理意识不强，容易导致业务操作的不规范，触发更多的问题。与此同时，在内部治理方面，部分农村资金互助组织民主氛围不浓，财务管理制度不够完善，信贷管理制度不健全，人情因素较大，有的甚至已经出现内部人控制问题。

（二）流动性风险

《暂行规定》第四十一条规定："农村资金互助社以吸收社员存款、接受社会捐赠资金和向其他银行业金融机构融入资金作为资金来源。"资

---

① 吴治成：《农村新型金融组织风险管理问题研究》，博士学位论文，东北农业大学，2012年。

② 商文莉：《我国农村资金互助组织运行机制及效率研究》，博士学位论文，西北农林科技大学，2016年。

金应主要用于发放社员贷款，满足社员贷款需求后确有富余的可存放其他银行业金融机构，也可购买国债和金融债券，但不得向非社员吸收存款、发放贷款及办理其他金融业务。①

流动性风险是指金融组织没有能力为负债的减少或资产的增加提供充足资金而造成损失或破产的可能性。农村资金互助社根据《暂行规定》的要求以吸收存款、接受社会捐赠资金和向其他银行业金融融资作为资金来源，但由于农村经济发展水平往往较低，现有资金来源受到诸多条件制约：一是农村资金互助组织只能吸收社员的存款，而当地经济发展水平不高，农户收入低，导致社员的存款受到限制。同时存款利率没有体现风险溢价，也没有考虑到通货膨胀的因素，相对于传统银行机构所具有的存款保险机制，资金互助组织以自身的法人财产作为存款支付保证，在相同利率情况下，社员更倾向将大额存款存进银行，而不是互助社，这造成了其存款资金来源不足的局面。二是社会捐赠资金非常有限，杯水车薪，起不了决定性作用。三是缺少银行机构的外部融资支持，相关政策不配套。上述问题制约了农村资金互助社的资金来源，也就阻碍了其发展。

（三）营利风险

相对于商业银行的营利性经营原则，农村资金互助社不以营利为目的，然而在现实生活中由于其自身的一些特点，难免会出现营利风险，主要是因为难以控制借款人的实际运用情况。一般来说，农村资金互助社的经营活动集中在亲属或熟人，便于了解借款者的信用、资产状况和使用情况，具有一定的信息优势。但是这一信息优势并不是一直存在的，随着交易规模和范围的扩大，会变得愈加不明显，组织就很难掌握借款人的资金使用情况。有时在高利率的诱惑下，已无暇顾及这种信息不对称带来的巨大风险。有的借款人获得资金后铤而走险进行高利贷、赌博等违法犯罪活动获取暴利，扰乱社会秩序，造成互助合作者的利益损失。②

（四）经营风险

银行等正规机构相对于农村资金互助社来说，运行过程所产生的风险相对会比较小。虽然在贷款过程中会不可避免地出现资金账户不合理的

---

① 朱晓静：《农村资金互助社发展问题及建议》，《山东农业大学学报》（社会科学版）2009年第1期。

② 张洁：《中国农村合作金融理论与实践研究》，博士学位论文，吉林大学，2013年。

情况，如坏账、呆账等，但是它都可以通过正规手段来解决。银行等正规机构在进行贷款服务的时候，都是经过严格的程序，比如贷款之前会对借款人的信誉、资产、还款能力等进行相应的评估，来估算其是否具有偿还能力；贷款之后还会对借款人适时进行监督，考察其是否将钱用在正规用途，防止其用在非法活动上。正因为正规金融机构具有这样一套很正规的贷款监督程序，它经营过程出现的风险就会相对低。

但是农村资金互助社不具有类似正规金融机构很正规的贷款监督程序。农村资金互助社没有完整的贷款担保制度，甚至从资金互助社进行贷款往往还不需要抵押品，只利用道德约束、信任等一些非实物性物品进行贷款，且面对呆坏账等情况采取的解决方式也比较极端。它运行不规范，没有完善的风险控制机制，对内没有严格的财务管理和审计稽核制度，也没有存款准备金和呆账准备金，对外金融机构对其监管不力，风险防控极差，因此它出现贷款风险即信贷风险的概率就相对比较大。出现违约风险只会通过高利率来应对，高利率又进一步加大债务负担，且由于运行的不合法性决定了其不能采取法律手段来追回账款，因此就会采取非法手段比如威逼、挟持来逼债，这样会严重影响金融市场的稳定，扰乱社会治安。随着农村资金互助社规模的不断扩大，金融市场出现风险的概率就越来越大。

农户接受教育的水平大多都很有限，素质相对较低，尤其是对金融方面的知识更是了解得较少，不仅如此，有的人还往往利用农村人老实本分的天性来进行欺骗，谋取自身利益，造成贷款违约行为屡见不鲜。

第五节　农村资金互助社的风险控制

一　农村资金互助社的风险生成原因分析

在农村资金互助社的发展过程中，不可避免地会受到来自内部或外部各种因素的干扰。为了降低由此所引发的负面效应，农村资金互助社需要在了解各种风险的基础上进一步分析风险产生机理，从而对风险进行有效管理。农村资金互助社的风险产生机理符合金融风险产生的一般特性。金融机构产生金融风险有两方面的原因：一是内部原因，即所有的金融机构都会存在一定的道德风险和逆向选择问题，但由于自己内部监督机制的不同，这种风险产生的概率及大小会不同，另外农村资金互助社经营的机制特点使其本身就存在一定的脆弱性；另一个是外部原因，即农村金融市场本身就存在一定的动荡性，况且农村资金互助社建立的时间短，各种机制的不完善都会导致风险的产生。①

（一）农村资金互助社的内在脆弱性

农村资金互助社在经营过程中往往面临最多的情况是贷款无法及时得到偿还，这一问题严重影响着机构的资金流动，一旦资金流动中断，机构就很容易运营不下去，换句话说农村资金互助社相当脆弱。这只是外部原因，而内部原因也占相当一部分，由于农村资金互助社起步晚，发展时间较短，内部相应机制不完善，员工素质低，业务操作并不是很熟练等等原因都会导致金融机构运行出现状况，更有甚者会出现破产倒闭等情形。而金融市场本来就具有整体性，很多时候在农村经济发展过程当中所产生的一系列风险因素都会通过信贷市场上的相互关系发生作用，将金融风险转移到农村资金互助社上，一旦一个金融机构倒闭，其必将波及其他金融机构，引发金融危机，从而影响整个农村金融市场的稳定，使农村发展出现波折。

（二）我国农村资金互助社组织自身发展尚不完善

农村互助社也是在近几年开始盛行的，许多地方仍存在着各种各样的问题。比如，领导机制，财产分配机制，监督机制，风险处理及防范机制等多处都存着漏洞。如何管理员工，如何提高员工的积极性，如何提高员工素质等都有待完善。

二　农村资金互助社风险控制现状

（一）基本框架

与其他合作金融机构相比，农村资金互助社信贷风险管理框架最为简单，贷款手续方便，一般只需要五个步骤，见图6-2。

（二）初步建立公司治理框架和内控制度

为加强风险控制，《农村资金互助社管理暂行规定》要求农村资金互

---

① 吴治成：《农村新型金融组织风险管理问题研究》，博士学位论文，东北农业大学，2012年。

图 6-2　农村资金互助社信贷风险管理框架

助社的资本充足率不得低于 8%，与商业银行的规定相同，这间接地降低了农村资金互助社资金利用水平。而对农村信用合作社，人民银行规定的资本充足率为不低于 4%，这显然是有失公允的。用商业银行风险管理的办法要求资金互助社，一方面资金互助社的资金无法充分发挥其作用，另一方面过高监管成本容易造成财政压力。

根据银监会有关规定，《农村资金互助社组建审批工作指引》提出要形成从董事会、风险管理委员会、监事会到高级管理层的风险控制组织体系，建立分工明确、职责清晰、相互制衡、运行高效的风险管理组织框架。但在实际上存在一些问题。首先，作为独立法人，多数组织的董事长和监事长，初创时期一般由大股东直接任命，不能完全保证其治理结构的真实性。其次，监事会是股东大会的直接负责人，由直接选举产生，并且 1/3 的监事由员工代表大会选举产生。实际工作中，监事长和监事会成员大多直接任命，这直接影响了内部监管的有效性。最后，风险管理政策、程序和流程有待完善，不能充分发挥各层级风险管理人员的职能。

（三）风险管理信息数据获取困难，客户数据信息基础薄弱

由于我国农村金融市场基础较为薄弱，农村金融机构起步较晚，发展时间较短，因而在很多方面还存在问题，很多制度和体系不完善，比如信用制度、担保体系等，种种因素都影响着农村金融机构和金融市场的发展。信用体系不完善，金融机构很难有效掌握借款人的贷款数据、信用情况、资产状况、还款能力，很容易引发信贷危机。因此首要问题就该建立健全信用体系。农村非正规金融的借贷活动多，交易信息比较丰富，这就需要农村资金互助社投入更多的人力物力。只有第一时间掌握信贷信息，才能最大限度地减少信用风险。另外，农村资金互助社对客户的基本财务信息了解不全面，客户有效数据信息缺乏连续性，利用不充分。数据搜集的信息化水平较低，无法规范地获取客户的非财务信息和定性信息。[①]

---

① 吴雪峰、戴斌：《村镇银行信用风险管理存在的问题及解决对策》，《现代物业》（中旬刊）2011 年第 11 期。

（四）风险管理方法和度量管理技术有待完善

近年来，市场对风险的管理越来越规范，规模化管理模式越来越成熟，很多金融机构越来越倚重定量分析模型来测算现代金融风险，而农村合作金融组织风险管理的模型应用和管理技术还有很多缺陷。在贷款环节上，农村资金互助社的信贷员具有较高的主观性。

三　农村资金互助社风险控制措施

（一）强化法制建设，提供法律保障平台

1. 切实加强农村金融法制建设

世界上农业金融起源较早、发展较完善的国家无不建立了严格的农村金融立法，并随经济发展的方向不断进行完善。美国、日本、印度等国拥有完整的法律体系，能够及时发现并有针对性地解决各项问题，使农村金融机构的各项行为能够有法可依，有章可循，减少外部风险因素。加强金融法制建设是发展农村合作金融的必经之路。

比较之下，在我国农村政策不稳定、业务经营不正规、经营方向模糊等大背景下，目前的农村金融法律体系并不完善，相关法律法规只有《农村资金互助社管理暂行规定》和《农村资金互助社组建审批工作指引》，并没有直接的相关法，难免会出现问题。因此，规范农村资金互助社的发展，尽快制定完整的法律法规是其重要保障。

为了弥补这一缺陷，全国人大常委会应尽快制定《合作金融法》《农村资金互助社法》，明确资金互助社的具体性质和机构设立、变更、终止的原则与条件，确定其法人地位，规范社员代表大会、理事会、监事会、经营管理者各自的权利、义务和职责范围等。然后制定《农村资金互助社法实施细则》《农业担保法》《农业信贷法》《农村资金互助社破产条例》《农村金融风险管理条例》等法规，以责任制为主，以此强调股东社员的责任与义务，使其进行自我监督，有利于互助社的民主管理，提高信用度，从根本上解决资金互助社发展的相关制度问题。另外，各区域的发展程度不同，应因地制宜，充分考虑到当地实际情况进行针对性管理。

2. 规范农村资金互助组织内部治理与监督制度

农村资金互助社要始终坚持其原则，规范内部制度的建设，进行严格监管。

（1）确立民主管理的法人机制。以法律形式，规范股东大会制度，

建立有效的董事会、监事会制度。

（2）坚持民主公平的原则。尤其是入股资格选定和政府赠配股的工作，对社员的要求与奖惩一致平等，鼓励内外界投资入股，扩大受益人群，避免产生社员间的利益冲突问题。

（3）加强信息披露。定期对外公开各项资金的使用情况、利息收益、经营过程中的重大事件、各项财务报表等信息，增加信息透明度，便于社员了解组织的实时情况，这也是对经营者的一种约束与激励。

（4）加强监管与扶持。首先应明确农村资金互助组织的市场定位，充分考虑其业务承担的高风险，来确定其一般目标，扩大服务覆盖范围。在对农村合作金融组织的设立、歇业、撤并、存款准备金、利率、结算、业务市场准入等方面实行特殊政策，灵活应用监管与扶持措施，为其发展创造宽松的环境。[①]

（5）正确处理好机构与政府的关系。政府与合作金融组织之间应该是扶持和监督的关系。政府可以制定法规，通过法规对合作金融组织进行合理监督和管理，界定合作金融组织民主管理、行业自律管理与监管当局监管以及地方党政之间的法律关系，规范各自的权利、义务和责任范围，实现资金互助组织独立自主经营、自我发展、自负盈亏，也可适当降低存款准备金率来加大政策扶持力度。[②]

（二）政府充当有限干预角色

政府在所有金融机构的经营、发展等方面都起着不可或缺的作用。对于资金互助社而言，政府不仅要为其创造一个健康的宏观条件，如宏观经济政策、相关配套产业政策、舆论导向等，而且要建立和完善相关法律框架，如明确的产权、外部监管及风险控制等，间接为其创造良好的市场运行生态环境。[③]

1. 农村资金互助组织核心价值偏离时需要政府及时纠正

农村合作金融组织与其他金融机构相比的特殊性在于它的金融业务与农业息息相关，而农业是国民经济中最脆弱的一环，面临着自然风险

---

① 李业兴、张学忠、金敏：《农村合作金融的外部环境分析》，《青岛农业大学学报》（社会科学版）2007 年第 2 期。

② 洪晓刚：《我国农村合作金融发展路径研究》，硕士学位论文，云南财经大学，2015 年。

③ 李昱姣：《对金融生态环境建设工作的理论思考》，《金融理论与实践》2007 年第 2 期。

和市场风险双风险，如果仅依靠市场调节，互助组织在发放贷款过程中必然会出现"使命漂移"现象，不仅难以实现资源的优化配置，还会导致合作金融的异化。此时就需要政府进行适当干预，在制度层面进行规范化建设，在监管层面，实施清晰、具体和操作性强的监管手段，保障农村资金互助组织沿着章程和规定的路线前行，当核心价值发生偏离时及时纠正，促进农村资金互助组织的健康发展，确保"合作"的本质属性不改变。

2. 政府需要给予正确导向并制定鼓励性政策

农村资金互助组织的融资服务定位于服务"弱"产业、"小"受众，服务对象为低收入农户和农村小企业。它的存在在一定程度上利于现代信用的建设，但也因此承担了一定的社会成本。在市场竞争中，农村资金互助组织规模过小、利润微薄和部分社会成本的付出，令其处于不利地位。因此，政府有必要在进行政策制定时，将其与其他农村地区商业性金融机构相区别，利用舆论和政策导向，鼓励、引导和扶持其发展。

各级政府部门应当加大对"三农"的支持力度，促进农村资金互助社的发展，给予一定的税收减免、降低工商登记费用等政策，降低其运营成本，开发针对农村弱势群体的金融产品。另外，政府为农村资金互助社提供融资支持，主要是对其进行补贴，同时在业务发展上也要给予比其他金融机构更多的扶持，要合理利用给予农村资金互助合作社支农再贷款、放开贷款利率等货币政策工具。总之，有关政府职能部门要充分意识到农村资金互助社在整个农村金融中的重要地位，加强对合作金融组织的扶持力度，积极主动地做好政策宣传和对农民的培训工作，因地制宜制定各种扶持措施保障资金互助合作社的良好运作。

3. 政府对农村资金互助组织的干预应适时、有度

政府对农村资金互助组织提供直接资金来源或者再融资，需要在适当时机进行，其中各种补贴、优惠都应是透明的，对组织也要进行有度介入。农村资金互助社储蓄动员缺乏而资金来源有限，政府可以再贷款形式向农村资金互助组织注入临时资金。但仅仅依靠这些并不能解决农村金融组织发展中的根本问题，政府必须重视农村金融的创新造血技能，尤其是农村资金的储蓄动员。若政府对互助社进行长时间或过度干预，可能会损害组织成员的合作积极性并破坏市场机制，从而影响资金的分配效率和组织的健康发展。因此，政府对农村资金互助组织的干预

应适时有度。

4. 完善农村金融服务体系，使农户更方便地接受服务

政府在执行自己职能的同时要维护广大社员的利益，关注农村资金互助社的动态，对其进行指引与帮助。此外要严厉打击非法集资等金融犯罪行为，大力倡导信用道德文化，杜绝犯罪行为的发生，规范农村金融市场。[①]

(三) 优化农村信用环境，加强信用风险防范

农民这一主体在大金融背景下一直处于弱势地位，农村资金互助社由于农民客户的特殊性、农业的弱质性，在发展中遇到了一些障碍。结合其实际需求，在内外部两方面对信用风险的防范做出努力。

1. 内部控制措施

当前我国农村合作金融机构信贷风险内控体系发展还不够完善，存在一些问题，总体得分并不高，要想达到预期效果还需不懈的努力。在实际机构发展过程中，信贷风险内控体系虽然起到了一些约束作用，但却远远不够。要突破传统行政层级管理的束缚，实现信贷风险内控机制的有序运转，还需按照巴塞尔新资本协议的规定，强化信贷风险管理战略性地位。[②] 农村合作金融组织必须采取内部控制措施，坚持其发展原则，实行严格的内部监管，及时降低风险的发生。

处理与客户关系方面。在商品交换市场上，"客户即是上帝"，可见与客户之间形成什么关系对一个企业的发展起着决定性的作用。资金互助社与客户之间规范的关系应该是友好的、基于各种"软信息"的互动关系。互助社的优势还在于客户大多是同一地区的，彼此均熟识，便于及时掌握客户的真实情况。还要处理好与拖欠户的关系，了解拖欠的缘由，主动积极与客户进行沟通，提高客户主动还款的意识，当状况好转有能力偿还时立即偿还。严禁采取一些过度的行为逼迫客户。另外，要严谨资金互助社向非特定对象吸纳和投放资金。

在评价客户诚信度和业绩方面。设立多方面的量化指标来评价客户的

---

① 江合宁、谢拓：《农村资金互助社实践中的法律风险分析》，《西部法学评论》2009 年第 3 期。

② 张云燕、刘清、王磊玲、罗剑朝：《农村合作金融机构信贷风险内控体系评价研究》，《中国农业大学学报》2016 年第 8 期。

信用等级，通过各种严谨有效的信息搜集手段来反映指标，计算各个指标，提高风险评价的准确率和真实性。加快完善农户的征信体系建设，社员贷款由专门的信用小组进行专业的信用评级，若发生违约，则降级，较高的评级必定是平常每次履行合约的积累，良好的信用度也有利于资金的筹集。

员工激励和约束机制方面。委托代理问题在每个公司中都会发生，解决这一问题最好的方法就是建立激励与约束措施，将奖惩公开，针对到个人。对员工可进行物质激励，也可精神激励。员工的各项收入中，薪酬占主要部分，与贷款质量、清收不良贷款规模等直接相关。资金互助社要明确规定绩效测评流程和责任，对员工进行定期培训，以确保每位员工都可以将提高业务服务水平作为自己的核心职责，加强其责任感，记录各种与客户运营和贷款回收相关的信息，并进行动态整理，反映其真实情况，由此降低风险。

在担保贷款管理创新方面。要想解决农民贷款难的问题，必须改变传统观念，寻找新的担保方式。贷款给客户时要对其提供担保，可以采取小组的形式。因为客户多为贫困户，经济收入低，很难找到抵押物或质押物，而且找不到有资格的人来保证和提供担保，这种情况下以小组形式相互提供担保可以有效解决这一问题。相应地，政府也要采取一些措施来降低风险，如相关的激励与约束措施，这不仅方便了农户找到保证人，缓解了贫困户贷款难问题，同时由于小组内的成员都彼此熟悉，这在一定程度上保证了小组成员的信用度，排斥了相对信用不好的人，确保了贷款的安全性。当地政府部门也应探索合适的担保机制，促进贷款担保方式的创新。

在会计审核管理方面。资金互助组织要建立规范的会计管理制度。一是设立专业财会人员。和其他的金融机构一样，农村合作金融组织必须设立相应的财务机构、配备专业的会计人员、出纳员等，并且会计与出纳员要做到分离，保证财务的准确性。二是财务公开透明化。农村合作金融机构应该依照规定编制相应的月份或季度、年度财务报表，如资产负债表、现金流量表、收支明细表、收益分配表等，按照相应的规定要求编制时间，并且财务报表应做到公开透明。并且要通过合理的方式定期公开财务报表，接受监督。三是确保账目的准确性和全面性。农村合作金融组织应当为每个成员设立成员账户，记录资金存放应用情况等，方便以后的收益分配，而且为保证真实和公平要对每个账户单独核算，对成员承担责任和确定附加表决权提供依据。[①]

2. 外部配套支持措施

农村资金互助社是经济社会的有机组成部分，本身并不是一个独立体，离开了社会也就没有了生存的意义。要想降低风险，除了加强内部控制，也离不开外部配套的支持。

争取政府支持。政府可通过三个渠道来保障资金互助组织的发展：一是税收支持，政府可以对农村资金互助组织相应地减税，减少其负担，或者在一定期限内免税或减税，同时附上一些限制条件。二是要确保资金的流通不受阻碍，主要通过政府补贴。三是加大对业务上的支持，强调民主管理，也可委托代办一些业务，正视农村资金互助社与其他金融机构之间的差异，根据实际情况允许外部对其进行强制性监督。

大力支持担保创新。传统的担保方式已经满足不了市场需求，因此必须不断探索合适的担保机制，加大担保方式与担保组织创新，挖掘符合农村经济特点的抵押物，扩大当地农村抵押品范围，可有条件地把农村宅基地使用权和农房归为抵押物，以此解决农户发展的资金需求问题，优化当地的金融信用环境。

寻求合适的农作物作为套期保值工具。比如发展农产品期货，规避价格波动带来的风险，增加农民参加资本市场的渠道，实现自身福利水平的提高。充分发挥期货市场在价格发现和价格稳定方面的功能，改革创新期货品种，推进期货市场技术创新，开发更加便捷、快速的交易系统，完善农产品期货交易和品种上市制度。

建立健全医保制度与普及义务教育。农村生活中，农民最重要的开支莫过于看病和教育，如果在这两方面都没有什么保障的话，那么农民的生活将更加困难。建立完善的农村医疗与教育制度，为农民的生产生活提供坚实的后盾保障，减轻生活负担，这样才能有余力进行其他非生产性消费，改善生活条件，同时促进借贷市场的发展。

加强农业保险体系建设。建立农业保险一是为了分散风险，二是通过农业保险，可使遭受经济损失的农户得到应有的经济补偿，减轻灾害。农

---

① 吕思杨：《我国新型农村合作经济的金融支持研究》，博士学位论文，东北林业大学，2014年。

业保险组织应健全农业保险办法，扩大保险范围，简化保险业务的办理手续，建立完善的农业保险制度，转移农业生产中遇到的自然风险，提高其发放涉农贷款的积极性，为现代农业的发展提供一个可靠的安全保障。①

第六节　农村资金互助组织的发展前景

一　促进农村资金互助组织发展的措施

农民是农村合作经济运营的主体，在经营活动过程中起着不可替代的作用。定期对农村资金互助组织成员进行金融理论知识的培训，实行从业人员资格认证制度，普及农村金融知识，不断提高组织人员的专业素质，将农民培育为有文化、懂技术、会经营的新型农民。为此，政府部门、监管部门、机构内部都应做出一些努力，确保农村资金互助组织实现可持续发展。

（一）拓展金融知识传播途径

不管利用什么宣传手段，寻找互利共赢的合作伙伴是成功的可靠保证，准确的传播媒介是有效传播的有力支持，如通过报纸、户外平面广告推广各种金融理财产品，这可对有兴趣的群众提供理性比较，相比而言电视广播更利于塑造品牌形象，但真实性略差一些。金融部门要积极与各级政府沟通商议，选择准确适合的传播媒介实现信息传播效果的最大化，合理有效利用公益事业向农户传授金融知识，可以利用电视、社区、网络、电影、条幅等多种形式进行宣传，力求更大范围的传播与良好的效果。

（二）不断探寻金融知识传播载体

贴近农民生活，将金融知识嵌入到当地文化传播的形式当中，如利用评书、相声、小品等民间艺术形式生动地进行金融知识宣传，这在一定程度上能有效吸引农民，有效传播信息。另外，随着营销广告的整合化趋势，金融机构可结合高新科技和先进技术手段，推出一些生动形象、吸引力强、农民乐于接受的金融知识传播载体，比如网络、数字、社区、电

---

① 麻勇爱、章也微：《农村资金互助社信用风险与防范》，《云南民族大学学报》（哲学社会科学版）2011年第3期。

影、楼宇液晶等。

(三) 整合资源，合理布局农村金融网点

鼓励农村合作金融机构将营业网点开设到基层，减少金融服务空白点。目前，我国的农村金融机构布局相对单一，已经无法满足日益增长的农村经济发展需要和农民对金融知识的渴望。相关机构应在原有金融基础上，对中低收入农户扩大金融服务的范围，使农民有机会接触到更多的现代化设备，并且有能力灵活应用各种金融工具。[①]

农村资金互助组织要想实现可持续发展的目标就要因地制宜、模式多样。农村资金互助组织应与中国农村地区经济差异大的特点相符合，应依据当地的经济发展水平，来改变自己的经营模式。多样化的农村资金互助组织能够更有效地起到发展本土农村经济和增加农民收入的效果。对于经济发展水平较高的农村地区，所需资金金额也相对较大，造成农村资金互助组织资金供应不足、管理技术水平难以满足资金运行需要的难题，因此可考虑以商业银行参股的方式向合作银行方向转变，以更高水准的专业技能和管理方式应对风险管理和控制。相对而言，对于经济相对落后的农村地区，所需资金金额相对较小，要发展适合本地的合作金融形式，以互惠互助方式发展农村经济。除此以外，规范农村资金互助组织健康发展也需要借鉴发达国家农村合作金融的实践经验，以逐步联合、强化行业自律等方式来增强监管弹性和有效性。这不仅符合金融组织发展的一般规律，也可以解决农村正规金融系统性负投资问题。

(四) 与金融机构建立资金批发机制

农村融资对农村经济发展和农民增收具有促进作用，但目前农村资金互助社仍面临着自有资金不能满足旺盛需求的问题，因此国家各级政府应积极地给予政策支持和倾斜，鼓励其与其他正规金融机构之间建立资金批发机制，为农村金融市场资金流通建立通道。资金批发机制的机理是将农村资金互助社与其他金融机构进行联结，让政府的协调功能、正规金融机构的资金供给功能与农村资金互助社的末梢金融功能都可以最大化发挥各自作用。政府在各经济组织之间进行协调，鼓励正规金融机构将资本投入农村经济建设，在农村地区创建有序、合理与公平的金融生态环境；正规

---

① 吕思杨：《我国新型农村合作经济的金融支持研究》，博士学位论文，东北林业大学，2014 年。

金融机构则可以间接投资于农村经济建设，借由农村资金互助社的便捷信息降低投资风险，解决农村融资匮乏难题并获得正常收益；农村资金互助社可充分发挥农村社会资本优势，拓宽资金来源渠道，并以此推进农村信用体系的建设和农村资金互助组织的可持续性发展。

二　农村资金互助社发展展望

农村资金互助社与其他农村民间金融组织相比，起步晚、经验少、从业人员专业性不强、监管体系不健全、内部运作缺少有效的民主管理和监督，农村资金互助社风险控制制度的合理构建是一个漫长而艰难的过程，需要法律、法规制度的改革和完善，也需要政府相关政策的引导和扶持。但另一方面，农民资金互助合作社发展优势也十分明显。农村资金互助社作为最贴近农户生产、生活的新型农村金融组织，具有信息对称、手续简便、交易成本低等许多天然优势。农村资金互助社源于民间金融，带有自然经济属性，具有更强的适应性和生命力。

为建立多元化的农村金融服务体系，从而解决各个层次的融资问题，改善农村资金循环现状的新一轮农村金融改革将给农村资金互助社带来新的动力。只要农村资金互助社发挥其联结农户、联结生产的纽带作用，正确把握方向并依法进行规范，解决农户和农村小企业短期资金需求，农村资金互助社就有着极为广阔的发展空间。

第七章

互联网金融风险控制

第一节　引言

互联网金融是传统金融机构与互联网企业利用互联网技术和信息通信技术实现资金融通、支付、投资和信息中介服务的新型金融业务模式。[①]互联网金融包括两个层面的含义：一是指传统金融机构依托互联网技术创新的新产品、新服务、新业务；二是指互联网企业依法合规设立互联网支付机构、网络借贷平台、股权众筹融资平台、网络金融产品销售平台等。互联网与金融深度融合是大势所趋，将对金融产品、业务、组织和服务等方面产生更加深刻的影响，可以更好地满足中小微企业和个人投融资需求，进一步拓展普惠金融的广度和深度。

一　研究背景和意义

我国互联网金融的发展经历了三个阶段：第一个阶段为 2005 年以前，互联网只是作为金融机构的一个辅助工具，为金融机构提供技术支持，将金融机构的业务拓展到网上；第二个阶段为 2005—2012 年，P2P 网络借贷开始在我国出现萌芽，第三方支付机构逐渐成长起来，互联网与金融的结合开始深入到金融业务领域；第三个阶段是 2013 年以来，我国互联网开始了爆炸式的增长，2013 年也被业界称为"互联网金融元年"。

---

① 中国人民银行等十部委发布《关于促进互联网金融健康发展的指导意见》（http://www.gov.cn/zhuanti/2015-12/14/content_5023806.htm）。

　　随着互联网金融模式的兴起，人们在生活中的支付活动越来越便捷。互联网金融模式下的支付方式以移动支付为基础，是通过通信设备、利用无线通信技术来转移货币价值以清偿债权债务关系。互联网金融模式主要体现在手机银行和 P2P 融资模式。广义的互联网金融涵盖了传统金融业务的网络化、第三方支付、大数据金融、P2P 网络借贷、众筹和电商金融六种模式。传统金融业务的网络化具体是指手机银行，个人在手机上下载手机银行客户端，可以自己操作业务，方便快捷；第三方支付是具备一定实力和信誉保障的第三方独立机构提供的交易支持平台，常见的有支付宝、拉卡拉、财付通等第三方支付产品；大数据金融是指从大量的客户数据中获取有用的信息为金融机构服务，大数据信息处理一般以云计算为基础；P2P 网络借贷是个人与个人之间通过网络平台发生的借贷关系并完成相关的交易手续；众筹是透过网络上的平台连接起赞助者与提案者；电商金融是独立于融资需求方与融资供应方，通过提供有价值的信息等增值服务，促进交易完成、提高交易效率为目的的第三方。

　　目前对互联网金融的分类还没有统一，主要有以下几种分类。第一种将互联网金融分为传统金融业务互联网化、第三方支付、互联网信用业务以及互联网虚拟货币四大类，其中互联网信用业务包括网络贷款（P2P 网贷、大数据等）和众筹；[①] 第二种将互联网金融分为互联网支付结算、互联网资金融通平台（P2P 网贷、众筹等）、电子商务信用交易（网上购物消费信贷、互联网供应链融资）、传统金融服务互联网化以及互联网虚拟货币[②]。其分法大致相同，后者将前者的互联网信用业务进行了细分。而第三种分法是根据业务的不同广义地分为传统金融业务网络化、P2P 网贷、大数据金融、众筹、电商金融以及第三方支付六种模式。基于以上几种分析，根据互联网平台提供的服务不同将互联网金融分为如下几类，详见图 7-1。

　　互联网金融的发展是在与传统金融行业相互影响、相互借鉴优势的状况下的发展。首先，互联网金融发展冲击传统金融行业的存贷款业务。互

---

　　① 郑联盛：《中国互联网金融：模式、影响、本质与风险》，《国际经济评论》2014 年第 5 期。

　　② 关伟、蒋逸：《互联网金融的理论解释与中国现实》，《金融理论与实践》2014 年第 12 期。

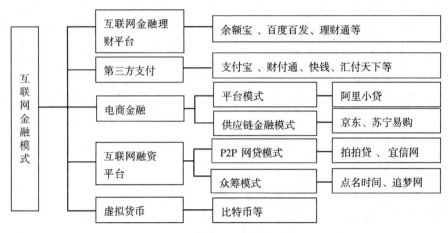

图 7-1 互联网金融的主要模式

联网金融具有支付转账手续方便、借贷款效率高等优势，使得互联网金融的存贷款业务不断冲击着传统商业银行的基本业务。其次，互联网金融行业不断冲击传统银行的理财业务。互联网金融理财业务起点低、利率高、赎回简单方便等特点不断迫使传统金融机构进行创新。

互联网金融健康良好的发展对我国经济有着重要的意义。就微观经济层面而言，消费者的消费观念的转变使得消费者越来越倾向于提前消费，互联网金融相对于传统银行，可以为消费者高效率提供一定额度的消费信贷，这一做法正好迎合了消费者的资金需求，并且刺激消费者的购买欲望，扩大了互联网金融平台的营业额。互联网金融发展的同时为人们提供了大量的就业岗位，提高了人们的生活水平。从宏观经济方面来看，我国互联网金融发展迅猛，比如电子商务市场交易规模已经连续多年保持20%以上的增长速度，2015年"双十一"全天仅阿里巴巴集团平台交易额就达到 912.17 亿元，相比 2014 年同期的 571 亿元，增长将近60%，可见电子商务已经成为人们的一种生活方式，并且电商金融平台的发展正在深刻地影响着我国的经济。电商金融还为交易中的中小企业提供资金，有效缓解了中小企业融资难问题。

但是，互联网金融在我国的发展时间短，作为一种新的融资模式，其发展面临着各种风险。就其内部风险而言，主要有流动性风险、操作风险、技术风险以及广泛存在的信用风险等。企业的内部风险在一定范围内是可以控制的。有效地降低企业的内部风险，既可以提高企业的经济效益，还可以更好地服务于社会。

互联网金融的发展，不仅改变了人们的生活方式，更是我国经济增长的一大动力。维护好互联网金融企业的健康良好发展不仅关乎每个消费者，更关乎中小企业的生存，乃至整个国家的经济发展，因此对互联网金融的风险研究具有一定的实践意义。

二　互联网金融的国内外研究现状

（一）国外研究现状

Freedman 等（2008）通过对互联网金融的 P2P 借贷模式进行研究，表明网络融资的成本和利息随着网络社会化的发展比传统银行贷款更低，是一种直接融资方式。[①] 这种直接的融资方式，能够降低成本，具有信息传播速度快等优势，但是其作为创新金融产品也存在着很多问题。因此，随着互联网金融的不断创新，国外学者主要对在互联网金融创新过程中出现的信用风险以及互联网金融各模式进行了有借鉴意义的研究。

1. 国外互联网金融信用风险研究

国外互联网金融的发展要早于我国，互联网金融在这一时期的蓬勃发展推动了美国学术界和业界对互联网金融的关注和研究。Stiglitz 等（1981）认为信贷市场的成败取决于信息，信息的不对称性容易导致危机的发生。[②] Serrano-Cinca 等（2014）、Gao（2014）、Riggins 等（2015）均认为借贷过程中的信息不对称是使得 P2P 平台产生信用风险的重要原因。[③] 由此可见，信息不对称是造成信用风险产生的主要因素之一，增强信息的对称性将有助于企业的发展。Dolinšek 等（2014）认为财务信息在线披露将会增加外资投资的可能性。[④] Özkan 等（2010）通过理论构造

---

① Freedman S., Jin G. Z., Dynamic Learning and Selection: the Early Years of Prosper. Com, Com Working Paper, 2008. Retrieved from http://www. prosper. com/downloads/research/Dynamic-Learning-Selection-062008. pdf.

② Stiglitz J. E., Weiss A., "Credit Rationing in Markets with Imperfect Information", *American Economic Review*, Vol. 71, No. 3, 1981, pp. 393-410.

③ Serrano-Cinca C., Gutiérrez-Nieto B., López-Palacios L., "Determinants of Default in P2P Lending", *Plos One*, Vol. 10, No. 10, 2014, e0139427.

④ Dolinšek T., Tominc P., Skerbinjek A. L., "The Determinants of Internet Financial Reporting in Slovenia", *Online Information Review*, Vol. 38, No. 7, 2014, pp. 842-860.

（理性行动理论）和实证分析，认为解决信用风险的关键因素是安全、信任、感知优势等。[①]

　2. 国外对互联网金融各模式的研究

国外对互联网金融的研究集中在网络借贷模式、电商金融以及第三方支付模式上。对于电商金融，Mann（2000）认为电子商务和互联网是连接服务与商品的领域，跨越了区域和国际的界限，他同时认为这是一个信息开放的时代，电子商务和互联网的结合将会使得经济有更好的发展。[②]从电商金融的发展现状，可以发现电商金融对经济的拉动作用不可小觑。对电商金融发展过程中存在的风险，Rodríguez-Ardura 等（2008）通过西班牙的现状实证研究了影响电子商务发展的因素，认为除了互联网的普及率、电子商务的价格水平等因素之外，更重要的是提供上网的安全度，强调客户信息维护的重要性。[③]

对于网络借贷的研究，Houston 等（2006）认为 P2P 网络借贷极大地有利于中小企业的融资，交易更加透明，并且借款人可以利用较低的借款利率获得资金。[④] 同样风险伴随金融而生，对于网络借贷风险的解决，不同学者均有自己的看法。Rice（2007）分析了 P2P 网络安全定价模型，提出阻止网络恶意代码的传播以促进在线信息安全共享。[⑤] Klafft（2008）认为网络借贷作为一种全新的金融模式，资金需求人和出借人都应该增加

---

① Özkan S., Bindusara G., Hackney R., "Facilitating the Adoption of e - Payment Systems: Theoretical Constructs and Empirical Analysis", *Journal of Enterprise Information Management*, Vol. 23, No. 3, 2010, pp. 305-325.

② Mann C. L., "Electronic Commerce in Developing Countries", *Issues for Domestic Policy and WTO Negotiations*, March 2000.

③ Rodríguez-Ardura I., Meseguer-Artola A., Vilaseca-Requena J., "Factors Influencing the Evolution of Electronic Commerce: an Empirical Analysis in a Developed Market Economy", *Journal of Theoretical and Applied Electronic Commerce Research*, Vol. 3, No. 3, 2008, pp. 18-29.

④ Houston J., James C., Karceski J., "What a Difference a Month Makes: Stock Analyst Valuations following Initial Public Offerings", *Journal of Financial and Quantitative Analysis*, Vol. 41, No. 1, 2006, pp. 111-138.

⑤ Rice D. O., "Protecting Online Information Sharing in Peer - to - Peer (P2P) networks: A Proposal for a P2P Network Security Pricing Model", *Online Information Review*, Vol. 31, No. 5, 2007, pp. 682-693.

匿名贷款的经验，监管机构可以适时适当地介入，以降低网络借贷的风险。[①] 同时，学者还针对网络借贷借款成功率影响因素进行分析，并提出问题解决办法。Herzenstein 等（2010）主要研究了借款成功的影响因素，通过实证分析，结果表明，性别、职位等个人资料的内容对借贷成功率影响非常小，几乎可以忽略不计，此结果与预期存在不同。[②] Lin 等（2013）认为社交网络可以降低事后违约率。[③] Apergis 等（2012）认为由真实社会中的朋友组成的互联网借贷小组有助于降低借款人的违约概率，但纯粹基于互联网关系的借贷小组对之未有助益。[④]

　　对于第三方支付模式的风险研究，Antony 等（2006）通过建立一系列模型来验证网络支付提供商提供中介服务的影响因素，研究结果表明，中介机构的风险控制情况会影响商家是否提供担保服务，商家合作伙伴的信誉会对中介机构产生无风险利率的不利影响，而商家的欺诈率会对中介机构风险控制产生积极影响。[⑤]

　　对于在国外发展较早的互联网金融，大部分学者对互联网金融的各类风险进行大量的研究，但是主要集中在对加强信息对称性的信用风险方面。有的学者也在对不同的互联网金融模式分析后，提出有效的预防风险的措施。这些国外互联网金融的研究对我国互联网企业在处理面临的风险时具有较高的指导意义，并对我国互联网金融的监管起到借鉴意义。

（二）国内研究现状

　　虽然互联网金融在我国发展时间较短，但是学者对其研究涉及各个方面。谢平等（2012）从互联网金融信息处理方面建立模型，得出信息在

①　Klafft M.，"Peer to Peer lending：Auctioning Microcredits over the Internet"，*Proceedings of the 208 Int'1 Conference on Information Systems*，*Technology and Management*，2008，pp. 1–8.

②　Herzenstein M.，Dholakia U. M.，Andrews R. L.，"Strategic Herding Behavior in Peer-to-Peer Loan Auctions"，*Journal of Interactive Marketing*，Vol. 25，No. 1，2010，pp. 27–36.

③　Lin M. F.，Prabhala N. R.，Viswanathan S.，"Judging borrowers by the company they keep：friendship networks and information asymmetry in online peer-to-peer lending"，*Management Science*，Vol. 59，No. 1，2013，pp. 17–35.

④　Apergis N.，Alevizopoulou E.，"The Bank Lending Channel and Monetary Policy Rules：Evidence from European Banks"，*International Advances in Economic Research*，Vol. 18，No. 1，2012，pp. 1–14.

⑤　Antony S.，Lin Z.，Xu B.，"Determinants of Online Row Service Adoption an Experiment Study"，*Decision Support Syatems*，Vol. 3，No. 42，2006，pp. 1889–1900.

网络中传播本质上是私人信息变为公共信息的过程，进而分析互联网模式中的资源配置以及"交易可能性集合"等，最后认为互联网金融是现有银行的补充，在经济学上有合理性。① 这说明互联网金融在资源配置上具有优势，并且弥补了传统金融的缺点。同时，经济学家郑联盛等（2014）通过将互联网金融分为四大类并对其各个运作机制分析，阐明互联网金融对传统金融业务有很大的促进作用，政府应该鼓励互联网金融的发展，健全监管框架，推动金融体系创新、利率市场化等。② 张永亮等（2015）通过反思美国现行的 P2P 监管困局，提出中国应破除"维稳式"监管思路，给互联网金融创新以发展空间。③

互联网金融在我国的发展时间较短，对互联网金融大量的研究主要集中在最近几年。李淼焱等（2104）分别分析了第三方支付、与支付宝等结合的货币基金、P2P、众筹以及大数据金融模式的风险，从而提出了分类监管、加强系统性风险的防范、互联网企业与监管机构保持良好的沟通渠道等监管层面的策略。④ 网络借贷平台中出现大量的跑路或非法集资事件，因而学者对 P2P 平台研究较多。

对互联网金融中网络借贷的风险，部分学者认为应尽快建立完善的监管体系和相应的法律法规。史山山（2011）认为，作为一种金融创新，网络个人借贷在交易规则和法律规范不完善的阶段会面临诸多风险，应不断完善相关制度和法律法规。⑤ 吴晓光等（2011）认为，应将网络借贷纳入监管体系，制定监管原则、模式、内容以及安全与技术指标。⑥ 刘丽丽（2013）认为，应明确 P2P 网贷平台的法律地位和监管主体，确立保持适当容忍度的监管原则。⑦ 徐庆炜等（2014）从互联网金融的本质研究出

---

① 谢平、邹传伟：《互联网金融模式研究》，《金融研究》2012 年第 12 期。

② 郑联盛：《中国互联网金融：模式、影响、本质与风险》，《国际经济评论》2014 年第 5 期。

③ 张永亮、张蕴萍：《P2P 网贷平台法律监管困局及破解：基于美国经验》，《广东财经大学学报》2015 年第 5 期。

④ 李淼焱、吕莲菊：《我国互联网金融风险现状及监管策略》，《经济纵横》2014 年第 8 期。

⑤ 史山山：《网络借贷中介平台的法律规制研究》，《特区经济》2011 年第 6 期。

⑥ 吴晓光、曹一：《论加强 P2P 网络借贷平台的监管》，《南方金融》2011 年第 4 期。

⑦ 刘丽丽：《我国 P2P 网络借贷的风险和监管问题探讨》，《征信》2013 年第 11 期。

发，分析互联网金融的风险，最后提出建设行业自律组织、信息安全体系等。① 郭纹廷等（2015）基于相关利益主体的视角分析了企业、投资者以及监管者存在的各种内外部风险，从而提出加强风险和业务管理、明确监管主体、加快征信体系建设、建立信息披露制度等风险防范制度。② 宋天依等（2015）基于层次分析法对互联网金融出现的风险进行权重分析，并提出了完善法律体系、互联网实名制等策略。③

　　还有部分学者对网络借贷模型的内部风险进行研究。温小霓等（2014）以拍拍贷为例，采用 Logistic 模型对 P2P 的借贷成功率进行研究，结果表明借款利率、借款人历史失败次数对借款成功率有负向影响，因此提出在金融市场改革过程中，P2P 网络借贷除应重视模式创新之外，更要充分运用大数据的优势进行有效的信用评估和风险评估，为征信体系建设和借贷双方服务提供有利条件。④ 张莹（2015）把 P2P 平台的主要风险分为信用风险、法律与政策风险、操作风险和流动性风险四类，并对每一类风险提出不同的管控措施。⑤ 张巧良等（2015）采用大量的调查问卷对P2P 平台面临的各种风险使用层次分析法进行排序，结果表明信用风险、技术风险以及内部管理风险为主要风险。⑥ 罗斯丹等（2014）分析了 P2P平台的技术风险、信息不对称风险、流动性风险及证券化风险等，提出了完善个人征信系统并借鉴美英两国对 P2P 平台的监管办法。⑦

　　此外，大量学者对互联网金融的多种模式进行分析，如胡吉祥等（2013）对众筹进行分析，提出了明确监管主体、制定监管规则等政策建

---

① 徐庆炜、张晓锋：《从本质特征看互联网金融的风险与监管》，《金融理论与实践》2014年第 7 期。

② 郭纹廷、王文峰：《互联网金融的风险与防范——基于相关利益主体的视角》，《当代经济研究》2015 年第 2 期。

③ 宋天依、高金莎：《基于层次分析法的互联网金融风险评价及防范对策》，《金融经济》2015 年 16 期。

④ 温小霓、武小娟：《P2P 网贷借款成功率影响因素分析——以拍拍贷为例》，《金融论坛》2014 年第 3 期。

⑤ 张莹：《P2P 网络借贷平台的风险防范研究》，《征信》2015 年第 3 期。

⑥ 张巧良、张黎：《P2P 网贷平台风险评价指标研究——基于层次分析法》，《南京审计学院学报》2015 年第 6 期。

⑦ 罗斯丹、王苒：《我国加强 P2P 风险的监管研究》，《经济纵横》2014 年第 9 期。

议。① 黄海龙（2013）通过对电商金融的优势、电商融资模式、电商金融的风险等进行分析，认为对互联网金融的监管应该采用积极审慎的监管原则，进行金融功能性监管，同时加强对金融消费者的保护，提高对互联网公司信息披露的要求。② 尹志东（2014）认为以电商平台为核心的电商金融是互联网发展的一个必然趋势，并对电商金融发展中存在的风险进行分析，进而提出电商金融的发展战略。③

　　我国对互联网金融的研究面相对较广，从互联网金融理财类到电商金融的几大互联网金融模式，从监管立法到企业内部的风险控制，从调查问卷到国外经验的借鉴等各个方面进行了较为全面的研究。这对我国进一步规范互联网金融提供了强大的理论支撑和实践指导，加速了互联网金融的规范化进程。

三　互联网金融环境

（一）政策环境

　　在计算机迅速发展的今天，人们将互联网运用到金融领域，这一结合取得了巨大的成功。虽然互联网金融在金融领域的业务拓展日益扩张，但是我国农村民间互联网金融体系还不是特别完善，而且人们对这一新兴领域的认识不是很清楚，所以农村民间互联网金融出现越来越多的问题，这引起政府以及有关监管部门的高度关注。在十二届全国人大二次会议上，政府明确指出要"促进互联网金融健康发展，完善金融监管协调机制"。党的十八届五中全会提出了"改革并完善适应现代金融市场发展的金融监管框架"，并在"十三五"规划中要求"加快金融体制改革""规范发展互联网金融"。对于发展规模巨大的 P2P 互联网金融模式，银监会早在2011 年就发布了《关于人人贷有关风险提示的通知》，可见监管机构对互联网金融的重视。

　　互联网金融要持续健康的发展，就需要国家的政策作为辅助，为其发展创建一个安稳有序健康的发展环境。尤其是在农村等实体银行业务不是很完善但计算机相对发达的地方满足中低收入者的投融资需求就更需要政

---

① 胡吉祥、吴颖萌：《众筹融资的发展及监管》，《证券法律与监管》2013 年第 12 期。

② 黄海龙：《基于以电商平台为核心的互联网金融研究》，《上海金融》2013 年第 8 期。

③ 尹志东：《电商金融的发展与风险分析》，《时代金融》2014 年第 18 期。

府制定相关政策，以确保投融资者的利益，使之充分享受互联网金融创新的成果。要鼓励互联网金融的创新和发展，政府就必须制定和完善促进互联网金融健康发展的相关政策法律法规。

近年来，政府曾多次鼓励和支持互联网金融的发展。2015年，互联网金融首次被纳入政府工作报告，而2015年年末互联网金融首次被纳入"十三五"规划。这说明政府对互联网金融这一金融创新的认可，因此P2P网贷、互联网支付、众筹等领域都得到前所未有的发展。

2015年3月十二届全国人大三次会议上李克强总理两次提到互联网金融，要求促进互联网金融的健康发展。这从侧面反映出政府对互联网金融发展的肯定与支持。2015年3月，为了增强众筹对大众创新创业的服务能力，国务院发布的《关于发展众创空间推进大众创新的指导意见》中提到鼓励各地方政府积极开展互联网股权众筹融资的试点。

2015年5月，国务院正式发布《国务院关于进一步做好新形势下就业创业工作的意见》。意见肯定了互联网金融拓宽创业融资渠道的积极作用，鼓励积极探求和规范发展互联网金融。

2015年6月，国务院印发的《关于大力推进大众创业万众创新若干政策措施意见》，意见指出要支持互联网金融发展，引导和鼓励众筹融资平台规范发展，开展公开、小额股权众筹融资试点。

2015年7月，国务院印发《国务院关于积极推进"互联网+"行动的指导意见》，其中提到要培育一批具有行业影响力的互联网金融创新型企业，规范发展网络贷款和互联网消费信贷业务，鼓励互联网企业依法合规提供创新金融产品和服务，更好满足中小微企业、创新型企业和个人的投融资需求。这均说明政府对互联网在提高就业与提供金融支持等方面的肯定。2015年7月中国人民银行等十部委联合发布《关于促进互联网金融健康发展指导意见》，明确了各部门的监管职责，弥补了无人监管的制度漏洞。

2015年11月《中共中央关于制定国民经济和社会发展第十三个五年规划的建议》正式发布，而P2P网贷被纳入"十三五"规划，表明P2P得到了国家层面的认可。

这些政策的不断提出改进，为互联网金融的发展提供了有效的支持，并对农村民间互联网金融的发展提供了可靠的环境。

随着互联网金融的不断发展，也出现越来越多的问题。2016年年初国务院发布《关于进一步做好防范和处置非法集资工作的意见》，并将 P2P 网贷行业列为非法集资的重点防控领域，建议尽快出台网络借贷、股权众筹融资等监管规则，促进互联网金融规范发展。2016 年 4 月，国务院就在全国范围内启动为期一年的互联网金融领域专项整治。央行牵头联合多个部委出台了《互联网金融风险专项整治工作实施方案》。这意味着互联网金融监管将会更加严格，在此背景下，P2P 网贷行业将面临更大规模的洗牌。

上述表明，国家对互联网金融的发展以及其对创新创业的积极作用持积极的态度，同时为了互联网金融的健康发展将会对其加强监管。因此，合规已成为互联网金融发展的第一要务，只要互联网金融企业严格按照监管要求做好风险控制，加强信息披露、管理监管和公众监管，业务更加规范化、合规化，行业的发展前景将会更好。

（二）法律环境

2014 年上海市金融检察白皮书中频频出现"互联网金融"一词，以 P2P 为代表的互联网金融领域出现了新类型的金融犯罪案件。2014 年全国 P2P 金融平台达 1600 家，较 2013 年翻了一倍。在上海，P2P 金融平台涉及的投资者达 22 万人，借款人达 31 万人。在 P2P 快速发展的同时出现了大量的问题，仅 2013 年，上海就有 25 家 P2P 金融平台出现非法吸收公众存款等问题。以网贷为例，2014 年已出现利用 P2P 实施的非法集资案件，其主要利用线上金融的新概念与新手法容易被复制到线下的特点来迷惑人们，进行非法集资活动。如马某通过设立线下融资平台假借 P2P 线下债权转让的形式，短短半年时间就非法吸收公众存款 1000 余万元。[①]

同样，2014 年 4 月在浙江发生的 P2P 非法集资的典型案例。周某打着 P2P 网络贷款名号注册了中宝投资公司，最初的注册资金仅有 100 万元，而其自称从事的工作，就是向一些投资者募得资金，然后投资到一些贷款项目中去，同时根据中宝投资此前尚在正常运转时的自述显示，该公司的资金规模达到 40 多亿元。周某的主要操作为：让投资者先尝试小额参与，从几千元到几万元，在拿到几次高额回报后，大部分人会投入更多资金，在一次贷款协议到期后，中宝投资会将本金和利息转入投资人在网站上的账户内，投资人可选择投资另外的贷款协议或者提现，但通常大部

---

① 刘海：《互联网金融案泛滥"底线规则"亟待明确》，《上海法治报》2015 年 5 月 6 日。

分人都会选择继续投资，这也使周某个人银行账号获得源源不断的资金。^①在互联网金融发展前期，人们对这种新型金融认识不足，导致作案者利用这种漏洞屡屡作案，因而这种 P2P 网络借贷犯罪现象在当时屡见不鲜。以上案件反映出我国对于互联网金融的监管还存在一定的问题，需要政府加大力度对互联网金融进行监管。

为了互联网金融的稳定健康发展，不仅需要政策的扶持，更需要从法律方面着手，制定相关的法律法规，从道德和法律上规制互联网金融。我国农村农民普遍收入偏低，互联网金融的出现，可以解决他们想要发展需要资金的问题。但是互联网金融的发展还不是很完善，出现各种违法现象，侵害了农民利益。要想保证这些中低收入者的利益，法律就必须发挥应有的作用。

互联网金融在我国才刚刚兴起，其在诸多业务上不断创新出新模式，对一些融资规模较大的互联网金融业务，国家也及时制定了一些相关的法律法规。比如，中国证券监督管理委员会颁布《私募投资基金监督管理暂行办法》、中国人民银行制定的《非金融机构支付服务管理办法》、中国银行业监督管理委员会第 40 次主席会议商定的《电子银行业务管理办法》以及最高人民法院、最高人民检察院、公安部联合颁布的《关于办理非法集资刑事案件适用法律若干问题的意见》。对移动支付和第三方支付，我国已建立起一定的监管框架，包括《反洗钱法》《电子签名法》等法律法规，以及中国人民银行的《支付机构预付卡业务管理办法》《支付机构客户备付金存管办法》等规章制度。随着互联网金融的不断发展，我国也应当建立完善的互联网金融监管体系，以保证债权人的合法权益。

自 2005 年网络借贷在我国出现萌芽以来，我国政府不断加强对其监管，逐渐形成了一套全方位的监管体系。

专门针对新兴业态的监管规定主要是自 2010 年中国人民银行 2 号文件（《非金融机构支付服务管理办法》）对第三方支付机构的监管开始的。2015 年十部委（中国人民银行、工业和信息化部、公安部、财政部、国家工商总局、国务院法制办、银监会、证监会、保监会、国家互联网信息办公室）联合印发《关于促进互联网金融健康发展的指导意见》，其既

---

① 张敏莉：《涉嫌非法集资　浙江 10 家 P2P 网贷平台被立案调查》（http：//news. zj. com/detail/2014/04/17/1515690. html）。

是对近几年互联网金融业态的全面总结、梳理和确认，同时也是未来监管政策落地的纲领性、指导性文件。《指导意见》规定，目前我国合法的互联网金融业态包括：互联网金融支付、网络借贷、股权众筹、互联网基金销售、互联网保险及互联网信托和互联网消费金融。历年互联网金融有关的法律法规汇总见表7-1。

表 7-1　　　　　　　　　　　互联网金融相关法律法规汇总

序号	时间	相关法律法规	注释
1	2006. 12. 12	《关于严厉打击非法发行股票和非法经营证券业务有关问题的通知》	
2	2009. 6. 4	《关于加强网络游戏虚拟货币管理工作的通知》	虚拟货币的监管依据之一
3	2010. 9. 1	《非金融机构支付服务管理办法》	第三方支付机构监管开始
4	2010. 12. 1	《非金融机构支付服务管理办法实施细则》	规定支付机构不得以金融机构名义开展活动
5	2011. 1. 4	《关于审理非法集资刑事案件具体应用法律若干问题的解释》	
6	2011. 3. 21	关于《非金融机构支付服务业务系统检测认证管理规定》修改意见函	
7	2011. 6. 16	《非金融机构支付服务业务系统检测认证管理规定》	
8	2011. 8. 23	《关于人人贷有关风险提示的通知》	网络借贷监管开始
9	2012. 3. 8	印发《支付机构反洗钱和反恐怖融资管理办法》的通知	
10	2012. 11. 1	《支付机构预付卡业务管理办法》	
11	2013. 3. 7	印发《支付机构互联网支付业务风险防范指引》的通知	
12	2013. 6. 7	《支付机构客户备付金存管办法》	
13	2013. 7. 5	《银行卡收单业务管理办法》	
14	2013. 12. 3	《关于防范比特币风险的通知》	虚拟比特币的监管依据之一
15	2014. 3. 14	《关于暂停支付宝公司线下条码（二维码）支付等业务意见的函》	针对二维码支付安全的措施
16	2014. 3. 18	《关于手机支付业务的发展指导意见全文及起草说明》	
17	2014. 3. 18	《支付机构网络支付业务管理办法》	
18	2014. 3. 25	《关于办理非法集资刑事案件适用法律若干问题的意见》	
19	2014. 4. 3	《关于加强商业银行与第三方支付机构合作业务管理的通知》	

续表

序号	时间	相关法律法规	注释
20	2014.4.15	《关于规范人身保险公司经营互联网保险有关问题的通知》	
21	2014.12.18	《私募股权众筹融资管理办法（试行）（征求意见稿）》及起草说明	
22	2015.7.18	《关于促进互联网金融健康发展的指导意见》	对互联网金融主要业态的监管职责分工，落实了监管责任，明确了业务边界
23	2015.7.31	《非银行支付机构网络支付业务管理办法（征求意见稿）》	支付机构不得为金融机构，以及从事信贷、融资、理财、担保、货币兑换等金融业务的其他机构开立支付账户
24	2015.9.1	《关于审理民间借贷案件适用法律若干问题的规定》	
25	2015.10.1	《互联网保险业务监管暂行办法》	强制要求保险机构加强信息安全管理，确保网络保险交易数据及信息安全
26	2015.12.28	《网络借贷信息中介机构业务活动管理暂行办法（征求意见稿）》	
27	2016.4	《互联网金融风险专项整治工作实施方案》	对互联网金融业务活动进行界定，以进行分类处置，并严格管理准入
28	2016.07	《非银行支付机构网络支付业务管理办法》	
29	2016.8.15	《网络贷款资金存管业务指引（征求意见稿）》	为平台存管画下监管红线，明确希望通过改变存管模式解决部分对网贷平台的监管问题

（三）金融环境

2015 年 11 月底蚂蚁金服联手韩国电信等公司共同发起设立的互联网银行 K Bank 已经获得韩国政府批准筹建，同时蚂蚁在印度投资的 Paytm 也获得了印度央行发放的银行牌照，中国互联网金融已经在全球范围产生影响。改革开放以来，我国实行市场经济，这无疑在很大的程度上有助于农村经济的发展。但是农村经济想要持续稳定的发展就需要大量的资金作为发展的保障，但农村正规金融机构的资金普遍供不应求，这就急需要一个能为其解决融资问题的平台，互联网金融的发展正好迎合了该需求。

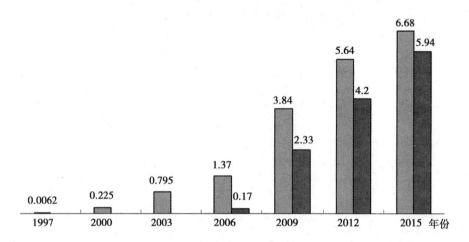

图 7-2　1997—2015 年中国网民数量和手机网民数量（单位：亿人）

由图 7-2 可见，我国网民数量呈爆发式增长，自 1997 年不断增加至 2015 年 6 月的 6.68 亿人，而手机网民数量从 2006 年的 0.17 亿人增加到 2015 年 6 月的 5.94 亿人。截至 2015 年 6 月，中国网民中农村网民占比 27.9%，规模达 1.86 亿人，较 2014 年底增加 800 万人。如今农村网民越来越多，使得互联网在金融领域的发展正好满足了农村对于资金的需求①。

普惠金融的提出，为互联网金融的发展带来利好消息。由于互联网金融模式提高了小微群体金融服务的"可获得性"，让金融服务真正普惠大众，提高金融资源配置效率，因而互联网金融可为普惠金融的普及提供支持，为国家的金融体制改革提供有力的支撑。

我国农村教育水平较低，农民对新兴的互联网金融了解相对较少，因此有时会对互联网金融产生怀疑。但是，随着互联网金融的交易成本低、支付便捷以及交易双方信息更新及时等优势的不断显现，人们开始越来越多地使用互联网来进行金融方面的操作，如互联网理财等。在我国农村实体银行数量少且金融业务不完善，实体银行日益满足不了人们对于金融服务的要求，而互联网金融的发展正好具有了传统商业银行所没有的金融服

① 数据来源：中国互联网信息中心数据。

务优势。这都使得互联网金融在农村领域的发展具有相对的优势。近年来，已有互联网金融机构在贫困农村地区做出了尝试。2009 年，宜信与农村小额贷款机构合作，推出了"易农贷"P2P 平台，通过网络协助城市出借人为贫困地区信用良好的农村妇女提供一对一在线借款。截至2014 年末，易农贷已惠及超过 13000 余户，还款率达到 100%。将来，如果有更多的企业通过互联网为农村金融机构提供金融服务，将有助于进一步提升金融服务覆盖面。

互联网金融发展的同时，对传统金融行业也带来一定的冲击，为了维护传统金融行业，政府也会相应采取一定的措施，在这种环境下，在一定程度上也可能限制互联网金融的发展。但是，互联网金融的发展同样会对传统金融行业产生正面影响，传统金融业为了维持自身的利润就会不断地进行创新与吸收当前金融领域中的发展优势，例如传统金融企业开展互联网方面的线上等业务；而这时，传统金融又会对互联网金融行业产生挤压。

互联网金融与传统金融机构相互竞争的拉锯状态会持续很长时间。传统银行为了应对互联网金融的理财冲击，创新出了手机客户端，使得客户可以根据自己想要办理的转账等业务自行操作，简单方便，而且有理财界面以及理财产品介绍。互联网金融也根据环境的变化不断地创新。互联网金融本身就是一个不断创新的行业，如不断涌现出阿里巴巴、百度、平安、腾讯、苏宁以及电信等大型企业创新成功的案例。

第二节　互联网金融的发展历程

一　互联网金融的产生

互联网金融的产生与互联网的发展息息相关。

1994 年 4 月 20 日，中国被国际上正式承认是有 internet 的国家。同年9 月，公用计算机互联网建设启动。1995 年 1 月，中国电信开始向社会提供 internet 接入服务。1996 年 1 月，中国公用计算机互联网全国骨干网建成并正式开通。1997 年 4 月，国务院在全国信息化会议上将互联网列为国家信息基础设施建设。① 从此我国开始进入信息化时代。据中国互联网络信息中心发布的《中国互联网络发展状况统计报告（1997/10）》，截至 1997 年 11 月 30 日，我国上网计算机数有 29.9 万台，上网用户数有 62 万人，用户利用互联网主要用于获得科技信息、社会新闻、商业资讯、金融信息及休闲信息，真正的消费型用户占的比例很小。当时，上网速度太慢和收费太贵是影响中国 Internet 发展的两大障碍。② 8 个月后，截至 1998 年 6 月 30 日，调查数据显示，我国上网计算机数有 54.2 万台，上网用户数有 117.5 万人，上网计算机数和用户数几乎翻了一番，而且希望网上购物的用户占 78.1%。对网上购物的看法方面：认为安全性需要有法律保障的用户占 62%，认为没有可靠保证的付款方式的用户占 44.5%，担心售货方的产品质量的用户占 46.1%。③ 从上述数据中不难发现，互联网用户对网上购物有极高的热情，只是担心没有可靠保证的付款方式，互联网支付呼之欲出。

（一）互联网支付

互联网支付是指通过计算机、手机等设备，依托互联网发起支付指令、转移货币资金的服务。

据中国互联网络信息中心发布的《中国互联网络发展状况统计报告（1999/1）》，截至 1998 年 12 月 31 日，已有 15% 的用户把"电子商务、网上购物"作为上网的目的之一，用户对网上购物的态度："在条件成熟的情况下，希望网上购物的占 87%；认为网上购物没有如信用卡等可靠的付款方式的占 50%；担心售货方的产品或服务质量的占 57%"。④ 比较上述数据可以发现，电子商务、网上购物有很大的发展潜力，但是支付方式与售货方的产品或服务质量是用户顾虑的焦点，本质上是买卖双方网上交易中有关信用的问题，第三方支付应运而生。

---

① 吴爱明编著：《电子政务教程　理论·实务·案例》，首都经济贸易大学出版社 2004 年版，第 100 页。

② 《中国互联网络发展状况统计报告（1997/10）》（http：//www.cnnic.net.cn/hlwfzyj/hlwxzbg/200905/P020120709345374625930.pdf）。

③ 中国互联网络发展状况统计报告（1998/7）（http：//www.cnnic.net.cn/hlwfzyj/hlwxzbg/200905/P020120709345373784718.pdf）。

④ 中国互联网络发展状况统计报告（1999/1）（http：//www.cnnic.net.cn/hlwfzyj/hlwxzbg/200905/P020120709345373005822.pdf）。

　　第三方支付主要是交易支持平台，是一些具有实力和信誉优势的独立机构，这些第三方机构与各大银行进行签约，待客户选购商品以后，双方通过这个平台提供的账户进行货款支付。这种方式不同于传统的由买者直接付款给卖者的方式，而是让第三方支付平台当作中介使用，第三方的责任是通知卖家货款何时到达、准时发货，客户在检验商品合格后通知付款给卖家，第三方要把款项转移到卖家账户。这样交易双方通过这个支付中介平台，不用面对面就可实现交易。[①]第三方支付可以较好地解决买卖双方网上交易中有关的信用问题，具有中介性、安全独立性、监督性等特点。因此，第三方支付得到了很好的发展，截至 2015 年 3 月 30 日，中国人民银行共发放 270 张第三方支付公司牌照。[②]

　　（二）网络借贷

　　网络借贷包括个体网络借贷（即 P2P 网络借贷）和网络小额贷款。个体网络借贷是指个体和个体之间通过互联网平台实现的直接借贷。网络小额贷款是指互联网企业通过其控制的小额贷款公司，利用互联网向客户提供的小额贷款。网络小额贷款遵守现有小额贷款公司监管规定，由银监会负责监管，实属小额贷款公司的范畴，本部分不做重点分析。

　　P2P 网络借贷（英文全称：peer to peer lending）最早源于英国等西方国家，是利用互联网技术为借贷双方的直接借贷提供信息服务的平台，直到 2007 才被引进到国内。成立于 2007 年 6 月的拍拍贷是我国第一家 P2P 网络信用借贷平台，其目标是"让借入者改善生产生活，让借出者增加投资渠道"。

　　（三）股权众筹融资平台

　　股权众筹融资主要是指通过互联网形式进行公开小额股权融资的活动。股权众筹融资必须通过股权众筹融资中介机构平台（互联网网站或其他类似的电子媒介）进行。[③]世界第一家股权众筹平台 Angellist 2010 年于美国硅谷诞生，2011 年 11 月，我国第一家股权众筹平台——天使汇成立。

---

　　①　徐显峰：《我国第三方支付发展研究》，博士学位论文，西南财经大学，2013 年。

　　②　《最完整 270 家第三方支付牌照公司名单》（http://mt.sohu.com/20150816/n418978183.shtml）。

　　③　中国人民银行等十部委发布《关于促进互联网金融健康发展的指导意见》（http://www.gov.cn/zhuanti/2015-12/14/content_ 5023806. htm）。

（四）互联网基金销售

互联网基金销售是基金销售机构与其他机构通过互联网合作销售基金等理财产品。基金销售相关业务包括基金销售、基金销售支付、第三方电子商务平台等业务类别。根据《证券投资基金销售机构通过第三方电子商务平台开展业务管理暂行规定》，"第三方电子商务平台，是指在通过互联网开展的基金销售活动中，为基金投资人和基金销售机构之间的基金交易活动提供辅助服务的信息系统"。① 首批备案基金第三方电子商务平台唯淘宝一家，京东叁佰陆拾度电子商务有限公司成为第二家为基金销售机构提供第三方电子商务平台服务的机构。

（五）互联网保险

互联网保险即保险公司开展互联网保险业务。我国第一家互联网保险公司众安保险于 2013 年 11 月成立。

（六）互联网信托

互联网信托即信托公司通过互联网开展业务。信托网（www. trust-one. com）始创于 2000 年 12 月，隶属于润孚网络科技（上海）有限公司，是中国第一互联网资管信息资讯平台。② 2015 年 4 月，中铁信托和陆家嘴信托在信托网上开起了网上直营店。

（七）互联网消费金融

互联网消费金融即消费金融公司通过互联网开展业务。2015 年 6 月，全国首家互联网消费金融公司——马上消费金融股份有限公司正式开业。③

二　互联网金融的发展和现状

肇始于美国 20 世纪 90 年代中期的互联网金融，在中国迅速发展，截至目前，中国互联网金融的规模已远超美国。据第 39 次《中国互联网络发展状况统计报告》，截至 2016 年 12 月，我国使用网上支付的用户规模已达到 4.75 亿人，而据世界银行的数据，2015 年美国人口为 321418.82 千人，约 3.21 亿人。据网贷之家"网贷数据"显示，至 2017 年 3 月，累

---

① 证监会：《证券投资基金销售机构通过第三方电子商务平台开展业务管理暂行规定》（http：//www. gov. cn/gongbao/content/2013/content_ 2441027. htm）。

② 信托网：《公司简介》（http：//www. trust-one. com/about/about. html#/intro）。

③ 《全国首家互联网消费金融公司正式开业》（http：//stock. sohu. com/20150618/n415272358. shtml）。

计平台数量为 5888 家，运营平台数量为 2281 家，问题及停业平台累计
3629 家。截至 2015 年 12 月 31 日，我国互联网众筹平台（不含港台澳地
区）至少有 365 家，其中 2015 年上线的平台有 168 家。在正常运营的
281 家平台中，涉及股权众筹业务的有 185 家，占到 65.8% 的比例；涉及
产品众筹业务的有 119 家，占比 42.3%；兼有两种业务的平台则有 39
家。① 至 2016 年 7 月，互联网基金销售平台销量已占据整个市场的三分之
一。② 据中国保险行业协会发布的数据显示，2015 年保险业互联网保险
业务收入为 2234 亿元，比 2014 年增长了 1375 亿元，同比增幅达
160%，保费规模比 2012 年增长了 20 倍。2015 年中国保险业整体累计
实现保费收入 24282.52 亿元，比 2014 年增长了 4047.71 亿元，增幅为
20%。③ 据中国电子商务研究中心发布的《2015 年度中国电子商务市场
数据监测报告》，2015 年，中国互联网消费金融交易规模 250 亿元，同
比增长 142%。④

三　互联网金融的制度安排

随着互联网金融的快速发展，其带来的风险也日渐显现。为了协调好
鼓励金融创新与加强风险管理之间的关系，2015 年 7 月 18 日中国人民银
行等十部委发布《关于促进互联网金融健康发展的指导意见》，明确了互
联网金融监管应遵循"依法监管、适度监管、分类监管、协同监管、创新
监管"的原则及监管责任。之后，中国人民银行出台了《非银行支付机
构网络支付业务管理办法》（〔2015〕第 43 号）、银监会出台了《网络借
贷信息中介机构业务活动管理暂行办法》（〔2016〕1 号）、保监会出台了
《互联网保险业务监管暂行办法》（〔2015〕69 号）。而其他类型的互联网
金融的监管多采用相关法规，还没有专门的法规出台。

---

① 天使客：《2016 年股权众筹平台数量有多少》（http：//www. angelclub. com/finance/zc/
561_ view）。

② 李沪生：《互联网基金销售巨头大打差异化竞争牌》（http：//finance. sina. com. cn/roll/
2016－07－14/doc－ifxuaqhu0293838. shtml？ cre＝financepagepc&mod＝f&loc＝1&r＝9&doct＝0&rfunc＝
100）。

③ 《互联网保险异军突起 保费 4 年增长 20 倍》（http：//insurance. hexun. com/2016－11－
21/186985488. html）。

④ 《2015 年度中国电子商务市场数据监测报告》（http：//b2b. toocle. com/zt/2015ndbg/）。

表 7-2　　　　　　　　　　　　互联网金融的制度安排

互联网金融类别	监管机构	监管法规	主要内容
互联网支付	人民银行	《非银行支付机构网络支付业务管理办法》（［2015］第43号），自2016年7月1日起施行	对非银行支付机构的服务宗旨、支付账户的内涵和使用原则、支付机构应当遵守的相关规定、客户管理、业务管理、风险管理与客户权益保护、监督管理、法律责任等作出明确的规定
网络借贷	银监会	《网络借贷信息中介机构业务活动管理暂行办法》（［2016］1号）	对网络借贷信息中介机构的备案管理、业务规则与风险管理、出借人与借款人保护、信息披露、监督管理、法律责任等作出明确的规定
股权众筹融资	证监会	《私募股权众筹融资管理办法（试行）（征求意见稿）》（2014年12月18日）	——
互联网基金销售	证监会	《证券投资基金销售机构通过第三方电子商务平台开展业务管理暂行规定》（证监会公告［2013］18号）	对第三方电子商务平台和基金销售机构的备案要求、服务责任、信息展示、投资人权益保护、第三方电子商务平台经营者责任、账户管理、投资人资料及交易信息的安全保密、违规行为处罚等作出明确的规定
互联网保险	保监会	《互联网保险业务监管暂行办法》（［2015］69号）	对互联网保险业务经营条件与经营区域、信息披露、经营规则、监督管理等作出明确的规定
互联网信托	银监会	尚未有针对性的法规出台	——
互联网消费金融	银监会	尚未有针对性的法规出台	——

四　互联网金融的优势和劣势

（一）优势

1. 互联网金融的支付优势

互联网金融发展较早的模式就是第三方支付模式，由于其具有高效快捷的支付特点而发展起来。互联网金融的支付优势可以使得人们随时随地任意金额进行交易，并且无须手续费。互联网金融的支付功能操作简便，更易为消费者接受。随着数字认证证书及身份认证等技术的不断完善，互联网金融的支付功能将会更加有保障，其目前已经成为重要的支付结算手段。并且放入第三支付账户中的金额可随时购买互联网金融理财产品，在收取利息的同时还能随时支付使用。

2. 互联网金融的信息优势

与传统商业银行网点式服务相比，互联网金融这一创新金融突破了地域限制，使得信息来源更加充分，信息范围和业务范围更加全面，因而互联网金融在解决信息不对称方面具有较大的优势。同时，互联网金融的信息优势还体现在其完善了信用体系。我国现行的信用体系并不完善，传统银行信贷大多基于抵押物或者担保方式，而其信用的评价也是基于大数定理或者抽样调查；然而现在依附于计算机的互联网金融具有了大数据、云计算等数据处理来分析用户的金融行为，判断用户的风险水平，从而降低风险的发生概率，有利于对风险进行进一步的管理和控制。

因此，互联网金融企业可以凭借其强大的信息搜索功能和信息处理能力，更加有效地判断客户资质；同时，投资人可以依靠平台发布的信息直接与借款人进行交易，降低金融交易成本。这种强信息对称性也是互联网金融的一大优势。

3. 互联网金融的普惠优势

随着改革的深入，我国逐渐形成了由银行、证券、保险及信托等组成的金融体系，但是现阶段金融资源的供给与需求是不匹配的，尤其是中小企业以及农村边远地区的客户群体容易被大型的融资机构忽略。因此为了加强资金的优化配置，政府提出了普惠金融这一概念，而互联网金融的特质正好迎合了普惠金融的资源优势，普惠金融也为互联网金融的发展提供了政策支持。

互联网金融体系下，其为中小客户服务的定位，不仅指中小企业，更具体到包括农民在内的普通大众。此外，互联网金融凭借计算机信息传播迅速且涉及范围广的特点，使得互联网金融也能为农村各地区和边远地区提供服务，带动经济的发展。同时互联网金融能够为不同的客户群体提供有差异化的、更加便捷的服务。因此，互联网金融定位于服务更加广泛的客户群体，使其具有普惠优势。

4. 互联网金融的整合优势

随着我国3G、4G互联网的全面铺开，移动支付方式越来越受到人们的欢迎。互联网技术具有不受空间限制，并能低成本地实现信息共享的特性，便于人们利用碎片化的空闲时间浏览经济资讯或者办理金融业务，这极大地方便了人们的生活。而类"余额宝"形式的理财产品提供的服务，也便于人们对闲散的资金进行灵活配置，大大满足了购买客户对资金流动性和货币增值的要求。互联网金融将现实生活中很多人的零碎、富余的资金汇聚在一起，进行有效的管理，从而使得互联网金融具有将时间与资金积小成大的整合优势。

第四节　农村互联网金融面临的主要风险

互联网金融虽然有着诸多传统金融所不具有的优势，但是由于它的虚拟化程度高，法律法规等方面存在空白之处，导致农村互联网金融的发展过程中存在各种风险，以下分析农村互联网金融面临的几种主要风险。

一　外部风险

外部风险是指系统以外因素变化产生的风险，具体包括政策风险、利率风险、法律风险、环境风险等。互联网金融作为一种新的金融服务在农村的发展势必会有相应的风险产生，这就需要我们从各个方面来分析互联网金融的外部风险。

（一）政策风险

有的经济学家认为互联网金融的政策风险主要是指货币政策的风险，但是政策风险的产生不仅受货币政策的影响，更受政府的各种政策的影响。在政府工作报告中曾明确提出鼓励互联网金融的发展创新，但是由于互联网金融在不断发展创新中会产生出新的风险以及未知的互联网金融模式，因而央行为了防范风险、保护消费者权益会不断地制定相应的政策，这些政策会对互联网金融产生相应的限制规范。央行为了保护消费者的利益将会持续对互联网金融行业进行管理和整治，因此互联网金融企业也会长期面临着政策风险。

2014年2月，中国银行业协会建议"从维护公平竞争金融市场秩序与国家金融安全考虑，应将余额宝等互联网金融货币基金存放银行的存款纳入一般性存款管理，不作为同业存款，按规定缴纳存款准备金。货币基金纳入一般存款"。① 随即，以工商行为首的三大国有银行宣布不接纳以

---

① 赵萍：《央行官员建议：对余额宝等货币基金实施存准管理》，《21世纪经济报道》2014年3月9日。

余额宝为代表的网络理财产品的货币基金协议存款等，这些政策的限制无疑大大地遏制了互联网金融的发展。

2014年3月，中信银行与腾讯、阿里巴巴宣布联合推出网上虚拟信用卡，客户通过现有的支付宝或微信账号可以实现信用卡在线"即申请、即发卡、即支付"，自动开卡并绑定快捷支付后，就可用于网上购物。[①]这虽然极大地方便了人们的借款消费，但是同时也带了更多的安全隐患，因此央行立即采取行动暂停虚拟信用卡以及当时新兴的二维码支付这两项业务。2008年上半年的Lending Club公司曾因一系列原因被美国政府叫停票据发行，直到2008年10月14日Lending Club才恢复了新的投资者的注册手续，走向了全面发展之路。[②]由此可见，互联网金融在发展过程中会受到政府制定政策的影响，并在政策的一步步完善中得到全面健康的发展。

（二）利率风险

银行的不同存款利率的差异变化必然会影响互联网金融的发展，尤其是对互联网理财方面的影响比较大。目前较多的互联网金融理财产品主要集中在货币基金类等流动性较高的产品上，这类货币基金的盈利方式主要是依靠互联网金融企业在商业银行的大额资金的存款协议利率与平台所支付利率之间的利率差。互联网金融发展越来越迅速，市场占有率逐渐提高，市场利率的波动及不确定性极有可能造成很大的利率风险。

实现利率市场化是我国金融改革的奋斗目标。2015年以来我国政府不断放开对利率的管制，3月1日，央行对存贷款利率均向下调整0.25个百分点，并调整存款上限利率；5月11日，下调金融机构人民存贷款基准利率；经过两次降息之后，8月26日起，央行决定放开一年期以上定期存款浮动利率的上限，这表明我国向市场利率化改革迈进了重要的一步，这均表明我国正在一步步地放开利率的管制以及让市场决定利率的决心。

央行决定自2015年8月26日起金融机构一年期贷款基准利率下调至4.6%，而据2015年5月份陆金所显示1—3年期的贷款利率为8.4%—

---

① 田俊荣、欧阳洁：《互联网金融，监管政策莫误读》，《人民日报》2014年3月24日。

② 新浪产权：《LENDING CLUB的监管启示》（http：//gov. finance. sina. com. cn/chanquan/2013-05-21/136968. html）。

8.61%，远高于金融机构的贷款利率。互联网金融融资平台虽然贷款利率高，但是其最大的优势就在于其贷款规模大，信用信息不完善的个人也易得到审批，因此大量的融资者涌向互联网金融平台，使得银行的贷款收益降低。现阶段利率市场化没有完全放开，所以互联网金融比传统银行的优势明显。但是如果央行完全放开利率的管制，使利率由市场供求决定，那么互联网金融平台的优势将被市场所冲击。

（三）法律风险

以网络为基础发展的互联网金融涉及的业务范围广，层面多，虽然政府出具了相关法律，但是没有相关细则，事实上出现了无法可依的局面，这就给不法分子留有可乘之机。法律跟不上互联网金融创新的步伐具体表现为：（1）配套法规模糊或缺乏。这主要体现在互联网金融作为新生的创新金融其在不断发展中不断创新与政府相关立法滞后性相矛盾，而导致配套法规模糊或缺乏。（2）政策的不确定性。政府本着保护消费者的目的，会根据宏观经济发展情况制定相关的政策，而互联网金融企业作为创新金融，极易受到政策不确定性的影响。政府出台的法律政策、监管政策、监管方式及监管力度等都会对互联网金融企业的未来发展造成未知风险。

从互联网金融本身来看，互联网金融面临着很多法律风险。首先，商业、个人信息的泄露的法律风险。互联网金融是以大数据为分析基础的，这些海量的数据为互联网金融机构所拥有，因此可能会造成大量个人信息数据的泄露。根据《电信和互联网用户个人信息保护规定》《消费者权益保护法》等的规定，如果互联网机构泄露消费者或投资者的个人信息，可能会受到法律的严惩。因此，当互联网金融企业由于计算机漏洞无意泄露消费者信息时也可能会受到法律的惩罚。其次，虚假宣传的法律风险。《广告法》的实施，强化了互联网金融平台广告的监督力度，如"保本""无风险"等词的承诺都属于违反《广告法》的行为。最后，金融犯罪风险。部分互联网金融企业容易采取一些高风险的交易模式，可能会为此而触及了非法集资、非法经营等界限。因此，网络金融要想在我国长久持续地发展，良好充分的宏观经济政策以及具有高度适应性的法律规定显得格外重要。

（四）环境风险

互联网金融在农村的发展面临环境风险。首先，在经济较为落后、计算机不发达的农村，人们对互联网金融这一虚拟经济认识不到位，互联网金融就会受到人们的质疑，不利于互联网金融的发展。并且，其经济不发达、信息基础设施的落后，互联网金融的发展也会受到限制。其次，现阶段农村大部分资产为"70后"的人持有，而这部分人的金融知识水平相对落后，对传统银行的信任度较高，不会轻易相信互联网金融这一融资渠道。由此，农村地区越是发达，互联网金融受环境的影响越小；农村地区越是落后闭塞，互联网金融受环境的影响越大。

二 内部风险

内部风险是指系统以内因素变化而产生的风险，主要包括信用风险、流动性风险、操作风险等。互联网金融风险的产生不仅受外部因素影响，同时也受自身固有的特性的影响，并且内部风险是可以降低的，因而研究内部风险对互联网金融的健康发展也尤为重要。

（一）信用风险

百度理财的百赚、阿里理财的余额宝等互联网金融理财产品以及P2P网贷平台等互联网金融模式，虽然具有成本低、期限短、流动性高以及资源配置高效灵活等优势，但是也隐藏着极大的信用风险。信用风险是金融领域所通有的风险，更是互联网金融中最容易出现的风险。中国农村地区的征信体系不完善，增加了互联网金融产生信用风险的可能性。

一般互联网金融企业将信用作为其产品定价的基础，这与传统的金融产品定价相似。消费者主要是依据互联网以虚拟的方式在互联网金融平台进行相关操作，因而这会使得互联网金融企业对客户的身份认证以及交易真实性的辨别难度加大；同样，消费者也很难辨别出对互联网金融平台的投资资金的使用用途，因此而造成交易双方存在严重的信息不对称性。因此，互联网金融企业对借款人真正的信用水平、贷款用途和偿还能力缺乏有效的资质审查，容易导致信贷坏账率高、债务追偿困难等问题，从而让互联网金融企业和投资者承担较大的风险。根据信用主体的不同将互联网金融产生信用风险的原因分为两方面：互联网金融机构的违约风险以及客户的违约风险。无论是哪一方的违约都会对互联网的发展造成不利的影响。

首先，互联网金融企业的违约。通常互联网金融企业为了吸引客户的投资，会利用信息的不对称性夸大平台的信用评级以及平台的收益率。而互联网金融平台的低信息披露度使得投资者无法对投资资金进行跟踪审查，或者互联网金融平台谎报项目或伪造证明骗取投资者资金等行为可能会形成庞氏骗局。最常见的有 P2P 网贷平台跑路事件。网贷之家数据显示，截止到 2016 年 9 月，全国累计共 2048 家问题平台。对数据整理后发现，跑路平台有 905 家，占比 44.19%，可见互联网金融企业比一般银行存在更大的信用风险。

其次，由于资金需求方的违约而产生的信用风险。由于互联网金融平台主要关注"长尾"客户①，因而其一般提供较小额度的贷款，而资金需求者又无法提供实质性的抵押担保或者仅凭个体信用进行贷款，这是融资者产生信用风险的最根本原因。资金需求者的违约主要体现在以下几方面：一是互联网金融平台很难真正了解客户的真实情况；二是我国征信系统不完善，没有形成完善的信用信息共享机制，因而投资者可以在不同互联网金融平台进行违约借贷；三是客户由于自身情况确实难以还款而不得已发生违约事件。

（二）流动性风险

当互联网金融服务平台的资产和负债的差额不能与不同期限范围、不同资金结构的客户相对应，互联网金融平台将出现流动性资金紧缺的情况，该流动性风险将会造成一定的经济损失。互联网金融面临的最大风险就是流动性风险，资金的流动性关乎到整个资金链是否能正常运转。国内外金融机构的经营状况表明，金融机构的倒闭很多是由于资金流动性出现问题而造成的，例如英国的北岩银行。这种情况不仅发生在传统商业银行，同样发生在互联网金融领域。互联网金融目前处在发展不成熟的阶段，流动性风险管理体系、方法和技术还不是很完善，另外农村互联网金融的规模较小，资金实力较弱、信用体系不完善以及传统金融行业的竞争激烈，使得互联网金融资金的流动性受到一定的影响。一些网贷平台为了吸引更多的客户，为一些保守型的投资者专门设计了本金保障计划，承诺当借款人违约时，网贷平台将承担一切风险，用公司资金为借款人埋单，确保投资人资金的安全。这也就要求网贷平台对自身的流动性提出更高的要求和做好风险管理。

---

① "长尾客户"是指拥有的、能够支配的资产规模往往较小的客户。该群体总数庞大，小微企业、初创企业、涉农人员多属于此类。

互联网金融的流动性风险表现形式主要有两种：第一，投资资金量远大于债权资金额。目前很多互联网金融企业虽然没有足够的债权与理财进行匹配，但还是在平台上销售理财产品。第二，规模越大相应的流动性风险也越大。一家大型的互联网金融企业在面临客户的刚性兑付心理而大批量的资金赎回时，企业的资金就会受到很大的限制而产生很大的风险。流动性风险是可以控制在一定范围内的，这就需要企业建立相应的预警机制并专人专岗进行管理，做好资金计划。

流动性风险的产生会带来一系列的反应。比如平台突然遭遇资金的大量赎回，这会造成平台的资金链断裂，也会对银行流动性造成一定的冲击。平台为了保持资金的流动性会大量出售资产造成资产的价格下跌，在极端情况下会出现资产价格下跌—资产大量抛售—资产价格进一步下跌的恶性循环中。

（三）操作风险

操作风险也称为技术风险。操作性风险是由于操作不当而引发的风险，与交易过程的系统失灵有关。巴塞尔银行监管委员会对操作风险的定义为：所有因内部作业、人员及系统的不完备或失效，或其他外部作业与相关事件造成损失的风险。因此造成操作风险发生的主体主要有两类：一是互联网金融平台交易系统不完备以及工作人员的操作性失误；二是平台外部人员的恶意攻击。随着科学技术的进步，网络开始在人们生活中逐渐普及，与此同时产生越来越多的利用网络非法作案事件。一些黑客利用网络技术可远程进入他人的电脑，从而盗取保密信息进行作案。还有一些黑客可向平台网站植入商业广告的链接，骗取用户的点击量等。互联网金融开放式的网络通信系统、不完善的密钥管理技术等都容易引起潜在的风险发生。如 2014 年 2 月，美国著名的众筹网站 Kickstarter 被黑客攻击，造成部分数据泄露；2014 年 3 月，系统漏洞造成携程客户资料泄露。[1]

互联网金融业务的操作主要依靠计算机的运行和人员的操作，因此这类风险具有较强的人为性和突发性。1995 年英国巴林银行的破产充分显示了做好操作风险的预防的重要性。我国计算机尤其是农村计算机发展与西方发达国家相比明显落后，因此互联网金融在农村的发展尤其要重视这

---

[1]　张爱英：《互联网金融发展与风险防范——基于〈关于促进互联网金融健康发展的指导意见〉的思考》，《经济问题》2015 年第 10 期。

一可控制的风险。在互联网金融领域与传统金融一样,操作性风险一旦发生便会带来一系列的影响。首先,操作性风险产生会使得互联网金融的效率大大降低,平台相应的维护成本增加同时也会严重影响企业的声誉,不利于企业后期发展;其次,操作性风险产生会给客户带来一定的损失,当客户对互联网金融平台的信心不足时还会产生严重的存款挤兑等。总之操作性风险产生将会带来一系列放大的消极效应,不利于平台的形象及发展,因此做好操作性风险的预防是每个互联网金融企业的首要任务。

第四节　几种常见互联网金融模式现状及风险分析

本节主要对互联网金融理财类产品、第三方支付、电子商务中的京东供应链金融模式和阿里小贷平台模式以及互联网融资平台几种具有代表性的互联网金融模式的现状、运作模式进行分析,进而探讨其主要面临的内外部风险。

一　互联网金融理财类

2013 年 6 月 13 日,阿里巴巴推出余额宝线上理财,其成功的服务创新模式,使得 2014 年初以来,各类宝宝类理财产品大量涌现,如网易"现金宝"、百度"百赚"、腾讯"理财通"以及苏宁"零钱包"等。这些宝宝类理财产品起点低、赎回购买方便等优势使得它们迅速发展起来。宝宝类理财产品收益刚刚兴起时高达 6% 左右,但是近期由于市场各种因素影响而有所回落。

余额宝自发行以来,其融资规模不断突破,2014 年 1 月 15 日余额宝规模达 2500 亿元;2015 年一季度报数据显示,余额宝规模首次突破 7000 亿元。阿里巴巴的余额宝主要起到银行与储户之间的中介作用,并由此盈利。余额宝主要是用积少成多的大额资金通过协议存款方式获得高于一般存款利率的利息以及将客户支付宝中的沉淀资金投资货币市场基金而盈利。[①] 余额宝的主要盈利来源为银行存款所获的利息,其占总资产的 69.5%,其次就是债券所获的稳定收益,占总资产的 24.6%（见表 7-3）。

---

① 数据来源《天弘余额宝货币市场基金 2015 年第四季度报告》。

表 7-3		余额宝基金资产组合情况		
项目	债券	买入返售金融资产	银行存款和结算备付金	其他资产
占基金总资产的比例（%）	24.6	5.72	69.5	0.18

微信理财通的起步较晚，相对于余额宝来说其优势在于广大的用户量。据微信官网统计数据，其上线当天吸引资金规模达 8 亿元，次日吸引资金规模达 10 亿元。手机当中打开频率最高的就是微信，其活跃用户量已达 6.5 亿，有着高用户覆盖度，这成为理财通与余额宝竞争的一大优势。① 下面主要分析理财通的简易运营模式，如图 7-3。

图 7-3 理财通的简易运营模式

微信理财通平台是在客户资金原卡出入的原则下主要是提供销售渠道和资金导入平台。理财通是腾讯与华夏基金、汇添富基金、易方达基金和广发基金合作推出的理财平台，用户可以根据喜好随意选择基金产品。理财通作为纯粹的销售渠道，并不参与理财产品本身，因而其主要利润来源就是货币市场基金每年 0.25% 左右的销售服务费。

互联网金融理财类产品层出不穷，但是其同时也面临着各种内外部风险。分析上面的运作模式，理财通面临的内部风险主要是信用风险。大部分理财产品均为随买随取类型，因而还面临着客户短期内资金大量赎回的流动性风险。互联网公司理财类产品比较见表 7-4。

表 7-4 2015 年 3 月和 12 月互联网公司理财产品比较

公司	产品名称	预期收益率（%）		期限（天）
		3 月 1 日	12 月 2 日	
阿里巴巴	余额宝	4.480	2.760	随买随取
华夏基金	理财通	4.645	3.274	随买随取
百度	百赚	4.209	3.159	随买随取
京东	小金库	4.432	3.215	随买随取

注：数据来自各理财产品官网。

---

① 胡春冬、杨岳、穆旖旎：《微信理财业务的发展现状及其影响》，《金融发展评论》2014年第 6 期。

宝宝类理财产品是非固定收益的，其收益会随着货币市场利率的波动而变化，因而受外部的利率风险影响很大。央行降息以及一系列互联网政策的出台，无疑是影响互联网理财产品收益率下降的主要因素。互联网理财产品的收益率大幅下降给投资者带来收益下降，进而影响企业的收益，这种风险的产生不仅仅由利率风险造成，更是由政策风险、法律风险以及环境风险等各方面相互影响而造成的。

二　第三方支付模式

第三方支付是基于电商平台交易中资金暂时存管的第三方的支付。比如在淘宝购物交易中，购买者的资金汇入第三方的托管账户中，待消费者收到商品确认后，第三方账户再将资金汇入商家。我国第三方支付发展有十余年，常见的第三方支付有支付宝、财付通、银联等支付市场中的重要组成部分。表7-5数据显示，2015年第三季度的第三方交易额为54952.8亿元，同比增长7.53%。其中互联网支付金额为30747.9亿元，同比增长9.28%。由此可见无论是互联网支付还是移动支付都增长快速，是我国交易中主要的支付方式。[1]

表7-5　　　　　　　　　我国第三方支付交易额变化情况

年份	2014Q4	2015Q1	2015Q2	2015Q3
第三方支付交易规模（亿元）	41392.4	44324.4	51102.7	54952.8
增长率（%）	18.66271	7.083426	15.29248	7.534044

资料来源：艾瑞咨询官网。

目前第三方支付市场中，主要有支付宝、财付通等实力强、创新性高的机构。从图7-4可以看出，支付市场占有率第一的支付宝的占有率为48%，其次为财付通占有率为20%，仅这两家机构就占第三方市场的68%，可见第三方支付市场高度集中。

第三方支付市场发展迅猛，但是第三方平台大都利润来源单一。比如占据支付市场第一的支付宝，其运作模式简单概括为：消费者在电商平台上购买物品，向第三方机构支付货款，第三方平台提醒卖家发货，等消费者收到货物并确认收货时，第三方支付平台向卖家支付货款。支付宝平台

---

[1]　数据来源：艾瑞咨询官网《2015年第三季度第三方支付市场核心数据发布》。

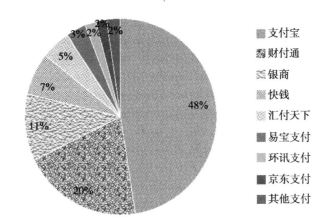

图7-4　2015年第三季度第三方支付在线市场占有率情况

在其发展过程中不断地完善服务，为消费者提供便利，深得消费者的信赖，但其利润来源主要是第三方支付企业向接入商家收取结算手续费以及支付宝官网界面的广告费，这种单一的盈利模式驱使第三方平台不断地进行创新。

第三方支付模式下不得不研究的就是沉淀资金的相关问题。首先，沉淀资金的产生一方面是由于利用平台交易的双方为了增强彼此之间的信用，而将交易中的资金存放在第三方账户中，一旦交易完成则第三方账户将资金划拨到商家账户；另一方面则是由于第三方支付平台提供的电子钱包等变相吸存而产生的沉淀资金。其次，随着第三方支付市场的扩大，这种交易资金的延迟支付会产生大量的沉淀资金，而沉淀资金也会给企业带来相关联的负面影响。例如第三方支付机构没有将自有资金与沉淀资金有效地区分，并将两者混合为企业自有资金进行大额的投资活动，这样就可能会造成沉淀资金的流动性不足，进而存在较高的流动性风险隐患。因此，第三方支付机构可借鉴国际相关经验谨慎对待沉淀资金。

根据上述分析可以发现，第三方平台的交易过程中也面临着各种内外部风险。就其内部风险而言，有交易双方以及第三方支付平台任意一方的违约都会对本次交易产生信用风险的威胁，所以使用第三方支付方式交易的任一方都必须有着良好的信用；其次是操作性风险，第三方支付机构的操作人员任意一次的疏忽操作以及软件系统的不稳定不仅会给本公司带来亏损，同样也会降低客户对该平台公司的信任度；最后就是货款的支付滞后，必定会产生沉淀资金，该大额沉淀资金的去向也会产生相应的风险。

就其外部风险而言，主要有市场风险以及法律风险。同行业间的市场竞争以及线下市场对第三方支付平台的威胁产生市场风险；第三方支付平台处在网络业务与金融传统业务相交叉的模糊地带，我国尚没有完善的法律法规，因此第三方支付平台存在着相应的法律风险。

三　电商金融模式

电商金融模式是电子商务和金融相结合的一种创新型互联网金融模式。电商金融的发展主要是小额贷款服务，主要有 B2B、B2C 以及 C2C 三种模式。电商金融是一种平台金融（见图 7-5），其中资金需求方主要有卖家、产品供应商和消费者，资金供给方主要有电商平台自身、银行等。

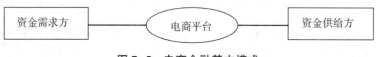

图 7-5　电商金融基本模式

电商企业凭借其自身的平台优势，纷纷进军金融服务领域，我国电商金融迅速发展起来。根据中国电子商务研究中心统计的各年度电子商务市场数据监测报告可知，2016 年上半年我国电子商务市场交易规模达 10.5 万亿元，同比增长 37.6%，其中 B2B 市场交易规模达 7.9 万亿元，同比增长 36.2%；网络零售市场交易规模达 2.3 万亿元，同比增长 43.3%；与此同时，中国电子商务直接从业人员超过 285 万人，间接带动就业人员已超过 2100 万人。[①]

电商金融的出现缓解了中小企业融资难、人口就业等问题，为我国经济增长作出了巨大的贡献。但是，电商金融在我国的发展不仅存在政策环境不确定性等的外部风险，还受到公司内部风险的影响。本节重点介绍以阿里小贷为代表的平台模式以及以京东为代表的供应链金融模式。

（一）平台模式

采用平台模式的电商企业是利用大数据对资金需求方进行评估进而确定其授信额度，并用其自有资金和融资资金为资金需求方提供资金的平台。阿里小贷是阿里巴巴成立的以淘宝、天猫等累积的海量数据为基础为线上小型企业融资服务的小额贷款公司。阿里小贷主要有信用贷款以及订

---

① 数据来源：《2016 年（上）中国电子商务市场数据监测报告》（http://www.100ec.cn/zt/upload_ data/B2B/EC. pdf）。

单贷款两种形式。信用贷款是以淘宝、天猫等商家的交易信息作为其信用依据，仅以信用作为担保条件而提供贷款。而订单贷款是一种以卖家已发货、买家未确认收货的实物订单交易金额为依据给出贷款额度的贷款。[①]首先，虽然阿里有着一系列的信用评价标准，但是其不良贷款率超过1%，信用违约由于具有个体的不确定性仍然是不可避免的。其次，阿里小贷根据大量的线上数据自动化审核的运作方式同样存在着操作风险，一旦发生这样的风险就会产生大范围的影响，给借贷双方带来损失。

（二）供应链金融模式

供应链金融是指核心企业为其线上中小企业作为银行贷款的担保方，银行作为最终贷款人的一条链式放贷，为核心企业的上下游企业提供金融服务与支持，使得产—供—销的供应链得以顺利进行。供应链金融提高了商品的生产、供给和销售的各个环节中的资金运行效率，并且加速了商品的流通速度。以京东为代表的供应链金融与平台模式最大的不同之处在于供应链金融与银行合作，而平台模式是用自有资金与融资资金进行放贷。供应链金融各个环节中参与商较为复杂，与平台模式一样同样面临着信用风险、操作风险，除此之外供应链金融由于物质所有权的流转，可能有权属纠纷而产生的法律风险。

四　互联网融资平台模式

互联网融资平台最具有代表性的就是P2P网贷模式和众筹模式。下面我们主要针对这两类模式分析其现状及风险。

（一）P2P网贷模式现状及风险

自2007年，P2P网贷模式由于其融资便捷、点对点资金直接匹配等特点以及使得借贷双方共赢等优势而迅速发展起来。目前我国的P2P平台主要有红岭创投、宜人贷、陆金所、拍拍贷等，大部分采用线上线下相结合的业务模式。P2P的运作模式简单概括为借款人、贷款人同时在P2P平台上输入信息，借贷平台对贷款人进行严格的审核后，对借贷双方的资金进行匹配，并对借贷双方收取一定的费用。

从2007年以来，网贷之家数据显示P2P累计平台数量达3944家。

---

① 胡世良：《互联网金融模式与创新》，人民邮电出版社2015年版。

P2P 发展迅猛还体现在贷款交易额上。由图 7-6① 可以看出，从 2015 年年初，贷款成交量逐步增长，9 月网络贷款成交量突破 1000 亿元，达到 1151.92 亿元，比 8 月的 974.63 亿元增长约 11.89%。而在 9 月之后成交量趋于平稳。在 2015 年年底，针对 P2P 监管的《办法》（《网络借贷信息中介机构业务活动管理暂行办法（征求意见稿）》）正式出台，使得 2016 年初网贷成交量虽有小幅下降，但随着政策及监管方面不断完善、行业日趋规范、风险逐渐降低，网络贷款成交量日后定会有所突破。

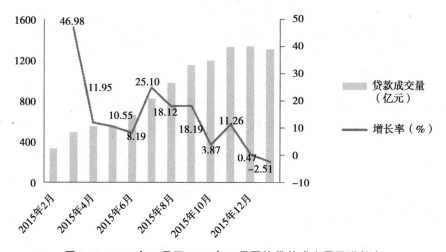

图 7-6　2015 年 2 月至 2016 年 1 月网络贷款成交量及增长率

据网贷之家官网统计数据，2016 年 2 月 P2P 平台新增 27 家，较 1 月的 59 家减少近 50%，且网贷成交量也有所下降，其主要是受政策方面的影响。P2P 作为一种创新发展到现在一直处于监管、政策空白，而法律法规的出台会对其有着政策风险。② 根据网贷之家列出的 2048 家问题平台进行分析，发现其中跑路平台有 905 家，占比 44.19%；提现困难平台 541 家，占比 26.42%（见图 7-7）。原因在于之前监管漏洞，由信用风险导致的跑路事件频发。由此得出 P2P 平台最严重的就是信用风险；其次提现困难也是问题平台占比较高的，根据 P2P 平台的运作模式分析，不难发现，平台面临着很高的流动性风险。

网贷之家数据显示，至 2016 年 8 月，P2P 平台累计数量已达 4213

---

① 数据来源：网贷之家网贷行业数据。

② 数据来源：由网贷之家官网所提供的问题平台信息统计整理而成。

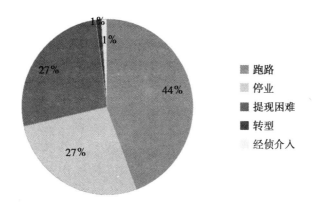

图 7-7　问题平台事件类型所占比例

家。但是，在 P2P 平台快速发展的同时，其风险也日益凸显，出现跑路、停业和提现困难等问题的平台不断涌现。以网贷之家 2016 年 3 月至 2016 年 8 月六个月的数据为例，每月新增平台数分别为 40、45、51、47、33、40，但每月新增停业及问题平台数分别为 98、75、86、94、101、99，每月新增停业及问题平台数远远高于每月新增平台数。同时，累计停业及问题平台占累计平台数量的比率由 2016 年 3 月的 38.2% 连续增加至 2016 年 8 月的 46.9%。可见，P2P 平台问题的严重性可谓触目惊心。在 2016 年 8 月新增的 99 家停业及问题平台中，停业的有 57 家，占 57.58%；跑路的有 30 家，占 30.30%；提现困难的有 12 家，占 12.12%。虽然这些平台导致问题出现的原因不可能完全相同，但是可以肯定的是，由于自身内部风险管理缺陷而导致经营失败的平台不在少数。

（二）股权众筹模式现状及风险

2011 年 7 月国内首家众筹平台"点名时间"正式启动，随后点燃了我国的众筹市场。股权众筹是指通过这个平台筹资方对自己的项目进行宣传，以吸引人们的投资；出资方可以根据自己的判断将资金作为股本投向有创造力的人，从而得到分红的一种模式。众筹平台成立的主要目的之一在于挖掘创意、鼓励创新；其线上众筹项目发起者的主要目的在于实现、贩卖其创意；而出资者的投资出发点在于支持鼓励创意、购买新颖的产品。虽然股权众筹与 P2P（债权众筹）一样属于互联网融资平台，但其融资资金的存在形式却大不相同，P2P 平台的资金作为债权债务的形式存在，得到利息；而众筹却是以股权的形式存在，参与利润分配，它们有着本质的区别。

2014 年以来，监管层多次提及股权众筹，并且不断完善相关的法律法规。据中国电子商务研究中心监测数据显示，截至 2016 年 2 月底，全国众筹平台总共 128 家，较 2014 年 8 月底的 23 家增长 45.65%[①]；2016 年 2 月众筹业共筹资 9.81 亿元，其中股权众筹占比 42%，为 4.12 亿元。[②] 这说明我国股权众筹处于急速增长阶段。其高速增长的同时也存在着一些除政策监管之外的问题，如股权众筹平台发布的项目较多，但是融资率却很低，因而股权众筹在降低信用风险的同时也要加以创新。

据上述分析，股权众筹由于其中涉及知识产权保护（项目创意）、非法集资等方面，因而面临着法律风险。同时还存在筹资人发布项目信息是否完整与出资人之间的信息不对称而产生的信用风险、相应的法律法规出台而产生的政策风险等。

第五节　基于排序多元 Logit 模型的互联网金融风险因素分析

一　研究对象

互联网金融中 P2P 行业，是一种比较方便和实用的融资手段，给很多融资者解了燃眉之急，又因为其行业门槛低，吸引了众多的投资者参与其中。P2P 正成为中国金融业内一股不可忽视的力量，其展现出的市场发展潜力甚至令国际市场刮目相看。但是 P2P 平台发展的背后却暴露了很多问题，如平台跑路、监管缺位、风险控制薄弱等现象。本书选取互联网金融中暴露问题最多的 P2P 平台为例，来分析互联网金融的风险，探讨互联网金融企业倒闭的原因。

据网贷之家数据显示，截至 2016 年 11 月，P2P 平台累计数量已达 5879 家。但是，在 P2P 平台快速发展的同时，其风险也日益凸显。以

---

① 张雪琦：《股权众筹：现状、风险及应对策略》，《青海金融》2015 年第 3 期。

② 数据来源：电子商务研究中心《2016 年 2 月众筹行业报告》。

网贷之家 2016 年 5 月至 2016 年 10 月的数据为例，每月新增平台数分别为 86、63、59、39、18，但每月新增停业及问题平台数分别为 86、94、101、99、97、104，每月新增停业及问题平台数远远高于每月新增平台数（本节中的数据均是对网贷之家所列问题平台信息整理统计所得）。累计停业及问题平台占累计平台数量的比例由 2016 年 5 月的 29.88% 增长至 2016 年 10 月的 36.93%。可见，P2P 平台问题的严重性可谓触目惊心，这些问题让 P2P 平台成为一个高风险的互联网金融行业。

徐临、贺彩萌、姚晓琳（2017）选取互联网金融中暴露问题最多的 P2P 平台为例，通过利用排序多元 Logit 模型来对对倒闭平台进行实证分析，探求影响平台倒闭的共性因素。[①]

二　基于排序多元 Logit 模型的 P2P 平台生存时间影响因素分析

截止到 2016 年 11 月 12 日，网贷之家共公布 2199 家倒闭平台信息，剔除不完整信息的问题平台后，剩余样本量为 1977 个，将样本依次编号为 1—1977。本书对 1977 家问题平台的上线时间、平台出现问题的时间、注册资本、平台所在地区及事件类型等信息进行整理归纳，探讨注册资本、行业竞争程度、经营经验及事件类型对平台生存时间的影响，从而发现制约平台生存的影响因素。

从 P2P 平台生存时间（指平台出现问题的时间与建立时间的差值）来看，有 86 家平台生存时间不超过一个月，这些平台多在 2014—2015 年间建立，占比 61.61%；而问题平台中生存时间最长的为 72 个月，例如重庆的金点贷。问题平台生存时间跨度为 72 个月，时间跨度越大，所选取的样本越具有研究价值。从注册资本方面看，其最小值为 10 万元，最大值为 50 亿元，两者相差较大，此外标准差为 13007 万元，说明问题平台的注册资本存在较大的差异和波动。从分布看，问题平台多分布在山东（359 家）、广东（358 家）、上海（161 家）、北京（138 家）等较发达的地区，占总问题平台的 51.39%。问题平台的事件类型在一定程度上反映了平台所面临的内部

---

① 徐临、贺彩萌、姚晓琳：《P2P 平台倒闭的影响因素分析》，《西安航空学院学报》2017 年第 2 期。

风险类型，对事件类型统计与分析后发现，发生跑路问题的平台最多，占比40.77%；其次为停业，占比30.55%；最后是提现困难，占比26.5%。

（一）模型设定及变量说明

计量经济学模型中的被解释变量和解释变量通常被假定为连续变量，但是实际中被解释变量通常存在一些选择问题，这些选择可以用离散的数据来表示，比如 P2P 平台生存时间可以被划分为若干区间，分别用 0、1、2…表示，这种情况下就需要建立离散选择模型。离散选择模型的解释变量为非线性，所以需要将其转化为效用模型进行估计。根据效用模型中的随机效用项的两种概率分布形式，分为 Probit 模型和 Logit 模型，其中 Logit 模型应用最为广泛。

本书将平台生存时间作为有排序特征的离散变量：平台生存时间不足一年的赋值为 0，1—2 年的赋值为 1，2 年以上的赋值为 2。为了验证各分类解释变量对平台生存时间的影响，采用的排序多元 Logit 模型的形式如下：

$$u^* = \beta_1 \times rc + \beta_2 \times cd + \beta_3 \times me + \beta_4 \times ct + \varepsilon \qquad (7-1)$$

其中，u^* 为显式变量 u 的隐变量，较大的 u 对应较大的 u^*，β_1、β_2、β_3、β_4 表示自变量的边际影响，ε 为随机扰动项。模型中的因变量与自变量具体解释说明见表 7-6。

表 7-6　　　　　　　　　　　因变量与自变量说明

变量符号	变量名称	变量赋值
u	平台生存时间	小于 12 个月为 0，12—24 个月为 1，超过 24 个月为 2
rc	注册资本	小于 2000 万元为 1，2000 万—5000 万元为 2，5000 万—1 亿元为 3，超过 1 亿元为 4
cd	行业竞争程度	小于 10 家为 1，10—100 家为 2，100—200 家为 3，大于 200 家为 4
me	经营经验	2015 年之后建立的为 1，2013—2014 年建立的为 2，2013 年之前建立的为 3
ct	事件类型	停业为 1，提现困难为 2，跑路为 3，其他为 4

根据上述自变量的解释说明，有以下几个假设：

假设 1：作为 P2P 平台建立的初始资金，注册资本越多，平台生存时间越长。因此注册资本每增加 1 个单位，P2P 平台的生存时间概率会相应增大。

假设 2：行业竞争程度影响 P2P 平台的生存时间，所处地区的行业竞争越激烈，平台的生存时间越短。因此行业竞争程度每增加1个单位，平台生存时间长的概率会减少。

假设3：经营经验反映着P2P平台建立的时间，平台经营经验越丰富，生存时间越长。由此，经营经验每增加1个单位，平台生存时间概率会增加。

假设4：事件类型衡量P2P平台的内部风险，事件类型每增加1个单位，平台生存时间概率越低。

（二）模型估计结果与分析

根据Eviews 6.0输出的结果，如图7-8所示。由图7-8可以看出，解释变量rc、me和ct的参数估计值Z统计量较大，但是其相应的概率值为0，说明这三个变量在统计上是显著的，从而表明注册资本、经营经验和事件类型对平台生存时间有显著影响。然而，解释变量cd的概率值较大，说明行业竞争程度对平台生存时间没有显著影响。最后，LR统计量为470.142，其相应概率值为0，表明模型整体上是显著的。根据以上输出结果，可以写出方程式：

Dependent Variable：LL
Method：ML-Ordered Logit（Quadratic hill climbing）
Date：11/27/16　Time：10：33
Sample：1 1977
Included observations：1977
Number of ordered indicator values：3
Convergence achieved after 5 iterations
Covariance matrix computed using second derivatives

Variable	Coefficient	Std. Error	z-Statistic	Prob.
RC	0. 221334	0. 045849	4. 827459	0. 0000
CD	0. 009402	0. 053263	0. 176528	0. 8599
ME	1. 781450	0. 098614	18. 06497	0. 0000
CT	−0. 546862	0. 054388	−10. 05475	0. 0000
Limit Points				
LIMIT_ 1：C（5）	2. 276181	0. 278242	8. 180571	0. 0000
LIMIT_ 2：C（6）	4. 396109	0. 291429	15. 08465	0. 0000

Pseudo R-squared	0. 124098	Akaike info criterion		1. 684544
Schwarz criterion	1. 701507	Log likelihood		−1659. 172
Hannan-Quinn criter.	1. 690776	Restr. log likelihood		−1894. 242
LR statistic	470. 1417	Avg. log likelihood		−0. 839237
Prob（LR statistic）	0. 000000			

图7-8　序多元Logit模型输出结果

$$u^* = 0.221rc + 0.009cd + 1.781me - 0.547ct \qquad (7-2)$$

方程（7-2）中，rc 与 me 系数估计值均为正，即注册资本和经营经验对隐变量 u^* 的影响为正。说明注册资本和经营经验与平台生存时间取值分别为 0、1、2 出现的概率成正比，也就是说两个自变量每变化 1 个单位，将增加平台生存时间的概率。其中，注册资本每增加 1 个单位，Logit 估计值平均增加 0.221 个单位，即增加取 0、1、2 中数值大的概率，说明注册资本会显著影响 P2P 平台的生存时间。同样，经营经验每增加 1 个单位，Logit 估计值平均增加 1.781 个单位，即增加取 0、1、2 中数值大的概率，说明经营经验的积累有助于 P2P 平台的长期运营。因此，注册资本较高、经营经验丰富的企业平台生存时间会越长，假设 1、3 成立。但是，对比两个指标的估计值，发现经营经验（1.781）比注册资本（0.221）对平台生存时间的影响更大。

输出结果中行业竞争程度对平台生存时间长短的概率无显著影响，这与行业竞争程度对平台生存时间的负影响的假设不符，假设 2 不成立。行业竞争程度对平台生存时间无显著影响的原因，一方面可能是行业竞争比较激烈，但是市场还没有达到饱和状态，目前对平台生存时间无显著影响；另一方面也可能是虽然 P2P 平台较多，但是由于 P2P 平台提供服务的特殊性，行业间的竞争对平台生存时间无显著影响。

式中事件类型 ct 的系数估计值为负，即事件类型对隐变量 u^* 的影响为负。说明事件类型与问题平台生存较长时间的概率成反比，假设 4 成立。事件类型每增加 1 个单位，Logit 估计值平均减少 0.547 个单位，即减少取 0、1、2 中数值大的概率。事件类型每增加 1 个单位，相应的取值为停业、提现困难、跑路和其他。因此出现跑路事件的平台生存时间短的概率小于出现提现困难的平台，而出现提现困难的平台生存时间短的概率又小于出现停业事件的平台，即跑路、提现困难、停业依次反映了平台生存时间由短到长。这说明随着平台经营时间的增长，平台应多关注其由提现困难反映的流动性风险、停业反映的经营风险等。

此外，结果输出中给出了两个临界点（Limit Points）的系数估计值分别为 2.276、4.396。根据临界点可以给出平台生存时间 3 个取值的概率函数：

$$u\_0 = @ \text{CLOGISTIC}(2.276 - I\_u) \qquad (7-3)$$

$$u\_1 = @ \text{CLOGISTIC}(4.396 - I\_u) - @ \text{CLOGISTIC}(2.276 - I\_u) \qquad (7-4)$$

$$u\_2 = 1 - @ \text{CLOGISTIC}(4.396 - I\_u) \qquad (7-5)$$

上述 3 个方程式中 I _ u 为隐变量，相当于模型中的 u* （由等式右边的各解释变量作线性解释），CLOGISTIC 表示逻辑分布函数。3 个方程中的 2 个参数：2.276 和 4.396，将逻辑函数分成 3 个区间的界限点，并由 u _ 0、u _ 1 和 u _ 2 表示平台生存时间区间排序为 0、1、2 的概率分布。同时，2 个临界点 2.276 与 4.396 是递增的，而且其他统计量也表明所建立的排序选择模型整体拟合效果比较好。

（三）模型验证

根据排序多元结果，可以得到相应 P2P 平台生存时间取值的概率预测。比如编号为 1 的样本生存时间取 0、1、2 值的概率分别为 58.65%、33.55%、7.8%，因此其有 58.65% 的概率取值为 0，而其实际取值为 0，因此表明该模型能较好地模拟该样本[1]。编号为 2 的样本生存时间取 0、1、2 值的概率分别为 63.89%、29.75%、6.35%，因此其有 63.89% 的概率取值为 0，而实际上其取值为 1，说明该模型对样本的预测效果有偏差[2]。总体来看，模拟值与实际值相同的样本有 1089 个，占总样本的 55.08%，模拟值与实际值相差 ±1 的有 841 个，占比 42.54%。整体来看，该模型能够较好地预测平台生存时间，也从侧面反映出该模型能很好地分析影响 P2P 平台生存时间的因素。部分数据见表 7-7。

表 7-7　　　　　　　　　**P2P 平台生存时间预测与实际值比较**

编号	取 0 值概率	取 1 值概率	取 2 值概率	实际值	预测值
3	0.229572	0.483264	0.287165	1	1
103	0.416212	0.43968	0.144108	1	1
203	0.191318	0.472077	0.336605	1	1
303	0.531969	0.372507	0.095524	1	0
403	0.231239	0.483518	0.285244	2	1
503	0.918582	0.07089	0.010528	1	0
603	0.636757	0.299154	0.064089	0	0
703	0.686251	0.261723	0.052026	0	0
803	0.271031	0.484906	0.244063	2	1
903	0.528401	0.37483	0.096769	2	0

---

[1]　编号 1 的网络借贷平台是八点金融。

[2]　编号 2 的网络借贷平台是益航贷。

续表

编号	取 0 值概率	取 1 值概率	取 2 值概率	实际值	预测值
1003	0.191318	0.472077	0.336605	1	1
1103	0.391137	0.451422	0.157441	2	1
1203	0.530744	0.373306	0.09595	0	0
1303	0.526058	0.376349	0.097594	1	0
1403	0.161922	0.454864	0.383214	1	1
1503	0.690286	0.258608	0.051107	0	0
1603	0.096792	0.374873	0.528335	2	2
1703	0.3889	0.452408	0.158693	0	0
1803	0.41393	0.440799	0.145271	0	1

（四）结论与建议

实证分析结果显示，注册资本和经营经验与平台生存时间取大值的概率成正比，并且经营经验对 P2P 平台生存时间的影响大于注册资本的影响。而事件类型则与平台生存时间取较大值的概率成反比，行业竞争程度目前对平台生存时间取值概率无显著影响。基于以上结论，为了 P2P 平台的健康可持续发展，提出以下四方面建议。

1. 完善准入和退出机制

长期以来，互联网金融一直处在无监管、无法可依的状态，导致进入到该领域的机构良莠不齐。制定法律政策和填补监管空白是有效控制互联网金融风险的重要手段，因此从法律上制定行业的准入门槛和退出机制是极为必要的。为营造良好的网络借贷环境，保证 P2P 企业的健康持续发展，制定行业准入门槛可从经营经验和提高注册资本两方面入手：一是鼓励具有从业经验的金融机构进入到网络借贷领域中，增强 P2P 平台的风险识别能力；二是扩大网络借贷领域资金雄厚的企业数量，降低 P2P 平台出现跑路的道德风险和提现困难的流动性风险。

描述性统计分析发现，问题平台中停业现象占比较大，可能是由于企业出现经营风险而被迫停业，或者是企业为跑路做准备而主动停业。无论出现哪种情况的停业，对投资者来说都将面临重大损失，因此在退出机制上也应进行规定和完善，以保障投资者的利益。建立退出机制首先应从法律上确立网络借贷平台停业申请程序以及相关财务资料的递交；其次，监管部门应对申报停业的 P2P 平台提供的公司财务现状进行实地盘查和清算；最后，确定各相关利益主体的债权分配方案，并将分配方案结果告知相关利益主体。

2. 加强企业内部风险防范

除了政策、法律等外部风险对平台生存时间有较大影响外，企业内部的信用风险、流动性风险以及经营风险对平台生存时间的影响也不容小觑。第一，完善 P2P 平台间的信息共享机制与信息披露制度，加强 P2P 企业与投资者、贷款者之间的信息对称，降低双方违约风险，以及由投资者对 P2P 企业误解产生的信用风险。第二，P2P 企业应根据自身的资金借贷率、借款平均期限等特点，适时调整风险准备金比率。比如 P2P 企业的资金借贷率较高且借款期限较短，这时就需要企业增加风险准备金，以降低可能发生的流动性风险。另外，企业还应将自有资金与沉淀资金严格隔离，必要时可放入第三方存管账户中，以避免企业将沉淀资金混淆为自有资金进行投资，给投资者带来可能的损失。第三，为降低 P2P 企业的经营风险，可由互联网金融协会牵头 P2P 企业会员定期举办经营经验交流和风控模式探讨，或者由协会在网站上定期分享成功的经营模式案例等。此外，互联网金融协会也可为 P2P 企业提供有偿咨询服务。

3. 提高行业竞争力

随着 P2P 行业规模的迅速扩张和行业准入门槛的提高，大批优质金融机构进入互联网金融领域开展网络借贷业务，并且 P2P 平台提供服务趋于同质化，这将会导致 P2P 行业面临比以往更加严峻的外部竞争形势。因此，P2P 企业除了做好内外部风险防范之外，还应不断提高自身的核心竞争力。首先，可针对不同行业、不同规模的企业提供不同的贷款产品，或者根据所在地的经济结构建立有特色的区域型贷款产品，吸引新客户的同时增强老客户黏性。比如，针对农林牧渔业的小微型企业设立与其生产周期相匹配的贷款期限。其次，P2P 企业可积极响应政策号召，开拓边远贫困地区的投资贷款业务，以普惠金融为核心，为"长尾"尾端客户服务。最后，P2P 企业还可建立投资者与贷款者相应的激励机制，保持良好的形象，树立好的业界口碑，增强其在行业中以服务为核心的竞争力。

第六节　互联网金融风险的监管及对策

一　互联网金融的监管

(一) 加快法律监管体系的建设

由于互联网金融本身的混业现象比较严重，所以对于一些互联网金融业务监管方面没有完整的体系来监管互联网各类业务，导致各类风险频发。纵观整个互联网金融，制定法律政策和填补监管空白是有效控制互联网金融风险的重要手段。因此建立完善的法律监管体系势在必行，立法可出于对消费者及互联网金融企业的合法权益的保护角度，从行业的准入、经营范围、相关的监管办法，违规的处罚，退出机制及未来的发展方向等方面进行界定。

首先，行业的准入、经营范围等相关的监管办法。这主要是针对互联网金融事前监管，即对互联网金融机构的入市进行严格的审查，以确保其有足够的资格和能力进行经营，事先防控金融风险发生。其次，违规的处罚。这是对互联网金融企业的事中监督，即对平台的经营运作、资产质量、风险规避措施等的监督，以降低事中风险发生概率，有利于互联网金融平台的健康可持续发展。最后，退出机制。对市场退出监管是指事后监管，即对严重违规操作或者濒临破产的互联网金融平台实施强制的市场退出处理，以保证消费者及其他相关方的利益。除了法律上的约束外，由于互联网金融具有普惠金融、草根金融的性质，因而各业态、各企业的地域性差异较大，这也就意味着在监管体系中更需要地方性金融监管机构，如地方金融办和地方性行业协会的帮助。因此，对于法律监管体系的建设应该以法律法规与行业协会两个层面为抓手，建立全方位的法律监管体系。

(二) 加强模式分类，明确监管主体

有关部门应该不断地对互联网金融进行整体的统计分析，将互联网金融进行严密的动态分类，根据互联网金融模式分块进行归类管理，明确监管主体、分工及合作机制。很长一段时间内，我国对互联网金融的监管处于混乱状态，这主要是由于互联网金融作为新生业态，国家对其分类不明确从而造成各部门对互联网金融的很多模式的监管相互推托，使得互联网金融发展初期监管主体模糊。

2015 年 7 月发布的《关于促进互联网金融健康发展的指导意见》对互联网金融主要业态的监管职责分工，落实了监管责任，明确了业务边界，监管主体也日渐明晰。但是在互联网金融各模式及业务不断交叉创新过程中，又会产生新的监管空白。因此，在互联网金融发展创新的同时，应加强对互联网金融模式的动态分类，不断修正监管主体方及其责任。在明确监管主体后，各监管主体也应尽快制定互联网金融参与者各方的责任和义务的相关文件。这样有助于消除监管政策的灰色地带，同时可以降低互联网金融企业的法律及政策风险，保护互联网金融的发展。

（三）建设互联网金融信息共享机制

无论是监管机构还是互联网金融平台，有效的信息共享机制，将会增强信息的对称性，降低信息成本，优化社会资源配置。因此，为了鼓励互联网金融的创新和减轻相关部门的监管成本，需要监管机构与互联网金融机构的互利合作，尤其是迫切需要建立信息共享机制。建立金融领域的信息共享机制，可具体从以下几方面进行考虑。首先，借鉴传统金融领域中的身份认证体系进一步完善互联网金融的认证体系，具体可以对互联网金融交易主体进行身份认证并进一步拓展电子认证服务的范围；其次，可以增强中国人民银行征信系统的透明度，以降低社会人员的信息查询成本。最后，整合现有的银行与互联网金融机构的相关征信数据，建立统一的征信系统。只有相关金融机构秉持开放的态度，达成资源共享的共识，才能降低金融交易的成本与风险，提升社会资金的使用效率，建立全社会的征信体系和有效的信息共享机制。

二　互联网金融风险的对策

信用风险是每类金融模式都会面临的风险，因而针对信用风险较高的互联网金融模式可采取保险资金池机制，即平台预留一部分资金作为保险金、交易中资金需求方按一定比例交一笔钱作为保险金，该保险金既不被资金需求方持有，也不被资金提供方持有，而是放在第三方账户中并生成保险单形式存档，第三方账户中资金可投向极低风险的资本市场或者以大额存款单形式存向银行。再对此保险资金池生成的保单投保，加强资金风险的控制，待交易完成后原额加利息返回到资金需求方账户中。对于电商金融模式中的沉淀资金同样可以采取此类方式对资金进行监管和使用，以提高资金的运用率。

对于其他类型的可控制风险应该针对不同类型的互联网金融而有所侧重地防范。对于企业这一微观主体，应该根据业务类型的不同对风险做好提前规避，有针对性地对风险进行管理和预警。下面针对上述几种互联网金融类型有所侧重地介绍其风险对策。

（一）针对互联网金融理财类风险的对策

互联网金融理财类面临的内部风险主要是信用风险以及大部分理财产品均为随买随取类型而面临着客户短期内资金大量赎回的流动性风险。因此针对互联网理财类的风险对策应从互联网金融机构和消费者两个方面入手。对互联网金融机构重点放在提高企业业务的透明度，增强社会信任和公众认可度；对消费者或者投资者应着重加强对客户的信用评价和辨识能力。

对于互联网金融机构来说，下文就其所面临的内部风险提出以下几点对策。首先，解决互联网金融理财类风险要加强企业的产品信息披露，解决信息不对称性问题。互联网金融理财类产品越来越丰富，但是平台关于投资资金去向的信息披露较少，由此交易双方的信息不对称性可能会降低投资者的投资欲望。其次是实现投资者风险偏好与金融资产风险相匹配问题。互联网金融理财产品丰富多样，而其收益更是相差较大。由于互联网金融理财在我国发展时间较短，多数人对其理财收益及风险认识不足。如果投资者选择高收益投资，出现损失时，可能会对互联网金融理财产品失去信心。因此在对客户购买理财产品时应尽可能对投资者做好风险提示，尽量使其风险承受能力与金融资产风险相匹配。最后是互联网金融机构应建立资金流动性风险预警系统，做好流动性风险的预防。

对于投资者来说，其应该加强风险意识以及提高个人信息保护意识。一方面，对于网站上宣传高收益的理财产品，应保持谨慎态度，切不可盲目追求高收益而忽略其高风险的本质。另一方面，投资者在享受网络上各种共享信息资源的同时，应对自己的私密信息保持警惕态度，以免个人信息泄露被非法操作者利用。

（二）针对第三方支付风险的对策

互联网金融第三方平台的交易过程中也面临着各种内外部风险。就其内部风险而言，有金融行业固有的风险——信用风险，所以使用第三方支付方式交易的任一方都必须有着良好的信用；其次是操作性风险，第三方支付机构的操作人员任意一次的疏忽操作以及软件系统的不稳定不仅会给本公司带来亏损，同样也会降低客户对该平台公司的信任度；最后就是货款的支付滞后，必定会产生沉淀资金，该大额沉淀资金的去向也会产生相应的风险。就其外部风险而言，主要有同行业竞争和利率波动的市场风险以及第三方支付相关法律出台的法律风险。因此，第三方支付企业除了加强信用体系的建设、对风险准备金进行严格控制规划外，更应防范发生操作性风险。对此，应提高业务人员能力、注重对业务人员的培训以及加强对计算机系统安全的管理以降低此类风险。

具体来看，对于操作性风险的规避，互联网金融企业首先应培养反黑客技术的人才，维护好平台日常的良好运营。现在很多不法分子利用黑客技术盗取消费者的私人信息进行作案，给消费者带来巨额损失，因此加强反黑客技术的应用将有利于平台信用的提升。其次，第三方支付机构应建立内部防诈骗机制，并对可疑行为进行实时监控。第三方支付机构掌握着大量的客户银行卡信息以及客户交易数据，这些数据是消费者至关重要的私人信息，因此做好数据的安全性和保密性工作十分重要。实施监控主要是为了加强平台的自律性，防范企业内部人员利用便利条件损害资产所有者的利益。再次，加强内部员工的职业素质培养。这不仅可以提高操作人员的操作水平，同时也能提高内部员工的职业道德水平。最后，对于沉淀资金的管理一方面要做到资金去向透明化或者明确由第三方机构进行保管，另一方面也可购买沉淀资金保险，以加强对这部分资金的流动性水平和沉淀资金充足率的管理，为消费者营造一个安全、便捷的网络支付环境。

（三）针对电商金融风险的对策

电商金融主要服务于中小企业并且掌握着大量中小企业日常交易数据，因此国内外大部分学者都鼓励电商金融的发展，认为电商金融是互联网金融模式中对经济贡献最大的一种融资模式。根据上述分析，我们不难发现无论是平台模式还是供应链金融模式的电商金融均存在较高的信用风险、操作风险以及可能有权属纠纷而产生的法律风险。由于电商金融对经济以及就业的拉动作用较大，因此国家始终采取积极的态度保护电商金融的健康发展，并加强对其市场监管；与此同时电商金融企业也应该加强内部风险管理控制，尤其是信用风险和操作风险的控制与预防。电商金融的良好发展，不仅受外部风险的制约，而且也与自身风险管理有很大关系。电商金融无论是平台模式还是供应链金融模式都对信用风险建立了较为严密的预警机制，但是对操作性风险和流动性风险管理较弱。因此，企业应建立相应的流动资金和操作上的风险预警机制，做好资金的规划，防范发生流动性风险。

具体来看，首先电商金融平台为大量中小企业服务而具有大数据优势，因此电商金融平台一方面可利用这种优势对商家和消费者建立风险信用评价体系，另一方面电商金融平台也可加强与传统金融机构的征信信息的共享，作为对自身数据的补充，应降低双方的信用风险，营造良好的交易氛围。其次，针对电商金融平台的操作风险，建立完善的内部控制体系。良好的操作风险管理不仅要针对相关操作人员进行培训和教育，而且还要建立良好的内部控制体系，形成优秀的内部文化。对操作风险管理的内部控制一方面要在岗位上建立不相容的岗位分离制度，另一方面做到各层级良好的信息共享和沟通能力。最后，针对电商金融平台的流动性风险，应做好事前资金的规划与预警，一旦发出预警信号就立即采取应对措施，减弱风险带来的损失。此外还可加强与大型银行之间的合作来降低流动性风险。通过对上述风险的有效控制，使电商金融为消费者和企业营造一个安全的交易空间。

（四）针对互联网金融融资平台风险的对策

虽然 P2P 网络借贷与众筹均属于融资方式，但是它们有着本质上的差别。P2P 网贷平台是将民间借贷互联网化，属于债权融资；而众筹则是创意"团购"的互联网化，属于股权融资。根据上文分析，对于 P2P 企业，在加强信用预警体系建设的同时应该注重资金的借贷比以及风险准备金的计提和管理，确保资金的高流动性，避免流动性风险。对于股权众筹企业应提高信息公开度，同时可对筹资者的创意设立相应的知识产权保护的提醒以及档案留底，做好对筹资者的知识产权保护工作。

分别来看，对 P2P 网贷平台的风险应对措施有以下几点。第一，建立完善的贷款审核流程。对于初次申请贷款的客户进行严格的信用以及借款用途审查，以保证其未来还款能力；对于多次借款的客户根据其前几次借款还款情况设立多层次的借款利息。对于发放出去的贷款要定期审查资金动态，必要情况下可对贷款人项目及财务进行实地考察；对于贷款人最后的还款情况做好完整的记录。第二，建立严格的资金收集、管理与使用程序和规章制度。传统的流动性风险控制措施主要有风险备用金制度、线上线下项目审核制度以及分散投资制度。但是不同的制度适合不同资金结构的平台，因此 P2P 平台在建立流动性风险措施时可主要从资金收集、管理和使用程序三方面，根据平台自身特点制定多样化的有特色的流动风险控制制度。在保证一定比例的资金充足率以应对流动性风险的资金外，应严格按照资金使用程序调配资金。最后，出于对资金出借方的利益保护，P2P 平台还可通过寻求与保险公司合作，建立风险分散的借款资金保险制度。面对合理的保费，资金出借方将会为了保证资金的回收而购买借款保险。

对于众筹融资平台的风险措施，应关注以下几点。其一，加强对创意项目的产权保护。由于向众筹网站发布的项目放在一个相对开放的平台上，不可避免非法人员利用项目的创意，给创意创始人造成无法挽回的损失。可以在项目申请加入众筹平台时，众筹平台就做好项目的保护措施，比如申请产权保护，项目创意公证或专门聘请律师做好前期工作，以免给项目创始人带来巨额损失以及能够规避未来可能产生的法律纠纷。其二，为项目融资公司提供后期的财务管理、企业运营、技术顾问等其他服务。虽然众筹平台能为创业型公司提供低成本的融资服务和宣传产品的渠道，但是融资之后公司对企业运营及管理缺乏经验，因此众筹平台可适当拓展这方面的业务或者在众筹网站平台上发布一些企业运营及管理经验为客户提供免费指导服务，加强与客户交流的同时也方便深入了解需要融资公司的真实情况。

第七节　互联网金融发展趋势

互联网技术的发展不仅推动了金融市场环境、客户需求和服务模式的深刻变革，并且催生了互联网时代的金融业态。在当前金融环境中，互联网金融会向哪里发展？不同的人有不同的看法，但是总的来说互联网金融会向着规范化、信息共享、服务一体化及普惠金融等方向发展。本书根据当前互联网金融的发展特点，认为互联网金融的发展有以下五种趋势。

一　"规范式发展"取代"野蛮生长"

每个新兴领域拓展新业务都会经历恶性竞争到良性发展的转变，互联网金融的发展更是如此。互联网金融在我国发展伊始，由于监管空白，进入行业门槛低，使得互联网金融呈现野蛮增长态势。但是2015年以来，随着政府对互联网金融的肯定以及关注，并制定了一系列互联网金融相关的管理办法及法律法规，对互联网金融的健康发展起到了积极作用，使得互联网金融的发展进入有法可依的规范式发展中。随着社会对互联网金融的认可与包容，虽然行业仍充斥着负面消息，但是我们更应该关注的是互联网金融对社会经济和就业的促进作用。它不仅从效率及成本的普惠性方面弥补了传统金融机构的缺点，而且致力于为"长尾"客户服务的目标进一步促进了资源的优化配置。由此可见，互联网金融的未来发展趋势之一就是规范式的发展，将通过法律法规及政策等措施，逐步规范行业的发展。

二　信息共享重于产品创新

虽然谁拥有的信息多，谁就在竞争中占有优势，但是在合作共赢的互联网时代，加快信息的流通与共享显得尤为重要。大数据是互联网金融的最本质特征，互联网金融各个模式的企业利用互联网技术对客户进行分析，形成了企业独有的征信体系。但是互联网金融企业之间的信息差异，可能使非法分子多次利用相同手段在不同平台作案，造成企业多次经济损失。因此，互联网金融企业在注重产品创新更好地为客户提供服务的同时，更应该加快互联网金融企业间的信息共享建设。与此同时，国家征信系统也应积极与这些大数据结合，形成完善的全国性的征信体系，同时也能降低监管成本。由此，未来互联网金融企业会向着信息共享的高层次合作发展。

三　服务一体化的发展

所谓服务一体化是指利用成熟的互联网技术，将客户需求的所有相关金融业务融为一体，即只需要一个截面，就可以满足客户绝大部分需求的一体化服务的互联网金融系统。在传统的金融行业中，如银行、证券和保险等公司，在各自领域中通过提供不同的金融服务谋求利益，客户只能被动接受金融机构提供的服务。而随着信息技术的进步，尤其是互联网金融的出现，使得不同金融领域的界限愈发模糊，建立集不同领域金融服务于一身的服务网站已是互联网金融发展的大势所趋。互联网金融企业为了能够提供更多样化的产品，将会加快企业间的合作或重组并购等，这不仅有利于互联网金融业的发展及信息共享，而且也会不断丰富网络金融产品，为客户提供更多可选择性的服务。在各种利好的情形下，提供一体化服务将是互联网金融未来发展的一大亮点。

四　竞争将会更加激烈

互联网金融在我国发展之初，由于监管漏洞造成行业进入门槛低，这使得一大批良莠不齐的企业进入到该领域，同样也会有一大批互联网金融企业由于吸引不到客户的资金而被淘汰。但是互联网金融的规范化发展，准入退出机制的完善，国家政策的支持，越来越多的规范的、有竞争力的企业会进入到互联网金融领域，互联网金融领域将会出现更加激烈的竞争。同时，传统的金融行业将不断吸收互联网金融的优势，将更多的业务深入到互联网领域，提供更加多元化的金融产品，这也会对互联网金融机构造成更激烈的冲击。在这种竞争环境下，只有真正站在消费者角度思考问题、能够满足消费者个性化需求的企业，才能占据一席之地。未来，各类未知的互联网新模式和金融业态必将不断涌现，互联网金融领域的竞争格局将会更加激烈。

五　普惠金融成为新的风向标

普惠金融就是能为社会所有成员和群体提供服务的金融体系，实际上就是为传统金融机构体系之外的贫困、低收入人口和小微企业提供可得性金融服务。普惠金融的理念是让每个人拥有获得金融服务的权利，有机会参与经济发展，从而实现共同富裕。在互联网金融模式下，交易双方的强信息对称性降低了交易的成本，并且互联网金融关注于为"长尾"客户提供金融服务等特点，而具有了普惠金融的性质。传统金融机构对小微企业、农户提供金融服务的要求苛刻，小微企业、农户得不到及时的融资服务；与此同时，传统金融机构的理财门槛高，使得大部分达不到要求的客户资金闲置，不利于资金的有效利用。而互联网金融为大众及小微企业提供金融服务，将有利于社会上的资金得到有效的利用，重新配置社会上的资源，提供资金的使用率。

总体来说，互联网金融的未来发展将实现国家与企业、企业与企业、企业与消费者的多方共赢。

第八章

农村金融风险控制的国际经验借鉴

无论是发达国家还是发展中国家,农村金融组织都是农村金融体系的重要组成部分,对于当地经济社会发展产生重要影响。尽管各国的国情不尽相同,但在农村金融制度的完善、控制农村金融风险方面,各国的目标基本一致,这为我们提供了很多参考和借鉴。本章主要对美国、日本、法国、德国、巴西和印度各国对于农村金融组织的风险控制情况做一简要介绍。

第一节 发达国家农村金融组织风险控制

一 美国农村金融组织的风险控制

(一) 美国农村金融组织体系及监管

1. 美国农村金融组织体系

美国农村金融组织在百年发展的历史过程中积累了丰富的经验,在为美国农业发展注入强大活力的同时,也经历了许多风险的考验。到目前为止,研究者对美国农村金融机构体系的组成划分大致相同,但也有一定的差异。王晓东 (2013) 认为美国农村金融机构体系由政策性金融机构、合作性金融机构和商业性金融机构组成。[①] 陈汉明 (2009) 认为美国农村金融机构体系由政府农村信贷机构、农村合作信贷系统和商业化的私营金融机构组成。[②] 这种体系在提供农业信贷和金融组织构成方面有它的特点。在农业信

---

① 王晓东:《农村金融机构的风险管理:美国经验》,《世界农业》2013 年第 11 期。

② 陈汉明:《美国农村金融组织制度及对我国的启示》,《科技创业月刊》2009 年第 3 期。

贷方面，农村金融机构有专业性的和非专业性的。在组织机构方面，有合作性的、商业性的还有政策性的。这样分层次的机构体系，会使农村金融有更高的运作效率。① 鲍静海、吴丽华（2010）认为美国的合作金融制度主要是美国的农村合作信贷系统，该制度具有"上虚下实"型多元复合式的特点。主要包括联邦土地银行系统、合作社银行系统、中期信贷银行系统。②

2. 美国农村金融组织的监管

1970 年之前，美国对合作金融缺乏有效的监管。美国合作金融由美国农村金融组织的下属机构监管，这样的对合作金融的不重视，必然不利于美国农村合作金融的发展。1970 年之后，美国政府设立了美国信用管理局对全美的信用合作机构实施监管。它的主要职责包括信用合作法案的制定、推广和实施。在每个地区，政府还专门设立小型监管机构对该地区的合作金融机构进行监管，美国信用管理局统筹这些小型监管机构。这样有层次的监管体系，能够使合作金融机构健康有序发展③，有助于农村金融机构更方便地获得资金，用于投资，获取收益，从而促进农村金融健康有序发展。

在美国移动支付体系下，监管尤为重要。移动支付本身风险性就很高，一旦系统出现漏洞，消费者的资金就会丢失，尤其对农户来说损失将会是巨大的，因此必须要加强对移动支付的监管。移动支付监管体系主要负责监管支付环境的安全性、提高支付效率。对移动支付的监管目的就是维护消费者的权益。在美国，监管发生作用是在支付过程当中，而在支付之前支付者的资格授予却不在监管范围内，这一点容易出现道德风险。

总之，美国农村已经从整体上形成了多层次、全方位的金融体系，通过政府补贴、发展农村金融体系、增加农业贷款和农业生产社会化等各种渠道，为农业融通资金，满足农村发展的各种资金需要，为农业现代化提供资金保障。同时，建立多层次监管体系，防范金融风险的发生。

3. 美国农村金融组织的相关政策

美国是一个崇尚法律的国家，农村金融领域也不例外。完善的法律体系是保障农村金融机构健康有序发展的前提。

---

① 边编、王朝阳：《国外农村金融发展的经验和启示》，《中国发展观察》2008 年第 11 期。

② 鲍静海、吴丽华：《德、法、美、日合作金融组织制度比较及借鉴》，《国际金融研究》2010 年第 4 期。

③ 熊晓轶、赵向阁：《国外农村金融体系发展经验研究》，《世界农业》2013 年第 1 期。

《联邦农作物保险法》的颁布，在美国农业史上占有举足轻重的作用。随着这部法律的实施，美国农业保险的抗风险能力逐步加强，从而使美国农民参与保险的积极性大幅度提高。通过吸收全国农村金融机构的部分存款资金，设立风险基金，当金融机构出现风险时，政府将给予资金补偿。政府还会根据各个金融机构的收益状况按比例发放红利。

在信贷方面，有《联邦农业信贷法》《农业信用法》《联邦信用社法》《农业抵押贷款法》《小企业法》；在保险方面，有《农业保险法》《联邦农作物保险法》；在信用环境方面，《公平信用报告法》《隐私权法》。《信息自由法》明确规定，农村金融机构必须在约束范围内活动，超出范围就会受到法律的制裁。法律的出台，使监管能力加强，避免了农村金融机构的扭曲发展。

为了控制风险，美国政府也出台了一些具体措施。为了控制信用风险，美国政府将全国划分信贷区，每个信贷区选一个城市，设立联邦土地银行。联邦土地银行的职责是为农场主提供贷款，满足他们的生产经营。联邦土地银行实行股权所有制，资产归全体合作社所有，自有资本主要来源于借款人的股金、依法提存的准备金、盈余公积金，在建立初期还有政府借款。其经营信贷业务的资金主要通过金融市场融资，主要方式有发行债券、票据，即联邦农业信贷银行联合体统一债券、联邦农业信贷银行联合体统一票据，也可以向其他金融机构借入资金。联邦土地银行下设合作社。合作社作为中介部门建立联邦土地银行和农场主之间的联系，使资金的借贷能够有序进行，防范出现信用风险。当然设立联邦土地银行后，合作社的设立也是有要求的。合作社借款总额的5%要作为股金上交给联邦土地银行，从而成为了联邦土地银行的会员。只有成为了会员，才能向联邦土地银行借款。同理，作为借款者的农场主也要成为合作社的会员。成为合作社的会员同样要缴纳其借款总额的5%，只有成为了合作社的会员，才能向联邦土地银行借款。当农场主要退出合作社时，合作社也会退还其缴纳的金额。联邦土地银行和合作社的这种上下级关系，可以使分工更具专业化，能有效提高工作效率。合作社的这种中介作用，提高了资金使用的安全性，降低了信用风险。[1]

美国政府除了出台这些法律文件外，还出台了一系列的扶持措施。首先是经济支持，主要针对农业保险公司，目的就是保险公司能够更好地为农村

---

[1]　童鹏：《美国农村金融服务体系发展状况及经验借鉴》，《农村财政与财务》2012 年第 2 期。

金融机构服务。其次是对再保险的支持。政府对农村保险机构的再保险支持，可以分散保险机构面临的风险，使之可以承担更多的业务。从农村金融机构角度讲，农业保险体系的完善可以有效降低农村金融机构倒闭的风险。然后是补贴政策。政府给予金融机构保险补贴，让其参保，降低它们的保险负担。最后是免税。联邦政府、州政府及地方政府对一些农村金融机构的经营实施免税，以鼓励其服务农业。①

（二）美国农村民间金融组织的风险控制措施

1. 农业保险

为了避免农作物从播种、生长、成熟、销售各个阶段可能遇到的风险，美国政府出台了一系列农作物保险。农业保险体系的完善，可以有效转移农业经济由于其天然的脆弱性而发生损失的风险，进而降低农村金融机构因客观原因而造成的信用风险。

美国农作物保险经营状况及主要险种。美国可以参加农作物保险的作物已达100余种。主要险种有：（1）多种风险农作物保险。是美国农作物保险开展历史最长、投保最广泛的险种。（2）团体风险保险。该险种的保险产量是与所在县该种农作物的平均产量挂钩。当县平均产量因灾害受损低于保险产量时，保险公司负责提供补偿，而不考虑单个农场实际产量的高低。（3）收入保险。以产量作为赔偿依据，主要分为团体收益保险、作物收益保险、收益保证保险、收入保护保险和农场总收入保险五种。（4）冰雹险——美国农业保险的特例，完全由私营保险公司开展的纯商业险种。（5）其他试办险种。保险品种越多，说明整个体系抗风险的能力越强。

2. 合作金融

美国共设立12个农业信贷区，每个信贷区分别建立联邦土地银行系统、合作社银行系统和中期信贷银行系统三种不同的合作金融机构，并受联邦政府设立的独立机构——农业信贷管理局的管理，对其经营活动进行管理监督。三个合作金融系统各自独立，互不干涉，不存在行政上下级关系。都有政府出资扶助的经历，起初是在政府的引导下自上而下地成长起来的，而后又偿清政府的出资，并将股权认购给各信贷区内的合作社或直接出售给农场主实行股权所有制，一人一票权。各信贷区的信用合作机构均由所在信贷区的农业信用管理局进行监督管理。信用管理局制定监管政策，并委派专门的

---

① 吴晓俊、谢金楼：《国外农村金融发展模式及借鉴》，《现代金融》2009年第3期。

管理人员和非正式理事参加理事会进行监督，防范信用合作社经营业务的风险，保证其合法经营。美国合作金融的管理体系比较完善，主要由四部分组成，分别是具有监督功能的农业信用合作机构、行业自律机构的各级信用合作协会、调剂各区和跨区资金清算的信用社资金融通清算中心、设立的专门保险机构——信用社互助保险公司。这四部分相互独立、各尽其职，保证全美农业银行合作机构的健康发展，从而达到服务农业发展的这一共同目标。同时，每个体系内部都设管理机构协调上下级的关系，分级管理，使农信社和农场主的融资渠道更通畅、便捷、高效。①

3. 小额贷款

小型企业管理局，SBA（Small Business Association），就是通过政府的作用，为中小企业提供融资。从 20 世纪 50 年代以来，SBA 已经帮助了数千万小额企业融到了资金。SBA 的建立避免了大量的小额企业的倒闭，拯救了数以万计人员的工作。②

美国自 20 世纪 30 年代开始，为了促进生产，在各个地区设立了合作银行，以方便金融机构高效地为生产提供贷款。然后成立了商品信贷公司，这个公司成立的目的就是稳定价格，对价格进行支持，提供农业生产贷款。农村电气化管理局方便了农村的基础设施建设。后来又设立了农民家计局，为贫困农民提供贷款。再后又设立了小企业管理局，目的就是为中小企业提供贷款。③

SBA 采用抵押贷款的机制，帮助债权人降低贷款收回的风险。SBA 抵押贷款的具体流程：（1）通过测量一系列借款人可能违约的风险，测算出一个违约风险平均值，以此为基础确定贷款利率。（2）借款人以抵押贷款的形式进行借款，若贷款超过了规定期限，在催收无效的情况下，银行应根据贷款合同依法对抵押品进行处理，以保障债权人的收益或降低债权人损失。政府出台的这个 SBA 抵押贷款的机制，不仅降低了借款者存在的风险，而且帮助了中小企业融通资金，加快了它们的发展。债权人与借款人由于

---

① 鲍静海、吴丽华：《德、法、美、日合作金融组织制度比较及借鉴》，《国际金融研究》2010 年第 4 期。

② 舒一：《美国 SBA 小额贷款对中国农村小额信贷的启示》，《中国商界》（下半月）2008 年第 1 期。

③ 孙保营：《国外农村金融支持农村建设与发展的经验和启示》，《当代经济》2008 年第 10 期。

SBA 抵押机制，可以更好地熟悉对方，资金的安全性进一步提高。[①]

　　美国农场主大都受过高等教育，他们也会想办法让自己收益最大化。他们会选择一些股票、债券、基金等进行投资。因此，商业银行也将一部分注意力放到了农村，为农民设计符合他们的投资方案。在进行投资时，利率风险的规避是不得不要考虑的问题。商业银行会通过资产组合的方式降低利率风险。商业银行不断提高风险管理方法的科学性、有效性和效率，比如说，风险价值和压力测试等方法已成为风险管理的标准做法。以前利率风险规避都是以定性分析为基础，安全性得不到保障。现在商业银行都重视定量分析。定量分析使风险情况确定到一个数值，可以使商业银行据此确定风险规避措施。利率风险的规避历来就是很棘手的问题，利率或者汇率变动都会让风险控制变得很复杂，而且投资策略又必须充分考虑短期、长期利率，完全消除风险是不现实的。

　　信用风险是美国农村金融机构面临的严峻问题。美国农村金融机构在如何控制这类风险方面，也是做了很多工作。比如，他们在贷款给借款者之前，会对该借款者的贷款历史数据进行大量分析，并对其进行信用评级，计算其违约发生的概率，可能损失的收益范围会是多少。下一步就是对可能的信用风险进行量化分析，从而制定风险控制措施。然后确定资本收益模型，使收益最大化。基于量化分析的金融风险管理在控制信用风险方面的确起到了举足轻重的作用。量化分析使农村金融机构合理贷款，稳定经营，健康发展，避免了大量的风险发生后贷款追回的成本增加。

　　4. 农村互联网金融

　　为了提升农业的经营状况，提高农户的盈利水平，降低农户在农村金融机构的信用风险，农村金融机构发明了互联网+农业模式。该模式从农业的生产过程到最后的销售过程给予农户全方位的帮助，让他们能够最大限度地降低经营风险，提高收益，促进农业的发展。

　　首先在生产过程中，通过互联网+农业的技术，帮助农户及时了解土地状况，农作物的生长是否健康、是否有病虫害的侵扰，从而确保农作物能够健康地生长。其次就是经营过程，通过互联网+农业的技术，及时了解消费者对这种作物的需求状况，帮助消费者寻找消费渠道，最大限度地增加农户

---

　　① 舒一：《美国 SBA 小额贷款对中国农村小额信贷的启示》，《中国商界》（下半月）2008 年第 1 期。

的盈利水平。最后就是经验借鉴，各个农户通过互联网联系在一起，互相交流耕种经验，降低受到自然灾害的影响，提高农户收益。

全方位的互联网支持，帮助农户提高经营水平，降低收益损失的风险，从而促进贷款的按期归还。农村金融机构面临的信用风险也会随之降低，在促进农业发展的同时，自身也逐渐发展壮大。

5. 担保

美国农场主的贷款担保方式主要包括固定资产抵押贷款、流动资产抵押贷款、权利质押贷款、担保机构担保贷款。其中，固定资产抵押贷款是美国农场主大额授信中最主要的融资担保方式。固定资产主要包括土地和住房，其中又以土地为主。用于担保的流动资产主要包括大件消费品（如家庭汽车）、生产设备（如各类生产工具和物品）、农产品（牲畜、牲畜产品、谷物）等。用于担保的财产性权利主要包括动产票据、产权凭证、应收账款、股权、专利权、商标权等。担保机构主要与政策性农业信贷机构合一，包括农民家计局、农村电气化管理局和小企业管理局。在商业银行农业信贷业务中，农场主中长期贷款一般以土地、住房、生产设备等资产作为抵押，短期贷款担保则采取相对灵活的农产品、财产权利担保等方式，对于有长期业务往来的优质客户则采取信誉担保贷款。①

随着征信体系的不断完善，每个人的信用情况都录入了征信系统。美国农村金融机构在贷款时可以进入征信系统查询农场主的信用情况，是否有不良记录，从而确定是否贷款给他，以及打算贷款给他的价格，并根据对农场主的信用分析确定担保方式。

二　日本农村金融组织的风险控制

（一）日本农村民间金融组织体系及监管

1. 日本农村金融体系

日本农村金融体系既有政府官办的政策性金融，又有强大的合作金融。日本支持农业发展的政策性金融机构是农林渔业金融公库。日本支持农业发展的合作金融主要是农协系统。② 日本农村金融体系由日本农村民间合作金

---

① 严杨静：《国外农户贷款担保的比较分析》，《世界农业》2015 年第 5 期。

② 石磊：《国外农村金融发展的经验及启示》，《江西金融职工大学学报》2010 年第 4 期。

融体系、政策性金融机构、日本政府农业保险体系等构成。① 目前日本建立的农村金融体系主要包括合作金融和政府金融两部分，其中民间合作性质的农村金融机构占主体地位，政府的政策性金融机构为重要补充。日本农村合作金融组织是农协系统所办的信用事业部，是农协的一个子系统，由基层农协的信用组织、都道府县的信用联合会、中央的农林中央金库和全国信联协会三级构成。② 农协的一种自我保护制度就是相互援助制度，保护的就是农协的金融业务。当金融业务出现情况时，相互援助制度就会发挥作用。比如说，当农协进行一项金融业务时，由于资金短缺，面临项目搁置，这时农协系统就可以通过相互援助制度融通资金，将项目重新开启，避免前期的资金浪费。另外，当农协缺乏流动资金时，相互援助制度可以帮助其借到需要的款项。相互援助制度的资金主要来源于农协体系内部，即农协信用部门的准备金和来自农协系统的特别基金。

日本的农村保险由国家财政支持的农业保险机构和农协自办的互助保险组织两大部分组成。③

日本的农村信用合作组织分为三层机构：全国农业信用组织联合会是最高级别的机构、信用合作联合会是中层机构、基层农协中的信用合作组织是最基层一级。④

日本的农村合作机构与政府的关系紧密，与国家的发展状况息息相关。日本的农村合作金融机构属于政府性质的，不是股份性质的，所以它的发展必然会受到约束，资源不能合理利用，盈利情况也不佳。但是这些合作金融机构掌握的信息量十分充足，对于借款者的基本情况掌握较充分，它们会将资金贷给可靠的借款者，借贷配对率相对较高。此外农村合作金融机构又有相对的独立性，拥有经营自主权。但是合作金融机构毕竟不是商业性质的，它的微盈利性，必然需要政府的扶持。它的经营范围也比较有限。

2. 日本农村金融组织的监管

日本农村金融机构是上级对下级的监管制度。日本政府对于移动支付业

---

① 吴晓俊、谢金楼：《国外农村金融发展模式及借鉴》，《现代金融》2009 年第 3 期。

② 孙保营：《国外农村金融支持农村建设与发展的经验和启示》，《当代经济》2008 年第 10 期。

③ 郭磊、付剑茹：《国外农村金融体系发展的经验与启示》，《财会月刊》2010 年第 11 期。

④ 鲍静海、吴丽华：《德、法、美、日合作金融组织制度比较及借鉴》，《国际金融研究》2010 年第 4 期。

务的监管可谓是全方位的。它们对于提供这种业务的机构实行严格准入制度，并对后期交易行为进行严格的规范，为移动支付的健康发展起到促进作用。①

3. 日本农村金融组织的相关政策

日本的政策性金融机构是农林渔业公库，它的主要任务是为农业的发展提供贷款，但它并不直接提供农业贷款，而是委托具有合作性质的农协机构帮助其贷款给农业，委托业务需要支付委托费用。贷款的资金来源于农林渔业公库向农协机构划拨的财政资金，农林渔业者享受的贷款优惠也非常不错，贷款的利率低而且期限也长，降低了农林渔业者的信用风险。这样的政策对于发展农业有很大的促进作用。日本的农村合作金融机构也因为政府的支持政策和优惠的贷款政策使农协机构很受欢迎，并且逐渐发展壮大。政府划拨的财政资金是无偿的，虽然是不以营利为目的，但是获取的收益也是很可观的。

随着日本政府于 20 世纪 40 年代颁布的《农业协同组合法》的实施，农业协同组合逐渐发展壮大。农业协同组合的功能不单一，除了信贷业务外，还包括生产、销售、保险等功能，对农业的整体发展起到了基础性、决定性作用。

(二) 日本农村金融组织的风险控制措施

1. 农业保险

日本农业保险既有强制性的一面，也有减免性的一面。对于一些对农业发展起基础性作用的领域，日本政府就会要求农民强制入保险，比如说饲料粮的购买。② 因为在这方面一旦出现风险，农民的损失将会是成倍增长的，后果很严重。既然有了强制性，那么为了体现政府对农民的优惠，就会出台减免性的政策，或者说就是保费补贴，鼓励农民积极投保，将风险发生后的损失降到最低，保护农民的权益。

2. 合作金融

在合作金融体系的内部组成之间，除了经济关系之外再无别的关系，这样的关系有利于各个层次之间不受其他组织的控制，只存在资金的调拨，互相融通资金。各个层次之间拥有相对的独立自主权，可以根据自己的经营特

---

① 赵世卓、宋颖：《日本针对电子和移动支付的政策环境》，《世界电信》2010 年第 11 期。

② 陈珏：《法国、印度、日本农业保险体系探析及启示》，《世界农业》2016 年第 7 期。

点发展自己，走符合自己的道路。从各个层次的关系可以看出合作金融组织具有公平发展的特点，只有这样才能调动各个层次的积极性，避免资源的浪费，防范出现经营风险，因为人们的工作热情高，不存在经营成果被窃取的可能性。合作社组织结构实行股份制，而不是国家所有制，这就决定了合作组织结构必然会使资源得到充分利用，经营状况也会更好。入股的成员分为三部分：入股农协农民、入股信农联的农协、入股农林中金的信农联。①

日本的合作金融组织是农协系统所办的信用事业部，它是农村金融体系的主体。首先由农户入股参加农协，再由农协入股参加信农联，最后由信农联再作为会员入股参加农林中央金库。各级金融机构独立核算、自主经营。市町村农协的信用部门直接与农户发生信贷关系，不以营利为目的，它可以为农户办理吸收存款、贷款和结算性贷款，并适当兼营保险、供销等其他业务；都道府县的信用联合会帮助基层农协进行资金管理，并在全县范围内组织农业资金的结算、调剂和运用；农林中央金库以各级农协内部以及农协组织与其他金融机构作为融通资金的渠道，它在全国范围内对系统内资金进行融通、调剂、清算，并按国家法令营运资金；全国信联协会作为信用联合会的中央联络机构，为会员提供咨询、协调和指导等服务。

日本的合作金融体系由于很多产业都与政府息息相关，所以合作金融机构必然带有政治色彩。合作金融下设的信用社很多，一直下设到了基层，能够很好地了解基层的发展状况，为农村提供信贷资金，减少了信用风险。合作金融的各个层次之间相互独立，互不影响，保证了公平发展。合作金融体系之间各个层次除了经济关系外别无其他任何关系，这样可以让它们专注于资金的运用情况，更加慎重地对待贷款事项。②

3. 小额贷款

之前以农业为主的人们，由于无法获得贷款或者获得贷款的利率太高，到期无法偿还，导致了农村金融机构的风险特别大，贷款很慎重，影响了农业的发展。为了控制流动性风险和信用风险等问题，在政府的帮助下，农村金融机构推行了农业改良基金。农业改良基金要想沿着正确的道路发展，必

---

① 鲍静海、吴丽华：《德、法、美、日合作金融组织制度比较及借鉴》，《国际金融研究》2010 年第 4 期。

② 孙保营：《国外农村金融支持农村建设与发展的经验和启示》，《当代经济》2008 年第 10 期。

须有一系列法律的确定为前提。从 20 世纪 50 年代到 2010 年先后颁布了《农业改良基金融通法》《农业改良基金制度运用基本纲要》《日本改良基金助成法》等。其中《农业改良基金制度运用基本纲要》前前后后改动十多次，可见国家对农村改良基金的重视程度。农业改良基金包含了农业发展的各个方面，比如说生产过程，包装过程还有销售过程等流水线式的优惠服务政策。农业改良基金主要就是为农业生产者、中小企业者提供无息、期限长的贷款。① 这样的贷款风险程度低，农民或者中小企业者按期偿还的可能性大大增加，而且这种贷款申请的期限也比较短，不耽误农民或者中小企业者的生产经营，不错过最佳的盈利时机，避免了由于申请期限长从而导致的生产成本的上升。从农村金融机构的角度看，虽然无法盈利但是促进了农业的发展，进一步促进国民经济的增长。这些农村金融机构都是由政府扶持的，所以不用担心这些金融机构是否会倒闭，同时还降低了信用风险和流动性风险。与贷款无法收回或者贷款无法贷出等情况综合对比来看，实行农村改良基金确实是利大于弊，对整个国家的发展有促进作用。近年来农村改良基金在日本得到了快速发展，根据统计数据，仅 2010 年一年的时间，农村金融机构的贷款总额就达到了大约 80 亿日元，远高于以前任何一个年度。②

农林渔业金库，是日本的一个政策性金融机构，它对农业的发展有促进作用，对于控制信用风险和流动性风险也发挥了积极作用。它的贷款虽然不是无息的，但是利率较低，期限也很长，贷出资金的安全性也很高。③

4. 农村互联网金融

日本要想发展农业面临的问题很多。日本是一个岛国，人多地少，这就决定了发展农业面临着巨大的挑战。农户的产出难以满足本国人民的需求。而且，从事农业生产的大都是老年人，进一步导致供不应求现象的发生。日本农业发展要解决此问题，必须提高农业生产效率，这是最关键的问题。日本金融机构发明了日本互联网+农业，当他们将这项创新运用到农户生产中去时，不仅提高了生产效率，农户在农村金融机构的贷款安全性也会提高，从而农村金融机构面临的信用风险也会跟着降低。

---

① 朱谦、张杨：《日本农业改良基金对我国农村小额信贷可持续发展的启示》，《农业经济》2014 年第 6 期。

② 同上。

③ 郭磊、付剑茹：《国外农村金融体系发展的经验与启示》，《财会月刊》2010 年第 11 期。

互联网+农业具体的风险控制措施为：

从生产者的角度，利用互联网技术，将一些优秀的种植经验分享给从事农业生产的农户，农户得到宝贵的经验，农业生产的损失就会大大降低，生产效率提高，农户的贷款安全性提高，农村金融机构的信用风险降低，经营状况也会跟着提高。农户面临的自然灾害风险具有很大的不确定性，而且在遭遇这种自然灾害后损失也是相当严重的。所以通过互联网技术将一些气象信息和农作物生产信息及时地分享给农户，让他们提前采取预防措施，最大限度地降低受到自然灾害的损失。此外也发明了许多先进的机器设备帮助农民进行收割、采摘等工作，提高了农户的生产效率，提高了农户的收益。

从消费者角度来说，为了增加他们对食品安全性的认知，通过互联网技术将农户的生产全过程分享给消费者，使消费者更加放心农产品，同时也有利于消费者消费该产品，从而增加农户的收益，保证了贷款的安全性，农村金融机构的信用风险降低。

这项创新在提高农户生产经营的同时，提高了农村金融机构农业贷款的安全性，信用风险随之降低，经营状况得到提升，盈利能力自然也会提升。

三　法国农村金融组织的风险控制

（一）法国农村金融组织体系及监管

1. 法国农村金融组织体系

法国农村金融形成了由法国农业信贷银行、互助信贷联合银行、大众银行和法国土地信贷银行组成的农村金融体系。[①]

法国对合作金融机构非常重视。法国的合作金融机构是政府与人民共同建立的，在政府的指导和扶持下健康有序发展。[②] 合作银行是合作金融机构的主体部分，合作银行发展的好坏代表着合作金融机构的兴衰。[③]

法国的合作金融制度将法国的合作银行机构分为三个层次，依次为中

---

① 郭磊、付剑茹：《国外农村金融体系发展的经验与启示》，《财会月刊》2010 年第 11 期。

② 杨娇：《法国农村金融体系对我国的启发》，《中国市场》2011 年第 22 期。

③ 鲍静海、吴丽华：《德、法、美、日合作金融组织制度比较及借鉴》，《国际金融研究》2010 年第 4 期。

央银行机构、地区银行机构、基层银行机构。① 中央银行机构是最高的领导机构，统帅地区银行机构和基层银行机构。地区银行机构接受中央银行机构的监督管理，同时对基层银行机构负责，基层银行机构受地区银行机构的监督管理，从事贷款业务。②

法国在小额信贷方面实行严格的贷款审批制度。对贷款的申请、发放严格要求，避免不良贷款的发生。负责贷款发放的机构是法国农业互助信贷银行。法国农业互助信贷银行的主要任务就是为农业发放贷款，为农业的发展提供资金来源。经过多年的发展，贷款业务逐渐趋向完善和稳定。

2. 法国农村金融组织的相关政策

农村金融机构要想有持续稳定的发展，必须要有法律制度的建立。法律制度最重要的就是立法。立法可以规范农村金融机构的发展，避免农村金融机构的违法经营。立法的一些优惠政策可以有效地避免农村金融机构面临的信用风险、操作风险。

在保险方面的法律有《农业保险法》、在信贷方面的法律有《农业信贷银行法》、在担保方面的法律有《土地银行法》《法国民法典》。③

（二）法国农村金融组织的风险控制措施

1. 合作金融

中央合作银行机构由政府人员和其他经济组织的人员组成，它的主要任务就是站在国家的高度对整个信贷体系进行宏观调控，使其符合社会经济的发展，符合国家的发展意图，避免发展方向走偏。中央合作银行受国家财政部门的监督管理，保证它正常经营，避免扰乱社会发展秩序。地区合作银行由地方政府、地方其他金融机构组成，其内部设有经理一职，负责地区合作金融机构的整体发展，保证机构的经营状况。地区合作银行机构受中央合作银行机构的监督，下达一些信贷指令，同时它还对基层合作银行机构进行监督，保证贷款的安全性。基层合作银行机构由农民和一些中小企业组成，对农民和中小企业提供贷款，接受地区合作银行的监督。基层合作银行最大的特点就是内部管理人员自愿参与，不拿工资，在一定

---

① 文娟：《法国农村合作金融的发展及其对中国的借鉴意义》，硕士学位论文，暨南大学，2010 年。

② 鲍静海、吴丽华：《德、法、美、日合作金融组织制度比较及借鉴》，《国际金融研究》2010 年第 4 期。

③ 严杨静：《国外农户贷款担保的比较分析》，《世界农业》2015 年第 5 期。

程度上可以避免这些管理人员以权谋私，实现自身利益的最大化，破坏基层合作银行内部的稳定，损害机构的利益。[①]

2. 小额贷款

在小额信贷方面，国家为了控制信用风险采用了三级信贷银行机构制度。农业信贷银行是最高级别的，他是政府机构，它的主要目的就是积极响应国家的政策和投资意图。随着国家不断调整的农业政策，制订出不同的贷款政策和投资方案。农业信贷银行的主要服务方向就是农业部门。它下属的省级和地方信贷银行机构都属于民间机构，和政府没关系。它们的资金都来自农民的投入，并且是自愿的。最终以贷款的方式到达农民手里，它的功能很像一般商业银行。"政府—地方"这种机制，非常有利于农业的发展状况，而且也利于农村金融机构控制信用风险。政府负责总体的发展方向，地方能更好地了解农民的情况，对于贷款的安全性很有帮助。

在小额贷款中，贷款审批环节是最为重要的，它直接决定贷款的质量，决定了农村金融机构的风险程度。因此法国设立了农业互助信贷银行，目的就是为了控制贷款审批中存在的风险。农业互助信贷银行在省、地区、基层都设有信贷委员会负责贷款审批。贷款审批的各个环节都明确责任，确定当贷款风险发生时，责任应由谁负。这样的责任机制，能使各个部门提高工作效率，将风险降到最低。从贷款的申请到最后的确定都必须层层把关，通过各个贷款审批部门的负责人签字才可通过，对于那些贷款数额大的借款者，更应慎重考虑，除此之外还需要风险部门甚至总部审批签字，全方位控制风险。

3. 担保

法国的农户担保总体来看是属于复合性质的。它包括个人资产担保、合作金融机构担保和政策性金融机构担保。[②] 个人资产担保就是农户将自己的土地、房屋等资产以担保的形式担保给农村金融机构从而获得贷款。合作金融机构担保指的其实就是一种股权担保。它的机构主体是法国农业信贷银行的下属机构。法国农业信贷银行的下属机构是省级和地区合作银

---

① 鲍静海、吴丽华：《德、法、美、日合作金融组织制度比较及借鉴》，《国际金融研究》2010 年第 4 期。

② 严杨静：《国外农户贷款担保的比较分析》，《世界农业》2015 年第 5 期。

行机构。由于这些机构和农业信贷银行的属性不同,它们不属于政府性质的,而是属于民办的农村机构,它的资金来源于农民的入股资金。农民只有入股才有获得贷款和担保的资格。入股的多少和农民或者中小企业的贷款息息相关。入股的资金从而也就变成了农户或者中小企业的担保额,降低了农村金融机构面临的信用风险。政策性担保主要以政府补贴的方式为农户或者中小企业提供担保。政策性担保的作用范围狭窄,它针对的是一些特定的政府扶持领域。

4. 农业保险

法国的农业保险在一定程度上解决了农村金融机构的信用风险。从事农业生产的农民经常会受到自然灾害的影响,因此政府出台了农业保险政策保护农民在受到自然灾害时能够得到补偿,保证农民的收益。并且政府也在积极从事保险事业的研究,现在许多大学都有对农业保险的研究,这对农业保险的发展是一种好处。随着农业保险的不断发展,当农户向农村金融机构贷款时,由于有保险能够补偿,保证农户的收益,所以银行能够更多地向农户贷款,而且贷款收回的安全性也越来越高。[①]

四　德国农村金融组织的风险控制

(一) 德国农村金融体系及监管

1. 德国农村金融体系

德国农村金融相当发达。德国农村农户人数少,但是农业生产效率高,平均每个农户可以养活上百人。这样的发展情况绝大多数国家都做不到。之所以有这样的可观成绩就是来源于德国完善的农村金融体系。德国的农村金融体系以银行贯穿整个体系。整个体系的银行业大致可分为政策性的和专业性的。政策性的银行为农业的发展出谋划策,出台各种各样的政策,扶持农业,使农业快速发展。专业性银行的侧重点就在于向农民或者中小企业提供贷款,促进它们的发展。[②]

德国合作金融是德国农村金融体系的重要组成部分。有数据显示,德国合作银行机构设立的数目远远多于其他金融机构,而且合作银行的贷款

---

① 陈珏:《法国、印度、日本农业保险体系探析及启示》,《世界农业》2016 年第 7 期。

② 农发行赴德"农村金融与城镇化"专题研究班课题组、杨绿:《德国农业农村政策性金融特点及启示》,《农业发展与金融》2015 年第 12 期。

比例也远远高于其他银行的贷款比例。[①] 德国的合作银行分为三个部分，分别为基层合作银行、地区合作银行和中央合作银行。德国的合作银行和许多其他发达国家的设置情况类似。基层合作银行规模小，从事具体的贷款业务，受地区合作银行的监管，资金来源于农民和中小企业等。这一层次又分为两类，一类是手工业信用合作社，即大众银行；另一类是莱夫艾森合作银行。地区合作银行监管基层合作银行，同时为基层合作银行提供所需要的资金，并受中央合作银行的监管。地区性合作银行共三家，它由地区性的信用合作经营管理机构组成。[②] 第三层是全国合作金融组织的中央协调机关——德意志中央合作银行，中央合作银行是最高级别的合作银行机构，它负责把握国家整体的信贷业务运行情况，并根经济的发展情况，适当地改变信贷政策，并及时下达给地区合作银行和基层合作银行。[③] 中央合作银行为地区合作银行融通资金。目前，德国已形成了比较完善的合作金融组织网络体系，遍布城市和乡村，并且建立了合理的合作金融管理体制。[④] 德国合作金融制度具有两个特点。第一，德国的合作金融实行民主管理，人人参股入社，对合作金融的发展建议有公平投票权，除中央合作银行外，其余都由民主管理，这样能够对农民的贷款情况有更深刻的了解，同时也降低了农村合作金融机构的信用风险。第二，德国合作金融机构同样实行分层次的合作银行体制，每一级都必须向上一级入股才能享受到上一级带来的服务，入股则是上一级对下一级的要求。

　　德国农村小额信贷制度在农村金融中也占据着重要的地位。对于小微贷款业务发展和风险控制领域，德国农村金融机构设有一套相对标准化、可复制的微贷运营体系。有了技术之外，每一笔贷款均有一个相对标准化的风控标准，即便无法做到数据方面的精准化，至少每位信贷员都基本了解了风险的标准化识别，不至于出现一笔贷款偏离度特别大的情况。而传

---

　　① 农发行赴德"农村金融与城镇化"专题研究班课题组、杨绿：《德国农业农村政策性金融特点及启示》，《农业发展与金融》2015 年第 12 期。

　　② 李红、罗剑朝：《国外农村合作金融的发展经验及对我国的启示》，《商场现代化》2008 年第 14 期。

　　③ 王晔：《德国农村合作金融对我国农村金融改革的启示》，《江苏农村经济》2013 年第 2 期。

　　④ 鲍静海、吴丽华：《德、法、美、日合作金融组织制度比较及借鉴》，《国际金融研究》2010 年第 4 期。

统信贷员对小微贷款的风险控制工作更多的是依赖侧面了解，同时出现一个信贷员管理一千多户的情况，风险管理无法精细化，风险也得不到有效控制。在这样的情况下，德国农村金融机构面临的风险过大，他们将贷款贷给农户和中小企业的要求就会越高，目的就是为了保证资金的安全，这样的严格贷款不利于农业和中小企业的发展，因此经过努力创立了小微信贷技术。其中影响比较深远的就是十分重视第一还款来源的调查，贷款的投放以保证贷款为主体，在贷款投放主体选择上就加以限制，不强调兜底，更多地注重正面调查和第一还款来源分析。严格的传帮带文化，参加小微信贷项目的员工，都会在这种浓浓的氛围中成长，在他们还是新员工的时候，老员工就会非常细心地帮带指导，其实从某种意义上也可以理解成是教练技术的运用。在这种环境下，新员工成长后也会用同样的方法去培训新员工，形成成就他人成就自己的文化。立体式的小微信贷分阶段分层级课程体系，这些课程经过项目的运行后得到了不断的修正。在这个过程中，顾问会不断鼓励年轻的员工去担当主讲课程，在持续的努力和坚持下，打造出了一批相对专业化、接地气的内训师。而一般商业银行以前几乎没有考虑进行系统化的内训师队伍建设。灵活的授权机制，将贷款权限大胆地下放到物理网点终端，对团队长授权的同时也对相对资深信贷员授权，根据审批人员的审批审查能力，及时调整审批额度。拥有了这样的小微信贷技术，农村金融机构抵御风险的能力大大提高，尤其是它们面临的信用风险。从而使农村金融机构贷款相对安全，保证了农村金融机构的经营状况。农户和中小企业得到了贷款，用于经营，有助于农业和中小企业的发展。[①]

2. 德国农村金融组织的监管

德国的合作银行之所以有如此发达的合作金融体系，就在于它相当完善的监管体系。德国的合作银行监管体系分为三个部分，分别为行内监管、行业监管和行政监管。行内监管就是合作银行机构内部的监管，主要的监管人员就是这些机构内部的管理人员，比如说股东大会、监事会和理事会。行业监管就是这些合作银行机构其实是大众银行和莱夫艾森联邦协会（BVR）的会员，因此受其监督管理。每个入会的合作银行机构都必须

---

① 崔学贤、王明吉、张晶：《德国微贷模式及其对我国小额贷款公司发展的启示》，《北方经济》2014 年第 6 期。

缴纳一定的会费，作为入会资格。此外，为了防范以后风险的发生，这些合作银行机构还要向大众银行和莱夫艾森联邦协会（BVR）提交一定数额的担保金，当合作银行机构发生风险时，这些担保金可以返还给这些银行，弥补它们面临的风险，保证合作银行机构的经营状况。行政监管就是由政府监管部门和中央合作银行机构负责监督管理，这是德国最高层次的监管，他统筹整体的信贷发展情况，保证德国整体资金流通的顺畅和安全，促进合作金融机构的发展。①

德国拥有完善的监督与管理机制。和平时看到的商业银行一样，德国农村金融机构要想长久稳定地发展下去，不仅需要自身的创新，培养高素质的专业人才，还需要其他金融机构的监督管理。这些机构的监督管理，能确保农村银行金融机构规范经营，降低操作风险的发生。德国发达的农村金融体系就在于有完善的监督与管理机制。

3. 德国农村金融组织的相关政策

要想保障合作金融机构长久健康地发展，必须有相关法律的出台。《德国合作社法》在管理和经营方面对合作金融机构作出了规定。同时也要求它们必须加入一个合作审计协会，接受它们的监督，目的都是能够降低它们的经营风险、信用风险。

（二）德国农村金融组织的风险控制措施

1. 合作金融

基层合作银行机构为了促进基层事业的发展，保证贷款的安全性，降低经营风险、信用风险等，开设了大众银行和莱夫艾森联邦银行。这两类银行的成立为的就是全方位地为农村合作银行服务。它负责管理基层合作银行的信贷业务。平时，它为基层合作银行提供法律、经营、管理等方面的建议和支持。德国合作金融机构经营得如此良好，与完善的合作金融体系是分不开的。每一个机构的建立都必须有负责监管、提供经营发展意见的部门，只有这样才能有效减少金融机构的风险，保证资金流通顺畅，保障合作银行机构发展壮大。②

---

① 鲍静海、吴丽华：《德、法、美、日合作金融组织制度比较及借鉴》，《国际金融研究》2010 年第 4 期。

② 王晔：《德国农村合作金融对我国农村金融改革的启示》，《江苏农村经济》2013 年第 2 期。

2. 小额贷款

防范信息不对称现象。在向农户和中小企业提供贷款时，由于农村银行机构很难了解到贷款者的真实信用情况，即平时所谓的信息不对称现象，这就会造成信用风险。如果借给了那些信用状况不好、但银行机构没有调查出来的借款者，那么这些贷款很有可能收不回来。因此为了防范这种风险的出现，银行机构也出台了很多措施。

（1）提高贷款利率，以降低信息不对称带来的信用风险造成的损失。

（2）小组贷款机制。德国农村金融机构为了降低信用风险，创造小组贷款机制。小组贷款机制将所有的贷款者分为6—8个小组。当农村金融机构给小组成员发放贷款时，只要小组中有一位借款者发生信贷违约，其他小组成员都有连带责任，不仅要替该违约者进行偿还，而且由于该成员的违约，该组其他成员以后也将失去贷款的资格。如果该组的所有成员均无违约情况，那么说明这个小组的信用程度很好，以后获得的贷款数额将增多。这样的连带责任机制，可以有效地避免贷款的违约风险，农村金融机构面临的信用风险将大大降低。

（3）动态激励机制。在设立小组贷款机制时，当小组中有成员发生贷款违约时，其他成员都会受到相应的惩罚，这就是惩罚机制。但是只有惩罚机制，这样的小组贷款机制也很难维持下去，信用好的农户和中小企业将不会向农村金融机构贷款，农村金融机构的盈利情况也会下降，农业的发展也将出现倒退，中小企业也将得不到资金，无法更好地发展自己，这也是国家和整个社会不想看到的。所以，必须要设立激励机制，这样才能吸引到借款者，比如说在一个小组中如果所有组员都没有出现违约情况，那么说明这个小组的信用情况很好，相应地，这个小组获得的贷款额度就会增多。这样的激励机制是非常诱人的，农户和中小企业都希望能够从银行处获得更多的贷款，从事生产经营活动，所以小组成员会自觉地在还款日期将贷款归还，以期在日后获得更多的贷款。这样的激励机制确实能够起到降低农户和中小企业的信用风险的作用。农村金融机构放出的贷款安全性大大增加。

（4）灵活的贷款偿还机制。德国农村银行向农户或者中小企业贷款时，主要调查的是借款者的信用状况和所借款项的多少。信用状况就是看借款人以往的借贷记录是否出现过贷款违约的情况，如果出现的次数多，那么银行将不会贷款给该借款方。这是一个硬性指标，任何一家银行都不希望自己的客户将来不能归还贷款。所借款项的多少也决定了借方是否能够借到这笔款项。借款数目少，说明借方将来有能力归还的可能性大，信用风险较低；借款数目大，将来的不确定因素很多，该借款人将来能否归还这笔款项就是一个问题，信用风险就会越大，所以，这个指标对农村金融机构来说也是很重要的。所以，银行设计了一个全新的贷款偿还机制，在这个机制中，贷款利率比平时高，期限长，但是归还款项的次数多。这样的机制有很多好处。利率高保证了农村金融机构的盈利能力。归还款项次数多，能够在农户或者中小企业一次次还款的时候，及时研究他们将来是否还能顺利还款，如果将来会出现不能还款的情况会及时做好准备。对于农村金融机构来说，现金流的提前收回，加快了资金的周转，可以将归还的现金流用于下一个客户的借贷过程，增加了农村金融机构的盈利能力。

五　发达国家农村金融组织风险控制的经验借鉴

（一）农村金融制度方面的经验借鉴

发达国家都已建立起相当完善的农村金融制度。包括建立完善的农村金融机构体系、监管体系、风险防范体系，鼓励农村金融创新。农村金融体系中基本都包括政策性金融机构、合作性金融机构和商业性金融机构。层次分明的机构体系，有利于农村金融机构资源的充分利用。完善的监管体系主要是层次分明、分工明确、各司其职。风险防范既强调金融法律环境、信用环境的建设，又对农村金融机构内部风险控制提出明确要求。鼓励农村金融创新包括金融模式的创新和新技术、新方法的利用。

（二）合作金融制度方面的经验借鉴

美国、日本、德国、法国各个国家的农村合作金融体系都包括三个层次：基层合作银行、地区合作银行和中央合作银行。[①] 基层合作银行规模小，从事具体的贷款业务，受地区合作银行的监管，资金来源于农民和中小企业等。地区合作银行监管基层合作银行，并受中央合作银行的监管。中央合作银行是最高级别的合作银行机构，它负责把握国家整体的信贷业务运行情况，并根据经济的发展情况，适当改变信贷政策，并及时下达给

[①] 鲍静海、吴丽华：《德、法、美、日合作金融组织制度比较及借鉴》，《国际金融研究》2010年第4期。

地区合作银行和基层合作银行。中央合作银行负责监督地区合作银行的经营状况。各个国家的合作金融机构实行民主管理，人人参股入社，对合作金融的发展建议有公平投票权。除中央合作银行外，其余都由民主管理，这样能够对农民的贷款情况有更深刻的了解，能有效降低农村合作金融机构的信用风险。合作金融机构同样实行分层次的合作银行体制，每一级都必须向上一级入股才能享受到上一级带来的服务，入股则是上一级对下一级的要求。在合作金融体系的内部组成之间，它们除了经济关系之外再无别的关系，这样的关系有利于各个层次之间不受其他组织的控制，只存在资金的调拨，互相融通资金。各个层次之间拥有相对的独立自主权，可以根据自己的经营特点发展自己，走符合自己的道路。

（三）农业保险方面的经验借鉴

农村金融机构面临的信用风险可以通过农村保险的形式加以控制。美国、德国、日本、法国，对农业保险方面的措施都以政府出台相关的政策为基础。德国的农业保险基于农民角度来进行风险控制。德国从事农业生产的农民经常会受到自然灾害的影响，政府因此出台农业保险政策保护农民在受到自然灾害时能够得到补偿，保证农民的收益。随着农业保险的不断发展，当农户向农村金融机构贷款时，由于有保险能够补偿，银行能够更多地向农户贷款。美国的农业保险基于金融机构的角度进行风险控制。设立农业保险公司目的是让其能够更好地为农村金融机构服务。支持发展再保险，可以分散保险机构面临的风险，使农村金融机构避免倒闭的风险。政府给予金融机构保险补贴，让其参保，降低它们的保险负担。而日本的农业保险则是基于农作物的角度来进行风险控制。对于一些对农业发展起基础性作用的领域，日本政府要求农民强制入保险。[①] 在强制保险的同时，为了减少农民的保费负担，出台减免性的政策，或者保费补贴，鼓励农民积极投保。事实证明，农业保险政策出台确实能够在一定程度上解决农村金融机构面临的信用风险等问题。

（四）小额贷款方面的经验借鉴

各个发达国家在小额信贷方面的风险控制措施，都是以提高贷款的安全性为前提的。美国是采用政府出台的 SBA 抵押贷款的政策通过抵押品

---

① 于瑶、陈晨：《国外农村金融建设的经验分析及对我国的启示》，《商业文化》（学术版）2010 年第 1 期。

的方式来降低农村金融机构面临的信用风险。法国在小额信贷方面，国家
为了控制信用风险采用了三级信贷银行机构制度。日本在小额贷款方面则
是创立了小额信贷基金。这样的政策完全是以政府的扶持为前提的，给农
业生产者、中小企业者提供无息、期限长的贷款。德国在控制小额信贷方
面则是利用了小微贷款技术和小组贷款机制等金融创新，确保贷款风险的
降低。农村金融机构+合作社的创新形式，也可以有效地避免贷款的不安
全性。农村金融机构非常了解合作社的发展情况，让合作社作为中介机构
监督管理农户的经营状况，避免农户得到贷款后的不合理利用，从而保证
农户在未来能够将贷款归还，农村金融机构的信用风险随之降低。

（五）法律方面的经验借鉴

农村金融机构要想健康有序地发展，离不开法律的保障。完善的法
律，可以使农村金融机构在法律允许的范围内经营，使农村金融机构少走
一些弯路，同时可以保护农村金融机构的合法权益，降低经营风险、信用
风险等。每一部法律都是通过不断完善才能更好地为农村金融机构服务。
例如，日本 2002 年颁布的《农业改良基金制度运用基本纲要》，先后进
行了十次修改，最终在 2012 年才得以确定。[①]

（六）担保方面的经验借鉴

各国还建立了农业贷款的担保机制，例如建立农业贷款担保基金、中
小企业贷款担保基金，以解决农户贷款难问题。实行利息补贴、损失补贴
和债务担保。[②] 美国和法国的担保业比较发达。这两个国家都是以担保的
形式来增加自己向农村金融机构贷款的筹码。当农户和中小企业以担保的
形式向农村金融机构贷款时，农村金融机构即使认为贷款风险高时也会由
于担保物的存在，保证了自己贷款的收益，从而也会向其贷款。

（七）监管方面的经验借鉴

通过各个发达国家监管方面的研究发现，监管对农村金融机构乃至农
业的发展都发挥着至关重要的作用。比如说各个国家合作金融体系，基本
上都分为三部分，每个部分之间都相互独立，上级对下级进行监管，这样
的制度可以使农业资源充分利用，避免资源的浪费，而且有效地降低农村

---

① 朱谦、张杨：《日本农业改良基金对我国农村小额信贷可持续发展的启示》，《农业经济》
2014 年第 6 期。

② 郭磊、付剑茹：《国外农村金融体系发展的经验与启示》，《财会月刊》2010 年第 11 期。

金融机构面临的风险，保证了农村金融机构贷款的安全性。

（八）农村金融服务基础设施——互联网的使用

随着信息技术的发展，"互联网+"成为创新驱动发展的基本模式。"互联网+农业"的发展技术确实能够有效地降低农村金融机构面临的信用风险。"互联网+农业"的技术可以帮助农户了解到实时的自然环境情况，并根据这些自然环境情况及时采取防范自然灾害的措施，保证农作物的健康生长；同时通过"互联网+"农业技术，使农产品的销售渠道得到极大拓展，提高盈利水平，从而保证了农户在农村金融机构贷款的安全性，农村金融机构的信用风险随之降低。

第二节　发展中国家农村金融组织风险控制

一　印度农村金融组织的风险控制

（一）印度农村金融组织体系及监管

1. 印度农村金融组织体系

印度人口众多，而且绝大多数都是农村人口。农村地区经济不发达，贫困人口特别多。印度政府为了摆脱贫困，大力发展农村经济，重视建立完善的农村金融体系。

对于如此众多的农村人口，大力发展农村金融体系，必须要有政府的参与。政府的积极引导，出台相关的扶持政策能够有效地促进农村金融机构的发展。印度的农村金融体系包括各类商业银行、地区农业银行、国家合作银行以及国家土地开发银行。[1] 发展各类专业化的机构，能够合理地利用资源，避免了所有功能集于一身带来的工作效率低下。

印度也和发达国家一样建立了合作银行制度。早在20世纪初就已经和英国建立了合作信用社，后来经过多年的发展，印度的合作银行逐渐发展成熟。发展到今天已经形成了三个层次的合作银行结构体系，分别为初级农村信用社、中心合作银行以及土地开发银行。[2]

---

① 黎和贵：《国外农村金融体系的制度安排及经验借鉴》，《国际金融研究》2009年第1期。

② 郭振海：《印度巴西农村金融发展启示》，《中国金融》2016年第8期。

印度是农业大国，自然灾害频发，为保证农业和整个国民经济的稳定，印度政府非常重视农业保险。印度农业保险主要经历了三个阶段：1947—1978 年试验性发展阶段；1979—1984 年小规模试验阶段；1988 年至今的综合发展阶段。1999 年开始实施国家农业保险计划，2002 年底，政府牵头组建了印度农业保险有限公司，全面接管国家农业保险计划的运营。国家农业保险计划是印度农业发展过程中不可或缺的重要一环，是印度有史以来规模最大、参保人数最多、保险金额最高的农业保险计划。

2. 印度农村金融组织的监管

有效的监管能够促进农村金融机构的发展。印度的最高监管机构是印度储备银行（RBI），它负责对农村金融机构进行监管，并向它们融通资金，保证各个农村金融机构的健康发展。印度储备银行会按期通报各个农村金融机构的经营状况，并对提高它们的经济效益提出积极建议，对降低风险提出改进措施。[①]

3. 印度农村金融组织的相关政策

金融机构的发展需要金融政策的支持。政策是否完善直接决定了农村金融机构是否能够健康有序地发展，尤其是相关立法是否完备。完善的制度既可以改善农户和中小企业经营状况，也可以降低农村金融机构的风险。

在监管方面，有《印度银行监管法》对合作金融机构进行监督和管理。在信贷方面，有《印度储备银行法案》《银行国有化法案》《地区农村银行法案》《农业合作社法案》等法律法规，[②] 要求将贷款中的一部分用于农业的发展。[③] 在农业合作金融方面，有《农业合作社法案》《国家农业农村发展银行法》，要求农村合作金融组织必须把服务的重点放在农业的生产经营上，以促进农业的快速发展。

（二）印度农村金融组织的风险控制措施

1. 合作金融

印度的农村合作金融体系规模庞大，与发达国家相比，它也占有优势。印度的农村合作金融体系包括三个层次，分别为初级农业信用社、区

---

① 冉杰：《印度发展农村金融的经验、教训及启示》，《经济体制改革》2006 年第 6 期。

② 严杨静：《国外农户贷款担保的比较分析》，《世界农业》2015 年第 5 期。

③ 黎和贵：《国外农村金融体系的制度安排及经验借鉴》，《国际金融研究》2009 年第 1 期。

中心合作银行、邦合作银行三级机构。初级信用合作社是印度最基层的合作银行机构，它为农户和中小企业提供信贷支持。区中心合作银行属于中间层次的合作银行，它负责对初级农业信用社进行监管，避免初级农业信用社违法经营，帮助它们降低经营过程中面临的信用风险、经营风险，当初级农业信用社缺乏资金时，区中心合作银行负责给它们提供资金支持。[①] 同时区中心合作银行还要受到邦合作银行的监管。邦合作银行属于政策性银行，是政府机构，负责管理区中心合作银行，替它们融通资金，并根据经济的发展需要，适当改变经济政策。

2. 小额贷款

印度农村金融机构实施农民信用卡制度。金融机构会发放给农户一个存折，当农村金融机构给农户发放贷款时，都会将钱打在这个存折上。贷款数额的多少取决于该农户在一段时间内的贷款还款记录。如果这个农户的信用状况良好，无任何不良贷款记录，那么这个农户就会在下段时间获得更多的贷款数额；如果有不良的贷款记录，发生次数不多的降低其授信额度，发生次数多的将取消它的贷款资格。这样严格的贷款管理制度可以有效降低农村银行机构面临的信用风险和经营风险。

印度国有农业和农村发展银行（NABARD）通过帮助非正规农户互助组（SHG）的方式，来提高农村金融机构贷款的安全性。具体的做法就是非正规农户互助组由 20 名左右的妇女组成，先让她们内部进行信贷，当她们互相之间的信用状况良好时，证明可以得到银行机构的贷款，这时NABARD 通过农村银行机构将贷款贷给这些非正规农户互助组。作为中介机构的农村银行机构由于提供了金融中介服务，它们可以从 NABARD那里得到贷款作为回报。从 NABARD 得到资金可以帮助农村银行机构解决短期的流动性问题，降低流动性风险。同时这样的层层把关的机制可以很大程度上了解借款者的信用程度，降低农村金融机构面临的信用风险。[②]

贷款的事前安排。印度的农村金融机构在经营过程中面临的最大问题就是自然灾害的影响。因为自然灾害发生具有很大的不确定性。当自然灾害发生时农村金融机构面临的风险就会大大增加，所以必须采取有效的措

---

① 熊晓轶、赵向阁：《国外农村金融体系发展经验研究》，《世界农业》2013 年第 1 期。

② 冉杰：《印度发展农村金融的经验、教训及启示》，《经济体制改革》2006 年第 6 期。

施控制风险的增加。（1）印度农村金融机构会在机构当中建立一个高素质的领导团队。这个领导团队专门研究自然灾害发生后的风险控制，比如设立自然灾害转移基金，目的就是当自然灾害发生时，通过这个基金弥补金融机构将会面临的损失。或者当机构在受到自然灾害的影响后缺乏必要的流动资金周转时，这个基金就派上了用场，它可以在一定程度上弥补金融机构短缺的流动资金，避免遭遇财务危机，降低流动性风险。（2）完善高效的信息管理。当金融机构面临自然灾害影响时，专业化的团队可以通过信息管理系统，积极查询其他金融机构面临此类风险时是如何处理的，再结合自身特点，积极借鉴成功经验，研究出控制自然灾害风险的措施。完善、发达的信息管理系统可以帮助团队在最短的时间内制定出最佳的控制风险措施，避免了过长的风险处置时间带来的盈利机会的流失。（3）优秀的管理能力。每个农村机构包括各种分支机构都已经建立了一套相当成熟的风险管理策略。当自然灾害发生时，每个农村金融机构都会沉着冷静地处理各种问题，提高了工作效率。避免由于策略的失误而带来的后续员工工作的紊乱。这样完善的管理策略降低了金融机构面临的操作风险。（4）完善的贷款征信体系。建立完善的征信体系，据之农村金融机构与信用状况良好的长期客户合作，因为这样的客户贷款都会按时归还，不会让农村金融机构面临信用风险。（5）与其他金融机构建立良好的合作关系，大大增加信息总量，便于风险控制成功经验的及时借鉴和利用。

贷款的事后处理。在自然灾害发生之后，农村金融机构也做了一些防范风险的措施。如贷款的重新安排。由于自然灾害的发生，许多优质的客户遭到了财产的损失，无法及时地将贷款归还，这种自然灾害的发生无法预测，客户也并不是不想还款，农村金融机构也会面临信用风险增加的可能性。在这样的情况下，农村金融机构可以实行贷款重新安排的策略。让那些优质客户贷款的归还期延长，当这些客户的财务状况好转时，再将贷款归还。这样的贷款重新安排的策略可以让客户增加对农村金融机构的信心和忠诚度，从而发展成为长期的优质客户。这对于农村金融机构减少信用风险是一项非常有利的策略。

3. 担保

为了降低农村金融机构面临的信用风险，农村金融机构对贷款农户采用担保贷款形式。主要形式有自助小组担保和个人信誉担保。自助小组担保就是农村金融机构将 20 个贷款人作为一个贷款小组，每个小组的成员都对小组其他成员的贷款负责。如果小组中有成员归还不了贷款，那么其他成员就要替他归还贷款。小组成员之间的互相监督和约束，避免小组成员无法归还贷款的情况出现，这样整个小组的贷款归还的可能性就会大大增加。这就是典型的自助小组担保形式。还有一种是个人信誉担保。这种担保就是以自己的信誉为抵押物进行担保。如果出现贷款无法归还的情况，个人的信誉就会严重受损，以后再想从农村金融机构获取贷款将会相当不易。由于农户贷款及担保具有风险大、运营成本高、总体收益低等原因，相关服务机构普遍缺乏业务动力。为此，政府对农户贷款担保给予不同程度和不同方式的扶持，如为农村金融组织提供资金、直接出资成立担保基金或担保机构、对相关金融机构和服务主体给予财政补贴或税收优惠、不断完善农户贷款担保实施配套条件等。[①]

4. 农业保险

印度的农业保险与信贷风险息息相关，采取的是自愿性与强制性相结合的制度。对于那些从事生产经营从农村金融机构贷款的农户，要求他们必须参加农业保险。

二　巴西农村金融组织的风险控制

(一) 巴西农村金融组织体系

1. 巴西农村金融体系

巴西农村金融体系主要由商业性金融机构和政策性金融机构组成。商业性金融体系是主体，政策性金融体系起引导作用。政策性金融机构主要是出台与现行经济状况相适应的贷款政策，下属各级金融机构根据政策适当调整贷款发放数目。商业性金融机构包括商业银行、投资银行、储蓄银行以及财务公司、租赁公司、保险公司、证券公司等非银行金融机构。[②]

限于国家财力和地区之间的不平衡发展，农业保险主要在较发达地区实行。巴西的农业保险具体由联邦中央银行独家负责，其他银行只作为

① 严杨静：《国外农户贷款担保的比较分析》，《世界农业》2015 年第 5 期。

② 郭振海：《印度巴西农村金融发展启示》，《中国金融》2016 年第 8 期。

代理。①

2. 巴西农村金融的相关政策

巴西农村金融政策。巴西目前最主要的农业支持措施为信贷支持，其中为家庭农业生产者提供信贷服务是巴西农业政策的首选。巴西农业支持政策体系的主要特点：一是提供多样化的信贷支持。巴西最主要的农业支持措施，就是向农业提供既定的低于市场利率的信贷资金。二是专门针对小规模生产者和低收入农户制订各项优惠信贷计划，巴西农业支持政策重点倾向于家庭农场和低收入农户。政府对竞争力不同的生产者采取不同的政策。

农业信贷政策。农业信贷政策就是根据农户的生产总值和所拥有的土地来获取贷款。而且农户获取贷款的利率也比平时其他贷款利率要低。该项政策考虑的是贷款利率的降低，使农户归还贷款的可能性得以提高，农村金融机构面临的信用风险就会降低。

(二) 巴西农村金融组织风险控制措施

1. 小额贷款

巴西引以为傲的农村金融机构是 BNB 银行。这个银行通过不断的努力，成为了世界知名的农村金融机构。它们曾经出台了一个 Crediamigo 项目。这个项目面对的人员就是社会上的贫困群体。随着时间的推移，它的贷款数额逐年增多，深受广大群众的喜爱。

在 20 世纪 70 年代之前，巴西 BNB 银行还没有实行小额贷款项目，这个时候很多人都不能从农村金融机构获得小额信贷款项。尤其在巴西这样一个发展中国家，地区之间的发展极度不平衡。在那些贫困地区，获得金融资源的可能性微乎其微。巴西 BNB 银行为了扶持贫困地区的发展，积极开拓小额信贷业务，在东北部贫困地区设立了这个项目。他们在开立这个项目时积极借鉴其他国家在贫困地区进行小额信贷的成功经验和失败的教训。BNB 农村金融机构在发展过程中逐步意识到他们会遇到很多风险，比如说道德风险、信用风险、操作风险。为了防范操作风险，BNB 银行对从业人员进行专门的培训，培养高素质的人才。因为这些高素质的人才可以制定最恰当的贷款策略，将银行机构面临的信用风险降到最低，

---

① 马乃毅、徐敏：《发展中国家农村金融支持农业经济的经验与启示》，《世界农业》2012年第 5 期。

从而也避免了操作风险。

2. 担保

巴西农村金融机构为了保证贷款的安全性，采用抵押担保模式。能够成为担保品的资产，除固定资产如土地、房屋等外，一般要求流动性比较强。没有担保品，农村金融机构不会把款项贷给农户。为了解决农村金融担保物品不足的问题，巴西不断创新农业融资模式，如利用合作社组织。巴西的合作社组织通过帮助农民销售产品，实现盈利，而且还会为农户提供生产服务、提供生产经营有关的信息，一步步帮助他们提高生产经营水平。除此之外，为了帮助一些农户无法提供担保物，合作社组织会替农户给银行提供担保物，帮助他们顺利从银行处获取贷款。有了合作社组织的帮助，农户贷款的安全性大大提高，银行也会更放心将资金贷给农户。再如 CPR（产品出售凭证）融资，就是将还未成熟的农产品卖给农村金融机构，然后从它们那里获取贷款，准备下一阶段的生产经营。这样的创新确实对农村金融机构来说非常好。[①] 这种创新也是相当于一种担保，保证了贷款的安全性。

3. 农业保险

由于巴西是发展中国家，经济实力相对弱小，而且地区间发展情况差异明显。为了更好地贯彻落实农业保险，一般选择在相对发达的地区实行。巴西的农业保险具体由联邦中央银行独家负责，其他银行只作为中介机构。农业保险只负责赔付农户的生产经营成本，这就限定了保险赔付的数额。由于是政府出台的政策，所以为了保证政策的有效进行，政府替农民承担保费的 50%。[②]

三　发展中国家农村金融组织风险控制的经验借鉴

印度和巴西都是发展中国家，发展过程有许多相似的地方。通过对印度、巴西两个发展中国家的研究，发现两个国家在政策支持、小额贷款、担保等方面均有可以借鉴的地方。

（一）建立农村金融制度方面的经验借鉴

在农村金融制度方面，两个国家都建立多层次的农村金融体系，各层次

---

① 郭振海：《印度巴西农村金融发展启示》，《中国金融》2016 年第 8 期。
② 严杨静：《国外农户贷款担保的比较分析》，《世界农业》2015 年第 5 期。

金融机构各司其职，保证资源的合理利用；而且各层次的农村金融机构之间可以互相监督，有利于农村金融机构正常经营，有效防范操作风险①。

两个国家都有引导性政策性金融，可以制定扶农政策，并将这些政策的意图下达给它的下属机构。

发展中国家贫困地区农户相对较多，政府比较重视农业的发展，从而出台一些对农业发展有利的措施。如降低农户的贷款利率、扶持农业保险等。②

（二）小额贷款方面的经验借鉴

印度和巴西两个国家的小额贷款机构都会采取一定的措施来避免道德风险、操作风险、信用风险。两个国家都非常注重员工的素质培养。高素质的员工会制定出最佳的贷款策略，将农村金融机构面临的信用风险降到最低，保证贷款的安全性，同时，也降低了操作风险。印度金融机构在小额贷款过程中，采取事前控制、事中控制和事后控制，风险控制贯穿整个贷款环节，值得我们学习借鉴。③

（三）担保方面的经验借鉴

从印度和巴西担保方面采取的措施来看，其目的都是保证贷款的安全性。印度的自助小组担保和信誉担保、巴西的 CPR（产品出售凭证）融资，均可供我国研究借鉴。

（四）法律确立方面的经验借鉴

农村金融机构要想健康有序地发展，需要良好的法律环境。印度的《农业合作社法案》《地区农村银行法案》等法律，对印度农村金融机构合法经营起到了良好作用。

（五）监管方面的经验借鉴

政策性金融机构作为监管机构对农村金融机构的经营活动进行监管。如果农村金融机构在发展过程中存在缺陷，那么政策性金融机构还会提出整改措施，全方位地保证贷款的安全性。

---

① 马乃毅、徐敏：《发展中国家农村金融支持农业经济的经验与启示》，《世界农业》2012 年第 5 期。

② 郭振海：《印度巴西农村金融发展启示》，《中国金融》2016 年第 8 期。

③ 邓元慧：《借鉴国外经验构建具有中国特色小额信贷新模式》，《中国集体经济》2008 年第 12 期。

第三节　发达国家与发展中国家发展的共性

一　制度体系方面

各个国家都建立了多层次的农村金融体系，每个层次的金融机构各司其职，促进了资源的合理利用。同时，各层次的农村金融机构之间互相监督，保证农村金融体系的正常运行。

二　农业保险方面

各国均重视发展农业保险，加强对农业保险的立法，保障农户在遭遇风险时的收益，从而也可以降低农村金融机构的信用风险。[①] 其次，无论是发达国家还是发展中国家，在农业保险方面均表现出强制性的一面。比如说发达国家中的日本和发展中国家的印度。但是强制性具体针对的目标略有不同。日本强制性针对的是农户生产经营当中基础作物，而印度针对的是那些只要向农村金融机构申请贷款从事生产性经营的用户。再次是对农业保险的扶持。无论发达国家还是发展中国家，都非常注重保险政策是否能够推广开来，所以都出现了政策性金融机构替农户承担一部分保费的情况。如果政府不替农户出一部分保费，农户可能会因缺乏资金而选择不参保。

三　法律建设方面

为了保证贷款的安全性，各国家都出台了很多法律。信贷方面，美国有《农业信贷法》《中间信贷法》，法国有《土地银行法》《农业信贷银行法》，印度有《地区农村银行法案》。担保及物权方面，法国有《民法典》。保险方面，美国有《联邦农作物保险法》《商业保险补贴法案》，法国有《农业保险法》。产业促进方面，美国有《小企业法》《信息自由法》，印度有《农业合作社法案》。

---

① 陈宁远、李天阔：《印度农业金融与保险支持政策及启示》，《现代经济信息》2016 年第1 期。

四　监管方面

发达国家和发展中国家均重视对农村金融的监管。监管机构基本都是政府部门及下属机构。因为政策性金融机构具有非营利性，能够贯彻落实监管政策，保证整个宏观经济的稳定。

五　合作金融组织建设方面

发达国家和发展中国家在合作金融组织方面具有相似性。各个国家的农村合作金融体系都包括三个层次，即基层合作银行机构、地区合作银行机构和中央合作银行机构。基层合作银行规模小，从事具体的贷款业务，受地区合作银行的监管，资金来源于农民和中小企业等。地区合作银行监管基层合作银行，并受中央合作银行的监管。中央合作银行是最高级别的合作银行机构，它负责把握国家整体的信贷业务运行情况，并随着经济的发展情况，适当地改变信贷政策，并及时下达给地区合作银行和基层合作银行。中央合作银行负责监督地区合作银行的经营状况。各个层次之间拥有相对的独立自主权，可以根据自己的经营特点发展自己，走符合自己的道路。这样的合作金融体系可以充分调动资源，促进整个金融体系的有效运行。

第九章

农村民间金融风险控制的对策建议

第一节 优化农村民间金融组织风险控制的外部环境

一 完善农村民间金融的政策环境

(一) 不断增加农村居民收入

优化农村民间金融的政策环境首要之举就是不断提高农村居民收入。提高农村居民收入也是党的政策方针。党的十八大明确指出，到 2020 年实现全面建成小康社会的宏伟目标，国内生产总值和城乡居民人均收入比2010 年翻一番，城镇化质量明显提高，农业现代化和社会主义新农村建设成效显著。提高农村居民收入，可以从提高农村劳动生产率、加强针对性职业培训和农民自主创业三方面提供条件入手。

1. 提高农村劳动生产率

当前农村劳动生产率比较低，有很大的上升空间。劳动生产率是反映一个国家或地区生产力发展水平的重要指标，是衡量经济效益的主要指标。城乡劳动生产率自改革开放以来均取得了很大的提高，然而农村劳动生产率低下导致了城乡居民收入差距在不断拉大。2013 年 2 月，中国国际经济交流中心常务副理事长郑新立在主题为"如何避免和跨越中等收入陷阱"的"经济每月谈"会议上指出，我国农村人均纯收入只有城市人均纯收入的三分之一，中国农业劳动生产率只有二、三产业劳动生产率的28%，农业增加值占 GDP 的比例是 10% 多一点儿，而农业劳动力的占比是 36%。36% 的劳动力创造了 10% 的 GDP。[①]

2. 加强针对性职业培训

2010 年中央一号文件首次明确提出了"新生代农民工"概念，其目的主要是将"60 后至 90 后"四个不同年龄阶段的农民工有效地进行分层，这就要求在给农民工进行职业培训的过程中，应该根据不同年龄段、不同学历背景、不同技术水平的个性化需求因材施教。要大力发展民办职教，尽可能从多渠道对农村劳动力培训资源进行整合。另外，政府应派遣人员及时了解监督地区培养人才的情况，以避免有些地区只讲口头不付诸行动。政府也要及时对参训人员的所学情况、自身感受意见进行相关的记录，并及时向上层反映，以便有效制定规章制度，改善环境，以达到将劳动力人才培养的效果提升到最大化。

3. 允许农户自主创业

农村地区经济发展如果只单靠国家补助、中小企业带动，是永远跟不上国家实现各地区城镇化的目标的。为此，国家应该鼓励农户自己进行自主创业。有的农户在外打拼多年，自身已具有相当多的经验，加上对本地区的特点有着清晰的了解，已具备了可以创业的条件。因此，政府应出台相关政策进行支持鼓励，对敢于自主创业的农户不但补贴相应的费用而且实行税收优惠，甚至可以视情况减免部分税收，积极为农民就业创业提供服务，不断提升农民的创业意识和创业能力，搭建创业平台，实现从输出农民岗位到农民自主创业的跨越，更好地带动农民增收致富。

（二）优化升级农村金融服务的基础设施

当今，随着计算机时代的到来，现代科学技术迅猛发展，网上支付、电子银行等不仅方便农户也拉动地方经济。如果加以利用，必将会更有效服务于农村金融经济。地方政府应积极向当地引入现代科学技术，升级金融基础设施、以便更好地为农村农户服务。建立健全农村金融基础设施不仅可以提高农村金融组织的服务效率，提升自身的能力，还可使各金融组织之间及时进行信息交流，及时掌握市场有效情况，减少信贷风险，解决信息不对称问题。农村存贷款户数较多、数目也比较杂乱，在收集农户数据、建立信贷档案和跟踪贷款等方面都存在一定的难度。为此相关职能部

---

① 中国新闻网：《专家：农村劳动生产率低拉大城乡收入差距》（http://finance. people. com. cn/n/2013/0221/c1004-20554390. html）。

门应采取各种措施，建立完整的农村金融市场风险数据库，改善农村信用环境，降低金融组织经营成本，高效利用电子、信息的作用促进农村金融市场的发展。

（三）加强对农村民间金融组织的扶持

各种各样的农村民间金融组织在发展中逐渐出现投资主体多元化和建立方式多元化的特点。由于各投资主体对投资农村民间金融组织领域存在着或多或少的担忧和顾虑，另外农村地区基础相对薄弱，农村民间金融组织的发展资金也相当有限，制约了其发展的速度，为此，政府应制定适合农村地区发展的政策制度，加强对农村民间金融组织的扶持力度，使农村民间金融组织能依靠相关政策，合理合法地延伸业务领域，加大对"三农"的支持力度。[1] 政府应适当为民间金融组织提供一定的税收优惠政策，尽量削减其运营成本，并支持民间金融组织将业务深入服务到农村内部，将主要服务对象确立为农村中低收入的农户，开发针对农村弱势群体的金融产品，最大限度地扩大服务范围，避免金融服务的漏点。政策扶持可从以下四个方面得以体现：

1. 减免税收。农村民间金融组织资金实力相对薄弱，为促进其发展，政府可酌情考虑减少农村民间金融组织税负。既可以适当降低其税率，也可以直接免除一定期限的税收。虽然对其实行免税政策，但也要对其在业务等方面加大监管力度，应要求减免税收的民间金融组织以农村中低收入的农户为服务对象。给予更多的业务支持。

2. 政府可以委托民间金融组织代办一些业务，还可以把某些业务方面的特权给予民间金融组织，例如指定民间金融组织唯一经营某些政策性的业务。[2]

3. 鼓励正规金融组织和民间金融组织之间业务合作和资本联合。可以采取批发贷款，加强拆借等措施，这样农村市场可以通过民间金融组织向大型正规金融组织更方便地贷到所需的款额。利用大型金融组织的雄厚实力，雄厚的资金，以及丰富的经验拉动民间金融组织的发展。民间金融组织可凭借自身存在的灵活性配合弥补大型正规金融组织的笨重，优势互

---

① 沈杰、马九杰：《农村金融新政对增加农村金融信贷供给的作用——基于对新型农村金融机构的调查分析》，《现代经济探讨》2010 年第 7 期。

② 段永升：《中国农村合作金融发展的研究》，硕士学位论文，北京师范大学，2004 年。

补，将农村地区的经济金融市场由面到线到点相互联合起来，整体的成本得以下降，盈利能力得到提升，服务更加全面，覆盖面更广，从而拉动农村整个地区的经济水平发展。

4. 政府适度干预。政府干预是好事同样也是坏事。如果政府进行的是适度的干预将会在帮助农村民间金融组织发展的同时，矫正它们的不利之处，但是假如政府过度进行干预，则会使农村民间金融组织发展畏首畏尾，降低发展效率。提倡以市场为基础，政府只进行适度的干预，尽量规范自身的行为，简化审批程序，降低农村民间金融组织的交易成本，在所限范围能为农村民间金融组织提供最大可能的自由空间。

（四）维护金融稳定，严厉打击非法集资

政府必须将维护金融和社会稳定放在自身工作的首位。地方政府应制定相关政策，采取相关措施以配合监管部门做好应对金融风险的相关工作，统一组织有关部门防范和处置小额贷款公司等农村民间金融组织的金融风险；规范民间金融，对非法集资等金融犯罪行为必须采取严厉的惩罚措施。

（五）增加农产品期货市场的交易品种

尽管在我国期货市场试点初期，曾经上市的农产品期货达到 20 多种，但由于风险事件频发以及当时宏观经济环境的影响，大部分期货品种都退出了期货市场，目前我国进入期货市场交易的农产品品种很少。而在国际市场上，仅芝加哥商业交易所集团一个交易所交易活跃的农产品期货期权交易品种就有 55 个，印度的农产品期货也有 100 多种。[①] 农产品期货交易品种越多，对于农户来说，可做出的选择也就越多。农户根据期货市场上的相关信息，结合自身情况，进行期货交易。这样就能充分发挥期货市场预测价格的作用，有效规避金融风险。因此，政府应在现有的期货市场体系，尽量增加农产品期货的品种，以满足我国农民多元化种植状况下的风险管理需求。

二 完善农村民间金融的法律环境

农村金融市场的有效运作必须以秩序为前提。而无论是制度、规范、

---

① 周才云：《我国农村地区金融生态发展滞后现状、成因及对策》，《商业研究》2011 年第 6 期。

还是秩序，都是法制建设的基本任务与目标。如果农村金融法制不健全，农村金融市场风险隐患始终无法排除。因此，加强对农村民间金融发展相关法律的研究，是促进农村民间金融健康发展的必由之路，也是控制民间金融组织风险的必由之路。具体来说，完善农村民间金融组织的法律环境应包括以下内容。

（一）完善农村民间金融的法律体系

完善农村民间金融的法律环境，以法律的形式明确划分农村民间金融与农村非法金融之间的界限，针对不同的农村民间金融组织，分别制定具体的法律、法规和操作细则，从农村民间金融组织的市场准入、机构的组织结构、经营活动范围、监督检查和市场退出等进行法律规制，同时还要做到差别化对待，在市场准入方面分别设置审批制和登记备案制两级管理。在相关基本法制定出台之前，应对现有法律条文及时增减和修订，使其具有更强的针对性和可行性，使那些组织化程度低、活动范围小的农村民间金融组织有章可循。

（二）加强农村信用的法制建设

农村金融市场的发展需要一个安定稳健的法制环境为其保驾护航，而现行的法律体系却未能满足农村金融市场的发展所需，因此政府应着力加快农村信用法制建设的步伐。首先，制定相关农村信用法律法规，完善法律体系。对农村金融市场上严重违反规定，出现严重失信行为的农村民间金融组织和农户人员进行严厉打击。不惜一切代价打击违法行为，尤其是企图利用法律空隙趁机破坏金融信用关系、扰乱市场秩序、谋求自身利益的相关部门和人员。坚决秉承"依法治国"的理念，宣传法律权益知识，使农村每个人均认识到法律的公正严密性，从而恪守法律法规，依法行事，减少违信行为，降低信用风险。再者，提高农村经济主体的信用意识，建设信用制度体系。县乡政府及相关职能部门将诚实守信牢记心中，以身作则，起到标杆作用。做到守信守法，提高社会的信用意识，将诚实守信融入农村经济生活，让农村每个居民时刻做到诚实守信，如有违法乱纪者，政府相关部门必须严惩不贷。政府应针对广大农户、个体工商户和乡镇中小企业建立全国农村统一的信用制度，具体制度包括农村经济主体信用代码制度、农村经济主体信用征集制度、农村经济主体信用评价制度、农村经济主体信用担保制度、农村经济主体失信惩戒制度。

（三）完善担保法律体系，改善农村抵押权制度

担保体系的建立，为商业信用的形成发展提供了一个良好的平台，客

户群体迅速扩大，业务办理逐渐走上正规化，经济运行稳定安全。但是任何事物都有两面性，担保法的不足对于农村金融市场的发展会带来了一定的阻碍。由于我国农村经济本身相对薄弱，金融市场体系还不是很完善，因此如若按照担保法的规定来操作会有相当一部分的抵押物进不了农村金融市场，造成许多农户无法及时获得所需资金，农村金融组织也会因此面临贷款信用风险。为有效合理地解决这个问题，政府应适当完善担保法，以减少农村金融组织的贷款风险，扩大农村贷款的抵押物范围，提高融资主体的融资能力。一方面，政府应允许农户自行结组进行贷款，而不是各自进行贷款，由一个一个个体，发展成一个一个群体，优势互补，不仅增加了抵押物的数量，而且可增大贷款额度。但需注意的是政府应充分考察各组成员的信用、财产、资金等实际情况，防止出现浑水摸鱼的情况，造成不必要的麻烦。担保也以组为个体，实行联合担保，减少金融组织贷款信用风险。另一方面，适量降低抵押品的要求标准，扩大抵押品的纳入范围。现存的担保法的规定，使得农户不能用手中现存的物品进行抵押贷款，融资困难，无法满足自身需求，金融组织资金供给不充足。为有效化解这一难题，必须按照农村金融市场来完善《担保法》的相关规定。按照 2015 年《国务院关于开展农村承包土地的经营权和农民住房财产权抵押贷款试点的指导意见》，慎重稳妥推进农民住房财产权抵押、担保、转让，做好农村承包土地（指耕地）的经营权和农民住房财产权抵押贷款试点工作，满足农户融资需求，降低金融组织贷款风险。除此之外，对于以林为业的农村，应在满足森林资源资产权利人不转移对森林资源资产的占有权的条件下，依法设立林权抵押贷款，可将森林、林木和林地使用权设为贷款抵押品。

三　优化农村民间金融的金融生态环境

周小川（2004）[①] 在"中国经济 50 人论坛"上作了题为《完善法律制度，改进金融生态》的演讲，分析了法律环境对金融生态的影响，并对金融生态进行了微观经济和宏观经济分析。徐诺金（2005）[②] 认为金融生

---

① 周小川：《完善法律制度，改进金融生态》（http://www.china.com.cn/chinese/OP-c/722190.htm）。

② 徐诺金：《论我国的金融生态问题》，《金融研究》2005 年第 2 期。

态是指各种金融组织（或主体）主体为了生存和发展，与其金融环境（或称外部环境）之间及内部金融组织之间在长期的密切联系和相互作用过程中，通过分工、合作所形成的具有一定结构特征，执行一定功能作用的动态平衡系统。张鹏、姜玉东（2005）[①] 将金融生态概括为在一定时间和空间范围内，金融市场、金融组织、金融产品要素之间及其与外部制度环境之间相互作用过程中，通过分工、合作所形成的具有一定结构特征，执行一定功能作用的动态平衡过程。叶德磊（2006）[②] 认为金融生态圈与金融生态环境不应被混淆，前者能更深刻地揭示和刻画生态体系中各构成部分之间彼此依存、互为前提的关系，并指出我国目前的金融生态圈存在系统性缺陷，金融种类不符合现代金融良性循环的要求。周才云（2013）[③] 从提高农村收入，张绍鸿（2016）[④] 从法律政策角度对优化农村金融生态的路径进行了研究。综合现有文献，要优化民间金融组织的金融生态环境，需要做到以下五点。

（一）优化农村信用环境

从中国整个金融市场体系来看，农民一直是经济发展的软肋，农户的弱势地位和弱质性在一定程度上受其周围金融生态环境的影响。农村金融生态环境的疏松、散漫导致农村金融组织的信用缺失，农户很容易被蒙骗，致使不再信任金融组织，从而造成恶性循环。因此，政府不但应该鼓励农村金融组织加强自身建设，提高自身实力，而且还要加大对农村金融生态环境的改革力度。

1. 加快对农村地区的征信体系建设

建立健全企业和个人征信体系是社会信用体系建设的重中之重。首先建设信息基础数据库，用于囊括对农村企业和个人信用信息，尽量扩大信用信息的覆盖面，保障所有从事小额贷款的金融组织和广大农村都得到征信服务，使农村民间金融组织在进行决策时最大可能地以征信体系中企业和个人信用信息为主要参考标准。除此之外，务必保证征信体系中所有农户和农村企业的基础信用信息的准确性，充分运用现代信息技术手段，如

① 张鹏、姜玉东：《我国金融生态体系的改进与优化》，《财经科学》2005 年第 4 期。

② 叶德磊：《论我国金融生态圈优化与金融创新的功效》，《当代经济科学》2006 年第 4 期。

③ 周才云：《农村微型金融机构风险生成机理及控制路径研究》，西南财经大学出版社 2013 年版。

④ 张绍鸿：《优化农村金融生态的法治路径》，《安徽农业科学》2016 年第 8 期。

实将农户和乡镇企业的经济状况、收入来源、违约率等重要数据记录在内，用于改善农村借贷双方信息不对称的状况。完善农村地区信用数据库将有利于金融组织的金融服务能顺利有效地开展。

农村地区应该加大诚信宣传的力度，大力推广信用乡、信用村甚至信用户的建设。这些年以来，各级地方政府加强对广大农村地区诚信建设，在信用乡镇建设方面已收到良好的效果，今后还要进一步加强。可成立市、县、乡镇三级政府信用体系建设领导小组，形成统一领导、分级负责、上下联动的工作格局。尽力拓展金融知识宣传和普及力度，提高农村小微企业和农户的信用意识。

另外，地方政府在征信宣传、诚信教育方面也要发挥重要作用。征信宣传教育活动需要金融机构的推动，也需要地方政府的领导和参与。地方政府还可以推动新闻媒体宣传征信建设的情况，宣传典型，发挥守信用的农村小微企业和农户的先进示范作用，增强农村信用主体的信用意识，改善农村信用环境。地方政府增强诚信教育意识，推动宣传教育工作进农村、进校园，对农户、农民专业合作社、农村小微企业进行诚实守信教育，对农村中小学生进行教育，发挥他们对家长守信用的监督作用。

2. 积极创新服务理念

提升金融组织工作人员的素质，积极向农户宣传农村金融知识，使其金融服务、金融工具有一定的了解。定期给农户讲解金融服务产品的相关知识以使他们更加详细地了解金融产品，这样农户才会积极地将各种金融资源应用在发展生产中，尤其是在较偏远贫困的地区政府更应该加强这种帮助和支持。[①]

3. 竭力维护金融生态的安全

对那些严重违法扰乱金融稳定秩序的行为实行严厉的打击。政府应尽力提倡宣传信用道德文化，出台相关政策以建立有效的奖惩机制，表彰守信行为，惩罚违信行为，努力为农村金融组织发展创造一个安定有序的信用环境。若出现严重金融犯罪行为，譬如非法集资、逃废金融债权，各级政府必须使用法律武器进行强有力的打击。规范农村金融市场，加强农村金融风险的抵御意识，规范行政行为，以便保证新型农村金融组织的经营

---

① 曾学文、王辰华、吕忠伟：《农户的金融需求与中国农村的可持续发展——基于问卷调查的实证研究》，《北京师范大学学报》（社会科学版）2009 年第 2 期。

活动合法性。当地农村信用环境要想得到最根本的改善，各级政府应将县域内所有农村民间金融组织、当地银行、企业及农户联合起来，构建完善的信用评价体系及有效的信用激励和惩罚机制。

为全面推进金融创新提供有效的服务和保障，司法方面的支持和保障是保证新型农村金融组织持续创新的关键。此外，应加强税务、公安、工商、银行等部门相互之间的合作关系，正确快速地收集整理信用数据并及时发布，以便于农村金融组织和农户查询自己需要的信息；加强对中小企业的信用评估工作，建立信用评估体系，成立相关信用档案室以做备份和收藏，尽量将开展业务成本降到最低。

为提高农村公众整体诚信意识，政府应采用宣传、教育和舆论监督等手段，建立有效机制，将失信行为公布于众，并加大对失信行为的处罚力度，为公众敲响诚信警钟，减少此类现象的发生。同时，信用不但抓企业、个人还要抓银行、工商、税务、公安等相关部门，因此政府可酌情成立企业和个人信用登记机构。此机构用于汇总所有相关部门、企业以及个人的信用信息，建立统一的信用记录系统，为企业、个人和金融组织了解相关信用状况提供便利，也可防止新型农村金融组织出逃、废债等恶劣现象的发生。

（二）加快完善农业保险，提高农业生产抗风险能力

1. 农业保险的作用

农业保险按定义可划分成两种，一种解释仅指种植业和养殖业保险，也被称为两业保险，它主要以农作物和家畜为担保物的保险，也被认为是从狭义的方面做出的定义；另一种解释则除了第一种包含的范围之外，还包括从事农业生产的劳动力及其家属的人身保险和农场上其他物质财产的保险，此是从广义层次上下的定义。而目前农业保险的狭义概念一直被我国学术界和实务界所采用。在此，我们只讨论狭义农业保险。因此，农业保险即农业生产者向保险公司缴纳一部分的保险金，当他们进行种植业和养殖业的生产过程中遭受的自然灾害或意外事故带来损失时，保险公司会相应地赔偿一定额度的费用。[①]

当前，从我国农村经济发展的现状分析可看出，农业保险主要有两方面的作用：一是使农业生产上发生的风险概率得以降低，保证农业和农村

---

① 杜金向：《新型农村金融机构可持续发展研究》，经济日报出版社 2014 年版。

经济顺利有效地发展；二是当农业生产者在遭受重大经济损失时，农业保险公司需在自己赔偿责任范围内向其补偿一定的经济费用，减少灾害损失的影响。从这两大功效可看出农业保险对农业发展的积极作用，因此建立一套完整的农业保险体系刻不容缓。这套体系主要工作是办理农业的保险业务，向广大农民以及农业信贷机构提供各种形式的保险服务，为他们提供分散风险的有利方法。相关农业组织将保险范围向外扩张，适当增添保险品种，避免保险方式单一，充分发挥保险分散风险和提供补偿的功能，以有效保障当地农业经济的安全发展。

为促进当地农村保险事业的有效发展，政府可考虑出台相关政策以建立政策性农业保险制度，正式地为农民安全生产和安心生活提供一道强有力的屏障，以有利于农村民间金融组织贷款给农户时风险程度可得到降低，便于农户更安全放心地从金融组织获取贷款。各级财政部门要以政策为支柱，以政府为引导者，以农民自愿为原则，以市场有效运作为目标来相应地增加农业政策性保险的试点范围，同时对参加农业保险的农户给予相应水平的经济补贴。鼓励商业性保险机构尽可能开展农业保险业务，采用各种措施使得较大的企业和中介组织为农户参加农业保险提供服务。

2. 提高农业保险有效供给的建议

（1）立法支持。从法律的角度来看，政策性农业保险具有一种特殊性质；站在经济利益的角度来看，它又具有相当程度的公益性。与其他商业性保险活动相比，它牵扯到农户、保险人、灾害勘验机构、财政部门、农业部门、监管部门等复杂利益关系，需要出台专门的法律法规进行规范。目前，我国农业保险法律法规制度并不很完善，存在多处漏洞，因此采用商业保险的法律法规，毋庸置疑地会出现不适用的情况，解决这一问题就必须加强农业保险的立法建设。

2006 年底，在国务院法制办、中国保监会、农业部、财政部、国家发展改革委员会等相关部门的积极倡导下，启动了《农业保险条例》的起草工作。2008 年，结合建立政策性农业保险制度的提案，中国保监会积极开展试点工作，起草了《政策性农业保险条例（草案）》。从 2009 年新《保险法》内容来看，还是几乎没有关于农业自然灾害保险的法律规定。2015 年，全国人大代表史贵禄建议，将农业保险上升到法律层面，制定《中华人民共和国农业保险法》，通过立法对农业保险的目标、范围、经营主体、参与方式、双方权利义务、财政补贴等作出权威规定。目前农业保险的业务开展依靠的是上级有关部门的红头文件，诸多问题形成了法律真空。

（2）政策支持。一种是财政补贴。农业保险财政补贴存在两种方式即直接补贴和间接补贴。直接补贴又叫作保费补贴，即投保的农民直接得到国家给予的保险补贴。农民与保险公司签订保险单，只缴纳保险单上列明由农民自身承担的保费，财政补贴部分由国家财政补贴替农民直接缴纳。间接补贴有大灾准备补贴、巨灾风险基金和业务经费补贴，间接补贴不具体落实到每一个投保农民，而是补贴给保险公司，保险公司灾后以赔款形式补偿给受灾农民。① 另一种是税收优惠。我国农业保险具有风险高、收益低的特点，而我国现阶段对经营农业保险的机构只有免征营业税，并没有其他优惠政策，这就与其特点极不相符。因此，应在一段时期内，政府可以酌情减免这些保险机构的所得税和其他税种；农民缴纳的个人所得税可包含向保险机构缴纳的保险金；经营农业保险的保险机构的保险准备金可从经营所得的利润中取出，并在税前扣除；地方税务局收取地方农业保险税应视具体情况而定，以便用于弥补农业损失的资金。

3. 建立全方位、多层次的农业保险机构体系

（1）建立农村保险合作社，为我国农业保险机构体系打下坚实的基础。为更好地把农业保险推广到广大农村之中，各地可相继建立农业保险合作社，经营的业务不变，规模最好以县为单位。农户可自愿参加农业保险合作社，成为社员后，他们既可以当保险人，同时也可为他人担保，这样做的目的是进行相互监督，信息共享，从而减少逆向选择和道德风险带来的损失。农村保险合作社里的社员应熟练掌握农业技术，相当清楚地认识本地农业生产的特点，并能做到深刻了解保险社合作以及其他投保人面临的各种农业风险，这将有利于农业保险的承包、查勘核保、理赔及风险管理工作的实施。

（2）成立国家政策性农业保险公司，作为我国农业保险机构体系的领路人。国家农业保险公司主要职责是贯彻实施国家对农业保险的各项支持政策，其总公司可设立在首都，在各省成立分公司。总公司只在主要决策、重大事件上领导各地分公司，而地区具体农业保险业务则要由分公司

---

① 祝健：《农村金融改革发展若干问题》，社会科学文献出版社 2011 年版。

自行开展。

4. 加强农业保险金融监管

一要增进和完善农业保险监管，争取建立以偿付能力、公司治理结构和市场行为监管为主的现代农业保险监管制度。改进农业保险金融监管应在原来的监管模式上，不断采取措施，加大监管力度，扩大监管范围，严厉打击那些严重扰乱农村保险市场秩序和侵害被保险人利益的违法犯罪行为，保障合法人的利益，规范金融市场的运行秩序。建立健全风险防范体系可从企业、行业、政府和社会四个方面入手，规范企业的经营行为，有效利用群众进行监督，降低风险发生的概率。既要防范风险的发生，又要在风险发生之后进行严密的检查，既要从正面引导保险机构的经营业务，也要对那些违规行为实施严厉的处罚，同时将政府监管和行业自律有机结合起来，这样才可以使农业保险业风险得到有效预防和及时处理。

二是提高农业保险市场准入门槛，规范市场出入机制。国家根据市场需求进一步完善准入机制，以此防止个别保险机构滥竽充数，不但挤占市场份额，占用资源，更严重的则是在其位不谋其政，只顾盈利而未为农户提供该享有的服务，扰乱农村金融市场环境，造成信用风险。因此政府可出台相关政策，建立市场监管机制，严格约束行业行为，规范统一机构办理农业保险业务。不但行业实行自我监管，也要加强不同行业之间的相互监管的力度，避免行业间风险的扩散，以此保证经济环境的稳定。

三是建立农业保险信用体系，提倡农业保险诚信建设。建立诚信机制要从个人抓起，由小及大，先抓个人后抓行业，才可达到全员皆诚、整行皆信的局面。因此，首先应教育员工诚信待人从事，提高他们的职业道德素质，严格规范从业人员的准入机制和服务标准。发挥社会舆论监督作用，采用道德约束和法律制裁的手段。行业内部可考虑成立自律组织，其职责主要是对内部从业人员、机构的经营行为进行监督管理，惩罚失信行为，奖励守信人员，维护被保险人的合法权益，调节人与人、人与行业间的关系，并适时进行诚信宣传和道德教育。

（三）加速建设农村信用担保保障体系

目前，农村信用建设面临着各种困难，如缺少正规的信用中介机构、农业保险制度落后。要解决这些难题，当地政府部门不能急于冒进，应审视具体情况，建立贷款信用担保机构，积极为农村信用担保业务，以满足当地农村地区乡镇企业、农户、农业产业化龙头企业的融资担保需求。政府可适当降低担保物的评价标准，扩大可担保品范围，积极挖掘符合农村经济特点的抵押物，努力改进落后的贷款担保方式，增加担保的安全性。

1. 我国农户信贷担保机制建立的目标

信贷担保机构接触大量的信用信息，因此它也可识别大量信息，减少贷款担保行为不适带来的风险，并且在某种程度上提高农户资信意识，改变担保物不足无法获得贷款的信贷约束难题。通过构建多层次、多元化的农户信贷担保体系，以缺乏担保物而又需要融通资金的弱势农户为服务对象，针对不同类型的农户提供不同的信贷担保服务。广大农户因其可享受到融资担保提供的服务，农户信贷担保机构因其可充分有效地发挥作用，农户因其更快速安全地获得自己需求的贷款资金，"三农"因其而得以稳定地向前发展。我国农户信贷担保机制的建立，应遵循"政府主导、多方参与、市场运作"的基本原则。

2. 提升我国农户信贷担保机制运作效率的思路

(1) 建立多元化的农户信贷担保体系

建立健全农户信贷担保体系，要结合各地区的具体情况和农户的基本特征，来不断完善农户信贷担保体系。考虑到我国是农业大国，农业人口占全国人口的比重高，政府应该给予弱势产业的农业和弱势群体的农户融资补助。但我国各地区农户资金需求相差过大，决定了不能选择一刀切的扶持政策。应做到在注重公平的同时，寻求有效率的扶持。针对特别贫穷地区的分散小农户，符合实际的现实选择是建立多元化的信贷担保体系。一方面，可以实现政策性担保扶农的作用；另一方面，农户应积极加入或建立各类经济合作组织，弥补自身实力不足的缺陷。现阶段，应该依据我国经济发展不平衡和农户资金需求多样化的特点，以政策性担保为基础，辅之以互助性担保。在经济发展水平较低地区，以政策性担保为主；经济发展水平中等地区，应以互助性担保为主；经济发展水平较高地区以商业性担保为主，以此来建立多元化农户信贷担保体系。同时，担保体系应从上到下层层担保来保障农户信贷担保业务的顺利开展和安全运作。①

(2) 改进资金融入机制，增强持续经营能力

增大资金来源。目前，政府出资、各个主体参股和担保机构的自我积累构成我国农户信贷担保机构的权益性资金。虽然担保机构以政府出资组

---

① 祝健：《农村金融改革发展若干问题》，社会科学文献出版社 2011 年版。

建所占比例较大，权益性资金基本也以政府出资为主，但政府财力毕竟有限，并不能满足担保机构的资金所需。为改善这个困境，担保机构应多层次、多渠道地筹措资金。因为财政预算拨款是政府出资的主要方式，可以从财政贴息、救济、解困基金、财政周转中获取资金。另外，为保证资金能定期投入、定期拨付、定向使用，需建立资金补充的长效机制，设立政府担保基金。互助性担保机构资金的主要来源为入股农户所缴纳的资金。因此，降低农户入股的条件，吸引更多符合条件的农户积极参与互助组织，不断吸收新的血液，壮大自身实力。同时，还可考虑将农户与企业相结合来成立一种新的商业性担保机构，这样可以使企业进行参股担保，带来更多的资金来源渠道。

扩大负债性资金来源。银行借款和受保者的保证金构成了农户信贷担保机构负债性资金的主要来源。其中，银行借款是指因农户缴纳的保证金不够担保机构所要求，就向银行借款来弥补短缺。银行借款不但扩充了担保机构的资金来源，而且还可防止道德风险发生。而后者也即农户的保证金则是指农户缴纳保证金来作为担保机构对其进行担保的报酬。缴纳保证金在一定程度可以提高担保的安全性，还可以弥补资金不足的问题。

（3）健全政策法律体系

①政府的相关政策的制定和实施。第一，我国地区之间的经济发展水平相差很大，导致地区间农户信贷担保在运营方式、整体机构、产品服务等方面也大相径庭。为推动农户信贷担保的快速发展，国家视情况酌情考虑地方政府可自行制定相关政策。这样做的目的，可以使出台的政策真正和当地农户信贷担保机构的特点相符，针对不同的地区制定不同的解决措施，这样才更有利于担保机构快速而有效地发展。为鼓励新建担保机构，可采取以下措施：一方面，在国家允许的情况下，可以相应减免一定额的税收，在利率调节方面可以有自主权；另一方面，地方政府在自己管理范围内，可自行决定给当地担保机构施以优惠，以便农户可以得到更好的担保服务。第二，制定针对农户信贷担保政策。政府相关部门在制定政策时，要因机构特点而制定，不能为了制定而制定，更不能乱制定。要对政策的落实施以监管，并确定相关部门专门负责政策的落实，奖优罚劣，定期考察政策的落实程度和成效，保持政策的实用性和时效性，从而推动农户信贷担保的健康发展。第三，政府落实扶持政策要掌控好度，既要将政

府的扶持性体现出来，又不能过于控制、控死，保证政策扶持到位，确保每个农户都能得到相应的优惠。保证政府干预度适中，不深不浅，为农户信贷担保机构提供一个舒适的发展环境。

②完善相关法律、法规。我国农户信贷担保机制运作的特点决定了其担保体系的多元化。各个地区之间农户信贷担保运作模式不同，服务产品各异，必然存在多种形式的管理方式，这样会给政府管理带来一定难度。因此，国家不仅要制定行业统一法律法规，还要根据它们的运行方式、资金来源，以及服务产品的特点做出相应的具体的要求。应严格规定农户信贷担保的范围、种类、担保业务的程序及其提供担保的条件；出台的法律法规覆盖面尽可能较广；要特别注重农户信贷担保风险防范和控制的立法，必须严格规定担保机构资金可贷的最高额度、担保的最大限度、担保机构与金融组织的责任风险比例等。[1]

（4）强化外部金融监管

当前一方面担保市场上鱼龙混杂，一片混乱；另一方面农户信贷担保机构普遍存在着资金运用不充分、规模不大、政府过度干预的问题。因此，为了确保担保机构的设立有法可依，规范发展，国家应及时针对担保机构的市场准入条件、成立的步骤、应具备的部门以及从业人员的相关标准、退出机制等出台相关政策。

完善外部监管机制。信贷担保在一定程度上有助于信用的扩大，所以行业必须对其进行严格的监管，否则信用信息大量外流，会扰乱整个社会的信用秩序和信用环境。因此，应成立专门管理农户信贷担保的部门，对农户的信用信息进行统一的管理，以防止泄露，同时也要根据情况制定相应的监管政策。规定各部门的监管职责，在对农户信贷担保机构进行监管时各司其职，防止监管混乱。成立农户信贷担保的行业协会，规范行业活动，通过行业自律，进行自我监督。这样既能保证担保机构依法运作，又能逐步规范农户信贷担保的业务操作。

（四）完善贷款担保制度，分散贷款风险

农村经济发展的不稳定性对民间金融业务的开展在很大程度上会带来极大的风险。农村中小民营企业具有起步晚、规模小等特点，其大多数无法向金融组织提供抵押物获得贷款。对于贷款风险较大的中小民营企业，

---

[1] 祝健：《农村金融改革发展若干问题》，社会科学文献出版社 2011 年版。

金融组织可以采取调高贷款利率的措施，以抵消贷款风险。但就目前来说，由于农村企业大多数是民营的中小微企业，农村企业和农户个人很难得到金融组织的贷款补助。虽然担保公司纷纷得到各地政府的支持，但因其规模小，资金少，而且信用担保对中小民营企业获得贷款的条件较为严格，因此政府担保机构在中小民营企业融资中很难发挥作用。民营企业的资金有限，导致民间担保公司的出现。它们的出现让民营企业贷款的问题得到有效缓解。这种民间担保公司是为应对市场需求而自发生成，具有互惠互利的特点。因此，要充分利用和整合现有资源，扩大政府担保公司规模的同时，积极引入互助担保、商业担保等机构，使农村中小民营企业资金需求得到满足，从而得以稳健发展。贷款担保制度作为民间金融的一种制度保障对缓解农村地区资金需求压力起着不可磨灭的作用，应当得到当地政府鼓励与支持。

（五）建立资信评估制度，维持经济秩序

从两个角度来看，建立资信评估制度都是势在必行的。一是从微观经济环境来看，建立资信评估制度可以保证贷款的安全性，尽量减少出现贷款的风险，维护农村金融组织的有效运行；二是从宏观经济环境来看，其可以防止某些不良金融组织利用利率市场化随意地调整利率，使金融环境混乱。

资信评估是评估借款方和农村民间金融组织的信用。资信评估的功能是将借款方划分成几个不同的信用评级，农村民间金融组织按不同的信用级别明确规定不同的利率层次，以求做到利率层次分明。农村民间金融组织进行资信评估，主要是全面综合分析评价它们的经营业绩和风险管理，合理规范它们的经营管理行为。通过评估，将暴露出的问题及时处置，致使农村民间金融组织稳健经营，以及金融环境变得公平、秩序井然。

资信评估是由专门的资信评估机构根据规范的指标体系和科学的评估方法，秉承客观公正的原则，对被评估对象经济责任所承担的能力及其可信程度进行评价。这种专门机构的组建可以借鉴国内商业银行和国际评级机构的运作经验。

第二节 加强对农村民间金融组织的监管和监测

农村民间金融组织的风险如果解决不好，就会影响农村资金供给，给机构或个人带来经济的损失，风险严重的会导致社会不稳定和抑制民间金融组织的生存发展。在监管方式和监管手段上，我国对民间金融的监管方法非常单一，表现为在出现问题之前放任自流，在出现问题时全部进行清理。因此监管部门要将监管的范围逐步扩大到民间金融，将民间金融纳入到监管体系，对自发形成的有组织的金融活动进行监管。通过推出一套行之有效的风险控制系统，为农村民间金融组织的健康发展打下良好的基础。

一　完善民间金融组织的监管体系

(一)　严格市场准入条件

为有效地加强农村民间金融组织的资金供给，监管部门可以适当降低当地地区金融业的市场进入标准，放宽准入条件，让更多农村民间金融组织可建立，为它们发展提供宽松的氛围。此外，农村民间金融组织数量的增加会引发一定的竞争，优胜劣汰，使得农村金融组织更加合理，服务更加周到，运行更加稳健。同时，监管部门要严格按照国家制定的市场准入条件，对新建立的金融组织认真审查，严格审批，排除投机性的机构，留下那些真正服务于"三农"的机构，做到保质保量，从源头杜绝金融风险。

(二)　确定监管目标

监管部门要明确农村民间金融组织的市场定位，确立它们的服务区域和客户群体，有效发展金融业务，实现可持续发展。监管部门不但要严格制定监管标准，维护金融秩序，还要充分考虑农村民间金融业务所承担的高风险，力争改善金融监管环境。要充分发挥对农村民间金融组织经营的监管功能，巧妙采取监管措施，增进农村民间金融组织风险控制能力。

(三)　规范科学的监管制度

为了保证金融监管的科学合理性，必须避免对农村民间金融组织监管过深过浅的毛病，将监管力度控制在一个合理范围，能有效结合内外监管机制，创新发展金融组织，增加农村民间金融组织的抗风险能力，降低风险产生的概率。因此，监管当局应根据实际，准确对农村民间金融组织实行市场定位，科学合理安排监管制度，不能简单以正规金融机构的监管为标准，需制定与农村民间金融组织特点相适应的风险控制制度，保证农村民间金融组织有利发展。监管机构在对农村民间金融组织进行严格而合理监管的同时，也可以帮助农村民间金融组织提升自身实力，增加组织之间相互的信息交流，帮助其建立完善风险管理体系，解决信息不对称问题，促进农村金融市场安全有效地向前发展。

（四）增强风险控制能力

目前活跃在农村金融市场的民间金融组织，主要存在两方面的问题。一是组织结构较为简单，业务规模不健全。为了提高风险防范的能力，必须建立有效监管制度，用制度去促进其发展，用外力帮助其成长。对那些没有董事会或监事会的金融组织，政府应派遣监督人员进行监管，也可借助外部监管机构进行监管。二是要合理确定贷款额度。贷款额度的确定不仅要考虑客户的实际收入状况，还要考察客户的信誉度，在机构本身的风险防范能力之内，合理确定对客户的授信额度。[①]

（五）强化信息披露

监管机构应明确信息披露要求，促进农村民间金融组织改进信息披露制度，强化社会监督的效力。针对农村民间金融组织信息披露不及时、不准确、不完整、不全面等问题，应尽快着手建立高效、规范的金融信息披露体系。由于农村民间金融组织发展水平和管理水平存在差异，信息披露可分阶段推进。农村民间金融组织信息披露内容可包括业务工作、人事安排、财务状况等相关信息。建立信息披露机制要以信息的真实性、准确性、有效性和完整性为基本原则，财务状况、盈利情况应由具有相关业务资格的会计师事务所或监管部门来审计或审核。

二 完善农村民间金融组织的行业自律机制

农村民间金融组织的行业自律机制，是农村民间金融组织为保障自身及系统健康运营、防止出现金融危机，以契约精神和道德力量为约束，在行业内部建立的风险管控、内部监督、稽核检查等一系列的约束机制，是金融监管的有效补充手段，在整个金融体系中是不可或缺的重要组成部分。完善农村民间金融组织的自律机制，可以引导成员单位之间形成一种公平竞争、自查自纠、守规经营的良好金融秩序。有效的农村民间金融行业自律机制可以加强金融组织之间的沟通、联系，强化同业之间的相互监

---

① 薛秀晶：《信息化背景下义乌民营中小物流企业资源整合探析》，《时代经贸》2011年第5期。

督、相互制约。自律机构可以对成员单位的经营活动进行引导、扶持、监督、组织和协调。行业自律机制有助于提高金融组织的风险抵抗能力，与监管机构一起维护金融体系的安全与稳定。

监管机构要依据国家法律法规制定有关制度，鼓励引导农村民间金融组织加强相互之间的沟通与联系，逐步完善农村民间金融服务市场的行业自律组织规则制度，强化同业间的相互监督与制约机制。

（一）建立完善农村民间金融组织行业的维权机制

同业组织代表各会员机构向当地政府和监管当局提出利益主张，对侵犯农村民间金融组织的外部力量予以抵制，从而提高维护自身权益的能力。

（二）建立完善农村民间金融组织行业的监管机制

严把入会关，组织制定、执行、监督同业公约、规章制度、章程、从业人员道德和行为准则及其实施情况，提高行业规范程度，建立行业惩戒制度，监督检查会员行为，督促会员依法合规经营。

（三）建立完善农村民间金融组织行业的相互协作机制

通过自律机构加强成员之间的沟通与联系，传播和推广行业内先进的风险控制方法和工具，培训行业内的人员。通过自律机构的管理，减少会员之间的摩擦，达成行业成员之间的协作，降低成员机构之间的交易成本。

（四）充分发挥自律机构的仲裁职能

自律机构为成员之间的争端提供一个解决问题的平台。自律机构可对违反同业竞争规则的行为进行必要的制裁，保持金融组织的内部稳定性。

第三节　完善农村民间金融组织风险控制制度

目前，我国农村民间金融组织的风险控制制度还没有形成成熟的系统。温涛（2005）[1] 研究了农村金融风险的控制模式，吴治成（2012）[2]、

---

[1] 温涛：《中国农村金融风险生成机制与控制模式研究》，博士学位论文，西南农业大学，2005 年。

[2] 吴治成：《农村新型金融组织风险管理问题研究》，博士学位论文，东北农业大学，2012 年。

高晓光（2015）① 讨论了农村新型金融组织的风险管理问题，李奇（2015）② 研究了农村合作金融组织的信贷风险控制，常伟（2016）③ 对农村资金互助合作组织风险防控问题进行了研究。这五位学者对中国农村金融风险问题的研究中，提出要控制农村金融风险，需要完善金融组织的内部控制。因此，要控制农村民间组织的金融风险，就需要借鉴国际和国内金融组织的一些成熟经验，探讨农村民间金融组织通过健全风险管理程序，建立风险管理结构，以实现农村民间金融组织风险控制，促进农村民间金融组织的稳健发展。

一　完善制度，健全风险管理程序

农村民间金融组织应该控制风险，明确风险偏好，安排经营，密切关注国家宏观经济政策的调整及市场环境的变化，将所有业务和管理环节进行制度化和程序化，有条不紊，有理有据，来满足自身发展、当地经济发展和农村客户群体的需要。

（一）制定风险控制政策，理顺风险控制程序

农村民间金融组织要想增强自身抵抗风险的能力，需要以全面风险管理观来指导风险控制制度的建设。根据风险控制、法律法规和监管要求，按全面风险管理观的标准制定覆盖所有业务和管理环节的政策，构建完整的风险控制体系，确保各岗位运行效率和效果，确保经营管理的信息传递、反馈和财务运行等信息的全过程可靠、完整，确保依法合规经营。构建风控体系不可避免会出现不完善不合理的情况，因此，农村民间金融组织可以向国内外那些成功构建风险体系的机构学习，吸取它们的经验教训，结合自身情况，不照搬照抄，争取通过不断地调整和修改，最终使得整个体系相对合理有效，拥有预测潜在的风险、抵御风险的能力，实现机构的可持续经营。农村民间金融组织内部各相关部门也应切实地承担相应的责任，对组织制定的相关政策制度，既要认真执行落实，又要对这些规章制度进行监督，对落实后的效果要及时向上层反映，定期进行审核评

① 高晓光：《新型农村金融机构的脆弱性与可持续发展》，《管理世界》2015 年第 8 期。

② 李奇：《农村合作金融机构的信贷风险控制创新研究》，《经济研究参考》2015 年第 44 期。

③ 常伟：《农村资金互助合作组织风险防控问题研究》，《中州学刊》2016 年第 2 期。

估，以保障这些制度的时效性、科学性和合理性。根据反馈的结果及时进行调整，弥补不足，发扬长处，改正不足之处，不断进行自我完善和发展，借以增强自身效用，提升自身能力水平。

制定风险管理程序时，应结合自身的发展计划、资产的规模大小、经营目标、风险管理能力以及相应的法律法规，将控制风险所经过的流程厘清理顺。首先要做的就是提高各项政策和程序的时效性，不脱不拉，情况一旦发生，相关部门就要及时进行识别分析，并尽快找到控制风险的有效措施。

（二）　规范风险控制制度

农村民间金融组织的风险控制不仅要有完整的控制体系，还要有规范的控制制度，完善的风险控制规章制度。这样做会使各部门之间权责分明，既有自己该有的责任又防止权力过于集中，另外也会使其之间进行相互监督相互制约，达到一种均衡的状态。完善的规章制度应涵盖以下几种：以整体风险控制为目标的资产负债管理制度，以局部风险控制为内容的授权授信、审贷分离及岗位操作与责任约束制度，以风险控制和评估为核心的风险管理制度。

（三）　合适的风险控制模型

当前农村民间金融组织由于主客观限制，大多数对风险管理以定性方法为主，对于风险的识别、计量、监测、预警、决策、评估和补救系统缺乏有效合理的度量模型。因此，农村民间金融组织需要根据自身的特点采取定量和定性相结合的分析方法，计算客户的违约率、损失率、风险大小等相关风险数据，对客户风险的判断发挥人的主观能动性，又有一定量化的分析，从而科学合理地采取对付金融风险的对策。要达到全面、深入、科学地度量风险，提高风险控制能力，农村民间金融组织还有很长一段路要走。

二　建立风险管理组织体系，完善内部控制

农村民间金融组织大多没有完善的内部控制机制，故而应对风险时表现得相对软弱。对于采取股份制建立的农村民间金融组织，可以通过完善其内部制度建设，力争充分发挥会员代表大会的作用，使组织内部结构完整严密，组织内部实行严格监管，及时妥善处理各种危机事件。内部控制通过内部环境、目标设定、事项识别、风险评估、风险反应、控制活动等

程序，保证企业战略目标和经营目标的实现。[①]

（一）　建立规范的股东大会制度

采取股份制建立的农村民间金融组织必然要建立有效的股东大会制度。股东大会制度有利于组织高层职责明确化，议事规则与工作流程合理化，组织整体结构运行有序化。股东人数以机构实有资产多少而定，原则上，股东代表大会每半年或一年召开一次，当遇到紧急情况时可以组织召集临时股东大会。股东具有提案的权力以及对相应事件有一定的建议权并且可以有更深的知情权，除此之外股东还可以行使经营管理和诉讼权。这些举措可以提高股东对金融组织管理的积极性，以此来发挥股东的治理作用，并使投资者利益得到满足。

（二）　建立完善的董事会制度

董事会同样具有对组织内部重大事件的决策权力。董事会成员人数得是奇数人选，并且要达到一定数量，其中外部董事应保持一定的比例。股东代表共同提名选举并经董事会选举决定董事长，职责为主持董事会工作。董事会每三个月开一次全体会议，主要讨论金融组织重大问题及发展战略的研究和决策问题。

当前部分农村民间金融组织董事会制度较为不完善，暴露出各种问题，比如未能很好收集处理信息，结果做出的决策也未必很有效；再比如有些董事会职能缺失，决策能力低下，决策程序混乱等。因此，就需要完善农村民间金融组织的董事会制度。首先，针对董事会未能准确收集分析信息的缺点，可以设定专门的信息收集分析部门为董事会提供服务，并对其作出的相关决策进行分析，落实的程度和实施的效果也要及时调查。针对董事会职能低下的问题，可以相应地建立董事会评价制度和董事会效率评估体系，从制度上解决这一难题。此外，科学合理地制定董事会议事规则和决策程序，完善董事会的工作机制，全面强化董事会职责和董事会成员的责任，明确董事会决策事项和应承担的责任与义务。[②]

（三）　建立有效的监事会制度

监督机制和监管手段的不完善会造成农村民间金融组织监事会职能的

---

① 李维安、戴文涛：《公司治理、内部控制、董事会风险管理的关系框架——基于战略管理视角》，《审计与经济研究》2013 年第 4 期。

② 苏德胜：《福建石狮农村合作银行引入"优先股"研究》，硕士学位论文，湖南大学，2009 年。

缺失，因此建立合理有效的监事会制度势在必行。监事会成员人数应为奇数，其人选应该由选举产生。金融组织内的财务成果和经营管理的全面监督工作都由监事会负责，也可以由独立监事负责。独立监事一般为一到两名，并且具备相应素质和条件。充分加强监事会的职能，全面规范监事会的组织结构、人员构成、监管职责、工作机制、监督手段等，加强对本机构经营、管理、财务信息等事项的监督，密切注视经营情况，发现经营异常情况或董事会与高级管理层人员存在违法、违规的行为时，及时指出并做出相应的处理。

（四）实行董事会领导下的总经理负责制

农村民间金融组织的董事会主要负责对重大事件的决策，一般不从事经营管理，而是由董事会聘任的专业经理团队来行使经营管理权。经理人可以由董事长提名建议，董事会对提名者进行审核，然后确认是否聘用。经理应该在规定的权限内执行董事会作出的各项决策，负责金融组织的经营与管理，并且要为自己的行为负责。此外，经理无权决定任何超出董事会授权的事项。如果有需要的话，董事会可以在必要时由总经理提请召开。民间金融组织要通过业务操作规程和各项内部管理制度来强化内部稽核监督体系，并根据国家有关规定不断地完善，对分支机构要加强授权和管理。总之，在股东与高级经营管理人员之间应建立安全有效的委托代理关系，在董事长与总经理之间形成相同取向的经济关系，并强化激励与约束机制。[①]

（五）完善公司内部监督机制

监督机制是指公司的利益相关者针对公司经营者的经营成果、经营行为或决策所进行的一系列客观而及时地审核、监察与督导的行动。公司内部监督应做到公司内部各部分权力相互分立而且相互之间达到一种平衡状态。此主要是指使公司股东会和董事会对经理人员之间权力的相互监督和制约。故其运作和监督的实施必须从以下几个方面着手。

1. 发挥董事会的监督职能

公司董事会除了具有决策功能，还可监督公司经理人员行为。当经理人员做出了一些违背公司董事会经营决策目标的行为时，董事会应及时纠

---

① 苏德胜：《福建石狮农村合作银行引入"优先股"研究》，硕士学位论文，湖南大学，2009年。

正，监督他们正确行使其权利，维护公司利益，实现公司目标。董事会有权解聘的对公司造成相当损失的经理，如若他们做出有违法律的行径也可采取法律手段给予制裁。

2. 发挥监事会的监督功能

监事会是由股东、职工组成的内部自律性的机构，主要负责监督董事和经理，和进行自我监督。为了更有效地发挥监事会的监督功能，组织应给予监事相当程度的独立监察权，同时提高监事的业务水平，股东会有权及时罢免违背公司章程的监事。

（六）完善农村民间金融组织内部控制措施

农村民间金融组织内部控制制度的不完善会带来或大或小的金融风险，因此必须合理有效地完善内部控制制度。农村民间金融组织进行内部控制无论是识别目标潜在的风险还是测试内部管理制度和业务流程的合理性都旨在降低或规避风险。因此，做好内部控制在一定程度上就是做好风险控制。① 完善农村民间金融组织的内部控制的途径和措施可以表现为以下几个方面。

1. 内部控制的途径

（1）依据外部控制环境，改进内部控制环境

内部控制环境应做到与外部控制环境相符合，两者内外相符，才可使金融组织处于一个健康高效的运作环境。外部控制环境指一些社会通过的法律和法规、职业道德规则、不同利益集团之间的竞争等表现出的一系列要求。因此为使内部控制能有效运行，管理者决不可忽视外部环境的影响，一定要建立一个满足组织外部环境要求的内部控制系统。

组织的内部控制环境是指一些如组织形式、组织结构、组织形象、员工行为、资源规模与结构，它们一般都由管理者根据自身主观意向而构造的影响因素。这众多的因素在一定程度上又会影响和决定组织的文化。组织文化又会影响员工对组织运行方式产生一定的想法，也会让员工在对组织如何处事上达成一种共识。

（2）员工的积极性主观地影响内部控制环境

为了能最大限度地实现组织的经营目标，金融组织内部必须充分满足员

---

① 谢志华：《内部控制、公司治理、风险管理：关系与整合》，《会计研究》2007 年第 10 期。

工的正常需求，并尽可能减少损害其自身利益的行为发生。因此，应最大可能地重视和尊重员工在内部控制中的作用，同时充分调动员工的积极性，这样才能使组织内部控制环境运行安全，组织才可以更好地向前发展。

现代组织在等级结构方面，比早期的更加多变，运行更加灵活。现在组织大多都鼓励员工参与管理，为的是使其对组织有自身的理解和认识，这样不但利于组织的高层人员方便对整个组织的管理，还会上下一心形成凝聚力，便于组织快速发展。即使在最简单的组织中，相互作用的组织结构也要求有共同的目标和指导。可以通过战略、战术决策和操作控制过程来实现这些目标。提高员工的整体素质对内部控制也起着不容忽视的作用。因此必须对从业人员的资格实行认证监督，达到标准的才可以从业。另外对已从业的人员要定期进行相关培训，进一步提高其专业素质，使他们能够更有效地经营业务，更从容地识别应对各种风险，更专业地为农户提供服务，更有利地促进金融组织的可持续性发展。

（3）控制成本影响控制效益的重点因素

任何控制行为均会带来成本，控制成本一般包括控制自身的有形成本、由于实施控制而造成的机会和时间的丧失，以及员工的负面情绪所造成的损失等。在内部控制的设计和运行中，应充分考虑这些成本，并将其与不实施控制而造成的有害事件、错误、低效率而带来的损失风险仔细权衡，尽可能降低组织内部的控制成本，减少不必要的风险，实现组织的最大效益。

2. 内部控制的措施

（1）考核机制控制

目标考核机制是组织定期对金融组织或工作人员的工作行为进行审查，奖励优秀行为，惩罚恶劣行为，目的是可以充分提升组织效益，激励员工努力工作，本着对组织、对员工负责任的态度，努力为其提供一个良好的工作发展平台。可以从组织机构的整体层面和员工个人的工作层面将其分为组织工作目标责任制与个人岗位目标责任制。一方面，从整体来看，主要考核资本水平是否充足、拥有的资产质量是否良好、盈利效果是否可靠、组织指定的各种政策能否得到有效落实、上层领导者有未对组织进行良好的经营管理以及组织是否提供了有效的服务功能等；另一方面，从工作人员层面来看，要摒弃以往只观察经济效益的单一标准，应做到多方面、全方位、动态化地考核，工作人员要改变对工作业务短期负责为终生负责，这样他们才能把所有的精力投入到自己的工作中去。①

（2）组织规划控制

要建立完善组织规划控制，可从两方面着手：①设立专门的管理机构对组织各方面进行多方监管，比如一些农村民间金融组织根据自身具有的特点成立审计委员会、核算委员会、成本委员会等。②实行职务不重叠制度，杜绝高层管理人员一人兼任多职的现象。这种现象也可称为交叉任职，主要体现在董事长在任职期间同时兼任总经理，两者的工作人员相互交叉重叠。这种情形不仅会导致分不清董事和总经理的人员权力管辖范围，造成组织管理混乱、权力滥用的局面。还会因集很多权力于一身，拥有控制权的同时还兼具有执行权和监督权，造成专断独政。因此，完善组织内部规划框架必须明确董事长和总经理的权力界限，将两者在机构管理、人员安排两方面严格区分开来，不双重使用。

（3）授权批准控制

授权批准有助于农村民间金融组织更方便地处理经济业务，主要对办理业务时权力、条件和责任进行规定。按形式分有一般授权和特殊授权两种。前者主要针对办理常规业务，时效性较长；而后者则主要针对办理特殊业务，时效性较短。企业建立健全授权批准体系，可从四方面着手：①授权批准范围要广，通常包含农村民间金融组织的所有经营活动；②授权批准层次分明，层次划分应按照经济活动的重要性和金额大小，从而使各管理层了解自己任职的重要性；③授权批准责任清晰，严格将管理人员的权力明确下来，使其充分对自己所要管理的实物有更清楚的认知，避免权力交叉，以致引起权力滥用、责任不清的混乱局面；④授权批准程序严密，应制定一套完整严密的审批程序，任何工作人员必须严格按程序办理审批，对那些越级审批、违规审批的人员要严肃处理。除此之外，单位内部的各级管理层行使职权不得超出授权范围，经办人员不得在授权范围外办理经济业务。

（4）会计系统控制

建立健全会计系统控制可从四步着手：①统一会计制度，建立一套完整规范的会计管理和监督制度，明确各方权利和职责，并且满足相互制

---

① 周才云：《农村微型金融机构风险生成机理及控制路径研究》，《经济问题探索》2013 年第 2 期。

约，相互协调，又可及时进行内部审计的要求。②统一会计政策，农村民间金融组织可以根据自身的实际情况独立制定一套自己适用的会计制度，便于准确地进行核算、汇总、分析和考核。③统一会计科目，农村民间金融组织可在不违背国家规定的统一会计科目的要求下，根据自身经营管理需要，统一设定适合自身的明细科目。④统一会计处理程序，认真制定一套完整的会计凭证、会计账簿和财务会计报告的处理程序与方法，不超出会计制度的规定范围，使会计更有效地发挥提供信息的作用，国家凭借它可有力进行宏观调控，农村民间金融组织凭借它可了解内部财务状况的信息，方便快速高效地进行经营管理。

3. 全面预算控制

农村民间金融组织要想发展稳健，有一个良好的全面预算系统也是必不可少的。农村民间金融组织根据预算系统可确定自己下一时间段的经营目标，编制自己的经营计划。全面预算控制应从以下几方面着手：①建立完整的预算体系，包括预算项目、标准和程序。②切合实际地编制预算并进行正确的审计。③及时下达预算结果，并监督各负责人员和相关部门有效落实。④分步预算执行各方面的相关权利。⑤严密监控预算执行过程。⑥分析、调整预算造成差异的结果。⑦定期对预算业绩进行考核。

4. 人力资源控制

人力资源是一个企业兴旺发达的不竭动力的根本所在。农村民间金融组织要想兴旺发达就要充分调动本组织工作人员的积极性、主动性、创造性，发挥他们的潜能以为金融组织所用。人力资源控制主要从以下几步入手：①严格按照招聘要求招聘人员，不得采用任人唯亲，应以才而定。②严格规范工作人员的行为，不得徇私舞弊。③员工要定期接受组织对其培训，努力提升自身的业务素质，以便更好地完成组织交代的任务。④定期考核职工业绩，奖优罚劣。⑤实行工作岗位轮换制度，可以定期或不定期进行工作岗位轮换，借此发现各岗位存在的不利问题，充分有效利用员工的能力。⑥提高员工的工资与福利待遇，提高员工工作的积极性。

后 记

　　本书为作者 2015 年承担的河北省社会科学基金项目，项目编号：HB15YJ069 的研究成果。所有项目组成员都对本书完成做出了贡献，付出了很多心血。希望此书能够对农村民间金融风险的控制有所助益，并能对改善农村金融供给、完善农村金融组织创新做出微薄贡献。

　　中央高度重视"三农"问题。从 2004 年到 2017 年，连续 14 年中央一号文件都聚焦"三农"（农业、农村、农民）问题，显示出该问题在中国现代化进程具有重要地位。解决好"三农"问题已成为推动经济和社会发展、改善民生、构建和谐社会的重要举措。中国农村民间金融规模庞大。农村民间金融内生于乡土社会网络，在金融供给中拥有信息优势，有着很强的生命力，对缓解农村贫困、促进农村经济发展方面发挥着巨大作用，成为不可忽视的农村金融力量。但是在实际运行过程中，农村民间金融的风险日益突出，各种问题频频爆发。如何化解风险、加强管理就日益成为促进其健康发展过程中亟待破解的关键性问题。因此，全面剖析农村民间金融组织面临的风险及风险控制中存在的问题，建立农村民间金融组织风险控制体系，全面防范和化解其风险管理中存在的难题，尤其具有现实意义。

　　本研究充分吸收金融风险控制领域中现有的理论成果，系统总结农村民间金融组织（活跃在农村金融市场上的小额贷款公司、典当和担保行业、农村资金互助社、互联网金融）发展现状和面临的风险，通过分析农村民间金融风险控制的理论依据，构建农村民间金融风险的评价方法。在借鉴国外农村金融组织风险控制经验的基础上，研究农村民间金融风险控制措施，从而为有关制度建设提供参考建议。

　　在本书即将出版之际，感谢河北经贸大学学术著作出版基金和河北经贸大学金融学院学术著作出版基金资助，同时感谢河北经贸大学经济管理实验中心在项目研究过程中为项目组成员提供设备、软件和场地等便利条件。

李吉栋、曹华青、李艳辉三位老师、郭亚涛、姚晓琳、贺彩萌、梁泽淦、秦莎、王明利等六名研究生参与了项目的研究工作，并对本书框架的形成、模型构建、理论研究的深化、资料收集都提供了大量实际的支持，在此向他们表达诚挚的感谢！

本书在编写过程中参考引用了大量资料和研究成果，在此对这些文献的作者表示诚挚的感谢！限于条件，本书中尚有某些观点和若干资料未能注明出处，在此对有关作者一并表达谢意和歉意。

感谢相关专家对书稿初稿提出的中肯而富有建设性的建议。中国社会科学出版社的许琳老师对这本学术著作的出版付出了很多心血，没有她细致的工作和协助，本书不可能顺利出版。在此一并表示诚挚的敬意和衷心的感谢！

由于作者水平有限，并且近年来有关农村民间金融大量政策相继出台，本书难免存在不足和错漏，不当之处敬请专家和实际工作者批评指正。